파스칼 평전

파스칼 평전 시대를 뛰어넘은 천재의 성찰과 삶

초판 발행 2020년 12월 14일
개정판 1쇄 2024년 04월 30일

지은이 권수경
펴낸이 김명일
디자인 정보람

펴낸곳 깃드는숲
주소 부산시 북구 구포만세길 155-1 2층
이메일 hoop1225@gmail.com

ISBN 979-11-984413-2-4
값 26,000원

- 독자 여러분의 지적, 비판, 격려를 환영합니다.
  저자 연락처 kwonje123@gmail.com

- 이 도서의 국립중앙도서관 출판예정도서목록(CIP)은 서지정보유통지원시스템 홈페이지 (http://seoji.nl.go.kr)와 국가자료공동목록시스템 (http://www.nl.go.kr/kolisnet)에서 이용하실 수 있습니다. (CIP 제어번호: CIP2020050898

파스칼 평전

시대를 뛰어넘은 천재의 성찰과 삶

Blaise Pascal

권수경 지음

깃드는숲

1620	누나 질베르트 출생
1623	**파스칼 출생** (6월 19일, 클레르몽)
1624	리슐리외 추기경 재상 임명
1625	여동생 자클린 출생
1626	어머니 사망(파스칼 3살)
	포르투아얄 수도원 파리 이전
1631	**파리로 이사**
1633	뒤베르지에가 포르투아얄 지도 담당
1635	에우클레이데스의 공리 증명 (파스칼 12살)
1639	**파스칼의 정리 확립** (파스칼 16살)
1640	**루앙으로 이사**
	얀센의 유작《아우구티누스》출판
1641	파스칼의 정리 출판
1642	**파스칼린 발명** (파스칼 19살)
	갈릴레오 사망
	리슐리외 사망
1643	뒤베르지에 사망
	토리첼리의 수은 실험

목차

Blaise Pascal

평범한 어느 오후

"삑! 행복하세요!"

구름이 낮게 덮인 오후 버스에 올랐다. 시내에 나올 때는 이렇게 대중교통을 이용하는 것이 아주 편리하다. 약간의 돈을 내면 가만있기만 해도 원하는 곳 가까이 데려다준다. 교통카드를 댈 때 가끔 행복까지 빌어주니 얼마나 좋은가. 그래, 행복해야지. 한 번 사는 인생 모두가 행복하기를! 버스나 지하철 같은 대중교통은 유용하기가 이를 데 없다. 노선이 다양하여 웬만한 곳은 다 연결이 되고 환승제도가 있어서 시간 안에 내렸다 타면 요금도 깎아 준다. 지하철이나 버스에 탄 사람들이 전부 자기 차를 갖고 다녀야 한다면 얼마나 번거롭고 복잡할까. 아마도 온 시내가 주차장이 되고 말겠지. 차가 없는 사람은 아예 다니지도 못할 것이고. 구석구석 이어주는 이렇게 좋은 대중교통망을 가졌다는 건 정말 고마운 일이 아닐 수 없다.

서 있는 승객들을 지나 뒤쪽으로 가니 맨 뒤 구석 자리가 하나 비어 있다. 비집고 들어가는 불편함과 앉아서 가는 편리함이 엇비슷해 별로 인기가 없는 자리다. 앉자마자 스마트폰을 열어 일기예보 동영상을 틀었다. 좀 센 태풍이 하나 올라온다는 소식이 있어서였다. 제주도 남쪽 먼바다까지 근접한 이번 태풍은 중심 기압이 950헥토파스칼로서 최대 풍속이 초속 40m로 강하고 강풍 반경은 600km인 대형 태풍이라고 한다. 일본 남부를 스친 다음 동해안으로 빠질 것으로 예상되지만 구름대가 워낙 커 오늘 밤늦게부터 서울에도 비가 내릴 것이라고 한다. 비 올 확률은 90%. 컴퓨터 시뮬레이션으로 만든 예상 구름대가 북태평양을 휘감으면서 한반도 쪽으로도 팔을 길게 뻗었다. 내일 낮부터 개기 시작해 오후에는 화창한 초가을 날씨를 맛볼 수 있겠다 한다. 요즘은 컴퓨터로 기압, 온도, 습도뿐 아니라 공기의 흐름이나 지형 변화까지 심도 있게 고려해 일기예보가 많이 정확해졌다. 다양한 날씨 패턴에 대한 자료가 쌓여갈수록 정확도는 더 높아지겠지. 우산을 안 챙겨 오긴 했지만 집에 닿을 때까지는 괜찮을 것 같다.

"끼~익!" 차가 급정거를 했다. 뒷자리라 자세힌 못 보았지만 키 큰 남자아이 하나가 농구공을 들고 인도로 올라가는 것을 보니 공이 어쩌다 길까지 굴러왔던 모양이다. 공을 본 운전기사가 일단 급제동을 했고 그 다음에 아이가 가서 공을 주워 나와 다치지는 않았다. 버스에서 서 있던 사람들은 몸이 제법 휘청거렸다. 한 사람은 손잡이를 빼앗겨 넘어지기도 했지만 앉아 있던 사람들이 잡아주어 몸이 상하지는 않은 것 같다. 공 하나 때문에 수십 명이 큰일 날 뻔했다. 공을 안은 아이는 길에 선 채 다시 출발하는 버스를 향해 연신 절을 한다. 이렇게 크고 무거운 버스가 수십 명을 태우고도 순식간에 속도를 줄일 수 있다니 참 대단하다. 게다가 이렇게 급히 섰는데도 전혀 흐트러짐이 없이 똑바로 멈춘 건 더 놀랍다. 이렇게 균형을 유지하며 깔끔하게 정지할 수 있었던 건 페달 하나를 밟아서 네 바퀴에 힘이 똑같이 미치는 유압식 브레이크 덕분이리라. 미끄럼을 막아주는 ABS나 제동력을 배분하는 EBD 같은 첨단 기술도 한몫을 했겠지만 사백 년 전에 발견한 파스칼의 원리가 오늘까지 그대로 사용되고 있으니 대단한 일이다.

문득 왼쪽 팔목이 부르르 떨린다. 몇 달 전 손목시계를 쫓아내고 그 자리를 차지한 애플워치다. 아내한테서 문자가 왔구나. 눈썹 높이로 들고 읽어보니 일이 좀 일찍 끝나 벌써 집에 왔단다. 시간을 보니 5시. 일찍 퇴근했으니 저녁은 사 먹지 말고 돼지고기를 녹여 두루치기를 만들어 먹잔다. 나야 고맙지. 나도 집으로 가는 길이라고 폰으로 답을 보냈더니 오늘 밥 먹을 인원은 셋이라고 답이 왔다. 맞아, 대학을 마친 큰 녀석이 집에 와 있지. 작은애는 친구들이랑 여행을 갔으니 사흘 뒤에나 오겠구나. 시계 대신 손목을 차지하고 있는 이건 사실 조그만 컴퓨터다. 스마트폰도 컴퓨터니까 가방에 있는 노트북까지 지금 내 몸에만 컴퓨터가 세 대다. 버스 승객들도 대부분 스마트폰을 쳐다보고 있다. 요즘은 무슨 일이든 컴퓨터를 끼고 한다. 컴퓨터 없이 할 수 있는 일은 이제 거의 없는 것 같다.

차창 밖을 보니 별난 지붕의 승용차 하나가 나란히 달리고 있는데 옆에는 '자율주행 실험 중'이라고 적어 놓았다. 자율주행차가 벌써 도로에 나타났구나. 운전자 없이 자동차 스스로 복잡한 도로를 달릴 수 있도록 설계한 자동차다. 자동차가 눈과 귀 같은 감각을 가졌고 사람의 두뇌에 비길 수 있는 컴퓨터도 내장하고 있다. 인공위성과 연결된 GPS 기술까지 활용하여 정확하고 안전하게 도로를 달린다. 사람이 운전할 때보다 사고도 많이 줄어들 거라 하니 참 대단한 기술이다. 아직 초보 단계지만 조만간 저런 차가 도로를 덮게 되겠지. 그때쯤이면 이 버스도 운전기사 없이 혼자 잘 다닐 거고. 하긴 정류소를 안내하고 내 행복을 빌어주는 일은 이미 기계가 맡아 하고 있다. 오래전에는 소위 안내양들이 하던 일 아닌가. 운전까지 기계가 맡으면 일자리는 더 줄어들 것이다. 사고 확률이 낮아지는 만큼 자동차 보험도 타격이 크겠고. 끝까지 사람이 맡게 될 일은 어떤 것들일까? 아니, 그런 게 남아 있기나 할까?

살아가는 이야기

부엌에서 웃으며 맞는 아내에게 예를 올린 뒤 거실로 나왔다. 텔레비전에서는 철 지난 뉴스 해설 프로그램이 나오고 있다. 지난번 있었던 대통령 탄핵과 정권교체가 어떤 사람의 원정도박 사건을 수사하다가 시작된 일이라고 한다. 감춰져 있던 엄청난 사실이 사소한 한 가지 일이 드러나면서 고구마 줄기 캐듯 줄줄이 밝혀지게 되고 결국에는 대통령 탄핵까지 갔다는 것이다. 말하자면 나비 효과다. 나비 한 마리가 날개를 팔랑거려 일어난 바람이 연쇄반응을 일으켜 나중에는 태풍으로 커질 수도 있다는 이론이다. 조금 전에도 농구공 하나가 대형 사고를 일으킬 뻔하지 않았나. 삶에는 그런 일이 많다. 이번 일도 한 번의 날갯짓이 일으킨 초강풍이다. 다만 그 날갯짓이 원정도박이었는지 그 도박을 확인시켜 준 조직폭력배의 체포였는지 아니면 변호사 폭행 사건인지는 참석자끼리 서로 의견이 달랐다. 클레오파트라의 코가 한 치만 낮았어도 세계 지도가 바뀌었을 거라 하더니 원정도박 사건 하나의 존재가 한국 현대사를 바꾸는 대단한 일을 한 셈이다.

채널을 돌려보니 야구 경기를 하고 있다. 지는 게 일상이던 팀이 웬일로 큰 점수 차로 이기고 있다. 확률에 근거한 예상을 완전히 뒤집고 있구나. 스포츠가 거의 그렇지만 특히 야구는 통계가 지배한다. 하나하나가 기록으로 남는다. 투수는 승률, 평균 자책점, 피안타율을 따지고 타자는 타율, 장타율, 출루율 등이 중요하다. 그 외에도 다양한 통계가 있고 팀 전체로 또 이런저런 비율을 비교한다. 오래 축적한 통계는 곧 고정된 확률이다. 우연을 넘어 거의 그대로 맞아 들어간다. 타율만 봐도 2할대와 3할대 사이에는 넘기 어려운 벽이 있다. 따지고 보면 공 몇 개 차이지만 오랜 세월 쌓인 통계는 그렇게 호락호락하지 않다. 야구에는 다른 통계도 많다. 1, 2루에 주자가 있을 경우 1점을 낼 확률, 2점을 낼 확률, 그런 것도 있다. 어떤 스타 선수는 유독 만루 상황에서 홈런을 잘 친다. 비슷한 상황을 만났을 때 오랜 자료가 만든 확률을 넘어서기란 쉽지 않다. 그렇기에 통계를 알면 야구를 더 재미있게 볼 수 있다. 물론 개연성의 지배를 받는 일이라 예외는 있다. 그런 예외가 사실 각종 운동경기의 재미를 더하는 것일 수도 있다.

텔레비전 앞쪽을 보니 바닥에 부스러기 같은 게 떨어져 있다. 아내가 보기 전에 얼른 가서 진공청소기를 가져와 돌린다. 기계 안에 부분 진공을 만들어 바람을 빨아들이면서 먼지도 동시에 빨아들이는 참 편리한 기계다. 불과 수십 년 전만 해도 빗자루와 쓰레받기를 써 청소를 했는데 그땐 먼지도 많이 날리고 정전기의 방해도 많았다. 거기에 비하면 진공청소기는 먼지를 정말 쉽게 또 깔끔하게 제거한다. 물론 이름과 달리 청소의 주역은 진공이 아닌 대기다. 진공의 힘이 공기를 빨아들이는 게 아니라 빈자리를 채우려는 대기의 압력 때문에 공기와 먼지가 함께 빨려 들어가는 것이다. 대기압이 낮으면 공기가 몰려 비바람이 생기듯 기계 내부에도 그런 빈자리를 만들어 소용돌이를 일으킨다. 사람이나 동물이 숨을 쉬는 것도 이 진공의 원리 때문이다. 그런데 불과 사백 년 전까지만 해도 사람들은 진공이 불가능하다고 믿었다. 진공이 인위적으로 가능하다는 사실이 밝혀지면서 진공 펌프를 비롯한 각종 산업 기술도 발전되고 결국에는 이렇게 편리한 청소기도 태어났다.

가만, 아드님은 뭘 하고 계시나? 몇 번을 불러도 대답 없는 이름이여! 노크에도 반응이 없어 문을 살짝 열어보니 녀석이 또....... 헤드폰을 쓴 채 게임에 몰입해 있다. 졸업하더니 세월 좋구나. 비행기를 조종하며 기관총을 쏘아대는데 비행기가 높은 산 사이 계곡을 지나더니 순식간에 거대 도시의 빌딩 숲을 휘젓는다. 진짜 비행기보다 몇 배는 빠를 것 같은데 게임이 3D로 되어 그런지 내가 정말 비행기를 조종하는 듯 박진감이 넘친다. 물이 좀 있었으면 폭포 앞을 지나는 순간 4D를 경험하게 해 주었을 텐데 아쉽구나. 나 어렸을 적엔 집 뒤 개울에서 물풀 휘저으며 송사리를 잡았는데 요즘 아이들은 대자연도 화면으로 즐긴다. 게다가 우리 때는 전혀 몰랐던 세계까지 상상도 못하던 방식으로 휘젓고 다닌다. 근데 녀석 전공이 소프트웨어 쪽이라 저게 지금 일인지 노는 건지 분간이 안 된다. 하긴 일하는 것과 노는 것을 딱 자르는 것부터 구시대적 발상일지 모르겠다.

셋이 저녁을 먹으며 녀석의 진로 문제를 이야기했다. 일단 조그만 회사 한 곳에 합격은 됐다. 아직 가겠다는 답은 주지 않았고. 그대로 입사를 할지 아니면 취업 재수를 할지 한 주 안에 정해야 한다. 녀석은 내년에 다시 해 보고 싶단다. 회사 규모도 규모지만 현재 경영이 원체 부실하여 불안 요소가 있다는 이유다. 내년에 시도한다고 더 나은 직장에 간다는 보장은 물론 없다. 그렇지만 군대도 다녀왔고 아직 나이도 있고 하니 허락만 해 주면 한 번 더 해보고 싶단다. 학과 선배 다섯이 작년에 취업 재수를 했는데 올해 세 명이 바라던 기업에 취업이 됐으니까 단순 통계로만 본다면 성공 확률이 반은 넘는단다. 어허 이런, 이 녀석아! 네가 열심히 안 하면 그런 통계, 그런 상황은 아무 의미가 없어! 다만 세계적으로 컴퓨터 산업 경기가 나아지고 있다는 점은 긍정적 요인이다. 시간, 돈, 삶의 질, 일의 의미, 국가 경제, 인생의 길이, 내 의지 등 많은 문제가 걸려 있는 쉽지 않은 결정이다. 네 장래 일이니 꼼꼼히 잘 살펴보고 현명하게 선택하라 했다. 혹 재수를 원하면 1년은 더 지원해 주겠지만 동생이 있어 그 이상은 어렵다는 것도 확실히 말해주고.

광대한 우주와 인간

서재로 들어와 데스크톱 컴퓨터를 깨운다. 바탕화면은 별이 가득 덮고 있다. 지구 주변을 돌던 허블 우주망원경이 몇 달의 노력 끝에 만들어 낸 허블 울트라 딥 필드Hubble Ultra Deep Field 사진이다. 여기 찍힌 만 개 정도의 별은 사실 별이 아니라 전부 은하. 자세히 보면 모양도 빛깔도 제각각이고 우리 은하와 닮은 나선형도 많다. 130억 광년 거리에 있는 우주 발생 초기의 모습이어서 완성된 은하뿐 아니라 생성 중인 은하, 합쳐지거나 나누어지는 은하도 보인다. 은하....... 태양계가 속한 우리 은하의 폭이 약 10만 광년이라 하니 이 구석에 있는 이 조그만 점 하나도 폭이 대충 그 정도 되겠지. 나란히 붙은 이 두 은하도 크기로 미루어 서로에게서 최소 수백만 광년은 떨어져 있을 것 같다.

빛은 1초에 지구를 일곱 바퀴 하고 반을 도는데 그렇게 빠른 빛이 하루도 아니고 1년도 아니고 무려 10만 년을 달린다면 그 거리는 얼마나 될까? 그 빛이 또 130억 년을 달린다? 천문학에서는 정말 천문학적인 수만 다룬다. 그런데 워낙 크다 보니 아무 느낌도 없다. 만 개의 은하가 잡힌 저 사진은 관측 가능한 전체 우주의 2,600만 분의 일 정도를 담은 것이다. 전체 우주에는 우리 은하 같은 은하가 적게는 천억 개 많으면 일조 개 정도 있다고 한다. 다 셀 수가 없어 그냥 추정한 숫자다. 은하 하나는 또 보통 수천억 개의 별로 구성된다고 한다. 그러니까 폭이 십만 광년인 우리 은하가 우주에 있는 천억 내지 일조 개 은하의 하나에 불과한데 태양계는 그 하나의 은하에서 또 수천억 분의 일밖에 되지 않는다는 이야기다. 우리 지구는 또 그 태양계에서 태양 주위를 돌아가는 여덟 개 행성의 하나일 따름이다.

사람이 숫자를 1초에 하나씩 세면 하루에 86,400을 셀 수 있다. 물론 안 먹고 안 자고 안 쉬는 조건이다. 1년을 그렇게 세면 약 3,200만까지 가능하다. 사람이 장수해 100년을 살면서 평생 수만 헤아린다 해도 35억도 채 못 세고 죽는다. 그런 한계를 가진 인간이 천억 단위의 별을 가진 조 개의 은하를 논할 수 있는 것은 이른바 계산기라는 물건 덕분이다. 그 계산기가 발전해 오늘날 더 다양한 기능을 가진 컴퓨터가 되었다. 이 기묘한 기계와 전자공학 등 첨단 학문의 발전 덕분에 이제는 아무리 많고 복잡한 것도 그저 헤아리는 정도가 아니라 모으고 정리하고 분석할 수 있게 되었다. 거대의 세계로 뻗어갈 뿐 아니라 미시의 세계도 깊숙이 파고든다. 마이크로 단위를 넘어 나노를 따지더니 이제 그보다 더 미세한 영역까지 쪼개고 들어간다. 컴퓨터와 전자기술의 결합은 학문과 기술에서 과거에는 꿈도 꾸지 못할 새 영역을 계속 열어가고 있다. 인간 및 여러 생물의 유전자 지도는 오래전에 다 그렸고 이제 사람보다 뛰어난 인공지능까지 곧 만들어 낼 기세다.

지구는 사실 엄청나게 크다. 불과 몇백 년 전까지만 해도 인류에게는 이 지구가 전부였다. 밤하늘의 수많은 별은 그저 허공을 덮은 둥근 돔에 붙어 있는 크고 작은 발광체에 불과했다. 그런데 코페르니쿠스나 갈릴레오 같은 학자들 덕분에 별이 곧 우주라는 것을 새롭게 알게 되었다. 이 지구는 우주의 중심이 아니며 새롭게 중심으로 데뷔한 태양마저도 우리 은하의 변두리에 있고 우리 은하 역시 우주에서 특별한 위치에 있는 게 아니라는 것도 알게 되었다. 우주의 광대함을 처음 발견한 근대의 유럽인들은 어떤 충격을 받았을까? 자기들이 가졌던 성경적 세계관과 너무나도 다른 우주의 등장은 사람과 우주와 창조주에 대해 근본적인 관점까지 바꾸어 놓을 만큼 엄청난 변화였을 것이다.

말로는 설명이 안 될 정도로 광대한 이 우주에서 태양계와 지구는 변방으로 쫓겨나 있다. 하지만 우리는 오늘도 이 지구에 발붙이고 살아가며 현재의 이론으로는 이 태양계를 벗어날 가능성조차 없다. 우주에서 한 톨 먼지에 불과한 이 지구가 우리에게는 전부다. 그리고 구름 아래 갇혀 약간의 비바람에도 어쩌지 못하는 허약한 존재들이다. 태풍이 지난 뒤 드러나는 맑고 푸른 하늘은 언제나 꿈과 희망의 상징 아니던가. 그런데도 사람은 이 지구로 만족하지 못하고 별의 세계로 날아간다. 전체 우주에서 먼지 하나도 못 되는 이 지구, 거기서도 또 먼지 하나의 크기에 지나지 않는 너와 나지만 사람에게는 생각하는 능력이 있어 이 지구뿐 아니라 온 우주까지도 우리 머리와 마음에 담아낼 수 있다. 우주가 광대한 공간으로 나를 에워싼다면 나는 생각하는 능력으로 온 우주를 담아낸다. 우주는 어떻게 생겨났을까? 누가 만들었을까? 난 이 우주에서 무엇인가? 과거와 오늘과 미래에 오고가는 수많은 인류는 이 광대한 우주에서 무슨 의미를 갖는 걸까? 그런 생각을 하며 밤하늘을 관찰하고 컴퓨터 화면을 뚫어져라 바라본다. 별을 바라보는 것은 신기함을 넘어 종교적 경험이 되기도 한다. 눈에 보이는 것 너머에 있는 또 다른 어떤 대상을 느껴보는 일이다.

천재가 남긴 흔적

오늘 우리는 파스칼의 세상에 살고 있다. 파스칼에 대해 조금이라도 아는 사람이라면 삶 이곳저곳에서 또 순간순간마다 400년 전에 살았던 한 천재의 흔적을 느낄 수 있다. 일기예보를 보거나 야구 경기를 즐길 때, 자동차를 운전하거나 버스를 타고 갈 때도, 손목시계로 시간을 확인할 때도, 집이나 사무실에서 컴퓨터로 일이나 게임을 할 때도 파스칼을 떠올리게 된다. 청소기를 돌릴 때나 이런저런 계획을 세울 때도 파스칼이 생각난다. 책방에 가서도 파스칼을 만난다.

"인간은 생각하는 갈대!"

누구나 할 수 있을 법한 한 마디지만 이 짧은 문구에 담긴 성찰의 깊이와 크기를 알기에 사람들은 오늘도 이 문구를 애용한다. 광대한 우주를 처음 마주하면서 두려움에 떨었던 사람, 그러나 무한에 가까운 우주마저 삼켜버릴 수 있는 생각의 힘을 깨닫고 거기서 인간의 위대함과 존엄성을 발견한 사람이 바로 파스칼이다. 파스칼은 길고도 깊은 사색을 짧은 문구에 압축하는 재주가 있었다. 그래서 '생각하는 갈대' 외에도 거대한 역사의 흐름을 클레오파트라의 코 높이로 설명했다. 인간이 가진 생각의 힘을 알았기에 그런 위트 있는 분석이 가능했던 것이다.

파스칼은 오늘날 우리 삶의 일부가 되어 버린 컴퓨터의 원조다. 물론 이 컴퓨터가 태어나기까지 수많은 사람의 생각과 땀이 있었고 지금도 진화를 거듭하는 중이지만 400년 전 최초의 기계식 계산기를 만들어 보급한 파스칼의 공로는 결정적이다. 컴퓨터라는 말도 사실 계산기라는 뜻 아니던가. 파스칼은 또 이 컴퓨터 기술과 접목하여 첨단 기능을 가능하게 만든 사영기하학의 대부다. 2차원의 평면에 3차원의 입체를 구현하는 원리를 다양하게 연구하여 수백 년 뒤 여러 관련 학문이 탄생할 수 있게 하였고 오늘날의 3D 기술을 포함하여 자율주행차, 인공지능 기술 등 각종 첨단 기술도 가능하게 만들었다. 파스칼이 원리 자체를 연구할 때에는 꿈도 꾸지 못하던 것들이 우리 현실 가운데 일어나고 있다. 400년 이전에 연구한 것들이 첨단 기술의 시대에 더욱 긴요하게 사용되는 것을 보며 자기 시대에 충실한 지성의 탐구가 인류의 역사에서 얼마나 소중한 것인지 다시금 느낀다.

물리학 분야에서는 대기압 연구에 많은 공을 세웠다. 공기에 무게가 있지 않을까 짐작한 갈릴레오나 토리첼리 등의 추정을 다양한 고도에서 행한 실험을 통해 사실로 입증한 것이다. 그래서 이 사람의 이름인 파스칼에 백을 뜻하는 헥토를 붙여 헥토파스칼이라는 단위를 기압의 단위로 사용한다. 또 대기압의 실체를 증명하는 과정에서 진공의 존재를 실험으로 입증했다. 자연 상태에서는 진공이 불가능하다는 이천 년 역사의 교리를 몇몇 과학자들이 의심하였고 파스칼은 그것을 실험을 통해 증명한 것이다. 진공 및 대기압의 존재를 밝힌 여러 실험들을 통해 과학혁명 시대가 활짝 열렸고 이후 수백 년 동안 이어진 그 연구와 발전의 결과를 오늘 우리는 삶의 여러 영역에서 누리고 있다.

파스칼은 또 판돈 분배의 법칙을 연구하고 기댓값 개념을 창안하여 현대 확률론의 아버지가 되었다. 이전에 없던 새 분야를 개척한 것인데 오늘 우리 시대는 비 올 확률뿐 아니라 사업, 건강, 오락 등 삶의 수많은 영역이 이 확률과 뒤엉켜 있다. 확률은 우리 삶의 중요한 영역에서 판단을 내리는 핵심 기준이 되었다. 확률론이 있었기에 통계학이라는 학문도 등장했다. 확률과 통계는 오늘날 인문, 사회, 자연과학 여러 분야의 핵심 요소가 되었으며 현실의 삶을 주도하는 주요 원리가 되었다. 또 다양한 요소들을 고려하여 최선의 결과를 예측하는 결정이론으로 발전하여 오늘날 각종 예측과 기획에 사용되며 주식 투자나 여러 발전을 위한 기초 원리가 되고 있다.

파스칼의 유체역학 연구는 파스칼의 원리를 탄생시켜 오늘날도 유압식 리프트나 유압식 브레이크 등에 유용하게 사용하고 있다. 파스칼은 발명의 천재였다. 시계를 손목에 차고 다니는 아이디어를 처음 낸 사람이고 오늘날 대도시마다 운행하는 노선 버스도 처음 생각하고 또 실제로 운행까지 했던 사람이다. 주사기, 기압계, 도박 기계인 룰렛 등도 파스칼의 머리에서 나온 것들이다.

책방에서 만나는 파스칼은 종교 논쟁을 담은 서간집《프로뱅시알 편지》의 저자이기도 하지만 우리에게는 말년의 깊은 사색을 담은《팡세》로 더욱 유명하다. 세계의 고전이 되어 우리말 번역도 많은 이《팡세》는 완결된 책이 아니라 생각의 단편들을 모은 생각 모음집이다. 파스칼 자신의 종교인 기독교를 불신자들에게 합리적으로 설명하고자 준비하던 것인데 온 우주를 포괄하는 종합적인 사색을 일반인들도 이해할 수 있는 언어로 표현함으로써 많은 사람에게 깊은 감동을 준다. 신의 존재에 대한 설명도 설득력이 있지만 무엇보다 자신의 신앙을 바탕으로 인간에 대해 성찰하고 분석한 내용을 읽으면 누구나 자기 이야기인 듯 쉽게 공감할 수 있고 그래서 파스칼이 내미는 손을 잡고 함께 걸어가고픈 충동까지 느끼게 된다.

400년 전에 살았던 사람의 흔적을 이 첨단 시대에 더 짙게 느낀다는 사실이 참 놀랍다. 파스칼의 생각과 삶의 깊이와 너비를 고려할 때 파스칼의 이름은 앞으로 더 자주 언급될 가능성이 크다.

이 책에 대하여

3년 후인 2023년은 파스칼 탄생 400주년이다. 우리와 문화적으로 직접 닿아있지 않은 서양 지성사의 중심 인물이지만 파스칼은 이미 우리 마음과 삶에도 깊이 자리를 잡았다. 대표 저작인 《팡세》를 읽으며 우리는 오랜 기간 삶의 의미에 대해 친숙한 대화를 나누었다. 《팡세》는 불문학이면서 문학 그 자체이고 또 철학이고 사상이고 신앙이다. 자연과학을 전공하는 사람들은 수학의 확률론, 사영기하학, 지구과학, 유체역학 등을 배울 때 파스칼을 만나게 된다. 한 번이 아니라 여러 번 반복해 만나는 경우도 많다. 파스칼이 학문의 다양한 분야에서 남긴 업적을 생각할 때 탄생 400주년을 앞두고 적지 않은 연구와 논의가 지구촌 곳곳에서 이루어질 것으로 예상된다. 그리고 파스칼이 이 모든 것을 기독교 신앙의 바탕 위에서 이룩하였으므로 그 누구보다도 기독인들이 파스칼을 연구하고 배우고 알리는 일에 앞장을 서게 될 가능성이 크다.

파스칼의 생애와 사상을 하나로 압축하면 인문학人文學이다. 인문학이 무엇인가? 사람 인人, 글월 문文! 사람에 관한 모든 성찰과 표현이 인문학이다. 문학, 역사, 철학, 음악, 예술...... 모든 인문, 사회과학을 망라하고, 생물학, 지질학, 천문학, 전자공학, 컴퓨터학 등등도 전부 포함된다. 이 모든 분야를 섭렵하였던 대가 파스칼이 자연과학도 사람에 관한 것이요 결국 인문학일 수밖에 없음을 설득력 있게 보여준다. 자연과 인간은 언제나 같이 간다. 과학이 발달할수록 인문학에 대한 관심도 커질 것이다. 자연에 대한 깨달음이 늘면서 의문점 또한 많아지기 때문이요 그런 질문을 제기하는 주체 곧 인간은 더욱 어려운 수수께끼가 되는 까닭이다. 그래서 인문학은 우리를 더 많은 생각으로 인도한다. 특히 우리 시대에 경험하고 있는 세계관의 변화는 사람과 우주에 대한 새로운 정의를 요구한다. 신화나 옛이야기가 우리의 눈길을 인문학으로 향하게 했다면 이제는 파스칼 같은 사람을 함께 읽음으로써 우리의 생각을 키우고 삶을 살찌울 수 있을 것이다.

파스칼은 천재다. 천재 중에서도 독보적이다. 그런 사람의 생애는 본받으려고 읽기에는 너무 벅차다. 뱁새가 황새를 어찌 따르리. 괜히 읽었다가 좌절한다면 안 읽느니만 못하다. 천재의 생애를 배우는 첫째 뜻은 그 사람의 천재성이 남긴 소중한 유산을 확인하고 고마움을 표하는 일이다. 다 빈치의 작품을 감상하거나 도스토옙스키의 소설을 읽을 때처럼 말이다. 그런 천재가 있었기에 온 인류가 혜택을 누린다. 이미 오래되었지만 앞으로도 길이 누릴 것이기에 고전이라 부른다. 그렇게 알아준 다음 비로소 그 사람의 천재성이 남긴 유산 가운데 혹 배울 점은 없는지 찾아볼 수 있다. 모차르트나 베토벤의 음악을 모작해 보면서 음악성을 키워간 사람이 있고 셰익스피어나 씨 에스 루이스의 글을 흉내내면서 문학을 훈련한 사람이 적지 않다. 파스칼의 경우 자연과학에서 이룩한 업적 가운데도 배울 게 많지만 특히 말년에 남긴 깊은 성찰, 인간과 자연과 하나님에 대해 전개한 깊은 사유를 읽고 되새김으로써 우리도 보다 깊은 깨달음과 보다 넓은 실천의 세계로 나아갈 수 있다.

마지막으로는 인간 보편의 입장에서 배울 점이 있을 것이다. 천재도 사람인 이상 사람의 장단점을 다 갖고 있다. 물론 많은 천재의 경우 남다른 재능을 가져 그런지 인격이나 삶도 남들과 다른 경우가 적지 않다. 모차르트나 고흐의 인생이 그랬다. 그런 사람의 삶은 배우기 어려운 점이 있다. 하지만 파스칼의 경우는 천재성이 극도로 절제되어 있다. 천재는 분명 천잰데 그 사람의 인격이나 삶, 즉 기본적인 자세나 대인관계는 너무나도 평범하였고 그 평범함 가운데 우리가 따라할 수도 있는 좋은 모범을 제공한다. 천재성은 우리가 타고나지 못했으니 황새 모방 불가론을 펼칠 수 있겠지만 파스칼은 타고나는 것이 불가능한 바로 그 영역에서도 귀감이 되었으므로 파스칼을 일단 읽은 사람이라면 그의 신앙 인격과 삶을 본받지 않은 데 대해 변명의 여지가 별로 없을 것이다.

이 책은 파스칼을 소개하는 책이다. 국내에 아직 파스칼에 대한 연구서가 많지 않음을 고려하여 파스칼의 생애와 업적을 골고루 소개하는 데 비중을 두었다. 그의 천재성을 몇 개의 영역으로 나누고 파스칼의 삶과 업적이라는 구도로 전개해 본 것이다. 파스칼에 대한 나 나름의 해석이므로 '평전'이라 이름했다. 제1부에서는 수학, 물리학, 신학, 문학 등 네 영역에서 드러난 파스칼의 재능을 소개했다. 파스칼이 각 분야에서 어떤 성취를 하고 어떤 공헌을 끼쳤는지 최대한 쉽게 설명하였는데 칭송할 점과 배울 점이 한가득 뒤섞여 있다. 제2부에서는 파스칼의 유작《팡세》가운데 가장 많이 알려진 '파스칼의 내기' 부분을 해설했다. 파스칼 사상의 정수에 해당하는 제법 긴 글인데 논리의 전개가 빨라 급히 읽다가는 체하기 쉬우므로 유압식에 버금가는 최신형 브레이크를 해설 형식으로 장착하여 속도를 맞추어 읽을 수 있게 했다.

본문에서 인용한 파스칼의 글은 전부 내가 프랑스어 원문에서 직접 번역했다. 물론 몇 가지 영어 번역도 참고했다. 그리고 인용한 글은 모두 우리말 번역서에서 찾아볼 수 있도록 관련 번호를 본문에 붉은 글씨로 적어 넣었다.《프로뱅시알 편지》의 경우 편지 번호를 먼저 적고 이어 안혜련이 번역하여 나남에서 출간한《시골 친구에게 보내는 편지》의 페이지를 표시했다. 이를테면 '7-114'는 7번 편지, 안혜련 번역의 114쪽을 가리킨다.《팡세》는 판본에 따라 순서가 제각각이므로 열 개가 넘는 우리말 번역 가운데 무난하다 생각되는 두 개를 골라 그 번역의 번호만 명기했다. 책의 페이지가 아닌 성찰 단편의 번호다. 전부 소개하지 못한 점과 임의의 선택을 한 점은 양해해 주시기 바란다. 빗금 앞뒤로 번호를 적었는데 (예, 123/456) 앞의 숫자는 현미애 역 을유문화사 번역본이고 뒤의 것은 이환 역 민음사 번역의 번호를 가리킨다. 다른 번역도 그렇겠지만 특히 이 두 번역은 파스칼의 뜻을 잘 전달하는 좋은 번역이라고 생각된다.

파스칼의 글을 직접 인용할 때는 출전을 대부분 본문에 포함시켰고 다른 사람들의 저작을 인용할 경우는 출전을 각주로 돌렸다. 필요한 경우 용어 이해를 돕기 위해 불어 외에 한자나 영어 표현도 파란색의 작은 글씨로 나란히 적었다. 사진과 그림도 꽤 많이 실었다. 본문 이해를 돕기 위한 차원도 있지만 도판 하나하나가 또 나름의 메시지를 담고 있으므로 관심 있게 읽으면 관련 본문 내용과 더욱 깊은 호흡을 나눌 수 있을 것이다.

이 책의 초안을 완성한 지 어언 10년이 되었다. 인문학을 주제로 한 연작의 일부로 집필했었는데 워낙 방대한 내용을 다루다 보니 원고 전체가 초안 상태를 벗어나지 못하고 있었다. 이대로 골동품상 손에 들어가는 건 아닌가 싶기도 했지만 코로나19 사태로 사회 활동이 다소 줄어든 덕분에 일단 파스칼 한 사람만 생각보다 일찍 빛을 보게 되었다. 곳곳에 끼었던 곰팡이를 조심스레 털어내고 눅눅해진 부분에는 다림질도 했는데 그 과정에서 분량이 많아져 초안의 두 배 정도가 됐다. 파스칼을 제외한 나머지 부분은 원래의 기획대로 연작으로 완성하여 최대한 빨리 내놓을 생각이다.

이 책 초안을 집필할 무렵 나는 미국 코네티컷에서 그리니치 한인교회를 담임하고 있었다. 사랑의 공동체를 이루어 힘과 위로가 되어 준 모든 분, 특히 좋은 책 쓰라고 기도하며 많은 도움을 베풀어 준 한진석 장로님, 박지수 집사님 (지금은 장로님) 그리고 여러 교우님께 큰 사랑을 담은 감사를 전한다.

나는 3년 전 고려신학대학원에 초빙교수로 부름을 받아 지금까지 일하고 있는데 한국에 와 머무는 동안 여러 가지로 도움을 준 사랑하는 친구 김남호 장로에게 이 자리를 빌어 고마운 마음을 전하고 싶다. 대학 시절 SFC 운동원으로 만나 오늘까지 40년을 든든한 믿음의 동역자로 지내 왔는데 이 글을 처음 작업하던 미국과 이탈리아에 이어 한국에 와서도 계속 힘이 되어 주었다. 필요할 때마다 남편을 즐겁게 대여해 주신 부인 손경연 여사께도 감사를 전한다.

책 편집은 내가 직접 했다. 출판사 두어 곳과 이야기를 나누어 보았는데 생각이 맞지 않아 직접 하게 된 것이다. 편집에 많은 도움을 주신 SFC의 강자옥 간사님께 감사를 드린다. 또 이 책의 준비 및 제작을 위해 거제시 고현교회에서 재정을 지원해 주셔서 작업이 무난히 이루어질 수 있었다. 언제나 큰 사랑을 보여주시는 박정곤 담임목사님과 고현교회 모든 성도님께 깊은 감사를 드린다.

오늘도 가정과 일터에서 수고하는 사랑하는 아내 제수정에게 고마움을 가득 담은 사랑을 다시금 전한다. 이 책을 비롯한 내 삶의 그 어느 영역도 아내 없이는 생각하기 어렵다. 이제 성인으로 자라 제 몫을 해 가고 있는 세 아들 호성, 요한, 제영에게도 고마운 마음을 전한다.

2020년 11월

짧은 한 마디 : 개정판을 내면서

개정판이라 이름했지만 고친 건 거의 단편적인 것들이다. 틀린 것들은 바로잡고 어색해 보이는 말투도 몇 곳 부드럽게 바꾸었다. 출판사를 새로 골라 전체 디자인도 달라졌다. 파스칼 탄생 400주년인 2023년에 출간하려 했으나 형편상 해를 넘기게 된 점이 아쉬울 따름이다.

개정판을 내는 까닭은 더 읽혔으면 하기 때문이다. 인류에게 이토록 많은 선물을 안겨준 천재의 탄생 400주년이 너무나 조용히 지나가 미안한 마음이 크다. 더 많은 사람이 파스칼이라는 인물을 알게 되기를 바라는 마음과 《팡세》가 더 사랑받기를 바라는 마음을 담았다. 이 책은 《팡세》를 펴기 전에 읽거나 《팡세》와 함께 읽어가도 좋고 《팡세》를 다 읽은 뒤 정리하기에도 도움이 될 것이다.

초판을 내고 두 달이 채 못 되어 고수를 만났다. 책을 얼마나 꼼꼼하게 읽었는지 내용이나 편집의 오류를 무려 백 수십 개나 발견해 알려 주셨다. 거부하려 몸부림을 쳤지만 백 곳 이상을 고치지 않을 수 없었다. 호반의 고수 김영명 목사님께 고개 숙여 감사를 드린다. 여러 방법으로 관심과 사랑을 표해 주신 다른 모든 분과 환갑이 지난 사람을 담임으로 불러주신 일원동교회 성도들 그리고 개정판 출간을 기꺼이 맡아 주신 깃드는 숲 김명일 목사님께도 감사를 드린다.

2024년 3월

1부

파스칼의 삶과 학문

Blaige Pascal

1장

"모든 것은 수로 이루어져 있다."

피타고라스

클레르몽에서 파리로

블레즈 파스칼 $^{Blaise\ Pascal,\ 1623-1662}$은 '불세출'의 신동이다. 좀처럼 세상에 나기 힘든 인물이어서 불세출^{不世出}이고 또 프랑스가 세계에 내놓았기에 불세출^{佛世出}이다. 파스칼은 소위 '박식가^{博識家}'다. 한 분야의 천재도 드문데 파스칼은 여러 영역에서 뛰어난 재능을 보였다. 고대 그리스의 아리스토텔레스나 르네상스 시대의 레오나르도 다 빈치 정도에 비길 인물로서 팔방미인^{八方美人}이라는 말로도 부족하다. 영어 속담에 "Jack of all trades, master of none"이라는 게 있다. 다양한 재주를 가졌지만 정작 완벽하게 하는 건 하나도 없는 사람을 가리킨다. 사람이라면 대개 그렇다. 그런데 파스칼은 이것저것 많이도 건드렸으면서 놀랍게도 손을 댄 모든 영역에서 최고의 수준에 도달했다. 특히 수학, 물리학, 철학, 신학, 문학 등 상호 연관성이 크지 않은 다양한 분야에서 타의 추종을 불허하는 업적을 남겼다. 마치 여러 명의 천재가 한 사람 속에 빙의한 것 같은 독보적인 존재다.

이뿐 아니라 파스칼은 이론과 실천을 함께 갖추었다. 이론 하나하나가 심오한데 그 이론들이 상아탑에 갇혀 있지 않고 언제나 삶의 현장에서 그 구체적인 뜻을 찾았다. 박학다식博學多識과 다재다능多才多能의 결합체를 완벽하게 구현해 낸 이런 인물은 역사에서도 찾아보기 쉽지 않다. 그런데 그게 다가 아니다. 파스칼의 모든 학식과 재주가 또 원숙한 인격 안에 자리를 잡아 재덕겸비才德兼備 곧 재주와 덕의 완벽한 결합을 보여준다. 능력이 탁월하면 인격이 왕왕 문제를 일으키는데 파스칼은 언제나 자신의 재능을 절제된 인품을 바탕으로 구현했다.

이런 사람이 또 있을까? 단 하나 파스칼이 못 가진 게 있다면 그건 건강이다. 파스칼은 어려서부터 병치레를 많이 했고 열여덟 살 이후로는 몸 한두 곳이 아프지 않은 날이 하루도 없었다. 그런 가운데서도 건강한 사람이 흉내 내기 어려운 성취를 이루었으니 파스칼의 학식과 재능과 업적과 인격은 그저 놀랍다는 말로도 표현이 안 된다.

블레즈 파스칼 석판 원그림 작가 및 석판 제작자 미상. 파스칼의 당대 초상화는 전하는 게 없다. 초상화를 근거로 만든 석판화와 그 석판을 근거로 다시 만든 초상화는 다수 전한다. 이 석판은 에델링크Gerard Edelinck, 1640-1707의 석판과 같아 동일한 원본 초상화를 근거로 제작되었음을 짐작게 한다.
사진: Wikimedia Commons.

파스칼은 1623년 6월 19일 프랑스에서 태어났다. 파스칼이 태어날 때 세상은 어떤 형편이었을까? 이웃 이탈리아에서 학문과 예술을 꽃피운 르네상스의 기운이 온 유럽으로 한창 뻗어나가고 있었다. 근대의 문을 연 프랑스 철학자 데카르트는 그때 27세였다. 바다 건너에서는 영문학을 우뚝 세운 셰익스피어가 몇 해 전에 세상을 떴고 과학자 뉴턴은 아직 태어나기 19년 전이었다. 알프스 너머 이탈리아의 과학자 갈릴레오는 원숙미 넘치는 59세였고 이웃 독일 곧 신성로마제국의 천문학자 케플러는 왕성한 51세였다. 정치적으로는 신성로마제국이 주도한 30년 전쟁으로 온 유럽이 혼란스러울 때였으나 프랑스는 아직 참전하기 전이었다. 당시 프랑스 왕은 루이 13세였는데 파스칼 탄생 이듬해에 리슐리외 추기경이 재상이 되어 이후 20년간 중앙집권을 강화하면서 프랑스를 천주교 국가로 든든히 세우게 된다. 멀리 인도는 이슬람 무굴 제국이 다스리고 있었고 중국은 명나라 말기였다. 우리나라에서는 광해군을 몰아낸 인조반정이 파스칼이 나던 그 해에 있었다. 이 무렵 유럽인들의 아메리카 이주가 본격 시작되어 하버드 대학이 파스칼 탄생 13년 뒤에 문을 연다.

블레즈 파스칼이 태어난 곳은 프랑스의 지방 도시 클레르몽Clermont이다. 클레르몽은 오늘날 클레르몽페랑Clermont-Ferrand으로 프랑스 중남부 오베르뉴Auvergne 지역의 중심도시다. 블레즈가 태어날 때 누나 질베르트Gilberte, 1620-1687는 세 살이었다. 두 해 뒤에는 여동생 자클린Jacqueline, 1625-1661도 태어났다. 어머니 Antoinette Begon는 동생을 낳은 이듬해 세상을 떴다. 세 살 때 어머니를 여의었으니 파스칼에게는 어머니에 대한 기억은 거의 없었을 것이다. 집안일을 위해 가사 도우미를 두긴 했지만 자녀 양육은 아버지가 전적으로 맡았다. 부와 지위를 가진 귀족이 자녀를 직접 맡아 기른다는 것은 당시로서는 파격적인 일이었다. 삼남매 모두 어려서부터 비범한 총명함을 보였기에 아버지는 아이들 교육

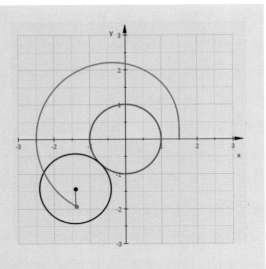

달팽이꼴을 그리는 과정 경우에 따라 달라지지만 완성된 달팽이꼴은 대개 하트 모양이다. **Wikipedia의 gif 정지화면**

에 남다른 정성을 쏟았다. 맏딸 질베르트는 어려서부터 통솔력이 뛰어났고 동생들도 잘 돌봤다. 막내 자클린은 문학에 뛰어난 재능을 보였다. 블레즈는 모든 방면에서 두각을 나타냈는데 그것을 이론과 실천 양면에서 아낌없이 구현했다.

파스칼은 귀족으로 태어났다. 물론 신분 차별이 사회 제도의 일부였던 시절의 이야기다. 당시 사회상을 고려할 때 귀족이 아니었다면 천재 파스칼도 없었을지 모른다. 파스칼 집안은 법복귀족Noblesse de robe, 즉 법무나 행정 등 관직에 올라 귀족이 된 그런 집안이었다. 파스칼의 할아버지는 프랑스 재무부 소속 고위 공무원이었는데 앙리 3세 때는 오베르뉴 지역 최고 책임자였다. 파스칼의 아버지 에티엔Étienne Pascal, 1588-1651은 법대를 졸업한 뒤 지방 판사 및 세무 공무원으로 일했다. 그런데 에티엔은 직장보다 학문에 관심이 더 많았다. 그리스어와 라틴어에 통달한 인문학자였고 또 수학에도 조예가 깊어 연구도 많이 하고 업적도 남겼다. 기하학에는 '달팽이꼴' 또는 '리마송limaçon'이라는 도형이 나온다. 맞붙은 두 개의 원 가운데 하나를 고정하고 다른 원을 그 원 주위로 한 바퀴 회전시킬 때 회전하는 원에 위치한 임의의 점이 그리는 도형을 가리키는데 이 달팽이꼴을 보통 '파스칼의 달팽이꼴'이라 부른다. 이 도형을 가장 먼저 체계적으로 연구한 에티엔 파스칼을 기리는 이름이다. 물론 청출어람^{靑出於藍}, 즉 아들이 아버지보다 훨씬 뛰어나 이 달팽이꼴 하나를 제외한 다른 모든 파스칼, 그러니까 파스칼의 정리, 파스칼의 직선, 파스칼의 삼각형, 파스칼의 원리, 파스칼린, 컴퓨터 언어 파스칼, 대기압을 나타내는 헥토파스칼 등등은 전부 아들인 블레즈 파스칼의 업적이다.

파스칼이 8살이 되던 1631년, 아버지는 직장을 그만두고 파리로 이사했다. 맡았던 자리는 고위직을 사고팔던 당시의 관습대로 얼마 뒤 동생에게 팔았다. 온 식구를 데리고 수도 파리로 옮긴 첫째 이유는 아버지 자신의 학문적인 열정이었다. 파리 중심가에 큼직한 집을 구입한 다음 주변의 여러 지식인들과 어울리기 시작했다. 1635년 수학자 마랭 메르센^{Marin Mersenne, 1588-1648} 신부가 저명한 학자들을 모아 만든 파리 힉술원에도 창립 멤버로 참여하여 수학자 데자르그^{Girard Desargues, 1591-1661}, 철학자 데카르트^{René Descartes, 1596-1650}, 과학자요 신학자였던 가상디^{Pierre Gassendi, 1592-1655} 등 쟁쟁한 인물들과 본격적인 교류를 나누었다. 메르센 신부는 이탈리아를 비롯한 이웃 나라의 학자들도 서로 방문하거나 서신을 교환하게 하여 파리 학회의 학문적 교류는 폭이 상당히 넓었다. 영국의 정치철학자 토머스 홉스^{Thomas Hobbes, 1588-1679}도 프랑스에 올 때마다 이 학회에 참석했다.

파리로 이주한 또 다른 이유는 자녀교육이었다. 어쩌면 이게 진짜 동기였는지도 모른다. 클레르몽에 있을 때도 세 자녀를 아버지가 직접 맡아 가르쳤지만 파리로 이사한 뒤에는 직장에 매이지 않아 보다 많은 시간과 노력을 자녀들에게 쏟을 수 있었다. 게다가 수도로 이사를 함으로써 아이들에게 더욱 좋은 교육환경이 제공되었다. 그게 꼭 서울이어야 할 까닭은 없겠지만 좋은 교육환경을 찾아주는 건 동서양 없이 부모의 열망이요 책임일 것이다. 맹자의 어머니가 아들을 잘 키우려고 처음 묘지 근처에서 시장으로, 시장에서 다시 문묘 곁으로 이사했다는 '맹모삼천孟母三遷'이라는 전설도 있지만 파스칼의 아버지 역시 세 자녀의 교육을 위해 그 좋은 직장 그만두고 수도 파리로 이사를 갔으니 맹모에 조금도 뒤지지 않는 파부였다. 파스칼의 세 자녀가 누린 좋은 환경의 첫째는 수준 높은 학술 모임이었다. 아버지의 활동 덕분에 어린 나이의 세 자녀도 당대 최고의 지성들과 어울릴 수 있게 된 것이다. 이상적인 환경을 갖춘 가운데 또 아버지가 학자로 본을 보이며 헌신적으로 자녀들을 가르쳤으니 세 자녀로서는 타고난 재능을 마음껏 키울 최고의 교육을 받은 셈이다.

파스칼의 정리와 사영기하학

파스칼은 어렸을 때부터 "남부끄러울 정도로" 재능이 많았다. 말을 할 수 있게 되자마자 비범한 능력을 보이기 시작했다고 누나 질베르트는 회고한다.[01]

그런 아이에게 학자 아버지는 최상의 선생이 되어 주었다. 아버지는 언제나 아이의 재능보다 높은 수준의 도전을 던져주었고 아들은 또 아들대로 진리에 대한 애착을 보이며 적극 호응했다. 추구하는 것은 오직 하나 참된 것이었다. 당시 프랑스 지성의 대표이자 《수상록Essais》으로 유명한 몽테뉴Michel de Montaigne, 1533-1592의 교육 원리를 채택하여 교조적 권위를 거부하고 자유 가운데 진리만을 마음껏 추구했다. 분위기는 진지하였지만 무거움 대신 위트와 웃음이 늘 넘쳤다. 방법은 늘 같았다. 확실하지 않은 것들을 하나하나 걸러내 명백하게 옳은 것을 얻어내는 방법이었다. 그것이 반복되면서 습관이 되고 인격

---

01 Gilberte Périer, *La Vie de Pascal* #1 (Paris: Vermillon, 1994), 23. 질베르트가 쓴 파스칼 전기는 1684년 암스테르담에서 출판되었는데 파스칼의 생애 전반에 관한 중요한 자료를 많이 담고 있다.

이 되고 나중에는 삶이 되었다. 진리에 대한 열정에 온통 사로잡혀 한 번 씨름을 시작하면 끝장을 볼 때까지 손에서 놓지 않았다. 파스칼이 어려서부터 보인 특이한 점은 언제나 원리를 알고 싶어 했다는 점이다. 자연과 사회의 다양한 현상을 설명해주는 아버지에게 어린 파스칼은 항상 왜 그런지, 그렇게 되는 '이유raison'가 뭔지 묻곤 했다. 파스칼은 말년의 저서《팡세》에서도 몽테뉴가 인용한 베르길리우스의 《농경시》를 언급하면서 원리를 깨닫는 행복에 대해 말하고 있다.[02]

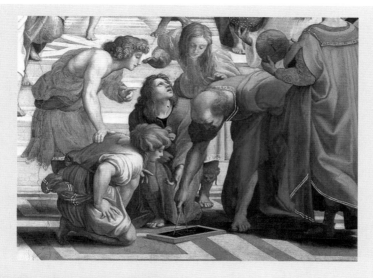

아이들에게 기하학을 설명하는 에우클레이데스 라파엘로Raffaello, 1483-1520가 1509-11년에 바티칸 교황청 라파엘로의 방에 그린 <아테네 학당> 부분. 르네상스 시대 사람들이 이상향처럼 동경하였던 고대 그리스의 학문과 예술을 대표하는 수많은 대가를 한 화면에 가득 담았다. 그림의 배경이 된 건축구조물 밑그림을 당대의 유명 건축가인 브라만테Donato Bramante, 1444-1514가 그려 주었는데 라파엘로는 이에 보답하는 차원에서 브라만테의 얼굴을 에우클레이데스의 모델로 사용했다. 오른쪽에서 지구 모형을 들고 등을 보이며 서 있는 사람은 고대 천문학의 대표자 프톨레마이오스다. 사진: Wikipedia.

---

02 몽테뉴,『수상록』, 3권 10장 ; 베르길리우서,『농경시』, 2권 490행. 76/124 ; 408/40.

파스칼은 처음 수학과 과학이 좋았다. 열한 살 때 탁자 위의 접시가 내는 소리를 관찰하여 소리에 대해 몇 가지 결론을 도출해 보았다. 접시가 뭔가에 부딪히면 소리를 내다가 손으로 잡으면 왜 조용해지는지 이유를 추론해 본 것이다. 눈높이가 아버지 어깨를 넘을 즈음에는 기하학 쪽으로 눈길이 쏠렸다. 그렇지만 그 시대에도 이공계를 홀대하는 이들이 있었는지 아니면 문과 교육을 강조한 《수상록》을 너무 많이 읽었기 때문인지 아버지는 아들의 장래를 위해 라틴어와 그리스어를 먼저 가르쳤다. 특히 수학에 관심을 두지 못하게 하려고 기하학 관련 서적은 아예 서재에서 없애버렸다. 동료 학자들과 토론을 할 때도 아이들이 들을세라 수학 관련 주제는 애써 외면했다. 그렇지만 책은 없애도 터져 나오는 재능마저 억누를 수는 없었다. 어쩌면 금지하는 바람에 호기심이 더 커졌는지도 모른다.

파스칼이 열두 살일 때의 일이다. 기하학을 가르쳐 달라 조르는 아들에게 아버지는 그리스 로마의 고전을 먼저 배우라 타일렀다. 고전을 먼저 익히면 그 다음 기하학을 가르쳐 주겠다고 했다. 부전자전父傳子傳일까 난형난제難兄難弟일까? 공부를 시켜 달라 떼쓰는 별난 아들과 공부를 잘하면 상으로 공부를 더 시켜 주마 약속한 잘난 아버지였다. 파스칼은 그럼 기하학이 뭘 하는 학문인지만 가르쳐 달라 했고 아버지는 여러 도형 사이의 관계와 비율을 연구하는 거라고 간단히 설명해 주었다. 어느 날 라틴어 수업이 끝난 뒤 파스칼은 방에 혼자 남아 목탄으로 동그라미나 세모 등의 도형을 벽에 그려 놓고 도형의 면적, 비율 등을 따져 보기 시작했다. 아버지가 책을 다 치워버려 도형 이름조차 제대로 몰랐다. 그런데 저 나름대로 둥근 것, 세모, 막대기 등으로 이름을 붙여 놓고는 정의를 하나씩 만들고 공리까지 만든 다음 증명도 하나하나 해 나갔다. 이런 식으로 한참을 혼자 연구하더니 급기야 에우클레이데스의 기하학 첫째 권 32번 정리에 도달했다.

"삼각형의 한 각의 외각은 그 각을 제외한 나머지 두 각의 합과 같다.
삼각형의 세 내각을 합치면 두 직각과 같다."

이 정리를 만든 순간 아버지가 방에 들어섰다. 아들은 놀라 입을 벌렸다.
아버지가 금지하신 것을 하다가 들킨 것이다. 그런데 벽에 적어놓은 글과 그림
을 찬찬히 살펴보던 아버지는 두 눈과 입이 동시에 벌어지는가 싶더니 두 눈에
서 눈물을 왈칵 쏟았다. 아버지는 그 길로 달려가 동료들에게 이 사실을 알렸
다. 놀라지 않는 이가 없었다. 수학 교육을 더 이상 늦추어서는 안 된다는 것이
모두의 뜻이었다. 아버지도 아들이 적어도 15세가 된 다음 수학을 가르치려 했
던 생각을 바꾸어 즉각 체계적인 수학 교육을 시작했다. 그날부터 파스칼은 메
르센 신부가 주관하는 학회에도 아버지와 함께 참석하게 되었다.

나이도 어린 왕초보 파스칼이 전문 학회의 수준 높은 연구와 토론을 어떻
게 따라잡았는지는 알 길이 없다. 아마도 해외 유학생들의 첫 학기처럼 뜻 모
를 말들이 한 귀로 문득 들어왔다가 다른 귀로 황망히 흘러나간 시간이 적지
않았을 것이다. 그렇지만 어린 나이에 기하학 공리를 홀로 터득한 파스칼에게
선배들의 뒤를 따라가는 것 정도는 그리 힘들지 않았던 것 같다. 실제로 파스
칼이 몇 년이 되지 않아 당대 최고의 수준에 도달하였음을 입증하는 증거가 있
다. 파스칼은 학회 가입 이후 데자르그의 원뿔 곡선^{conic section} 이론에 관심이 끌
렸다. 원뿔을 임의의 각도로 잘랐을 때 생기는 단면이 원뿔 곡선인데 자르는
각도에 따라 원 또는 타원, 쌍곡선, 포물선 등이 된다. 고대 그리스에서 많이
연구한 원뿔 곡선을 근대 유럽에서는 독일의 천문학자 케플러^{Johannes Kepler, 1571~1630}

가 앞서 연구하였고 뒤이어 데자르그가 체계적인 연구를 하여 나중에는 '데자
르그의 정리Desargues's Theorem'로 완성이 된다. 이 정리는 원뿔 곡선의 속성에 관한
중요한 기하학적 원리로서 내용은 이렇다.

> "공간상의 두 임의의 삼각형 ABC와 abc에 대하여, Aa, Bb, Cc를 연장
> 한 직선들이 한 점에서 만날 때, AB와 ab, BC와 bc, CA와 ca의 연장선
> 의 교점은 한 직선 위에 놓인다."[03]

꼭짓점끼리 연결한 세 직선이 만나는 자리를 배경의 중심이라 부르고 변
의 연장선이 만나는 세 교점이 이루는 직선을 배경의 축이라 부르므로 이 정리
는 "중심배경이면 축배경
이다"라는 명제로 표현할
수 있고 역도 성립한다. 일
반인은 이해하기 쉽지 않
고 또 무엇에 쓰는 원리인
지도 알기 어렵지만 수학
에서는 매우 중요한 발견
이다. 그런데 데자르그
의 연구 과정을 줄곧 지
켜본 파스칼은 막 열여
섯 살이 되던 1639년에

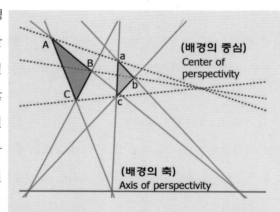

데자르그의 정리 데자르그는 이 정리를 완성만 하고 출판
하지는 않았는데 1648년에 출간된 동료의 책이 그 정리를
소개하여 데자르그의 업적을 확인해 주었다. 그림 Wikipedia.

획기적인 연구결과를 하나 발표했다. 원뿔 곡선에 내접하는 육각형의 성질

---

03 위키피디아, "데자르그의 정리."

에 관한 것이었다.

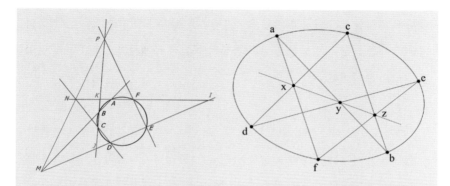

파스칼의 정리 첫 그림은 본문의 정의를 그대로 보여준다. MNP가 파스칼의 직선. 둘째 그림에서 육각형은 abc defa 순서로 그려지는데 af/cd, bc/ef, ab/de가 각 대변을 이룬다. 파스칼의 직선은 xyz. 그림: Wikipedia.

> "원뿔 도형에서 임의의 여섯 점을 골라 육각형을 만들 경우 세 쌍의
> 대변(또는 대변의 연장선)이 만나는 세 점은 한 직선 위에 놓인다."

오늘날 '파스칼의 정리Pascal's Theorem'로 확립된 바로 그 논문이었다. 이 정리는 '신비로운 육각형 정리hexagram‑‑mum mysticum theorem'라고도 불리는데 이 정리에서 세 점이 놓이는 직선을 파스칼의 직선이라 부른다. 이 정리는 원이나 타원뿐 아니라 포물선 및 쌍곡선에도 그대로 적용되어 원뿔의 속성을 추론해 내는 중요한 원리가 되었다. 발표를 직접 보고 또 발표문도 자세히 읽어 본 메르센 신부는 감탄에 감탄을 연발했다. 전문 학자들도 못 한 발견을 어린 소년이 해낸 것이다. 그런데 역시 학회 회원이었던 데카르트는 처음 놀랍다는 반응을 잠시 보이더니 아버지 에티엔이 아닌 아들 블레즈가 했다는 이야기를 듣고는 인정하기를 거부했다. 십대 소년이 그런 논문을 쓰는 건 아예 불가능하

다는 것이었다. 자신이 보는 앞에서 시연까지 했는데도 데카르트는 끝내 의심의 눈초리를 거두지 않았다. 데카르트는 1637년에 의심을 방법으로 이용하여 학문적 확실성에 도달하고자 한 명저《방법서설》을 출판한 바 있는데 2년이 지난 이때쯤 의심이 방법론을 넘어 자신의 종합적 세계관으로 확고하게 자리를 잡았던 모양이다.

데자르그와 파스칼의 연구는 거의 200년이 지난 뒤 '사영기하학射影幾何學, projective geometry'이라는 독특한 학문을 탄생시켰다. 사영기하학의 아버지라는 영예는 데자르그에게 갔지만 파스칼의 이름도 언제나 데자르그와 나란히 언급된다. 사영기하학은 간단히 말해 2차원의 평면에 3차원의 세상을 집어넣는 학문이다. 입체로 된 세상을 평면 위에 실감 나게 그려 넣으려는 미술가들의 노력이 르네상스 시대에 브루넬레스키Filippo Brunelleschi, 1377-1446를 필두로 원근법이라는 획기적인 기법을 탄생시켰고 그 기법은 다 빈치의〈최후의 만찬〉이나 라파엘로의〈아테네 학당〉등 대작을 가능하게 했다. 그렇게 발전된 원근법은 이후 수학자들로 하여금 원뿔 곡선을 연구할 보다 많은 이유를 제공하여 데자르그의 정리와 파스칼의 정리를 낳은 것이다. 이들의 연구로 태어난 사영기하학은 19, 20세기 들어서는 해석 기하학, 대수 기하학으로 분화되었고 상대성 이론이나 양자역학 등 첨단 학문의 태동 및 발전에 결정적인 공헌을 했다. 4차 산업혁명이 숨 가쁘게 진행되고 있는 오늘날은 3D 게임이나 애니메이션 같은 컴퓨터 그래픽, 증강현실, 컴퓨터의 물체 인식 등에 이 원리가 다양하게 활용되고 있다.[04] 인공지능, 자율주행차, 컴퓨터 시뮬레이션 등도 사영기하학 없이는 생각하기 어렵다. 고대에 시작된 지성의 탐구가 2천 년 뒤 천재들의 발견을

---

04 한동숭 "원근법에 의한 사영기하학의 발전과 현대적 응용" (2012) https://www.scienceall.com/원근법에-의한-사영기하학의-발전과-현대적-응용/

통해 큰 흐름을 형성하여 다시 400년이 지난 오늘 우리의 삶 깊은 곳까지 영향을 미치고 있으니 지성의 역사는 살필 때마다 놀라움을 안겨준다. 원뿔 곡선에 대한 연구는 또 지성사의 거대한 흐름에 탑승하기 전 파스칼 자신 속에서 발전을 거듭하여 훗날《팡세》에서 입체적 사고를 동반한 심오한 성찰로 결실을 맺게 된다.[05]

파스칼린과 컴퓨터

원뿔 곡선 논문으로 파리의 학회를 놀라게 한 이듬해에 파스칼 가족은 파리에서 서북쪽으로 백 수십 킬로미터 떨어진 루앙^{Rouen}으로 이사를 했다. 아버지 에티엔이 루앙을 수도로 하는 노르망디^{Normandie} 지역의 세금 책임관으로 임명되었기 때문이다. 사실 그 동안 우여곡절이 좀 있었다. 에티엔은 파리로 이사한 후 클레르몽 직장을 판매한 돈 대부분을 프랑스 국채에 투자했는데 루이 13세 왕가가 30년 전쟁에 참전하면서 재정이 어려워지자 1638년 채무 불이행 선언을 했다. 그래서 수백 명의 채권자를 중심으로 거센 항의 시위가 일어났는데 에티엔은 시위에 참석하지 않고서도 주동자의 하나로 지목되어 아이들을 파리에 둔 채 혼자 고향 오베르뉴로 도망을 가는 처지가 됐다. 거기서 평소 파스칼 집안과 가까웠던 마담 데기용$^{Madam\ d'Aiguillon}$ 집에 숨어 지냈는데 데기용은 주동자 체포를 명령한 프랑스 재상 리슐리외 추기경$^{Cardinal\ Riche-lieu,\ 1585-1642}$의 질녀였다.

데기용은 외삼촌에게 사람을 보내 에티엔을 사면해 달라고 여러 번 요청했지만 리슐리외는 꿈쩍도 하지 않았다. 그런 상황에서 역량을 발휘한 사람이

---

05 김화영, "팡세에 나타난 사영기하학의 인문학적 가치"《불어불문학연구》99집, 2014년 가을호.

리슐리외 추기경 필립 드 샹파뉴Philippe de Champaigne, 1602-1674의 그림. 리슐리외 추기경은 종교인이면서 루이 13세의 재상이 되어 정치적 야망과 종교적 열망을 동시에 성취한 사람이다. 중앙집권을 강화하여 프랑스를 강대국으로 세운 인물로 평가되고 있다. 사진: Wikipedia

어린 자클린이었다. 파스칼의 여동생 자클린은 처음부터 문학에 뛰어난 재능을 보였다. 8살 때 이미 시를 쓰기 시작하였고 열한 살이 되던 1636년부터는 파리 사교계에서 공식 발표회를 가질 정도였다. 천재 시인에 대한 소문은 왕궁까지 들어가 1638년에는 루이 13세의 왕비 안 도트리슈Anne d'Autriche의 부름을 받아 왕궁에서 시 낭송회를 갖기도 했다. 그러던 중 1639년 자클린을 포함한 소녀들이 데기용의 지도 아래 연극을 공연하던 자리에 리슐리외 추기경이 참석하자 연극을 마친 자클린이 데기용의 지시에 따라 리슐리외에게 가서 아버지를 사면해 달라고 요청했다. 간청할 내용을 짤막한 시로 미리 써 두었다가 읊은 것인데 리슐리외는 열세 살 소녀의 시에 얼마나 감동을 받았는지 아버지를 즉각 사면해 주었다. 이뿐 아니라 파리로 돌아와 인사차 방문한 에티엔을 노르망디 지역의 세금 총책임자로 전격 임명했다. 지금도 남아 있는 자클린의 시를 보면 리슐리외의 막강한 권력과 아버지의 딱한 처지를 시적 언어로 잘 간추리고 운율까지 잘 맞춘 멋진 청원이었다.[06] 말 한 마디로 천 냥 빚을 갚은 사람이 실제로 있었는지는 모르지만 시 한 수를 잘 읊어 아버지를 사면, 복권시킬 뿐 아니라 좋은 직장에 취직까지 시킨 이 일은 명백한

---

06 시 원문은 John Tulloch, *Pascal* (Edinburgh: William Blackwood and Sons, 1878), 12-13,
에 수록되어 있다.

역사로 기록되어 있다.

당시 노르망디 지역은 재정 상태
가 엉망이었고 지방정부의 정책이나
중과세에 저항하는 폭동도 수시로 일
어났다. 아버지 파스칼은 거기서 쉽지
않은 9년 세월을 보냈지만 전임자들
과 달리 자신의 배를 불리지 않고 묵
묵히 주어진 책임을 다했다. 다만 파
리의 학자들과 떨어져 지내는 동안 아
버지도 또 제법 나이가 든 삼남매도
학문 활동에 있어서는 상당한 제약을
받았다. 파리에서 블레즈가 발표했던
주제를 루앙 이주 첫 해에《원뿔 곡선

파스칼 원뿔 논문 1640년에 출판된 파스칼의
《원뿔 곡선 시론》 사진: Wikisource.

시론Essai pour les coniques》이라는 6쪽짜리 논문으로 출판한 것과 또 같은 해에 파리
에서 고향 루앙으로 돌아온 유명한 극작가 코르네유Pierre Corneille, 1606-1684와 교류
하게 된 것이 그나마 위로가 되었다. 라신, 몰리에르와 더불어 프랑스 3대 극
작가로 불리는 코르네유는 파스칼 식구와 교류하는 동안 특히 막내 자클린의
문학적 재능을 많이 키워 주었고 파스칼의 정신 세계에도 적지 않은 영향을 끼
쳤다. 루앙으로 옮긴 이듬해 누나 질베르트는 결혼을 하고 남편을 따라 고향
클레르몽으로 옮겼다.

학문적 교류는 잠시 주춤하였지만 파스칼의 다양한 재능은 루앙에 있는
동안에도 가만있지 못했다. 파스칼은 학업에 정진하면서 짬짬이 아버지의 세

파스칼린 1652년에 제작된 것. 파리의 미술공예 박물관 소장. 사진: Wikipedia

무 업무를 도왔는데 끝도 없이 이어지는 계산 작업을 좀 쉽게 할 수 없을까 생각하다가 덧셈, 뺄셈, 곱셈, 나눗셈 등 사칙연산을 수행할 수 있는 기계를 발명했다. 오늘날 컴퓨터의 원조가 된 기계식 계산기 파스칼린이 그렇게 태어났다. 파스칼이 19세가 되던 1642년의 일이었다. 아버지를 돕기 위해 시작한 일이지만 다양한 쓰임새를 예상한 파스칼은 지역 기술자와 합작하여 총 70개 정도의 계산기를 생산하였고 1649년에는 어머니 안 도트리슈의 섭정 아래 있던 열한 살의 루이 14세로부터 지금의 특허에 해당하는 독점 판매권까지 따냈다. 제조비가 워낙 비싸 많이 팔지는 못했지만 이 계산기의 발명으로 파스칼이라는 이름 하나는 프랑스 전역에 알려지게 되었다. 파스칼린은 지금 아홉 대가 남아 유럽 여러 박물관에 전시되어 있는데 그중 몇 개는 지금도 작동이 될 정도로 품질이 뛰어나다.

기계식 계산기가 컴퓨터로 발전하기까지는 삼백 년의 세월이 필요했다. 파스칼보다 먼저 기계식 계산기 아이디어를 낸 사람은 독일의 시카르트Wilhlem Schickard였

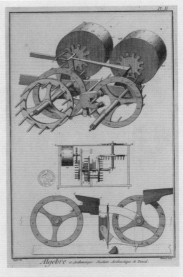

파스칼린의 작동원리 디드로Denis Diderot, 1713-1784와 달랑베르Jean- Baptiste Le Rond d'Alembert, 1717-1783가 1767년 편찬한 《백과전서L'Ency- clopédie》에 소개된 파스칼린의 작동원리. 베르나르Robert Bernard의 동판화. 이 책은 파스칼린을 최초의 기계식 계산기로 소개하고 있다.

사진: 백과전서 홈페이지

다. 동료 케플러에게 보낸 편지에 따르면 시카르트는 계산기를 설계한 후 시제품을 만드는 단계까지 갔지만 기술상의 결함을 극복하지 못해 결국 포기하고 말았다. 20년 뒤 파스칼은 시카르트의 연구와 무관하게 자신만의 아이디어로 계산기를 설계, 제작하고 판매까지 했다. 파스칼의 성공 이후에는 개량된 기계가 속속 등장하였는데 특히 독일의 철학자요 수학자인 라이프니츠Gottfried Wilhelm Leibniz, 1646-1716는 발전된 계산기도 만들었을 뿐 아니라 고래로 전해오던 이진법을 체계적으로 확립하여 컴퓨터 연산

앨런 튜링 16세 무렵. 목사의 손자로 현대 컴퓨터 및 인공지능 발전에 막대한 공을 세운 튜링은 동성애로 유죄 판결을 받고 2년을 괴로워하다가 스스로 세상을 등졌다. **사진: Wikipedia**

을 위한 준비를 갖추었다. 19세기 들어 영국의 배비지Charles Babbage, 1791-1871가 각종 함수까지 처리할 수 있는 계산기를 만들었는데 1837년에 나온 이 해석기관 Analytical Engine이 프로그래밍이 가능한 최초의 기계였다. 이 기계에 맞는 프로그램을 만들어 최초의 프로그래머 타이틀을 얻은 사람은 영국 시인 바이런의 딸 에이다 러브레이스Ada Lovelace, 1815-1852였다. 다시 100년이 지난 1936년 영국의 앨런 튜링Alan Turing, 1912-1954이 개발한 튜링 기계는 알고리즘과 계산 등을 공식화한 최초의 컴퓨터가 되었다. 생각하는 기계의 가능성까지 논의하였던 튜링은 41세에 자살로 생을 마감했지만 오늘까지 컴퓨터 및 인공지능의 아버지로 인정받고 있다.

컴퓨터가 막 걸음마를 시작하던 1970년대의 프로그래밍 언어 가운데 파

스칼이라는 게 있었다. 지금은 오브젝트 파스칼이라는 발전된 형태로 사용되고 있다. 또 파스칼 언어와 관련된 개발체계는 터보 파스칼이라 부른다. 파스칼 언어를 다른 프로그래밍 언어로 옮기는 컴파일러 가운데는 프리 파스칼이라는 것도 있다. 이 밖에도 컴퓨터 분야에서는 파스칼이라는 이름이 두루 사용되고 있다. 스위스의 컴퓨터 과학자 니클라우스 비르트^{Niklaus Wirth}가 파스칼의 기계식 계산기가 컴퓨터의 역사에서 갖는 중요성을 인식하고 컴퓨터 언어에 파스칼이라는 이름을 붙여준 결과다.

오늘 우리는 파스칼이 남긴 거대한 그늘 아래 살고 있다. 물론 파스칼 자신은 이런 날이 오리라고는 꿈에도 생각지 못했을 것이다. 파스칼린의 진화로 생겨난 컴퓨터가 파스칼의 정리가 탄생시킨 사영기하학과 결합함으로써 오늘의 세상은 사백 년 전과 크게 달라졌다. 앞으로 자율주행차가 도로를 덮게 될 텐데 자율주행차는 레이저 기술, GPS, 자동 구동장치 등과 더불어 3차원 인식 기능을 가진 카메라가 필수다. 사람의 눈과 같거나 더 나은 인식 능력을 가진 기계식 눈이다. 이 눈은 한 마디로 컴퓨터 기술과 사영기하학의 결합인 셈이니 여기서도 파스칼의 깊은 흔적을 발견한다. 첨단 기술인 컴퓨터와 첨단 학문인 사영기하학이 400년 전 원시시대에는 파스칼이라는 공통의 조상을 가졌던 셈이다. 물론 진화생물학에서 사용하는 공통 조상과는 전혀 다른 뜻이지만.

가상현실^{Virtual Reality, VR}은 컴퓨터 기술과 사영기하학을 결합한 대표적인 영역이다. 이차원의 평면 속에 삼차원을 실제 세계보다 더 역동적으로 구현하는 기술이다. 이런 가상세계를 현실세계와 결합한 증강현실^{Augmented Reality, AR} 역시 추가 정보 등을 제공하는 컴퓨터 기술 외에 컴퓨터 그래픽에서도 컴퓨터 기술과 사영기하학의 결합을 본다. 존재하지 않는 세상을 경험하게 만드는 것이 가상현실이라면 증강현실은 현존하는 세상을 보다 깊고 넓게 경험하게 돕는다. 현실을 더 정확하게 알 수도 있지만 거짓 정보를 입력할 경우 가짜를 진짜로 착각하는 일도 얼마든지 가능하다. 증강현실은 시각, 청각, 촉각 등 감각의 모든 영역을 활용하여 나와 생활세계 사이의 교섭방식을 크게 바꾸어 놓을 것이므로 생각하고 행동하는 방식도 변할 가능성이 크다. 더 많이 아는 것이 꼭 유익인지 그것도 알 수 없지만 앞으로는 참과 거짓을 구분하기 힘든 그런 세상이 될 것이고 결국 참 내지 진리의 가치마저 외면당할지도 모른다. 인간의 정체성을 뒤흔들고 있는 과학기술은 자아의 실체를 부인하는 포스트모던 사조와 손발이 착착 맞는다. 그런 변화 속에서 우리는 안다는 것이 무엇인지 산다는 것은 또 무엇인지 더 나아가서는 그 모든 것 중심에 있는 사람은 또 무엇인지 새롭게 물어야 할 처지에 놓여 있다. 400년 전에 살았던 한 천재가 우리 시대에 안겨준 묵직한 숙제다. 물론 그 천재는 숙제뿐 아니라 나름의 답까지 친절하게 남겨주었으니 파스칼을 읽을 때는 이 둘 사이의 균형을 잃지 않아야 더 많은 유익을 얻을 수 있다.

판돈 분배와 확률론

파스칼이 수학에 끼친 공헌은 대부분 새로운 영역을 창조하는 쪽이었다. 원뿔 곡선에 대한 연구로 사영기하학이라는 새로운 분야를 개척하였고 계산기 파스칼린을 발명함으로써 먼 후손 격인 컴퓨터라는 엄청난 물건의 탄생을 준비했다. 그와 더불어 파스칼이 수학에서 이룩한 또 하나의 업적은 확률론確率論, Probability theory을 수학의 주요 분과로 확립한 일이다. 비이성적 영역인 우연에 속하여 학문의 대상으로는 전혀 고려되지 않던 것이 파스칼의 연구 덕분에 가장 엄밀한 학문인 수학의 핵심 분과로 자리를 잡게 된 것이다. 학문의 원리가 된 만큼 실제 삶에도 당연히 영향을 미치게 되었다. 아니, 처음부터 우리 삶을 주도하고 있던 것이 파스칼의 연구 덕에 비로소 학문적 원리를 갖추었다고 해야 옳겠다. 뭔가를 발명한 것이 아니라 숨어 있던 원리를 발견한 셈이다. 확률에 대한 연구는 아버지가 세상을 뜬 이후에 이루어졌는데 파리의 살롱에서 알게 된 한 친구가 계기를 제공했다.

앙투안 공보Antoine Gombaud, Chevalier de Méré, 1607-1684는 노름을 즐기던 아마추어 수학자로, 중세 때부터 전해오던 '판돈 분배 문제'와 오랜 기간 씨름했다. 이 문제는 불어로 'Problème des partis'로, 영어로는 'Problem of Points' 또는 'Division problem'이라 부른다. 두 사람이 돈을 똑같이 걸고 주사위 던지기를 한다. 주사위를 하나씩 던져 높은 수가 나오는 사람이 이기기로 하고 다섯 번을 먼저 이기는 사람이 돈을 다 차지하기로 했다. 그런데 게임이 끝나기 전에, 이를테면 한 사람이 세 번 이기고 다른 사람이 한 번 이긴 상태에서, 갑자기 게임을 계속할 수 없는 상황이 된다면 처음 걸었던 돈을 두 사람이 각각 얼마씩 나누는 것이 공평할까? 레오나르도 다 빈치의 친구였던 이탈리아의 수학자 파촐리Luca Pacioli, 1445-1517는 그냥 그때까지 이긴 비율로 나누면 된다 했다. 그렇지만 삼차방정식 해법을 발견한 이탈리아의 수학자 타르탈리아Niccolo Tartaglia, 1500-1557와 타르탈리아에게서 베낀 해법을 먼저 출판한 카르다노Gerolamo Cardano, 1501-1576 두 사람은 이 이론의 문제점을 함께 지적했다. 이를테면 한 번 던진 뒤 그만 둘 경우 겨우 한 번 이긴 사람이 돈을 다 차지하게 되니 불공평한 것 아닌가. 하여 두 사람은 승률을 따지되 판 전체의 길이도 고려해야 한다 주장했다. 개량된 이론이긴 했지만 문제는 여전히 있었다. 판의 길이가 같을 경우에도 혹 한 사람이 우승에 가까운 상황이라면 문제가 달라진다. 열 번 이기면 다 갖기로 한 내기에서 오대 이로 이기고 있을 경우와 구대 육으로 이기고 있을 경우 후자가 비록 승률은 낮지만 우승 일보 직전이어서 실제로 이길 확률은 훨씬 높아 보이기 때문이다.

페르마 페르마는 여러 분야에 뛰어나고 언어에도 능통한 학자였다. 평생을 공무원으로 일하면서 특히 수학 분야에 많은 업적을 남겼다. **사진 Wikipedia.**

최선의 답은 언제나 지성인들 사이의 열린 논의를 통해 얻을 수 있다고 믿었던 공보는 최근 친구가 된 파스칼에게 이 문제를 문의해 보았다(1654). 파스칼이 잠시 손 놓았던 수학 및 과학 연구에 다시금 몰두하고 있던 무렵이었다. 파스칼은 멀리 툴루즈에 살고 있던 동료 수학자 페르마Pierre de Fermat, 1607-1665와 몇 달 동안 편지를 주고받으며 이 문제를 함께 연구하였는데[07] 이들은 우선 지금까지 이긴 횟수가 아니라 우승을 위해 앞으로 이겨야 할 횟수를 근거로 상금을 나누어야 한다는 점에 공감했다. 그런 다음 페르마가 먼저 해법을 발견하여 파스칼에게 전했다. 승자가 판가름 날 때까지 해야 할 내기의 총 수를 알아낸 다음 각 횟수마다 각자 이길 확률이 반반임을 근거로 하여 가능한 모든 경우의 수를 도표로 만들었다. 그 경우의 수 가운데 각 사람이 이길 경우를 모아 그 비율대로 판돈을 나누면 된다는 것이었다. 이를테면 주사위를 던져 다섯 번을 먼저 이기는 사람이 돈을 따기로 했다가 갑이 세 번을 이기고 을이 두 번을 이긴 상황에서 중단하게 되었다면 갑은 두 번을 더 이기면 돈을 따고 을은 세 번을 더 이겨

---

07 1654년 7월부터 10월까지. 『파스칼 전집』 III, 369-431.

야 딴다. 그러므로 앞으로 적어도 네 번이면 승패가 완전히 결정되므로 (2+3-1=4) 그 네 번의 시합에서 나올 경우의 수를 만들어 보면 (24) 모두 열여섯 가지가 된다. 그 가운데 열하나는 갑이 이기고 다섯은 을이 이기는 경우이므로 판돈의 11/16을 갑이, 5/16는 을이 가지면 된다는 이야기다.

이론 자체는 정확했으나 해결 못 한 문제도 있었다. 볼일을 시원하게 보고 뒤를 제대로 못 닦은 느낌이랄까? 우선 실제 게임은 그 횟수를 다 채우기 전에 끝날 수도 있다. 그런데 페르마의 이론은 실제로 일어나지 않을 수도 있는 경우까지 다 포함하고 있으므로 이 이론이 정말 타당한 이론인지 확신이 서지 않았다. 게다가 남은 횟수가 열 번 정도만 되어도 경우의 수가 천 개를 넘어 (210) 하나하나 따져 보기가 너무나 어렵다. 내기를 하는 사람이 둘이 아니라 셋이나 넷이라면 경우의 수가 천문학적으로 많아져 따져보는 것 자체가 불가능해진다. 하여 파스칼은 페르마에게 보내는 답장에서 일단 페르마의 이론이 옳다고 칭송하면서 그 이론의 타당성을 입증할 수 있는 논증을 제공해 주었다. 그런 다음 경우의 수를 하나하나 찾는 대신 각자의 우승 확률을 계산하는 쉬운 방법까지 가르쳐 주었다.

정해진 수의 물건 가운데 몇 개를 순서 없이 골라 뽑을 때 나올 수 있는 조합의 수가 이항계수二項係數, binomial coefficient인데 이는 이미 알려진 공식을 통해 구할 수 있었다. 파스칼은 남은 게임 수가 적은 경우부터 하나씩 살펴 나갔는데 승부를 가르는 데 필요한 게임 수가 하나씩 늘 때마다 이항계수 항목이 하나씩 늘어 일정한 패턴을 이룬다는 것을 발견했다. 이 패턴을 활용하면 남은 게임의 수가 열 번이라도 누가 몇 번을 이길 것인지 쉽게 알아낼 수 있다. 이 패턴을 도표로 만든 게 바로 파스칼의 삼각형이다. 앞서 언급한 갑과 을의 주사위 내기에서 갑이 따는 경우는 남은 네 번 가운데 갑이 두 번 이상 이기는 경우이므로 갑이 두 번, 세 번, 네 번 이길 경우를 모두 합하면 된다. 네 번 가운데 골라 뽑는 경우이므로 파스칼의 삼각형에서 넷째 줄의 다섯 항목을 찾아 첫 세 항목을 더하면 11이라는 수를 쉽게 얻을 수 있다. 나머지 둘은 을이 이기는 경우 곧 넷 가운데 셋 또는 넷을 뽑는 경우의 수로 합하면 5가 나온다.

이항계수 및 그걸 나열한 도표는 오래전 인도나 중국에서도 연구한 것이고 파스칼보다 약간 늦긴 했지만 조선시대 홍정하洪正夏, 1684~ 1727의 《구일집九一集》에도 등장한다. 파스칼도 사실 이 도표를 메르센 신부의 책에서 보고 배웠다. 그렇지만 파스칼이 이항계수 개념과 그 쓰임새까지 체계적으로 잘 갈무리하였기 때문에 오늘날 이 도표를 파스칼의 삼각형이라 부르고 그걸 삼차원으로 확대한 입체를 파스칼의 피라미드라 부른다. 파스칼의 삼각형은 꼭대기에서 시작해 아

파스칼의 삼각형 이항계수를 잘 정리한 도표로서 가장 위 1에서 시작하여 하나씩 만들며 내려간다. **필자 그림**

래로 내려간다. 꼭대기는 영 개에서 영 개를 고르니 경우의 수가 하나고 그 아래 첫째 줄은 한 개에서 영 개 또는 한 개를 고르는 방식이니 왼쪽에 1, 오른쪽에도 1이다. 둘째 줄은 두 개에서 영 개, 한 개, 두 개를 고르는 가짓수이니 1, 2, 1이 되는데 가운데 있는 2는 바로 위에 있는 두 1의 합이라는 점이 이 삼각형의 기본 원리다. 셋째 줄은 왼쪽 끝 1에서 시작하여 윗줄의 1과 2를 더한 3, 그 다음 2와 1을 더한 3, 오른쪽 끝이 1이다 (1, 3, 3, 1). 넷째 줄은 양 끝에 1이 오고 그

안은 윗줄의 숫자를 둘씩 더한 4, 6, 4가 가운데 온다. 넷 가운데 영을 고르는 경우가 한 가지, 하나를 고르는 경우가 네 가지, 둘을 고르는 게 여섯 가지, 셋을 고르는 게 또 네 가지, 넷을 고르는 경우가 한 가지라는 말이다.

우리 인생과 기댓값

파스칼이 페르마와 편지를 주고받으며 연구한 판돈 문제는 확률론뿐 아니라 기댓값 개념과도 이어져 있다. 이길 확률만 따져본 게 아니라 그런 확률을 통해 얻게 될 액수가 얼마인지 관심을 쏟음으로써 결과적으로 기댓값이라는 새로운 개념을 창안해 낸 것이다. 이를테면 주사위를 한 번 던질 경우 각 숫자가 나올 확률은 1/6이지만 한 번 던졌을 경우 얻을 수 있는 수의 기댓값은 모든 수를 합친 값의 1/6인 3.5가 된다. 하던 내기를 중단할 경우 각자 가져가는 액수가 바로 기댓값이다. 전체 판돈에 각자가 이길 확률을 곱한 값이다. 이 기댓값이 사실 확률 자체보다 더 중요한 판단기준이다. 확률이 반반이라면 어느 쪽에 걸어도 상관이 없겠지만 만약 한쪽에 걸린 돈이 다른 쪽보다 많다면 누구나 거기 걸고 싶어 할 것이다. 설령 딸 확률이 좀 낮다 하더라도 걸린 돈이 훨씬 많다면 낮은 확률에도 불구하고 기댓값은 더 클 수 있다. 같은 백 원을 내고 내기를 하는데 셋 가운데 하나의 확률로 이백 원을 타는 경우와 다섯 가운데 하나의 확률로 사백 원을 타는 경우가 있다면 딸 확률 자체는 첫 경우가 높겠지만 기댓값은 둘째 경우가 크다. 그러므로 이왕 할 내기라면 후자를 택하는 게 더 낫다.

그렇지만 후자의 내기를 선택했다고 현명하다 해서는 안 된다. 두 경우 모두 기댓값은 처음 내는 액수보다 작으므로 바보들이나 할 내기다. 사실 도박이라는 게 다 그렇다. 대부분의 도박이 거는 순간 이미 반 이상 잃는 '바보짓'이다. 그런데도 도박이나 로또 같은 게 없어지지 않는 이유는 무엇일까? 사실 숫자로 표현되지 않는 어떤 숨은 힘이 있다. 기댓값은 낮지만 그 희미한 가능성이 현실이 될 경우 기댓값과 비교조차 할 수 없는 엄청난 돈이 생기기 때문이다. 말하자면 상상력의 힘이다. 허황하기 그지없지만 현실 가운데서는 실제로 그렇게 대박을 터뜨리는 사람이 끊임없이 나오고 있다. 가난한 사람 백만 명, 천만 명이 돈을 모아 매주 부자 하나를 만드는 셈이다. 그렇게 당첨자가 나올 때마다 매체를 통해 홍보도 요란하게 한다. 중요한 사실을 감춘 거짓 광고지만 모두들 알면서도 즐겁게 속는다. 그래서 오늘도 수많은 사람들이 적지 않은 돈을 거기 쏟아붓고, 어디서나 도박사업은 문을 열기만 하면 시작부터 창대하다.

파스칼과 페르마는 판돈 분배에 관해 연구한 내용을 발표하지 않았다. 그러는 사이 네덜란드의 수학자요 천문학자였던 하위헌스Christiaan Huygens, 1629-1695가 1655년 여름 파리를 방문하여 이들의 연구 결과를 전해 듣고 나름대로 연구를 하여 2년 뒤 현대 확률론의 기초가 된 이론을 발표했다. 파스칼이 기초를 다져 놓은 기댓값 개념도 하위헌스가 상당히

〈주사위를 노는 사람들〉 파스칼과 동시대 사람이었던 조르주 드 라투르 Georges de La Tour, 1593-1652의 마지막 그림으로 1651년 작품이다. 바로크 화가였던 라투르는 촛불을 이용한 명암대비 기법으로 인간의 내면을 표현하는 그림을 많이 그렸다. 노름판을 바라보는 사람들의 환한 얼굴이 마음에 품은 큰 기대감을 보여주는 것 같다. 영국 스톡턴온티스Stockton-on- Tees의 프레스턴 홀Preston Hall 미술관 소장. 사진: Wikipedia

발전시켰다. 하위헌스는 확률론 관련 저서에서는 아무런 언급을 하지 않았지만 책 출판 전에 동료와 주고받은 편지에서는 파스칼의 깊은 연구에 대해 알고 있었음을 시인하고 있다. 확률론은 하위헌스를 거쳐 베르누이^{Jacob Bernoulli, 1654~1705}에 이르러 학문적인 체계를 갖추게 되는데 "확률론의 아버지"라는 명예는 모두가 파스칼에게 돌리고 있다. 평생 장가도 못 가본 총각이 쑥스럽게도 아버지가 됐는데 사실 파스칼은 파스칼의 정리,

뉴욕 증권거래소 주식은 정치, 경제, 사회, 문화의 각종 변화에 민감하게 반응한다. 그런 역학과 관련된 자료를 축적한 통계가 주식 투자의 근거가 될 때가 많다. 주식 분야에는 사회 각 영역을 분석하는 전문가와 함께 수학, 특히 통계학 전공자들도 많다. **사진: PBS**

파스칼린, 이항계수, 확률론, 기댓값 등 수많은 업적을 남긴 당대 최고의 수학자였다. 캐나다의 워털루 대학이 매년 주최하는 청소년 수학경시대회는 학년별로 수학자 이름을 하나씩 붙였는데 파스칼도 가우스, 페르마, 갈루아, 에우클레이데스 등 역사에서 손꼽히는 수학자들과 함께 이름을 올렸다.

도박 문제와 씨름하다 시작된 연구였지만 연구 결과는 도박에만 쓰이는 게 아니다. 확률론이라는 것은 우연의 지배를 받는 게임에 엄밀한 수학적 원리를 적용하는 것이 가능함을 보인 것이다. 그런데 실제로 우리 삶은 그런 우연으로 가득 차 있다. 따라서 우리 삶 전반에 그런 수학적 원리를 적용할 수 있다면 결국 우리 삶 전체가 엄밀한 학문적 분석의 대상이 될 수 있다는 말이다.

확률론은 오늘날 보험, 투자, 사업 계획, 경영 등에서 두루 사용되고 있다. 앞으로 일어날 일의 가치를 미리 알아보는 연구다. 어떤 점에서는 이 확률론 연구가 근대 사회과학의 발전을 촉진시킨 셈이다. 확률론은 결정이론Decision Theory으로 이어졌다. '어떤 일이 일어날지 분명하지 않을 때 무엇을 할지 결정하는 이론'이 결정이론이다. 필연적인 요소뿐 아니라 개연성을 지닌 것들까지 하나하나 따져보아야 하는데 확률론은 그런 작업을 학문적 엄밀성을 갖고 할 수 있게 해 준다.

르네상스를 거치면서 인간의 자유가 확인되었다. 운명론을 극복했으니 사람에게는 더 큰 책임이 주어진 것이다. 이 책임을 어떻게 써야 할까? 한 치 앞도 내다보지 못하는 인간 아니던가? 그런데 불확실한 앞날의 일이라도 어느 정도 체계적으로 연구하고 분석하여 학문적 원리에 근거해 결정할 수 있다면 자유를 보다 책임 있게 활용하는 방법이 되지 않겠는가? 확률 연구는 인간의 자유를 근거로 살필 때 그만큼 더 큰 뜻을 갖는다. 파스칼의 연구는 나아가 사람의 본성까지 꿰뚫어 보게 했다. 확률론으로 분석해 보니 사람은 가능성이 거의 없는 일, 때로는 위험도가 아주 높은 일도 한다. 기댓값 자체는 극도로 적지만 만의 하나 딸 경우 상상을 초월하는 대가가 주어지기 때문이다. 합리적이라는 인간성의 한 측면이다. 적지 않은 사람들이 오늘도 그런 허황한 꿈에 사로잡혀 사는 것이 우리 인간 세계의 현실이다.

오늘 우리 사회는 실로 많은 분야에서 이 확률론을 근거로 대화가 이루어진다. 그런 확률론이 통계학統計學, Statistics이라는 또 다른 학문도 탄생시켰다. 여러 분야에서 기술이 발달하여 오늘날은 통계 모본도 커지고 자료도 정밀해졌다. 담배를 피우는 사람이 폐암에 걸릴 확률은 30퍼센트다. 여자의 경우 평생

유방암에 걸릴 확률이 약 10퍼센트라고 한다. 의술의 발전을 말할 때 5년 생존율이 몇 퍼센트 높아졌다는 표현을 쓴다. 공장에서는 불량률을 낮추려 애쓰고, 자동차는 고장률에 따라 값이 오르내린다. 전과자의 재범률을 계산하고 자동차 몇 대당 사고율도 따진다. 채소 씨를 파는 업체는 발아율이 90퍼센트가 넘는다며 광고한다. 국회의원 선거를 할 때도 투표 당일 출구조사를 해 득표율을 발표하고 개표가 진행되는 동안에는 득표율뿐 아니라 당선확률을 또 따로 발표해 사람들의 관심을 끈다. 학문에서도 마찬가지다. 경제학에서는 확률 및 통계가 중심 영역을 이룬다. 사회학, 심리학 등 인간에 대한 연구에서도 확률을 기반으로 한 자료가 중요하게 사용된다. 오늘날의 주식 투자는 많은 경우 확률 게임이다. 기업체가 연구에 투자하는 일도 마찬가지. 야구를 비롯하여 스포츠에서도 온갖 종류의 통계가 재미를 더한다. 소수점 이하의 수 몇 개가 선수들의 천문학적 연봉도 결정하고 구단의 흥행마저 좌우한다. 판돈 분배를 연구하던 사람들이 그 연구 결과가 이토록 광범위한 영역에 활용될 줄 상상이나 했을까?

확률 자체만큼 중요한 것이 실제 일어날 수 있는 일의 무게다. 확률이 낮아도 그 결과가 심각하다면 확률이 낮다고 쉽게 무시할 수가 없다. 비 올 확률이 똑같이 삼십 퍼센트라 하더라도 가족 앨범을 보다가 베란다에 두고 나온 경우와 옥상에 수건 빨래를 널어두고 온 경우 내 행동에는 큰 차이가 있을 것이다. 그게 바로 기댓값 개념의 중요성이다. 파스칼이 정리하기 전부터 우리는 이미 기댓값을 삶에 응용해 오고 있었다. 암에 걸릴 확률 자체는 높지 않지만 만약 걸렸을 경우 죽음까지 생각해야 하니 미미한 그 가능성이 나에게는 참 크게 다가온다. 운전 중 문자를 하다가 사고가 날 확률도 확률 자체로 보면 별것 아닐 수 있으나 결과가 무시무시하니 낮은 확률이라도 심각하게 다루지 않을 수 없다. 지구의 운명 내지 인류의 운명에 대해서도 마찬가지다. 핵전쟁이 일어난다면 인류가 멸망할 가능성이 크다. 전쟁 자체의 가능성은 크지 않으나 그 결과가 실로 엄청나기에 지극히 낮은 확률 자체도 쉽게 무시하지 못한다. 체제의 위기를 느끼는 정권이 핵무장을 꾀하는 이유가 이것이다. 재래식 무기는 꿈도 못 꿀 힘이 핵에는 있다. 수로 나타낼 수 없는 엄청난 기댓값이다.

세상을 사는 지혜

<복권판매소> 빈센트 반 고흐Vincent van Gogh, 1853-1890. 1882년 헤이그에서 그린 수채화. 암스테르담 반 고흐 미술관 소장. 비 오는 날 복권을 사려고 모여 있는 사람들을 그리면서 고흐는 "별것 아닌 듯 보이는 그 일이 가난한 그 사람들에게는 생존이 달린 문제일 것"이라고 동생 테오에게 썼다. 먹고 살아야 할 돈으로 복권을 사려는 이들의 형편을 고려한다면 그림 제목을 <가난한 사람들과 돈>으로 하는 게 더 낫겠다는 말도 덧붙였다 (편지 #270. 1882년 10월 1일). 판매소 입구엔 '정부 로또 오늘 추첨Heden Trekking Staatsloterij'이라는 안내문이 붙어 있다. 그림에는 어린아이를 안은 부부도 등장하지만 지팡이를 짚은 노파를 비롯하여 대부분이 노인이다. 이들이 꿈꾼 미래는 무엇이었을까? **사진: 반 고흐 미술관**

　　로또를 구입하는 심리도 그런 차원에서 이해가 가능하다. 요행을 바라는 마음이나 극도로 낮은 확률을 기대하는 무모함을 좋게 보아줄 방법은 없다. 그렇지만 로또를 사게 만드는 가장 결정적인 동력은 거는 액수는 잃어도 큰 영향이 없을 정도인 반면 딸 경우 생기는 돈은 인생을 송두리째 바꿀 수도 있을 큰 액수라는 판단이다. 거는 것과 딸 것 사이의 이 엄청난 차이는 사람들로 하여금 수학적 기댓값과는 또 다른 차원을 보게 만든다. 낮은 확률과 작은 기댓값만 생각한다면 로또를 사는 행위가 지극히 어리석은 일이겠지만 잃는 것과 얻는 것 사이의 큰 차이는 로또를 사는 행위에 또 다른 차원의 정당성을 부여한다. 굳이 이름을 붙이자면 심리적인 기댓값이라 할까? 지갑에 로또 한 장을 넣어두면 한 주 내내 가슴이 설렌다고 한다. 수학적인 확률이나 기댓값과는 아무 상관이 없다. 로또는 사실 구입하는 순간 이미 당첨 아니면 낙첨이라는 반반의 확률로 높아지는 법이다. 물론 그런 설렘에는 인생을 망칠 수도 있는 무모함도 내포되어 있다. 도박에 중독될 수 있고 혹 중독까지 가지 않더라도 성실한 삶에 대한 열의를 떨어뜨릴 수 있기 때문이다.

같은 원리가 다른 방식으로 적용되기도 한다. 자동차 보험을 사는 것도 사실 원리 면에서는 도박과 닮았다. 큰 사고를 낼 경우 전 재산을 날릴 수도 있기 때문에 지금 부담할 수 있을 정도의 액수를 미리 냄으로써 준비하는 것이다. 물론 상호부조의 의미도 있으니 더불어 사는 삶이라는 전제가 깔려 있다. 적지 않은 보험료를 꼬박꼬박 내게 만드는 건 결국 생각하는 인간의 합리성이다. 대형 사고는 일어날 확률이 미미하다는 점에서 로또와 비슷하지만 보험을 드는 것은 무모함이라 하지 않고 지혜라 부른다. 일확천금을 바라는 허황된 마음과 최악의 상황을 미리 대비하는 마음가짐이 똑같을 수 없음을 우리가 다 아는 까닭이다. 보험은 확률론과 기댓값 이론을 지혜롭게 활용하는 대표적인 경우다.

확률 및 결과를 알기 위해 전문적인 지식이 필요한 경우도 있다. 온 세계가 코로나바이러스로 고통받고 있는 지금 이 병을 어떻게 다스려야 할 것인지 의견이 분분하다. 치사율은 상대적으로 낮지만 감염률은 엄청나게 높아 한 사람 한 사람을 추적하여 검사하고 치료하는 것이 현실적으로 어렵기 때문이다. 게다가 감염을 막기 위해 사회적 거리 두기를 실행해야 하고 또 증세가 약한 사람들까지 격리를 하다 보니 사회 활동이 제한되고 경제 운영에 막대한 손실이 생긴다. 그렇다고 무턱대고 규제를 완화했다가 바이러스가 다시 창궐할 수 있고 그 경우 더 큰 손실이 생길 수도 있다. 이럴 때 의사를 비롯한 각 분야의 전문가들이 정치가, 행정가들과 머리를 맞대고 가장 합리적인 방안을 모색해야 한다. 컴퓨터 시뮬레이션 등 첨단 기술도 당연히 활용해야 할 것이고. 이런 예는 끝도 없이 많다. 엄청난 규모의 공사를 진행하다가 현장에서 멸종위기종을 발견했다. 환경 보호냐 천문학적인 돈이냐? 쉽지 않은 결정이다. 가치관이 서로 다를 경우 충돌도 빈번하게 일어난다. 갈등을 풀고 차이를 조정하는 작업이 필수이므로 대화를 위한 멍석은 항상 널찍하게 펴 두어야 할 것이다.

고도의 전문성이 요구되는 분야의 경우 특정 집단의 이익에 쉽게 악용될 수도 있다. 정보 자체를 조작하여 정치적으로 이용해 먹는 일만은 최대한 막아야 할 것이다. 방법은 하나뿐이다. 열어두어야 한다. 특히 권력을 갖고 결정을 내리는 이들의 경우 모든 자료를 공개하게 만들어야 한다. 우리 시대에 밀실 운운하는 것은 그저 부끄러움이다. 자료를 좀 보자는 주인에게 "넌 몰라도 돼" 하고 대꾸하는 오만한 머슴이 아직도 많다. 머슴님들이 이렇게 힘이 좋은 걸 보면 노예가 주인보다 더 자유롭다 한 헤겔의 변증법이 이해가 될 정도다. 물론 내가 이해한 헤겔이라면 진짜 헤겔은 아니겠지만. 숨기려는 자가 범인이다. 정보를 감추지 못하도록 강력한 장치를 마련하지 않으면 언제든 부패

By KARL R. POPPER

The Open Society and Its Enemies
2 Hegel and Marx

《열린사회와 그 적들》 칼 포퍼의 책 둘째 권. 1945년. 플라톤을 다룬 첫 권과 헤겔 및 마르크스를 다룬 둘째 권에서 포퍼는 역사주의에 바탕을 둔 전체주의를 비판하고 있다. 사진: Princeton University Press

와 억압이 생겨날 수 있다. 확률과 통계와 기댓값의 중요성이 그 어느 때보다 커진 오늘날 권력의 타락을 막고 모두가 자유 가운데 공존하는 결론을 이끌어내기 위해서는 영국의 철학자 칼 포퍼Karl Popper, 1902~1994가 말한 '열린 사회'보다 더 나은 대안은 없다.

확률도 기댓값도 이제는 우리 생활과 떼놓을 수 없는 요소가 되었다. 모든 게 확률이요 통계가 되다 보니 부작용도 만만치 않다. 눈에 보이는 건 온통 숫자다. 그래서 두려움이 커진다. 파스칼이 말한 "별것도 아닌 일들"에 대한 두려움이다. 427/11 정신은 그런 숫자로 나타낼 수가 없다. 그래서 우리 삶이 갈수록 물질에 치중한다. 마르크스의 유물론 망령이 음흉한 미소를 보이는 가운데 너도 나도 삶의 참 가치는 잊은 채 그저 숫자 놀음만 하고 있다. 확률론 때문에 우리의 두려움이 더 커졌으니 파스칼이 부추긴 면도 없지 않다. 하지만 파스칼은 그런 문제를 해결하는 방안을 문제 자체보다 훨씬 자세하게 또 친절하게 가르쳐준 사람이다. 오늘 우리가 혼란을 겪는 이유는 사회가 다양화되고 전문화되어 우리가 내릴 결정도 갈수록 복잡하고 어려워졌기 때문이다. 뭘 알아야 바른 판단을 내릴 터인데 이 첨단 학문, 첨단 지식, 첨단 분석의 시대에 내가 알고 있는 건 너무나 적다. 전문가에게 의뢰하여 그들의 분석에 따라 살까? 어차피 그런 전문가도 백 퍼센트 믿을 수는 없으니 결국 불확실성 그 자체에 자신을 내맡겨 버리고 산다.

그런 가운데 기술은 정신을 차리기 어려울 정도로 빨리 발전하고 있다. 컴퓨터 기술의 발달은 자연과학의 모든 영역을 뿌리에서부터 뒤집어놓고 있다. 양자역학을 필두로 한 물리학의 지평이 나날이 깊어가고 있다. 인간의 지식이 빛의 속도로 느는가 하면 우리가 모르는 세계는 팽창하는 우주처럼 넓어지고 있다. 광대한 우주를 연구하는 천문학이나 천체물리학, 유전학에 바탕을 둔 진화론의 발전, 유물론의 바탕에서 인간을 연구하는 신경과학 등의 발전은 전문가조차 따라잡기 어려울 정도의 속도를 보인다. 그런 가운데 인공지능의 발달로 기계가 인간의 일자리를 빼앗는 속도가 더욱 빨라지고 있음은 전문가가 아닌 사람들도 얼마든지 느낄 수 있게 되었다. 게임을 실제보다 더 실감나게 즐기는 정도를 넘어 리얼돌 같은 물건의 등장으로 이제는 삶의 기본 패턴마저 변화를 경험하고 있다. 400년 전 한 천재가 끼친 유산의 다양한 변이를 몸으로 경험하면서 우리는 그 천재가 기하학이나 계산기나 확률론을 연구한 뜻이 무엇이었을까 다시금 생각해 보게 된다.

오늘날 로또는 수많은 사람의 희망이요 삶의 방식이다. 보다 적극적인 인생을 사는 이들은 경마장으로 경륜장으로 아니면 멀리 강원도까지 달려간다. 도박장마다 사람이 차고 넘친다. 쏟아붓는 돈의 액수가 커질수록 파스칼이 개척해 놓은 분야의 전문지식도 늘어만 간다. 아, 그런 짓 하지 말라고 한 연구인 줄 알기나 할까. 황폐해진 우리 삶의 모습이다. 피타고라스가 자연을 두고 깨달은 진리가 이제 우리 삶 전체의 원리가 되고 말았다. 모든 것이 수數다. 부동산이나 주식이 그런 역할을 수행하기도 한다. 그 분야의 전문가들은 대박의 규모를 키우기 위해 부패한 언론과 손잡고 무질서와 혼란을 부추긴다. 그런 사람들을 속여먹는 사기꾼도 갈수록 는다. 자본주의가 안고 있는 부패성의 표본이다. 이게 문화가 되고 전통이 되어 이제는 아이 때부터 수에 민감하다. 놀이터에서 부모 연봉을 따지고 아파트 평수를 들먹이는 어린이가 대한민국 외에 또 있을까?

그런 황폐함을 학교에서 체계적으로 또 배운다. 교육이라는 이름으로 성적 하나만 따지는 세상, 학급이나 학교로도 모자라 전국 석차까지 계산하는 세상은 뭔가 잘못되어도 한참 잘못되었다. 그런 학교를 졸업한 덕에 사회에 나와서도 불확실성으로 가득한 인생을 확률이라는 이름으로 로또 하듯 살아간다. 그런 세상을 선도하고 바른길로 이끌어야 할 교회, 현세를 넘어 영원을 바라본다는 사람들조차 이제는 사람 수나 돈 액수를 헤아리고 축복에 당첨되기만 바라고 있으니 이런 사회의 회생 가능성은 과연 몇 퍼센트나 될까?

2장

"있는 것은 있고 없는 것은 없다."

파르메니데스

물이 못 넘는 높이

이탈리아 반도 중북부에 위치한 문화의 도시 피렌체^{Firenze}. 르네상스의 중심지로 유명한 그 도시를 아르노^{Arno} 강이 동서로 가로지르는데 그 강 남쪽으로 제법 높은 언덕이 막 시작되는 자리에 피티 궁전^{Palazzo Pitti}이 우뚝 서 있다. 육중하면서도 다소 투박한 느낌의 이 건물은 피렌체의 재력가 루카 피티가 건축했다가 피티 가문의 몰락 이후 메디치가의 소유가 된 건물이다. 건물을 구입한 사람은 엘레노라 디 톨레도^{Eleonora di Toledo}로서 피렌체의 젊은 통치자 코시모 1세 데 메디치^{Cosimo I de' Medici, 1519-1574}의 부인이었다. 엘레노라는 1549년 가족의 여름 별장으로 쓰려고 건물을 구입한 다음 건물 뒤의 언덕까지 전부 사들여 거기 거대한 규모의 정원을 조성하기 시작했다. 오늘날 이탈리아 정원의 전형으로 치는 보볼리 정원^{Giardino di Boboli}이 그렇게 태어났다.

설계 단계부터 당대 최고의 건축가와 미술가를 동원했다. 입구에는 원형경기장 모양의 공간을 넓고 평평하게 조성하여 파란 잔디를 깔았고 그 너머 언덕은 여러 구역으로 나누어 갖가지 꽃과 나무를 심었다. 사방을 연결하는 산책로를 만들고 주위에는 여러 시대의 조각 작품들을 두루 배치했다. 언덕 남

보볼리 정원. 피티궁 건물에서 바라본 모습. 원형경기장 모습의 중앙 뜰을 조각품이 둘러싸고 있다. 정원 아래 건물 중앙에 인조 동굴의 하나인 모세 동굴이 있다. 피티궁은 오늘날 미술관으로 사용되고 있는데 르네상스를 대표하는 라파엘로와 명암대비 기법으로 바로크에 큰 영향을 끼친 카라바조의 작품을 다수 보유하고 있다. **사진: Wikipedia.**

쪽으로 조성하던 공원을 나중에는 서쪽으로 몇 배 크게 넓혔다. 또 언덕 아래에는 인조 동굴을 세 개 만들어 내부를 여러 대가의 작품으로 채워 넣었다. 크고 작은 연못도 파고 그중 몇 곳에는 분수대도 설치했다. 엘레노라가 십수 년 공을 들이다가 40세에 말라리아로 세상을 뜨자 남편 코시모 1세가 작업을 이어받았고 그 이후에도 두 아들 프란체스코 1세 및 페르디난도 1세와 손자 코시모 2세를 거쳐 증손자인 페르디난도 2세 데 메디치^{Ferdinando II de' Medici, 1610-1670}까지 작업이 이어졌다. 공원 하나 만드는데 100년 이상의 세월을 들였으니 참 진득한 정성이었다.

페르디난도 2세가 특히 정성을 기울인 부분은 분수였다. 르네상스 이후 유럽에서는 분수가 물의 주 공급원일 뿐 아니라 건물과 공간의 아름다움을 더

해주는 뺄 수 없는 장식품이었다. 물을 아래서 위로 쏘아 올리는 요즘의 분수와 달리 당시의 분수는 펌프를 이용해 물을 높은 곳까지 끌어올려 거기서 아래로 흘러내리게 하는 방식이었다. 18세기 들어 완성된 로마의 트레비 분수Fontana di Trevi가 그 시대를 대표하는 분수다. 대가들의 조각품과 결합된 크고 아름다운 분수는 그 분수를 소유한 사람의 부와 명예의 상징이었다. 그런데 잘 나가던 작업이 1641년 벽에 부딪혔다. 메디치라는 가문 이름도 있고 하여 분수를 좀 높게 만들어 보려 했는데 당시 사용하던 펌프로는 아무리 해도 물이 10m 이상 올라가지 않았다. 신기술에 남다른 관심을 갖고 있던 페르디난도 2세는 원로 과학자 갈릴레오 갈릴레이Galileo Galilei, 1564-1642를 만나 왜 10m가 한계인지 좀 알아봐 달라 부탁했다. 페르디난도 2세는 평생 갈릴레오의 강력한 후원자였고 갈릴레오도 자신의 저서《두 가지 주요 세계관에 관한 대화 (1632)》를 페르디난도 2세에게 헌정할 정도로 둘은 가까운 사이였다. 갈릴레오는 이 무렵 교회의 압력으로 태양중심설을 철회하고 피렌체 인근에서 가택연금 상태로 지내고 있었는데 메디치가의 후원 아래 보볼리 정원에서 모임을 갖던 후배 과학자들에게 이 사실을 즉각 알리고 함께 연구해 보자고 부탁했다.

분수 문제가 불거질 무렵 갈릴레오는 사이펀 문제로 또 오랫동안 씨름해 오고 있었다. 일정 높이의 물을 관을 이용하여 그보다 더 높은 지점으로 밀어 올렸다가 다시 처음보다 더 낮은 위치로 내려 보내는 장치가 사이펀이다. 누가 어떻게 알아냈는지 수천 년 전부터 활용해온 참 유용한 원리다. 물은 본디 위에서 아래로 흐르지만 이 원리 덕에 둑에 구멍을 뚫지 않고도 저수지 물을 둑 너머로 흘려보낼 수 있다. 그런데 이탈리아 북부 사보나Savona 지역에서 활동하던 과학자 발리아니Giovanni Battista Baliani, 1582-1666가 사이펀에 한계가 있음을 발견했다. 공사를 하던 중 사이펀을 이용해 21m 높이의 언덕 위로 물을 넘기려 하는데 펌프에 아무리 힘을 가해도 안 되더라는 것이었다. 발리아니는 오랜 기간 서신으로 의견을 나누어 오던 갈릴레오에게 편지를 보내 상황을 설명하고 자문을 구했다. 대기의 압력이 약해 그런 것 같다는 자신의 의견도 덧붙였다. 대기압이 약하다 보니 펌프가 물을 21m 높이까지 올리지 못했고 그래서 사이펀 작용으로 이어지지 못했다는 것이다. 그렇게 편지를 보낸 것이 보볼리 정원에서 분수 문제가 불거지기 꼭 10년 전이었다. 편지를 받은 갈릴레오는 직접 실험을 해 보았다. 낮게 시작하여 둑을 조금씩 높여 보았는데 사이펀이 작용할 수 있는 높이는 10m가 한계였다. 무엇 때문일까? 그런 고민을 10년째 해오던 차에 공교롭게도 보볼리 정원의 분수 역시 똑같은 10m에서 막힌 것이다.

진공이냐 대기압이냐

갈릴레오 당시의 유럽은 상당히 발전된 펌프 기술을 갖고 있었다. 고대에도 이미 사용되었던 흡입 펌프 기술이 15세기 이후 피렌체를 위시한 유럽 전역에서 폭넓게 사용되고 있었다. 장식용 분수에도 많이 쓰였지만 농사를 위한 관개사업이나 탄광의 배수작업에도 사용되어 산업발전에 큰 도움이 되고 있었다. 따라서 10m라는 한계는 경제 및 사회발전에 적지 않은 장애물이 되었다. 그런데 사이펀도 10m, 펌프도 10m가 한계라면 혹 우리가 알지 못하는 어떤 공통의 원인이 있지 않을까?

당시 사람들은 사이펀과 펌프가 같은 원리에 근거해 작동한다고 믿고 있었다. 그 원리는 이천 년 전부터 전해오던 '진공 혐오horror vacui' 원리였다. 고대 그리스의 철학자요 알렉산드로스 왕의 스승이었던 아리스토텔레스[384-322, BC]가 자연 상태에서는 진공이 있을 수 없다 가르친 이후 "자연은 진공을 혐오한다"는 이 원리가 거의 이천 년 동안 서양과학을 지배해 왔다. 아리스토텔레스는《자연학》을 비롯한 저서 곳곳에서 우주는 영원하다는 자신의 세계관을 근거로 진공이 불가능함을 자세히 논증했다. 자연 상태에서는 진공이 존재할 수 없기 때문에 펌프가 공기를 잡아당기면 공기는 그 자리에 진공을 만들지 않기 위해 물을 끌어 올린다는 것이었다. 사이펀 역시 진공을 거부하는 자연의 원리 때문에 일어나는 현상으로 보았다. 그런데 펌프와 사이펀이 당겨 올릴 수 있는 물의 높이가 10m라는 게 실험으로 확인되었으니 이건 어떻게 설명해야 하나? 아리스토텔레스의 가르침을 그대로 수용하였던 갈릴레오는 자연의 진공 혐오 원리가 10m 높이까지만 힘을 쓰는 모양이라고 대충 얼버무린 다음 쓸쓸한 말년을 마감했다.

10m가 한계라면 그 이상에서는 혹 어떤 다른 원리가 작용하는 것일까? 만약 그렇다면 10m 이상에서는 진공이 생길 수도 있다는 말일까? 가장 먼저 실험을 시도한 사람은 로마 대학의 수학 교수요 물리학자였던 베르티Gasparo Berti, 1600-1643였다. 베르티는 보볼리 정원의 분수 문제와 무관하게 갈릴레오의 책을 통해 진공 문제에 관심을 갖고 있던 터여서 직접 실험을 해 본 것이다. 납으로 긴 관을 만들어 한쪽 끝을 막았다. 물을 가득

베르티의 실험. 1664년의 과학책에 나오는 베르티의 실험 삽화. **사진: Wikipedia.**

부은 다음 뒤집어 물이 담긴 그릇에 세웠더니 물은 어느 정도 내려오다가 약 10m 높이에서 멈추었다. 관 위쪽은 밀폐되어 있고 아래는 물이 공기와의 접촉을 막고 있으니 물 위에 생긴 공간은 분명 진공일 것이다. 베르티는 그 진공이

물을 잡아당기고 있기 때문에 물이 더 내려오지 않는다고 추정했다. 베르티는 사이펀 실험도 하여 갈릴레오의 10m 한계론이 옳음을 확인했다. 다만 베르티의 실험에 대해서는 기록이 서로 달라 오해가 생기기도 한다. 관을 납으로 만들었다면 물 높이를 어떻게 측정했을까, 혹 관을 유리로 만들었다면 물 높이는 볼 수 있겠지만 그런 긴 관을 어떻게 만들어 어떻게 깨지지 않게 뒤집었을까, 그런 정도의 의문이다. 물론 쉽게 답할 수 있는 것들이어서 실험의 권위를 부인할 정도는 아니다.

피렌체에 있던 갈릴레오의 제자 토리첼리Evangelista Torricelli, 1608-1647도 비슷한 실

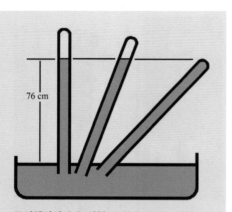

토리첼리의 수은 실험. 간단해 보이는 실험이지만 인류 지성사에서 갖는 의미는 참으로 크다. **필자 그림**

험을 했다. 토리첼리는 관 위의 공간이 진공이라는 점에는 동의하면서도 물이 더 내려오지 않는 건 진공이 아닌 다른 어떤 힘 때문이라고 보았다. 토리첼리는 1643년 스승 갈릴레오가 남긴 메모를 참고하여 물보다 무거운 수은을 이용해 실험을 했다. 1m 길이의 시험관에 수은을 가득 부은 다음 관을 뒤집어 수은이 담긴 그릇에 세웠더니 수은이 24cm 정도 내려오다 멈추었다. 수은이 물보다 13배 조금 넘게 무겁다는 점을 고려하면 10m 높이의 물과 76cm 높이의 수은 기둥에는 똑같은 힘이 미치고 있다는 말이다. 시험관을 옆으로 조금 기울였더니 수은주는 같은 높이를 유지하였고 시험관 위의 공간만 적어졌다. 시험관을 더 기울어 끝 부분이 76cm 이하가 되게 하자 수은은 여전히 시험관에 남아 있고 시험관 위의 빈 공

간은 사라졌다. 그렇다면 진공이 잡아당기는 게 아니라 이들을 일정 높이로 유지하는 힘이 따로 있다는 결론이 나온다. 토리첼리는 그 힘이 대기압일 것으로 추정했다. 오늘도 참으로 유용하게 사용하는 수은 기압계가 태어나는 순간이었다. 그런데 토리첼리는 이듬해 여러 가지 연구 및 실험 결과를 담은 두꺼운 논문집을 출판하면서 수은 실험은 포함시키지 않았다. 대기압에 대해서는 얼마든지 말할 수 있었겠지만 그 무렵 진공이라는 주제가 철학적, 신학적으로 워낙 민감한 사안이었기 때문이다. 대신 로마에 있던 친구 리치[Michelangelo Ricci, 1619~1682]에게 편지를 보내 자기가 실험으로 확인한 내용을 자세히 설명했다. 수학자였던 리치는 발리아니, 베르티, 토리첼리 등 수많은 학자들과 나눈 폭넓은 교류로 갈릴레오 학파의 융성에 큰 역할을 한 사람이었다.

기압계! 참 신통한 물건이다. 보이지 않는 공기의 압력을 눈에 보이는 수치로 알려준다. 수은 기둥의 높이만 알면 날씨를 상당히 예측할 수 있다. 기압이 높으면 맑고 평온한 날씨가 되고 내려가면 공기가 움직여 바람이 일어나고 비도 곧 온다. 숫자 하나로 많은 것을 알려주는 기계라 그런지 기압계를 뜻하는 영어 바로미터[Barometer]는 어떤 것을 평가하는 기준이나 척도를 가리키기도 한다. 요즘은 기압에 대한 지

에반젤리스타 토리첼리. 위대한 물리학자요 수학자였던 토리첼리는 대기합 실험을 비롯한 물리학 업적 외에 또 프랑스의 수학자 페르마가 낸 문제 즉 삼각형의 세 꼭짓점에서 가장 가까운 거리에 있는 내부의 점을 구하는 문제를 푼 것으로도 유명하다. 이 점은 오늘날 페르마의 점 또는 토리첼리의 점이라 부른다. 사진: 이탈리아 피렌체의 갈릴레오 박물관Museo Galileo.

식도 많이 늘어 기분이 안 좋을 때 저기압이라는 말을 쓴다. 대기압이 낮을 때 비바람이 불어 닥치는 것처럼 마음의 수은주가 내려가도 비슷한 일이 종종 일어나는 까닭이다. 파스칼은 뜻밖에 "날씨와 기분은 별 관련이 없다"고 썼다. 파스칼의 마음에는 맑음과 흐림이 늘 공존했기 때문인 것 같다. 552/753 사람들은 오늘날 시험관 위에 생겨난 그 진공을 토리첼리의 진공이라 부르고 진공의 압력을 계산하는 단위로 토리첼리의 이름을 쓴다(Torr). 하마터면 묻힐 뻔했던 토리첼리의 업적이 친구 리치에게 보낸 편지를 통해 확인된 덕분이다. 1m짜리 관을 이용한 간단한 이 실험으로 토리첼리는 오랜 세월 서양 과학계에 군림해 오던 핵심 원리 하나에 과감한 도전장을 던진 다음 몇 해 뒤 세상을 떴다. 장티푸스에 무릎을 꿇었는데 그때 나이 서른아홉이었다.

파스칼의 여러 실험

이탈리아 반도에서 진행되던 과학 실험 소식이 알프스를 넘어 북쪽 프랑스에 전해졌다. 신기술을 배우고자 이탈리아를 열다섯 번이나 방문한 메르센 신부가 피렌체와 로마에서 이루어진 학자들의 연구 결과를 자기가 이끌던 파리의 학술 모임 회원들과 공유한 것이다. 토리첼리, 베르티, 리치 등 여러 이탈리아 학자들과 교류하였던 메르센 신부는 토리첼리의 수은 실험을 직접 참관했을 뿐 아니라 실험 내용을 담은 토리첼리의 편지도 복사하여 파리로 가져왔다. 저작권법 같은 것은 아직 없던 시절이었다. 메르센이 가져온 소식은 루앙에 살고 있던 파스칼에게도 곧장 전달되었다. 파리 학회의 회원이었던 프티 Pierre Petit, 1594-1677가 공무로 루앙을 지나면서 파스칼 부자를 만나 진공 관련 실험 소식을 전해준 것이다. 파스칼의 관심은 즉각 진공 속으로 빨려 들어갔다. 원리raison를 밝히고 싶은 특유의 열정이 불타오른 것이다. 파스칼은 물이나 수은을 일정 높이로 유지하는 게 대기의 힘이라 본 이탈리아 과학자의 추정이 옳다고 믿고 그걸 사실로 입증하기 위해 수은 위 빈자리에 생긴 공간이 진공임을 증명하고자 했다. 그게 정말 진공이라면 자연이 진공을 만들지 않기 위해 물이나 수은을 잡아 당긴다는 전통 입장이 잘못이었음이 분명히 밝혀지지 않겠는가. 파스칼은 한 달 뒤 일을 마치고 돌아가는 프티를 아예 동업자로 고용한 다음 함께 실험에 착수했다. 1646년 가을의 일이었다. 파스칼의 다양한 실험은 이듬해 여름 파리로 옮긴 다음에도 계속 이어졌다.

당시 루앙이나 파리에서는 진공의 존재에 대한 거부감이 강했다. 특히 파리 대학 중심의 전체 학계를 이냐시오 데 로욜라Ignacio de Loyola, 1491-1556가 창설한 예수회 학자들이 장악하고 있었는데 이들은 아리스토텔레스를 절대 권위로 추종하고 있었기 때문에 오직 전통만을 고수하면서 이탈리아에서 들려오는 실험 결과를 전적으로 거부했다. 이런 반대에 맞서 파스칼은 두 가지 실험을 시도했다. 첫째는 물과 포도주를 비교하는 방법이었다. 예수회 학자들은 물 위의 공간이 진공일 리가 없고 물에서 나온 모종의 물질이 거길 채우고 있다 주장했다. 그런데 포도주는 물보다 기포를 많이 만들기 때문에 정체를 알 수 없는 그 물질도 더 많이 만들 것이고 따라서 포도주를 사용할 경우 물보다 더 큰 공간이 생길 것으로 예상한 것이다. 파스칼은 물과 포도주로 동시에 실험해 보았다. 결과는 파스칼이 공언한 그대로 물과 포도주가 똑같은 높이에서 멈추었다. 예수회 학자들도 분명히 확인했다. 물이나 포도주에서 나온 어떤 물질이 그 공간을 채우고 있는 게 아니라 그 자리가 아무것도 없는 빈자리임이 확인된 것이다.

두 번째 실험에서는 진공 속의 진공이라는 독특한 시험관을 만들어 사용했다. 파스칼의 창의력이 돋보이는 이 시험관은 영어 소문자 유 (u)에서 왼쪽

선을 위로 밀어 올리고 오른쪽 선을
아래로 끌어내린 것과 같은 모양이다.
관 모양을 운전에 빗대 설명하자면 관
위쪽 끝에서 출발하여 아래로 직진해
내려가다가 중간쯤에서 적당한 크기
의 유턴을 하고 반원 모양의 유턴이
끝나자마자 이번에는 후진으로 아래
끝까지 내려가면 된다. 반원을 포함한
위쪽 관과 후진으로 내려온 아래쪽 관
이 붙은 모양새다. 위 끝은 막혀 있고
아래 끝은 뚫려 있으며 유턴이 끝난 가
운데 자리에도 구멍이 뚫려 있다. 실

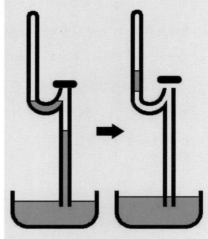

진공 속의 진공 실험. 가운데 구멍을 막은 채 수
은 관을 뒤집었을 때 (왼쪽) 및 가운데 구멍을
열었을 때 (오른쪽). **필자 그림.**

험은 우선 가운데 구멍을 단단히 막은 상태로 관을 거꾸로 하여 수은을 가득
채운다. 그런 다음 관을 다시 뒤집어 수은 그릇에 놓으면 수은이 쏟아져 내려
오다가 반원 부분에 일정량이 걸려 고이고 나머지는 아래쪽 관에 토리첼리의
관처럼 일정 높이로 머무르게 된다. 시험관에서 수은 이외의 빈자리는 전부 진
공이 된다. 아래 관 위쪽도 진공이지만 반원 부분의 수은 위쪽 역시 진공이 되
는 것이다. 그런데 막았던 중간 구멍을 여는 순간 아래에 머물렀던 수은이 중
력 때문에 그릇으로 쏟아져 내려가는 반면 반원에 고였던 수은은 관 위쪽으로
밀려 올라가 일정한 높이에서 멈춘다. 공기가 들어가 밀어 올리는 것이니 명
백한 대기의 압력이다. 그 수은 위쪽의 줄어든 빈자리는 여전히 진공으로 남아
있다. 진공 속에 있던 또 하나의 진공이다. 진공 속의 진공 시험관은 수은 위의
빈자리가 진공이라는 것과 수은을 일정 높이로 유지하는 것이 대기압임을 동
시에 입증하는 멋진 장치였다.

파스칼은 사이펀 역시 진공 혐오 원리가 아닌 대기압의 작용임을 실험으로 증명했다. 커다란 그릇 속에 수은이 든 비커 두 개를 하나는 높게 하나는 낮게 둔 다음 두 비커의 수은을 세 갈래 대롱으로 연결했다. 대롱 양쪽 가닥은 각각 높은 수은과 낮은 수은에 연결하고 가운데 가닥은 위로 공기에 노출시켰다. 그런 다음 그릇에 물을 부어 두 비커의 수은이 덮이게 했다. 수위가 점점 높아지면서 물의 압력이 커지자 수은이 조금씩 대롱으로 밀려 올라가기 시작하였고 높은 비커의 수은이 대롱

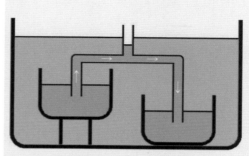

파스칼의 사이펀 실험. 어려서부터 이유를 알고자 했던 파스칼은 지난 수천 년 사이펀이 작동해 온 원리를 명확히 밝혔다. **필자 그림**

가장 높은 곳까지 밀려 올라간 순간 높은 비커에서 낮은 비커로 수은이 흐르는 사이펀 현상이 시작되었다. 위를 향한 한 갈래는 공기에 줄곧 노출되어 있으니 진공이 비집고 들어갈 틈은 없었다. 오직 물의 압력에 의해 수은 사이펀이 작동한 것이다. 따라서 물을 옮기는 보통 사이펀의 경우에도 같은 원리에 의해 공기의 압력이 물을 높은 곳으로 올렸다가 더 낮은 곳으로 흐르게 한다는 사실이 간접적으로 입증된 셈이다.

　결론은 명확했다. 물 위에 생긴 공간은 아무것도 없는 진공이며 물을 밀어 올리는 힘은 대기의 압력이다. 토리첼리가 추정한 이 두 가지를 파스칼은 여러 가지 실험으로 명백하게 입증했다. 펌프나 사이펀이 진공을 안 만들기 위해 물을 끌어 올린다던 유서 깊은 이론은 과학적 근거가 없는 오류였음이 분명해졌다. 파스칼은 이 밖에도 몇 가지 실험을 더 한 다음 결과를《진공에 관

한 새로운 실험들Expériences nou- velles touchant le vide (1647)》이라는 논문으로 발표했다. 논문에서는 자연 상태에서 진공이 가능하다는 사실에 초점을 맞추고 있다. 그리고 4년 전 이탈리아에서 행해진 실험의 구체적인 내용을 논문 서두에서 자세히 소개하고 자신이 행한 실험은 그 실험의 연속임을 명시했다.

높은 산에 올라

파스칼은 거기서 멈추지 않았다. 이번에는 물이나 수은을 밀어 올리는 것이 대기의 압력임을 수치로 정확하게 증명할 새로운 방법을 시도했다. 뉴턴Isaac Newton, 1642-1726의 프리즘 실험과 더불어 과학혁명 시대를 대표하는 유명한 '퓌드돔Puy de Dôme 실험'이었다.08 높은 산에 오르면 기압이 낮아질 것이니 수은주의 높이도 낮아지지 않을까? 전에 발리아니가 갈릴레오에게 보낸 편지에서 고도가 높아질수록 대기압이 낮아질 것이라 예측한 일이 있고 토리첼리가 리치에게 보낸 편지에도 높은 산에 오르면 대기압이 낮아질 것이라는 언급이 있다. 메르센 신부 역시 같은 주장을 담은 자료를 출판한 바 있다. 철학자 데카르트는 기압계를 갖고 높은 산으로 올라가 보라고 자기가 조언했다고 주장한다. 그렇지만 파스칼의 편지에 따르면 이 실험은 전적으로 파스칼 자신의 아이디어였고 그것을 입증할 관련 자료도 있다. 그런데 파리 주변은 온통 평원이어서 인근에 높은 산이 없었다. 혹 있었어도 건강 때문에 오를 형편이 못되었다. 하여 고향 클레르몽에 살고 있던 자형에게 편지를 보내 대신 실험해 달라 부탁했다.

---

08 Dear, P., *Mersenne and the Learning of the Schools* (Ithaca, NY: Cornell University Press, 1988), 180. Cited from Nicholas Hammond ed., *Cambridge Companion to Pascal* (Cambridge: Cambridge University Press, 2003), 86.

센데퓌와 퓌드돔. 중첩된 여러 봉우리를 따라 길게 늘어선 센데퓌와 가장 높이 솟은 퓌드돔. 노고단보다 42m 낮다. 북쪽의 한 봉우리에서 바라본 모습. 퓌드돔 왼쪽 아래가 클레르몽페랑이다. 센데퓌는 2018년 유네스코 세계자연유산에 선정되었다. **사진** © Joël Damase at UNESCO World Heritage Site.

    누나 질베르트의 남편 페리에^{Florin Périer}는 처남의 부탁을 받고서도 다른 일로 바빠 열 달이 지나서야 동료 학자 다섯 명과 함께 실험에 착수했다. 1648년 9월이었다. 수은을 담은 기압계를 두 개 준비하여 일단 산 아래에서 대기압을 측정했다. 그런 다음 하나는 수도사 한 사람에게 맡겨 수시로 관찰해 달라 부탁하고 나머지 하나를 갖고 지리산 노고단 정도 높이의 휴화산 퓌드돔 꼭대기에 올랐다. 클레르몽 서쪽으로는 제주도와 닮은 센드퓌^{Chaîne des Puys}라는 화산지형이 남북으로 수십 킬로미터에 걸쳐 뻗어있는데 다양한 형태를 갖춘 수십 개의 분화구 중에서 한가운데 있는 가장 높은 봉우리가 퓌드돔이었다. 1465m였으니 그렇게 높은 산은 아니지만 1m도 넘는 유리 시험관과 무거운 수은을 여러 실험도구와 함께 갖고 올랐으니 쉬운 걸음은 아니었을 것이다. 진지한 과학 탐구의 걸음인 만큼 300년 전 프랑스 남쪽 방투 산^{Mont Ventoux}을 올랐던 시인 페트라르카^{Francesco Petrarca, 1304-1374}의 산행처럼 구도의 등정인 것은 분명했다. 수은을 갖고 와 실험할 줄 미리 알았는지 꼭대기에는 로마제국 시대에 지은 메르쿠리우스 신전이 폐허로 남아 있었다.

산 정상에 닿자마자 수은주의 높이부터 측정했다. 예상대로 수은 기둥은
땅에 있을 때보다 낮아졌다.
차이는 8cm 정도. 혹 다른 원
인이 있을지 몰라 다양한 조
건 아래 실험을 반복했다. 거
기 있던 아담한 예배당 안에
서도 해 보고 밖에서도 해 보
았다. 바람이 불 때도 해 보고
잠잠할 때도 해 보았다. 날씨
가 변덕을 부려준 덕에 비가
뿌리는 가운데서도 또 안개
속에서도 해 볼 수 있었다. 실
험을 수없이 되풀이해도 수
은의 높이는 달라지지 않았

<퓌드돔 실험> 얀 다르장Yan Dargent 그림. 루이 피기
에Louis Figuier의 ≪과학의 신비Les merveilles de la
science, 1867≫ 첫째 권에 나오는 삽화. 퓌드돔 꼭대기
에서 수은주 높이를 재는 모습이라는 설명이 붙어 있으나
사람 수도 맞지 않고 주위에 더 높은 산도 있어 그림의 정
확도가 떨어진다. 사람들이 입고 있는 옷 역시 한참 후대
인 18세기 말의 복장이다. **사진: 미국국회도서관.**

다. 산을 내려오다가 중턱에서 다시 측정해 보았는데 수은이 땅바닥과 산꼭대
기의 중간쯤에 머물렀다. 땅에 내려와 보니 아침에 맡겨둔 시험관의 수은은 처
음 높이 그대로였다. 하루 종일 아무 변화가 없었다고 했다. 산에 갖고 갔던 시
험관으로 다시 해 보니 아침과 마찬가지로 둘의 높이가 같았다. 다음 날은 수
은 기압계를 클레르몽에 있는 노트르담 성당 종탑에 갖고 올라가 보았다. 50m
높이였지만 수은 기둥은 약간의 차이를 보였다. 수은의 높이가 실험한 장소의
고도와 연결되어 있음이 분명해졌고 따라서 수은을 일정 높이로 유지하는 것
이 진공의 힘이 아니라 대기의 압력임이 다시 한 번 확실하게 밝혀진 것이다.

자형으로부터 실험 결과를 전해 받은 파스칼은 자신도 파리에 있는 50m 높이의 생자크 탑Tour Saint-Jacques 꼭대기에 올라 실험해 보았다. 300개의 계단을 여러 번 오르내리며 측정하여 퓌드돔 실험과 같은 결론을 얻었다. 직접 만든 기압계를 사용하여 자료를 정리 분석한 파스칼은 수은주의 높이가 고도뿐 아니라 날씨에 따라서도 조금씩 달라질 수도 있다는 점을 확인하고 자형에게 편지로 알렸다. 자형 페리에는 그 부분을 밝혀내기 위해 파리나 스톡홀름 등 여러 지역 사람들과 서신으로 연락하면서 몇 해 동안 실험을 계속했다. 실험 결과를 모아 보니 수은 기둥의 높이가 날씨와 관련이 있는 게 분명했다. 다만 실험의 정밀도가 높지 못해 분명한 원리는 못 밝히고 그저 날씨가 춥거나 더우면 높이가 변하고 눈비가 올 때도 맑을 때와 다르더라는 정도로 만족해야 했다. 그렇지만 서로 다른 고도에서 행한 다양한 실험을 통해 대기압의 실체를 명확하게 확인한 한 가지만 해도 과학 발전의 역사에 길이 남을 큰 공헌이 되었다.

오늘날의 일기예보는 온통 파스칼이다. 내일 기압은 천 헥토파스칼, 비 올 확률은 사십 퍼센트입니다! 파스칼이 퓌드돔과 생자크 탑에서 행한 연구를 기리는 뜻에서 파스칼Pa을 대기압의 단위로 쓴다. 백을 뜻하는 헥토를 붙이면 헥토파스칼hPa이 되어 이전에 쓰던 밀리바mb와 같은 세기가 된다. 그러니까 평균 해수면의 기압인 1기압은 약 1013헥토파스칼이다. 또 눈이나 비가 올 가능성은 파스칼이 개척한 확률론을 이용해 예보한다. 변덕이 심한 날씨에 그런 방식으로나마 고삐를 매 놓은 셈이다. 물론 그 고삐라는 게 워낙 느슨하다 보니 첨단 기기를 활용하는 오늘도 날씨는 어디로 튈 지 예측불허다. 그리고 그런 확률이나마 도출하기 위해 사용하는 각종 자료는 역시 파스칼의 선구적 연구로 태어난 컴퓨터를 이용해 수집하고 분석한다. 이 모든 것이 400년 전에 살았던 천재의 깊은 발자국이다.

생자크 탑 아래 있는 파스칼 석상. 1857년 카벨리에 Pierre-Jules Cavelier의 대리석 작품. 오른손에는 목탄을, 왼손에는 종이뭉치를 든 채 깊은 생각에 잠겨 있다. 발아래에는 수은기압계가 놓여 있다. 이런 기념물을 통해 역사의 의미를 새기는 사이 이 기념물도 역사가 되어가고 있다.
사진 © Yann Caradec at Flickr.

퓌드돔은 오늘날 유명 휴양지다. 지금은 누구나 기차를 타고 꼭대기까지 쉽게 오를 수 있다. 전망 좋은 꼭대기에서는 고급 식당이 성업 중이다. 화창한 날씨 가운데 하이킹, 사이클링, 패러글라이딩을 즐기는 저 사람들 대부분이 날씨를 미리 알아보고 오늘 여기 왔을 것이다. 오늘날의 이 정확한 일기예보를 위해 400년 전 조상들이 행했던 그 실험에 대해서는 몇 사람이나 들어 보았을까? 파스칼이 수은주를 들고 오르내렸던 파리의 생자크 탑 아래는 지금 파스칼의 전신상을 세워 그때의 실험을 기념하고 있다. 이 탑 또한 예약이 쉽지 않을 정도로 방문객이 많다. 뜻깊은 역사 때문이 아니라 꼭대기에서 조망하는 파리 시내 경치가 뛰어나기 때문이다. 지도를 보면 생자크 탑은 정확하게 파리 시내 한가운데 자리잡고 있다. 300 계단을 다 오르면 동서남북이 시원하게 펼쳐지고 사람들이 즐겨 찾는 높다란 철탑도 센 강 너머 저만치 보인다. 파스칼의 실험 하나를 기념하자고 굳이 먼 산을 찾을 것까지는 없을지 모르지만 같은 의미를 가진 이 탑은 루브르 박물관에서 노트르담 대성당으로 가는 중간쯤에 있으니 파리를 구경하다가 한 번쯤 들러보는 것도 괜찮을 것이다.

싫었나 두려웠나

그런데 뜻밖에도 파스칼의 획기적인 실험은 환영을 받지 못했다. 물리학 역사에 큰 획을 그은 여러 실험을 두고 칭찬 대신 비난이 쏟아졌다. 훈민정음 창제 때처럼 그 업적의 역사적 의미를 못 보고 치우친 안목으로 바라보거나 자신의 이권을 중심으로 평가한 것이다. 우선 파스칼 개인에 대한 공격이 빗발쳤다. 토리첼리의 업적을 가로챘다는 비난이었다. 실험 결과를 발표한 논문에 토리첼리의 이름이 나오지 않는다는 이유 때문이었는데 파스칼의 해명은 분명했다. 실험의 원리는 이탈리아 과학자의 것임을 논문 앞부분에 명확하게 써 놓았다. 다만 논문을 완성할 때까지 그 사람의 이름을 몰라 적지 못했을 뿐이다. 사실 파스칼은 실험을 할 때에도 자기가 실험으로 입증한 그 원리의 발견자는 다른 사람임을 늘 분명하게 밝혔다. 파스칼의 해명은 명쾌했지만 당시 학계를 장악하고 있던 예수회 소속 학자들은 인신공격을 멈추지 않았다. 이유는 간단했다. 파스칼의 실험이 사실이라면 이천 년을 이어오던 아리스토텔레스의 원리가 거짓으로 밝혀질 것이요 그렇게 되면 아리스토텔레스 철학에 기반을 두고 있던 스콜라 신학마저 위태로워질 것이기 때문이었다.

예수회 학자들의 입장은 확고했다. 토리첼리와 파스칼의 실험으로 생긴 빈자리가 진공이 아니라는 것이었다. 자연 상태에서는 진공이 있을 수 없다는 전통 입장을 고수한 것이다. 수없이 되풀이한 여러 종류의 실험을 천문학자 오주Adrien Auzout, 1622-1691도 보고 예수회 여러 신부들도 함께 보고 심지어 오백여 형제가 동시에 참관한 것도 있었다. 그런데도 예수회 학자들은 눈앞에 보이는, 아니 눈에 보이지 않는, 진공의 존재를 끈질기게 부인했다. 보이지 않는 진공의 존재를 부인하기 위해 보이지 않는 어떤 물질이 그 자리를 채우고 있다고 주장한 것이다. 데카르트의 스승이었던 에티엔 노엘Etienne Noël 신부는 나름 새로운 이론까지 내세웠다. 빛이 그 공간을 통과해 지나가므로 빛을 전달해주는 어떤 물질이 거기 반드시 있어야 한다는 것이었다. 아우구스티누스^{Augustinus, 354-430}의 《고백록》에서 베낀 듯한[09] 그 이론을 비롯하여 예수회 사람들은 편협한 지식의 조각들을 닥치는 대로 끌어모아 과학이라는 이름으로 내세우면서 전통적인 이론을 옹호하려 했다. 이천 년을 믿어오던 원리를 부인하는 일이 누구에겐들 쉬웠겠는가. 게다가 그 원리가 내 가장 소중한 믿음의 기초를 이루고 있을 때라면 끝까지 거부하는 것 이상의 대안은 찾기 어려웠을 것이다.

혐오는 끈질겼다. 자연과 진공 사이에 있던 혐오를 없애보려 했더니 없어지지 않고 파스칼과 예수회 사이로 위치만 재빨리 옮겨 버린 것이다. 진공이 왜 그리 미웠을까? 아니 이들이 미워한 게 정말로 진공이었을까? 파스칼은 1651년경 진공에 관한 체계적인 논문을 시도했다가 서문만 쓰고 만 일이 있다.[10] 그 서문마저 미완성으로 남았는데 그때 모아둔 자료가 유작《팡세》의 한 대목으로 등장한다. 자연은 진공을 혐오한다는 전통 입장에 대한 해학적인 비판이다.

> "생명도 없는 물체들에게 정념, 두려움, 혐오가 있다 하는 것만큼 터무니없는 게 또 있을까? 살아 있지 않고 살 가능성조차 없는 무감각한 물체들이 정념이 있으려면 적어도 정념을 받아들일 감각을 가진 영혼을 전제해야 하는데? 게다가 혐오의 대상이 진공이라고? 진공에 도대

---

09 『고백록』 VII, 1에서 아우구스티누스는 하나님의 영적 실체를 이해하지 못하던 시절 하나님을 공기를 투과해 가는 햇빛에 비긴 적이 있었다고 고백한다.

10 "Préface au Traité de Vide" in *Pascal: De L'esprit géométrique* (Paris: GF-Flammarion, 1985), 55-64. 『파스칼 전집 (Oeuvres complètes)』, II, 127-146.

체 뭐가 있기에 그것들이 두려워한단 말인가? 이것만큼 유치하고
어처구니없는 게 또 있을까?" [958/761]

자연은 진공을 혐오한다는 전통 입장의 근본적인 오류를 지적한 것이다. 자연은 마음이나 정념이 없어 무언가를 미워할 수 없다. 혐오는 정념이다. 그렇다면 진공을 혐오하는 주체는 자연이 아니라 생명이 있고 정념을 가진 인간이다. 그리고 말이 혐오지 그 실체는 두려움임을 파스칼은 또한 지적한다. 싫은 게 아니라 두려웠다는 말이다. 파스칼은 이들이 진공을 집요하게 거부한 진짜 이유를 알고 있었던 것이다.

거듭된 성공으로 실험 결과를 거부하기가 점점 어려워지자 교회는 대신 실험의 방법 내지 과정을 비판하기 시작했다. 설교를 듣고 양심이 찔리면 설교의 내용 대신 말투나 태도로 꼬투리를 잡는다. 회의에서 결정된 내용이 마음에 안 들 때도 절차나 방법을 시비하는 경우가 많다. 그것도 직접 하기보다는 다른 사람을 부추기는 고단수를 쓴다. 물론 시정잡배들이 즐겨 쓰는 방식이니 단수가 높을수록 더 저급해진다. 예수회 사람들도 그랬다. 몇 사람이 교회 대신 나서서 딴죽을 걸었다. 당시 프랑스의 기술로 10m가 넘는 유리관을 어떻게 만들 수 있었을까? 만약 만들었다 해도 물이나 포도주를 채운 10m가 넘는 관을 어떻게 깨뜨리지 않고 뒤집었다는 말인가? 1m짜리 관이라면 얼마든지 만들기도 하고 뒤집기도 했겠지만 거긴 또 무거운 수은을 담았을 텐데 어떻게 안 터졌는지 그것도 의심했다.

좀 지난 뒤의 일이지만 영국의 과학자 로버트 보일 Robert Boyle, 1627- 1691도 일조했다. 파스칼의 논문에 실제로 실험을 했다는 말이 없다는 점을 지적하면

서 파스칼이 어쩌면 '사고실험^{思考實驗}'을 했을 수도 있다고 추정했다. 아득한 옛날부터 있어 온 이 관행에 전자기학의 선구자인 덴마크의 외르스테드_{Hans Christian Ørsted, 1777-1851}가 사고실험이라는 이름을 주었고 자신의 이름을 속도의 단위로 길이 남긴 오스트리아의 물리학자 에른스트 마흐_{Ernst Mach, 1838-1916}가 이 이름을 유명하게 만들었다. 실제로 실험을 하는 대신 결과를 예측하여 시나리오를 쓰는 방법으로 근세의 과학자들은 이 사고실험을 즐겨 활용했다. 피사대학 수학 교수였던 갈릴레오는 무거운 물체가 가벼운 물체보다 더 빨리 낙하한다는 아리스토텔레스

피사의 사탑. 갈렐레오가 사고실험을 실제 실험으로 입증해 보였다는 피사의 사탑. 탑에는 갈릴레오의 실험을 기념하는 동판이 붙어 있다. 이 탑은 1987년 옆에 있는 피사 대성당 및 세례당과 함께 유네스코 문화유산으로 지정되었다. 사진: Wikipedia.

의 주장이 잘못임을 피사의 사탑을 찾기 전 머리로 이미 깨달았다. 아리스토텔레스의 이론대로 한다면 무거운 물체와 가벼운 물체를 줄로 느슨하게 연결해 떨어뜨릴 경우 둘 사이의 속도 차이 때문에 도중에 줄이 팽팽해질 것이고 그 순간 두 물체는 줄로 이어진 한 개체가 되므로 둘을 합친 덩어리는 두 물체 각각보다 더 빨리 낙하해야 한다는 엉터리 결론에 이르게 된다. 따라서 갈릴레오는 낙하하는 물체의 속도는 무게에 상관없이 같을 수밖에 없다는 결론을 사고실험을 통해 이미 내렸다. 갈릴레오가 정말로 사탑에 올라 실험을 했는지는 아직도 논란이 있지만 다른 많은 사람들이 탑이나 언덕에 올라 갈릴레오가 가르친 원리를 직접 확인했다는 사실은 역사가 분명히 말해주고 있다.

철학자 데카르트는 《성찰》에서 밀랍이나 불을 사용하지 않고 그저 밀랍이 불에 가까이 가면 녹는다는 사고실험을 하여 인간의 지각 및 오성의 작용에 대해 설명했다. 상대성 이론을 확립한 아인슈타인도 자신이 빛 곁에서 빛과 같은 속도로 달린다면 빛이 움직이지 않는 것처럼 보일 것이라는 사고실험을 이미 십대의 나이에 했다고 한다. 다들 감탄해 마지않는 일화지만 배가 일정한 속도로 매끄럽게 움직인다면 배 안에 있는 사람은 움직이는 줄도 모를 것이라 하였던 갈릴레오의 불변성 법칙을 도용했을 가능성이 있다. 파스칼도 "모두가 똑같이 움직이면 아무것도 움직이지 않는 것처럼 보일 것이다" 하여 상대성 원리를 가르친 바 있다.[699/707] 다같이 움직이고 있으면서도 주위 사람들을 기준으로 삼다 보니 움직이지 않는 줄로 속는다는 것이다.

어쨌든 파스칼의 진공 실험도 사고실험이었을까? 장비를 구하지 못해 머리로만 했을까? 생각의 힘은 위대하다. 생각은 온 우주도 품는다고 파스칼은 말한 바 있다. 내 키의 열 배도 넘는 시험관을 눈 깜짝할 사이에 만들어 거기 물도 붓고 수은도 채워 그저 뒤집는 정도가 아니라 몇 바퀴를 빙글빙글 돌릴 수도 있는 게 우리 머리 아니던가! 일단 의문이 제기되자 모조리 의심의 대상이 되어 심지어 퓌드돔 실험도 측정 자료를 끼워 맞추었을 것이라는 주장마저 제기되었다. 그래, 실험도 자유고 의심도 내 마음이다. 그렇지만 파스칼이 살던 루앙은 당시 프랑스 유리 산업의 중심지로 첨단 기술을 보유하고 있었다. 또 파스칼과 함께 실험했던 프티는 물리학자일 뿐 아니라 당시 최고 실력을 갖춘 기술자였다. 게다가 실험은 언제나 많은 사람이 보는 가운데 진행되었고 참관했던 사람 가운데 장비 문제로 시비한 사람은 하나도 없었다. 현장에 있던 사람들이 다 인정한 것을 정확하지도 않은 근거로 뒤늦게 의문을 제기한다는 건 과학적이지도 않고 상식에도 맞지 않다.

교회와 신학과 과학

진공의 존재가 증명되었단다. 아무것도 없는 게 진공인데 그게 있다고 증명되었다는 말인가 없다고 증명되었다는 소린가? 보이지도 들리지도 않으니 어떻게 증명할까? 텅 비어 있는 그 진공의 존재 유무를 두고 학자들과 교회가 있다 없다 요란스레 싸움을 벌였다. 셰익스피어의 희극《헛소동》의 원제목처럼 (Much Ado About Nothing) 정말 있지도 않은 걸로 야단법석을 떤 셈이다. [11]

진공 문제는 고대 그리스 철학자들 사이에서 이미 논란이 되었다. 고대 그리스 사람들이 손대지 않은 주제는 정말 찾아보기 어렵다. 자연의 진공 혐오를 처음 내세운 사람은 변화의 불가능성을 주장한 파르메니데스였다. 있는 건 있고 없는 건 없다는 게 기본 입장이었던 만큼 아무것도 없는 진공 같은 건 애초에 있을 수 없다는 주장이었다. 하지만 데모크리토스를 비롯한 원자론자들은 물질을 이루는 기본 단위를 '쪼갤 수 없다'는 뜻의 아톰 곧 원자로 규정하면서 원자와 원자 사이는 온통 비어있다 주장했다. 한쪽은 진공이 없다 하고 한쪽은 온 우주에 가득하다 하여 팽팽하게 맞서자 철학자 플라톤이 나서서 두 이론을 종합하여 균형을 이루어 보려고 애써 보았지만 별 소득은 없었다. 그런 가운데 하나님을 '최초의 운동자'라 부르는 등 운동에 남다른 관심을 보였던 아리스토텔레스가 나타나면서 대세가 기울기 시작했다. 운동이 가능하기 위해서는 물질과 물질이 맞닿아 있어야 하는데 이 세상에는 무한한 운동이 무한히 이어지고 있으므로 이 세상에는 진공이 있을 수 없다, 만약 빈 공간이 있다면 거긴 아무 저항이 없어 물체가 무한의 속도로 움직일 수 있으므로 한 물체가 동시에 한 곳 이상에 존재하는 모순마저 생긴다, 따라서 운동을 생각한다면 진공은

---

11 Edward Grand, *Much Ado About Nothing: Theories of Space and Vacuum from the Middle Ages to the Scientific Revolution* (Cambridge: Cambridge University Press, 1981).

불가능하다, 대충 이런 주장이었다. 그렇게 운동 운동 챙기던 아리스토텔레스 자신은 소크라테스나 플라톤 등 스승들만큼 장수하지 못했지만 그가 주장한 진공 이론은 처음부터 운동과 짝을 잘 이룬 덕분에 이후 이천 년 가까이 큰 손실을 전혀 겪지 않고 서양 학계를 독점 지배했다.

반론도 없지 않았다. 반대 없는 학문이 어디 있던가. 건전한 비판은 언제나 발전의 원동력이다. 스토아학파는 이 지구상에서는 진공이 불가능하지만 하늘 저 위는 진공일 것이라 주장했다. 오늘의 관점에서 볼 때 너무나 당연한 주장이긴 하지만 이 아래서도 입증 안 되는 것이 저 높은 하늘에 있다 주장했을 때는 사람들의 공감 같은 건 애초에 기대하기 어려웠을 것이다. 알렉산드리아의 수학자 헤론Heron, 10-70은 조금 더 나아갔다. 헤론은 삼각형의 세 변의 길이로 삼각형의 면적을 구하는 헤론의 공식을 만든 장본인인데 자연이 진공을 혐오하긴 하지만 진공을 인위적으로 만드는 것은 가능하다 하면서 사이펀이나 펌프를 보기로 들었다. 펌프를 잡아당기면 거기 진공이 생기고 그 진공의 힘으로 물이 위로 올라온다는 것이었다. 헤론은 백로라는 이름답게 시대를 뛰어넘는 우아한 비상을 시도하였지만 근육질의 까마귀 떼가 온통 장악하고 있는 세상을 한 마리 백로가 바로잡기에는 역부족이었다.

중세 기독교에서는 아리스토텔레스가 최고 권위였다. 기독교 복음이 그리스 로마 세계에 퍼지면서 그들의 신화 및 철학과 다양한 대화를 주고받았는데 그 가운데 참 기괴한 한 가지가 바로 땅의 일에 집중하였던 아리스토텔레스와 하늘의 일을 주로 가르치는 기독교 신학의 결합이었다. 기독교 신학이 처음 확립될 무렵에는 초월적인 이데아 세계를 탐구한 플라톤과 주로 교류했기 때문에 나름 조화를 잘 이룰 수 있었다. 그런데 중세 들어 이슬람권이 재

발견한 아리스토텔레스가 기독교 세계로 유입이 되면서 단시간 내에 진리의 독보적 권위자로 자리를 잡게 되었다. 아리스토텔레스의 학문은 실로 방대하고 또 심오하여 존경심이 절로 우러날 정도다. 오늘날도 형이상학, 윤리학, 미학 등 철학의 여러 분야뿐 아니라 문학, 수사학, 역사학, 신학, 인류학, 정치학, 경제학, 사회학, 심리학, 교육학, 물리학, 천문학, 지질학, 생물학, 의학, 음악, 연극 등 수많은 학문 분과가 아리스토텔레스에서 이야기를 시작한다. 첨단 학문의 시대인 오늘날 이 정도일 것 같으면 천 년 이전에는 그 권위가 어느 정도였는지 짐작하기 어렵지 않다. 그런 아리스토텔레스는 창조와 섭리 등 초월의 세계를 거부하여 애

학생을 가르치는 아리스토텔레스. 중세의 이슬람교 자료. 1220년 경. 중세 이슬람 학자들은 한동안 잊혀져 있던 아리스토텔레스를 재발견하고 기독교계에도 확산시켜 중세의 사상 지도를 크게 바꾸어 놓았다. 사진: Wikipedia.

초부터 기독교와 조화되기 어려웠다. 하지만 우리 시대에 과학이 으뜸이듯 그 시대에는 아리스토텔레스라는 이름이 진리 그 자체로 통했다. 그래서 아리스토텔레스의 철학을 바탕으로 하는 스콜라주의 신학도 태어나게 되었고 대학자 토마스 아퀴나스Thomas Aquinas 1225~1274가《신학대전Summa Theologiae》이라는 저서로 그 거대하고 복잡한 체계를 완성한 것이다. 이후 기독교는 아리스토텔레스를 중심으로 이슬람교와 사상적 주도권 경쟁을 벌이는 가운데 아리스토텔레스와 더욱 밀착하게 되었다.

스콜라 신학에서 진공이라는 주제는 우선 창조 교리와 관련해 등장한다. 아퀴나스는 '무로부터의 창조' 교리를 아리스토텔레스 물리학에 의거해 설명하는 가운데 창조에 대한 반론을 하나 소개한다.[12] 하나님이 시공간에 우주를 창조하셨다면 창조 이전에는 아무것도 없는 공간 즉 진공이 있었다는 뜻이다. 그런데 아리스토텔레스에 따르면 진공은 존재할 수 없으므로 결국 창조 교리도 잘못이라는 주장이다. 이 반론에 대해 아퀴나스는 먼저 아리스토텔레스가 말하는 진공은 그저 아무것도 없다는 뜻이 아니라 물체의 존재 가능성과 연결된 개념임을 지적한다. 따라서 천지창조 때 하나님이 시간과 공간을 먼저 만드신 다음 거기 물질을 채워 넣으신 것이 아니라 물질이 창조되면서 시공의 차원도 동시에 생겨났으므로 아리스토텔레스의 철학이 창조 교리와 모순되지 않는다는 것이다. 이 설명에 따르면 창조 이전뿐 아니라 지금의 상태에서도 진공은 불가능하다. 진공의 존재 자체가 창조의 완전함을 부인하는 것이기 때문이다. 성경의 핵심 교리를 당대 최고의 진리였던 아리스

<토마스 아퀴나스의 승리> 베노초 고촐리 Benozzo Gozzoli, 1421-1497. 1471년. ≪대이교도대전≫ 첫 장을 펴든 아퀴나스 양쪽으로 플라톤과 아리스토텔레스를 세워 철학은 신학의 시녀라는 아퀴나스의 입장을 반영했다. 발아래는 이슬람 신학자요 아리스토텔레스 연구의 대가인 이븐루시드 (라틴어명 아베로이스, Averroes)가 엎드린 채 "참으로 여기 교회의 빛이 있구나!" "여기서 그가 교훈의 모든 길을 찾았도다!" 하여 아퀴나스의 승리를 인정하고 있다. 루브르 박물관 소장. 사진: Wikimedia Commons.

---

12 『신학대전』 1부, 46문 1항, 반론4 & 답변4.

토텔레스의 철학과 조화시키려 한 노력은 변증의 차원에서 볼 때 긍정적인 측면도 있다. 하지만 철학을 시녀처럼 활용하여 신학을 잘 구축하려던 애초의 의도와 달리 신학이 오히려 철학에 굴복하는 경우가 많았다. 특히 이 창조와 진공의 경우 성경의 진리를 특정한 철학 사상과 결합시킴으로써 그 철학에 성경과 동일한 권위를 부여해 주었을 뿐 아니라 신학과 철학을 공동 운명체로 만드는 우를 범하고 말았다.

아리스토텔레스의 철학을 활용한 또 다른 예는 성찬 교리였다.[13] 중세 후반 득세하던 소위 화체설이 아퀴나스의 책에서 확고한 교리로 자리를 잡았는데 그때 아리스토텔레스의 철학이 다시금 소환되었다. 그리스도는 십자가를 지시기 전 제자들과 가진 마지막 만찬에서 떡과 포도주를 나누어 주시면서 그것이 곧 당신의 몸이요 피라 하셨다. 그리고는 제자들에게 그 의식을 행하여 당신을 기념하라 하셨는데 그게 바로 성찬이다. 화체설은 그리스도께서 제정하신 성찬에 대한 중세 기독교의 해석으로서 성찬의 빵과 포도주가 정말로 그리스도의 몸으로 변화된다는 입장이다. 아퀴나스는 이 변화를 아리스토텔레스의 본체와 속성의 구분을 이용해 설명하는데 속성에 속하는 떡과 포도주가 본체인 그리스도의 몸으로 변한다는 것이다. 그런데 문제는 그리스도는 부활하셨기 때문에 그리스도의 몸은 더 이상 공간의 제한을 받지 않는다는 점이다. 그러면 성찬의 재료가 그리스도의 몸으로 변하는 순간 그 재료가 차지하고 있던 공간은 어떻게 되는가? 그리스도의 몸은 공간을 점유하지 않으니 그 자리는 진공이 되는가? 그렇지 않다. 처음 있던 그 재료 곧 이미 그리스도의 몸으로 변화된 그 재료가 어떤 기적적인 방법으로 그 자리를 채운다는 것이 아퀴나스

---

13 『신학대전』 3부, 76문, 5항, 반론2 & 답변2.

의 설명이었다. 신학을 위해 철학을 활용한 것이 아니라 다시금 신학이 나서서 특정한 철학사상을 뒷받침해 준 것이다. 떡과 포도주라는 물질이 그리스도의 살과 피로 변하는 것 자체가 엄청난 기적이므로 진공의 가능성을 차단하기 위해 기적을 하나 더 소환하는 일은 그다지 어렵지 않았을 것이다.

<성찬> 니콜라 푸생Nicolas Poussin, 1594-1665의 1647년 작품. <일곱 성례> 시리즈의 하나로 프랑스에서 진공 논쟁이 한창 진행될 무렵 그린 그림. 떡을 먹은 직후 그리스도께서 사발 같은 큼직한 잔을 들고 축사를 하시는데 왼쪽에서는 가룟 유다가 이 복된 현장을 빠져나가고 있다. 푸생은 17세기 프랑스 바로크 미술을 대표하는 거장으로 샹파뉴와 함께 뢱상부르 궁전 장식 작업에도 참여했는데, 동시대뿐 아니라 후대의 세잔, 고갱, 마티스 등에게 영향을 미쳤다. 영국 에든버러Edinburgh의 스코틀랜드 국립미술관Scottish National Gallery 소장. **사진: Wikimedia Commons.**

기적! 결국 모든 것이 이 기적 하나로 설명된다. 아무것도 없던 상태에서 천지를 창조하신 일부터 기적 아닌가. 진공이 불가능하다는 것은 그 기적의 중요한 한 측면이다. 그리스도의 살과 피를 경험하는 현장에서도 진공 혐오의 원리는 기적과 연결되어 있다. 사실 그리스도께서 처음 행하신 기적도 갈릴리 가

나에서 물로 포도주를 만드신 일 아닌가. 어쩌면 파스칼이 실험 대상으로 포도주를 썼기 때문에 예수회 사람들이 진공을 눈으로 보고서도 거부할 용기가 쉽게 생겼는지 모른다. 가나의 포도주에서도 있었고 또 성찬의 포도주에서도 매번 일어나는 기적이 파스칼의 포도주라고 안 일어날 까닭이 없다. 물론 기적이라는 말을 노골적으로 사용한 것은 아니다. 하지만 눈앞에 있는 빈 공간을 빈 공간이 아니라고 우기는 일이나 모종의 물질이 시험관에 난 미세한 구멍으로 들어가 그 빈자리를 채운다고 주장하는 일은 포도주와 관련된 기적에 호소하지 않고는 어려운 일이었다. 기적이 과학적 실험 결과를 부인하는 요술 방망이 노릇을 한 셈이다. 그렇게 볼 때 진공에 대한 예수회의 반대전략은 한 가지였다. "기적이다!" 하고 한 마디 해 주고는 한 영국 시인의 표현처럼 마치 창조주를 직접 뵙기라도 한 것처럼 얼굴만 조금 붉히면 되는[14] 참 쉬운 방법이었다.

옛 신학의 권위를 업고 과학의 성과를 부인하였는데 그렇게 부인한 목적이 또 옛 권위를 지키기 위함이었으니 결국 돌고 돌면서 빠져나가지 못하는 쳇바퀴가 되고 말았다. 진공은 말 그대로 아무것도 없는 것이지만 없는 그걸 있다고 인정할 경우 파장은 심각한 것이었다. 물리학, 화학, 천문학 등에서 진행되는 실험과학의 발전은 아리스토텔레스의 체계에 근본적인 도전을 던지고 있었다. 아리스토텔레스가 불변의 진리라 믿고 영원한 하나님 말씀과 뗄 수 없도록 단단히 엮어 놓았으니 자연과학의 한 분야라도 만약 무너진다면 그건 저수지 둑에 난 구멍이 될 것이고 결국은 스콜라 신학 전체의 붕괴로 이어질 수

---

14 영국의 형이상학파 시인 리처드 크래쇼 (Richard Crashaw, 1613-1649)는 예수께서 물로 포도주를 만드신 기적을 두고 "Nympha pudica Deum vidit, et erubuit (순결한 요정이 하나님을 만나 얼굴을 붉혔다)"라고 노래했다. 영어권에서는 이 문구가 바이런이나 포프의 시로 잘못 알려진 경우가 많다.

도 있다. 예수회 사람들은 진리의 물만 사이펀으로 슬쩍 흘려보내고 아리스토
텔레스라는 거대한 둑만큼은 어떻게든 지켜보려 했지만 둑 높이가 10m 이상
이었는지 둑을 터뜨리지 않고는 진리의 물줄기가 흐르게 할 수 없었다. 그러
니 그런 절박한 상황을 인식하였던 예수회 사람들로서는 가스통 대신 포도주
통을 앞세우고 진리사수를 소리높여 부르짖는 것 외에 다른 방법이 없었다.

진공을 싫어한 철학과 정치

예수회 사람들이 신학을 이유로 진공에 반대한 반면 다른 이유로 진공을
거부한 사람들도 있었다. 철학자 데카르트는 자신의 철학을 근거로 진공을 부
인함으로써 형이상학 위에 자연과학을 건설하려 했던 아리스토텔레스의 뒤를
이었다. 데카르트는 파스칼의 포도주 실험, 진공 속의 진공 실험 등이 연이어
성공을 거둔 1647년 9월 파스칼을 직접 찾아가 이틀 동안 진공 문제로 대화를
나누었다. 51세의 프랑스 최고 명사가 24세의 젊은 학자를 방문한 것이다. 파
스칼의 설명을 들은 데카르트는 시험관 위의 빈자리에는 모종의 물질이 있었
을 것이라는 스승의 주장을 반복하며 진공 가능성을 일축했다. 데카르트의 태
도는 원뿔 곡선 논문을 거부할 때와 크게 다르지 않았지만 분위기는 전반적으
로 괜찮았다. 데카르트는 기압계를 높은 산으로 갖고 가 보라 권했다고도 하고
익히 배워둔 의술로 파스칼의 건강을 챙겨주는 일도 잊지 않았다. 그렇게 이틀
을 보낸 다음 데카르트가 네덜란드의 수학자 하위헌스에게 편지를 써 보냈는
데 거기 이런 문구가 있었다고 한다.

"파스칼 머리에 진공이 너무 많더군요."[15]

    진공의 존재를 믿지 않던 데카르트가 파스칼의 머리에는 그 진공이 많이 있더라고 썼다. 머리가 텅텅 비었다는 말이라면 욕이다. 형제에게 해서는 안 된다고 그리스도께서 엄명하신 바로 그 욕이다. 이성주의 철학자가 얼마나 답답했으면 이런 소리를 했을까? 그래서 어떤 이들은 "성급한 그 젊은이는 온통 진공 생각뿐이더군요"라는 뜻이라며 애써 데카르트를 옹호한다. 그렇지만 당시 데카르트가 처한 형편을 고려한다면 문자 그대로가 데카르트의 진짜 속마음이었을 가능성이 크다.

    데카르트는 1644년 출간한 저서 《철학의 원리》에서 진공이 논리적으로 불가능하다는 것을 자신의 공간 개념을 근거로 자세히 논증했다. 길이, 폭, 깊이 등의 연장延長은 물질이 갖는 본성이므로 아무것도 없는 빈 공간이 그런 연장을 갖는다는 건 논리적 모순이라는 주장이다. 두 물질 사이에 빈 공간이 있다면 두 물질은 붙어 버릴 것이라 했다.[16] 데카르트는 심지어 신은 진공을 만드실 수 있다고 한 전통적 입장마저 거부하고 있다.[17] 자기 이론에 맞지 않는 일은 하나님도 못 하신다는 소리다. 데카르트의 책은 토리첼리가 실험을 통해 진공을 만들어 낸 이듬해, 그렇지만 그 실험 결과가 프랑스 학계에 전해지기 두 해

---

15 1647년 12월 8일 편지. *Œuvres de Descartes* (Adam-Tannery), Vol. 5, 653. 원문 "Il me semble que le jeune homme qui a fait ce livret a le vide un peu trop en sa tête, et qu'il se hâte beaucoup." (제가 보니 이 책자를 쓴 그 젊은이는 머리에 진공이 너무 많고 또 엄청 서두르더군요.)

16 『철학의 원리』 제 2부, #10-18, 특히 #16.

17 『철학의 원리』 제 2부, #18.

전에 라틴어로 출판되었다. 그런데 만약 진공이 과학적 사실로 입증된다면 어떻게 되겠는가? 데카르트로서는 진공이 절대 생길 수 없기를, 아니 제발 생기지 말아 주기를 간절히 바랐을 것이다. 데카르트는 철학자이면서 또한 의사, 수학자, 과학자였다. 이탈리아에서 한 실험 결과를 진작 전해 들었더라면 귀는 한 번쯤 기울였을 것이요 진공의 가능성을 부인하는 그런 강력한 논증 또한 일단 미루었을지 모른다.[18] 하지만 책이 이미 나와 버린 걸 어떡하랴. 게다가 파스칼을 만나기 얼마 전에는 그 책의 불어판마저 출판되어 이제 학자가 아닌 일반 사람들도 다 알게 될 것을.

독일의 철학자 라이프니츠[Gottfried Wilhelm Leibniz, 1646-1716]도 자신의 철학 및 창조 교리를 근거로 진공을 거부함으로써 데카르트와 보조를 같이했다. 라이프니츠는 이탈리아와 프랑스에서 진행된 실험 소식을 익히 들어 알고 있었지만 자기 철학의 핵심 개념인 '가능한 최상의 세계[le meilleur des mondes possibles]'[19]를 동원해 진공의 가능성을 일축해버렸다.[20] 지금 있는 이 세상이 비록 완벽하지는 않지만

---

18 데카르트는 파스칼을 만난 후인 1647년 12월 13일 메르센 신부에게 보낸 편지에서 파스칼이 행한 수은 실험에 대해 왜 진작 알려주지 않았느냐고 불평하고 있다. Jonathan Bennett, *Selected Correspondence of Deacartes* (2017, pdf), 204. Descartes, *Œuvres de Descartes* (Adam-Tannery), Vol 5, 98-100.

19 Leibniz, *Essais de Théodicée sur la bonté de Dieu, la liberté de l'homme et l'origine du mal* (1720, 하나님의 선하심, 인간의 자유, 악의 기원에 관한 신정론)에서 사용한 표현. 독일어로는 "Die beste aller möglichen Welten"으로 표현.

20 H. G. Alexander ed., *The Leibniz-Clarke Correspondence: Together With Extracts from Newton's Principia and Optics* (Manchester: Manchester University Press, 1956). 라이프니츠는 진공 관련 실험에 대해서는 노엘 신부처럼 빛이 투과된다는 이유 등을 들어 거부하고 있다.

현실로 존재할 수 있는 세상 가운데는 최고라는 논리인데, 전능하지 못하다느니 선하지 않다느니 하는 숱한 공격으로부터 창조주를 지켜 드리고자 한 좋은 뜻에서 나온 이론이었다. 이 이론대로 한다면 진공이라는 걸 생각은 할 수 있으나 혹 그런 공간이 생길 경우 하나님이 그곳을 금방 다른 물질로 채우실 것이다. 창조는 언제나 좋은 것이므로 있는 게 많을수록 더 좋을 것이고 또 하나님이 더 창조하실 기회를 무시하시지 않을 것이므로 결국 아무것도 없는 곳은 있을 수 없다 하는 신학 같은 철학이었다. 진공의 존재가 실험을 통해 이미 입증된 마당에 진공이 불가능하다는 라이프니츠의 전통적 주장은 별 공감을 얻지 못했다. 그 주장의 바탕을 이룬 기본 철학도 가능한 최상의 이론이 못 되었는지 볼테르나 러셀 등 불신자들뿐 아니라 기독교인들로부터도 많은 공격을 받았다.

진공이 있을 수 없다는 전통은 영국에서도 오래 이어졌다. 진공이라는 라틴어 Vacuum을 영어에 도입한 사람은 16세기의 캔터베리 대주교 토머스 크랜머[Thomas Cranmer 1489-1556]였다. 종교개혁자로 성공회의 공동기도문을 만들었고 나중에는 순교까지 한 크랜머는 진공을 "아무 물질도 없는 텅 빈 공간"이라 규정하면서 그 개념을 "자연 이성은 진공을 혐오한다"는 원리에 담아 소개하고 있다. 그러던 것이 100년 어간에 분위기가 변했다. 토리첼리와 파스칼의 실험에 대해 전해 들은 로버트 보일이 실험을 통해 진공의 존재를 직접 확인한 다음 1666년 논문을 출판한 것이다. 그러자 학자들이 들고 일어났다. 특히《리바이어던》을 쓴 원로학자 홉스는 실험 방법 등을 들어 보일의 업적을 조롱하면서 자기가 만든 거대 괴물 리바이어던의 힘으로 젊은 과학자를 아예 밟아버리려 했다. 이유는 간단했다. 정치의 안정을 위해서는 진공이 없어 주어야만 했기 때문이었다.[21] 리바이어던이 둘로 나뉠 수는 없지 않은가. 자연과학은 정치 및 종교와 분리되어서는 안 된다는 것이 홉스의 주장으로서 홉스는 물리적 진 공에 담긴 정치적 뜻을 보았다. 대단한 통찰력이다. 자연과 사람은 그렇게 통 한다. 근세의 대표적 유물론자였던 홉스는 진공을 인정하면 비물질적 실체의 존재를 인정하는 셈이며 그렇게 되면 종교인들이 이 영역의 안전을 명분 삼아 사람들을 자기 편으로 만들려 할 것이라고 보았다. 그러면 사람들은 교회와 국 가라는 두 권력 사이에서 갈팡질팡하게 될 것이고 결국 사회는 극도의 불안에 빠져들 것이라는 논리였다. 홉스는 진공의 존재가 심지어 종교인들의 음모일 수 있다 하였으니 종교인들이 포도주 통을 앞세워 진공의 가능성을 거부하였 던 바다 건너 프랑스와는 사뭇 다른 분위기였다.

홉스는 진공 거부를 비롯한 몇 가지 기행 때문에 말년에 왕립 학술원에서 제명당하는 수모를 겪었다. 힘으로 학문을 누르려 한 노학자의 고집도 문제지 만 지난날 자신들이 당한 걸 똑같은 방식으로 되갚아 준 젊은 과학자들의 패기 도 뒷맛이 쓰기는 마찬가지다. 아무것도 없는 빈자리가 세계 곳곳에서 텅 빈 인간의 허망한 자존심을 여지없이 드러낸 셈이다. 존재하지 않는 방식으로 존 재하는 그 별난 것의 존재는 수천 년 가만있던 지구가 어느 날 갑자기 돌기 시 작한 것 못지않게 정치, 사회, 사상, 종교 등 모든 영역에 큰 파장을 일으키는 묵직한 발견이었다.

갈릴레오와 파스칼
진공이나 대기압 관련 실험은 과학 실험이다. 경험에 근거한 합리적인 의

---

21 Steven Shapin & Simon Schaffer, *Leviathan and the Air-Pump: Hobbes, Boyle and the Experimental Life* (Princeton, Princeton University Press, 1985), 94.

문은 얼마든지 있을 수 있고 또 당연히 있어야 옳다. 문제는 과학 실험의 결과를 과학 아닌 다른 압력으로 억누르려 한 점이다. 그런 부당한 횡포의 대표적인 사례가 바로 갈릴레오 사건이다. 과학적 성과를 신학적 이유로 억압한 뼈아픈 경험이다. 갈릴레오는 책과 자료를 두루 연구하고 또 직접 만든 망원경을 이용해 자세한 관찰까지 한 다음 폴란드의 천문학자 코페르니쿠스Nicolaus Copernicus, 1473-1543가 내세운 태양중심설이 옳다고 믿고 그걸 책으로 발표했다. 고대 그리스의 천문학자 프톨레마이오스100-170가 체계적으로 정립한 그 이론 그러니까 상식을 가진 사람이라면 누구나 당연하게 생각해 오던 그 체계에 도전을 던진 것이다. 갈릴레오는 태양이 지구를 도는 게 아니라 지구가 태양 주변을 돈다 주장하여 사람도 교회도 다 같이 돌게 만들었다. 분노한 로마 교황청은 태양중심설이 이단 사상이라며 당장 철회할 것을 요구했다. 성경에는 하나님이 땅을 고정시키셨다든지 태양이 움직인다는 표현이 많이 나오므로 이에 반하는 주장은 이단 사상이라는 것이었다. 많은 구절22 가운데 자주 인용된 구절은 시편 104:5이었다. "땅에 기초를 놓으사 영원히 흔들리지 아니하게 하셨나이다."

이 구절이 지동설을 반대하는 근거가 된 이유는 이 구절을 문자 그대로 보았기 때문이다. 시를 시로 못 보고 상징적 함축적 의미 대신 문자적 의미만 본 것이다. 한 주교가 "태양아 머무르라" 한 여호수아의 명령으로 설교하면서 갈릴레오를 향해 포문을 열었다. 그 주교는 해가 뜬다 진다 하는 일상 언어를 과학적 진술로 착각한 경우다. 우주에서는 지구가 태양 주위를 공전하며 자전도 하지만 우리가 이야기를 주고받을 때는 그렇게 표현하지 않는다. 태양중심

---

22 역대상 16:30; 시편 93:1; 96:10; 104:5 등; 움직이는 태양: 전도서 1:5.

설이 상식이 된 지금도 우리는 아침마다 지구가 돌았다 하지 않고 해가 떴다고 말한다. 그렇게 힘차게 솟아오른 해가 저 넓은 하늘을 가로지른 다음 저녁이면 서쪽으로 진다. 성경에 나오는 시어詩語나 일상어日常語를 문자 그대로 보고 과학이라 우긴 건 사실 교황청만이 아니었다. 마르틴 루터를 비롯한 개혁자들도 천문학자들의 새 이론에 콧방귀를 뀌었다. 땅에 발을 붙이고 살던 그 누가 우주 창조 이래 이어져 오던 그 세계관을 쉽게 부인할 수 있었겠는가? 다만 이들은 과학의 진보를 가로막을 힘도 이유도 없었기 때문에 교황청만이 그런 흐름에 제동을 걸었을 따름이다. 교황청은 학문적 진보를 향해 거침없이 달려가던 갈릴레오를 향해 "게 섰거라" 외쳤다. 하지만 갈릴레오만 움직이는 게 아니라 자기들도 갈릴레오 주변을 빙글빙글 돌며 따라가고 있는 줄은 꿈에도 몰랐을 것이다.

갈릴레오 석상. 피렌체의 우피치 미술관 외벽. 코스톨리Aristodemo Costoli의 1851년 대리석 작품. 오른손에는 직접 만든 망원경을 든 채 눈을 들어 멀리 하늘을 바라보고 있다. 발아래는 프톨레마이오스의 세계관을 반영하는 천구 모형과 프톨레마이오스의 책이 놓여 있다. 천구와 책을 갈릴레오의 옷자락으로 덮은 것은 옛 세계관을 극복했다는 뜻인 것 같다. 양발 사이에는 역시 갈릴레오가 발명한 측량 컴퍼스가 놓여 있다. **필자 사진.**

갈릴레오는 반성경적 과학 이론을 내세웠다는 이유로 교황청에 두 번 소환되었다. 1616년에는 벨라르미노Roberto

^{Bellarmino} 추기경으로부터 태양이 고정되었다는 사상을 주장해서는 안 된다는 지시를 받긴 했지만 갈릴레오에 호의적이었던 교황 바오로 5세 덕분에 정식 재판까지는 가지 않았다. 하지만 두 번째인 1633년에는 분위기가 완전히 달라져 있었다. 취임 이후 10년 가까이 갈릴레오의 친구로 지내오던 새 교황 우르바노 8세가 한 해 전에 출판된 책《두 가지 주요 세계관에 관한 대화》때문에 갈릴레오의 원수가 돼버렸다. 갈릴레오가 교황의 부탁대로 교황의 천문학 이론을 책에 넣어주긴 했는데 그 이론을 좋게 소개하지 않고 조롱의 대상으로 만들었기 때문이다. 그 책은 교황청 내부의 많은 권력자들마저 갈릴레오에게 등을 돌리게 만들었다. 갈릴레오는 결국 두 번째 교황청의 소환을 받게 되었다.

로마로 향하는 노학자 갈릴레오는 두려움에 떨었다. 혁신 사상가 브루노 ^{Giordano Bruno, 1548-1600}가 이단자로 낙인 찍혀 로마 시내 한복판에서 화형을 당한 것이 불과 33년 전이다. 브루노는 똑똑한 무지를 가르친 쿠자누스^{Nicolaus Cusanus, 1401-1464}의 영향을 많이 받아 우주가 무한하다 믿은 사람이지만 코페르니쿠스의 태양중심설 또한 적극 지지했다. 갈릴레오가 파도바 대학 수학교수로 임명되기 한 해 전 그 자리에 지원했다가 낙방한 일도 있으니 어쩌면 갈릴레오와 아는 사이였을 수도 있다. 지구가 태양 주위를 돈다는 주장은 단순히 태양과 지구의 관계가 뒤집힌다는 이야기가 아니었다. 갈릴레오는 망원경 관찰을 통해 은하수가 빛이 많이 모인 곳이 아니라 엄청난 수의 별로 이루어진 것임을 확인한 바 있다. 따라서 태양중심설은 지금까지 알고 있던 지구 중심의 관점을 넘어 광대한 우주로 나아가는 관문이 될 수도 있었다.

법정에 선 갈릴레오는 태양중심설을 철회하고 말고 할 것도 없이 아예 그런 사상을 주장한 적이 없다고 딱 잡아뗐다. 하지만 이미 출간된 저서와 다른 증거 자료 때문에 유죄 판결을 피하지 못했고 죽는 날까지 가택연금 상태로 지내야 했다. 재판을 마치고 나오면서 그래도 지구는 돈다고 중얼거렸다는 소문이 났지만 그때 갈릴레오는 뭘 중얼거릴 용기는커녕 힘조차 남아 있지 않았다. 사실 갈릴레오 자신도 태양과 지구의 정확한 관계를 입증하는 과학적 증거를 죽는 날까지 발견하지 못했기 때문에 그런 말을 했을 리도 만무하다. 어쨌든 시편을 암송하는 벌은 수녀가 된 딸 마리아가 대신 받아 연로하신 아버지의 짐을 덜어드렸다. 가택연금 상태로 9년을 지내다가 세상을 떠나 몸의 구속은 길지 않았으나 지은 책은 금서목록에 들어가 이백 년 동안 갇혀 지냈다. 책을 다 모아 불태우진 않았으니 중국 진나라의 시황제나 독일 나치의 괴벨스보다는 그나마 나았다 할 수 있을지 모르겠다.

갈릴레오가 죽자 페르디난도 2세를 비롯한 추종자들이 돈을 모아 피렌체의 산타 크로체 성당에 무덤을 마련했다. 미켈란젤로와 마주 보는 좋은 자리였다. 하지만 교황청의 반대가 워낙 강해 일단 성당 보조 건물 한 구석에 묻어야 했다. 그런데 거의 백 년이 지나자 허락이 떨어졌다. 매장되지 못한 시신은 백 년을 방황한 뒤 저승의 강을 건널 수 있다고 고대 로마 신화가 노래하더니[23] 가매장된 갈릴레오의 시신도 그렇게 5년이 모자라는 백 년을 떠돈 다음 제자리를 찾아 편안히 누울 수 있었다. 성경은 신화를 허무맹랑한 이야기로 규정하는데 놀랍게도 교회가 옛 신화를 실제 역사로 구현해 준 셈이다. 그런데 갈릴레오의 시신을 옮기면서 손가락 몇 개와 이빨 하나를 따로 떼 놓았는데 그중 오른손 가운데 손가락이 지금 피렌체의 갈릴레오 박물관Museo Galileo에 전시되어 있다. 손가락은 위를 향하고 있다. 오른손 가운데 손가락이 홀로 위를……?

---

23 베르길리우스, 『아이네이스』, 6권 329행.

갈릴레오의 가운데 손가락. 피렌체의 갈릴레오 박물관, 일명 과학사 박물관에 전시되어 있다. 시신의 일부를 이렇게 공개적으로 전시한 뜻은 무엇일까? 사진: **갈릴레오 박물관.**

갈릴레오의 말년을 생각하니 민망한 생각이 떠오른다. 에이, 아니겠지. 설마 그때 그런 뜻이 있으려고. 갈릴레오가 그럴 사람도 아닌데. 하나님을 믿은 경건한 사람 아니었던가. 아마도 그토록 사랑했던 별을 가리키고 있는 것이겠지...... 하지만 학문의 자유를 억누른 교회 당국자들이 그 손가락을 본다면 갈릴레오가 전하지 않은 어떤 메시지를 읽지 않을 수 없으리라. 무슨 뜻인지 모르겠다며 순진한 척하는 이들도 물론 있겠지만.

파스칼은 종교재판까지는 가지 않았다. 프랑스와 이탈리아 사이에 놓인 알프스가 10m보다 높아 교황권이 사이편으로도 펌프로도 거기까지 미치진 못했던 모양이다. 남촌이든 북촌이든 산 너머 살아 좋은 점도 있다. 갈릴레오가 두 번째 재판을 받았을 때 파스칼 가족은 파리로 막 이사 와 있었다. 학술 모임은 아직 생기기 전이었지만 갈릴레오 재판 소식을 전해 들은 파리의 학자들은 학문의 자유를 억누른 교황청의 처사를 거세게 비판했다. 파스칼 역시 아버지를 통해 또 자신이 학회에 직접 참여하면서 그런 분위기를 충분히 느낄 수 있었다. 예수회 사람들의 거센 반발과 맞서는 동안 파스칼은 자신의 사명에 대해 많이 생각했을 것이다. 파스칼은 갈릴레오가 감히 펴지 못한 뜻을 알프스 산맥을 방패 삼아 당시 학계를 장악하고 있던 예수회 신부들 및 여러 과학자들을 상대로 마음껏 펼치면서 갈릴레오가 하지 못한 학문의 원리에 대한 발전도 상당히 이룰 수 있었다.

파스칼의 과학철학

과학이란 무엇인가? 철학이나 신학 등 다른 학문과는 어떤 관계에 있어야 하는가? 데카르트 같은 이는 아리스토텔레스 전통을 이어 형이상학 위에 자연학을 구축하려 했지만 파스칼 시대에는 이 둘을 제대로 구분할 줄 아는 사람도 많아졌다. 이를테면 메르센 신부가 이끌던 학술회는 사변 철학의 바탕 위에 실증학문을 건설하려 한 데카르트의 방법이 올바른 학문 발전에 오히려 역행하는 것임을 이미 논의한 바 있었다. 그런 분위기 가운데 수학에 이어 과학 연구에 몸담게 된 파스칼은 자연과학과 다른 여러 분과와의 올바른 관계를 정립하는 일에도 탁월한 재능을 발휘했다.

파스칼이 1651년 미완성으로 남긴 진공에 관한 그 글에는 당시 학자들의 잘못을 지적하고 학문하는 바른 자세를 설명한 명쾌한 구절이 들어 있다. 과학 방법론 내지 과학철학에 해당되는 글이다. 파스칼은 옛 권위를 향한 시대의 존경심이 도를 넘었음을 지적하면서 문학, 역사, 언어, 신학 등의 분야에서는 옛 사람들이 권위를 가질 수 있지만 실험 및 이성의 판단에 근거하는 과학에서는 이들을 향한 존경에 선을 그어야 된다 했다. 과학, 기하학, 수학, 음악, 물리, 의학, 건축 등은 감각 및 이성에 바탕을 두고 있으므로 다른 권위는 있을 수 없다. 이른 바 옛 사람의 권위라는 것도 그들이 이성적 실험으로 확보한 것들을 후대 사람이 디딤돌로 삼을 수 있다는 점에서 갖는 권위일 뿐 우리 시대의 실험으로 그 사실성이 입증되지 않거나 부인된다면 그걸 내세운 이름이 아무리 고귀한 것이어도 소용이 없다 했다. 파스칼은 당대의 풍조를 이렇게 한탄하고 있다.

"이 차이가 이렇게 명확하니 우리로서는 물리학 분야에서 추론이나
실험 대신 옛 사람의 권위만 내세우는 이들의 무분별함이 불쌍할 뿐

아니라 성경 및 교부들의 권위에 의존해야 할 신학 분야에서 이성적인 추론만 하고 있는 이들의 사악함에 두려움마저 느끼게 된다. 우리가 할 일은 물리학 분야에서 두려움 때문에 감히 새로운 것들을 발명하지 못하는 사람들에게 용기를 북돋아 주고 신학에서 새로운 것들을 만들어내는 무모한 이들의 오만함을 누르는 일이다. 그러한데도 신학에서는 이전 사람들이 전혀 몰랐던 수많은 새로운 의견들을 끈질기게 주장하여 사람들의 박수를 받는 반면 비록 많은 수는 아니지만 물리학에서 만들어진 것들이 기존의 견해에서 조금이라도 벗어나는 순간 오류로 낙인찍히는 것이 우리 시대의 비극이다."[24]

신학에서 독창적 이론이 쏟아져 나오는 것이 바람직한 현상이 아니듯 과학의 발견을 옛 권위가 억누르는 것 역시 잘못이다. 거의 사백 년 전의 이야기에서 곰팡내가 전혀 나지 않는 것은 사람 사는 곳은 어디나 같기 때문이리라. 그런 경향은 물론 과거를 중시하고 나이를 벼슬로 치는 동양이 더 강하다. 파스칼은 이런 "남용abus이 학문의 질서를 문란하게 만들고 있다"며 개탄하고 있다.

파스칼은 실험과 관찰에 의한 지식의 발전이 인간 존엄성의 문제라고 보면서 별을 보기로 든다. 오래전 별을 맨눈으로만 볼 때는 은하수의 일부가 다른 곳보다 빛을 더 많이 반사하기 때문에 밝다고 생각하였지만 지금은 망원경으로 자세히 관찰하여 거긴 별이 더 많아 그렇다는 것을 알게 되었다는 것이

---

24 Pascal, *De l'esprit geometrique*, 59; 『파스칼 전집』 II, 133.

다.[25] 별 이야기를 다 한다 싶겠지만 예나 지금이나 별은 힘이 있다. 파스칼 이전에는 단테의 별이 아름다웠다. 단테는 《신곡》의 지옥편, 연옥편, 천국편을 모두 "별stelle"이라는 말로 마무리하며 천국이 있는 별에 올라갈 날을 꿈꾸었다. 파스칼 당대의 선배 갈릴레오의 별도 찬란하게 빛났다. 갈릴레오의 별은 이 지구가 더 이상 우주의 중심이 아님을 밝혔다. 아버지 갈릴레오를 평생 존경하였던 딸 마리아는 아버지가 그토록 사랑하였던 "하늘Celeste"을 수녀명

청년 파스칼. 물리학 연구에 몰두하던 1649년 25세 때의 모습. 절친이었던 유명 변호사 장 도마Jean Domat가 붉은 크레용으로 스케치한 그림. 파스칼 초상 가운데 가장 사실에 근접한 것으로 《팡세》 포제르Faugère 판(1844)에 처음 등장했다. 그림 아래쪽에 도마의 아들이 "아버지가 그린 파스칼 초상"이라고 적어 놓았다. 파리 국립도서관 소장. **사진: 클레르몽 오베르뉴 메트로폴 도서관.**

으로 삼았다. 파스칼 백 년 후에는 칸트의 별이 인간의 자유와 함께 찬란하게 빛날 것이고 이백 년 뒤에는 고흐의 별들이 서로 얼싸안고 춤을 추며 우리 모두를 저 푸른 하늘로 초대할 것이다. 별은 문학의 빛, 과학의 빛, 철학의 빛, 예술의 빛이다. 빛은 자유다. 그 빛은 오늘날 수천 억 개의 은하가 되어 온 우주를 환히 밝히고 있다.

---

25 Pascal, *De l'esprit géometrique*, 62; 『파스칼 전집』 II, 142. 이 내용은 『팡세』 782/942에도 언급되어 있다.

진공도 그렇다. 과거에 행한 실험은 모두 진공의 존재를 부인하게 하는 것들이었지만 우리 시대의 실험은 전부 진공의 존재를 인정하게 만드는 것이다. 파스칼은 진공에 대한 그릇된 관념이 습관에서 왔다고 지적한다. "자연현상을 증명하는 그릇된 이유에 익숙해져 있을 때는 올바른 이유가 발견되어도 받아들이려 하지 않는다." [736/202] 우리 시대에도 그대로 적용이 된다. 그런 습관을 형성하는 바탕에는 두 가지가 있다. 감각 아니면 교육이다.

> "한쪽은 말한다. 네가 어릴 때부터 상자 안에 아무것도 보이지 않으면
> 상자가 비었다고 믿었기 때문에 넌 진공이 가능하다고 믿게 되었다.
> 그건 네 감각의 착각이 습관에 의해 굳어진 것으로서 과학으로 바로잡
> 아야 한다. 다른 쪽은 말한다. 진공이라는 건 없다고 학교에서 배우는
> 바람에 네 상식이 오염되었다. 그런 그릇된 인상을 갖기 전에는 진공
> 을 아주 분명하게 이해하고 있었으니 네 본디 상태로 돌아가 바로잡아
> 야 한다. 자 그럼 누가 속였나, 감각인가 교육인가?" [44/81]

파스칼은 《팡세》에 나오는 이 글에서 당시의 그릇된 교육을 비판하고 있다. 과학이라는 이름의 교육인데 사실은 스콜라 신학이 아리스토텔레스의 이름으로 내세운 과학으로서 참 과학이 아닌 유사 과학, 사이비 과학이었다. 형이상학을 토대 삼고 실증적인 실험을 거부하거나 왜곡하는 태도다. 그런 엉터리 과학을 학교에서 배운다면 과학이 무엇인지 학교는 무얼 하는 곳인지 그렇게 배운 지식이 상식 및 신앙과는 또 어떤 관계에 있는지 기초부터 다시 검토해야 할 것이다.

파스칼은 여러 학문의 원리 및 방법에 대해 분명하게 정리한 다음 과학이

학문이 되기 위해 필요한 기본 조건까지 제시했다. 그런데 그 조건은 놀랍게도 20세기를 대표하는 과학철학자 칼 포퍼가 올바른 과학 방법론으로 제시한 반증 가능성Falsifiability 원리와 닮았다.《열린 사회와 그 적들》의 저자이기도 한 포퍼는 우선 사람의 지식이나 학문은 다 가설에서 출발한다고 전제한 다음 어떤 가설을 입증하는 귀납적 실험이나 관찰은 그 수가 아무리 많아도 그 가설을 과학적 이론으로 확립시키기에는 부족하다 했다. 하지만 반례는 단 하나만 나와도 가설 전체가 오류임을 입증할 수 있으므로 실험 또는 관찰로 반증할 수 있는 가능성을 가진 이론만이 과학적 이론이 될 수 있다 주장했다. 포퍼보다 300년 전에 살았던 파스칼은 앞서 언급한 그 서문에서 이렇게 말하고 있다.

> "일반적으로 말하자면 실험을 백 번, 천 번, 아니 그보다 더 많이, 정말 수도 없이 많이 해 늘 같은 결과를 얻었다 해도 그걸로 충분하지 않다. 왜냐하면 아직 검증하지 못한 경우가 꼭 하나 남아있을 경우 그 하나 때문에 보편적인 정의는 내릴 수가 없기 때문이다. 만약 그 하나의 경우가 반대의 결과를 보인다면 그 하나만으로...."[26]

글은 여기서 중략되고 다른 문장으로 넘어간다. 그런데 중략된 내용이 파스칼이 이전에 쓴 편지 하나에 들어있다. 진공의 존재를 끝까지 인정하지 않은 에티엔 노엘 신부에게 보내는 편지에서 파스칼은 이렇게 말하고 있다.

> "하나의 가설이 옳다는 것을 증명하기 위해서 그 가설을 입증하는 현상을 아무리 많이 열거한다 해도 충분하지 않습니다. 반대로 그 가설

---

26 Pascal, *De l'esprit geometrique*, 63;『파스칼 전집』II, 144.

이 그 현상 가운데 단 하나와 맞지 않을 경우 그것만으로 그 가설의 오류를 증명하기에 충분합니다."[27]

기본적인 통찰은 포퍼와 똑같다. 그래서 파스칼을 포퍼 이론의 선구자로 보기도 한다. 다만 포퍼처럼 체계적인 과학철학의 원리로 발전시킬 겨를이 없었을 뿐이다. 반증 가능성 원리를 담은 이 짧은 구절이 파스칼 당대와 오늘날의 과학계에 전하는 메시지는 크다. 적어도 과학 분야에서는 아무리 보편성을 가진 주장이라도 단 하나의 예외에 의해 무너질 수 있음을 분명하게 밝힌 것이다. 자연의 진공 혐오가 아무리 오래된 진리라 해도 자연 상태에서 진공이 단 한 번 생기는 순간 옛 신화로 전락하고 만다는 것이 파스칼의 명확한 입장이었다.

과학만이겠는가? 이 원리는 우리 삶의 여러 분야에 적용될 수 있다. 사람의 인격과 삶에도 적용이 가능하다. 사람의 행동 하나가 지금까지 해온 수많은 미사여구를 거짓으로 만들 수 있다. "헤어져!"라는 한 마디는 지금까지 해온 수천, 수만 번의 "사랑해"를 단숨에 뒤엎는다. 열매를 보고 나무를 안다 하신 그리스도의 말씀도 단 하나의 예외가 가진 파괴력을 강조한다. 사과나무라고 아무리 떠들어도 오렌지가 하나 열리는 순간 나무의 정체는 드러나고 만다. 파스칼은 이 원리를 자연과학을 넘어 기독교 신앙의 확실성에도 적용한다. 부활을 목격한 사람 가운데는 단 한 사람도 부활을 부인하지 않았다는 것이다. 만약 부활의 목격자 가운데 부활을 부인하거나 의심하는 사람이 단 하나라도

---

27 1647년 10월 29일 편지. 『파스칼 전집』 II, 99. 파스칼은 1647년 10월부터 이듬해 여름까지 노엘 신부와 진공의 존재에 대해 편지로 논쟁을 벌였다. 오간 편지는 『파스칼 전집』 II, 77-126에 수록됨.

있었더라면 아마 파스칼은 기독교 신앙의 진실성에 대해 심각하게 고민했을 것이다. 310/587; 822/421

신앙과 과학의 관계

갈릴레오나 파스칼 같은 용기 있는 과학자 덕에 과학은 급속도로 발전하였고 발전을 가로막던 교회마저 그 혜택을 함께 누리게 되었다. 꽉 막혔던 나라가 민주주의로 활짝 열리면 그 혜택은 민주화를 위해 헌신한 사람들이나 일반 국민뿐 아니라 민주화를 짓밟던 사람에게도 간다. 사실 짓밟던 그 사람들이 더 즐기는 경향도 없지 않다. 파스칼도 말했지만 지구가 도는 게 사실이라면 지구에 발 붙이고 사는 그 누구도 따라 돌지 않을 재간은 없다.[28] 갈릴레오 사건을 통해 얻은 가장 큰 혜택은 성경을 새롭게 발견한 점이다. 문자 그대로만 보던 성경에서 이제는 역사 외에도 시, 우화, 상징, 편지, 이야기, 논술, 일상 언어 등 다양한 장르를 구분할 수 있게 되었고 하나님 말씀에 대한 이해도 그만큼 깊어졌다. 하늘의 언어를 따로 만드는 대신 사람의 언어를 다양하게 구사하며 다가오신 하나님을 그만큼 더 친숙하게 느낄 수 있게 되었으니 얼마나 좋은가. 최근의 교황 요한 바오로 2세가 지난날 교회가 갈릴레오를 힘들게 한 점을 사과하고 또 갈릴레오가 이룬 업적에 대해 감사까지 하였으니 늦었지만 다행이다.

우리 시대에도 그런 논쟁 및 대립이 없지 않다. 과학을 근거로 신앙을 부인하는 일이야 어제오늘의 일이 아니니 그렇다 치더라도 신앙의 이름으로 과학을 거부하는 그 태도 속에는 성경을 문자 그대로만 해석하다가 갈릴레오를 정

28『프로뱅시알 편지』18번. 안혜련 374-5.

죄하였던 수백 년 전의 기세가 그대로 담겨 있는 것 같아 걱정스럽다. 물론 아무 전제가 없는 백지 위에서 과학을 한다는 건 불가능하다. 하지만 어떤 전제든 과학적 사실과 맞지 않을 때는 리바이어던의 권력으로 상대를 억누르는 대신 밀고 당기고 하면서 서로 맞추려는 노력이 필요하다. 그렇게 해서 얻은 열매는 양쪽 다, 아니, 구경하던 사람까지 모두가 함께 맛볼 것이다. 성경은 창조의 하나님을 가르침으로써 근세 과학발전의 원동력이 되었다. 창조의 신비를 살피고자 한 과학자들의 경건한 노력 덕분에 과학이 혁명적인 발전을 이룩할수 있었다. 그렇게 발전한 과학이 이따금 성경과 충돌하는 듯 보이기도 하였지만 오랜 세월 조화를 이루는 가운데 결국은 함께 혜택을 누리고 있지 않은가?

파스칼은 이 점에 있어서도 좋은 지침을 준다. 예수회 사람들과 신학 논쟁을 벌이며 쓴《프로뱅시알 편지》한 대목에서 신앙과 과학의 올바른 관계를 나름 정립해 본 것이다. 파스칼은 천주교의 절대 권위였던 토마스 아퀴나스가 인용한 아우구스티누스의 말을 다시금 인용하면서 하나님에 대한 두 가지 계시인 성경과 자연의 조화를 확신한다.

> "두 가지에 유념해야 합니다. 첫째, 성경의 참된 뜻은 언제나 하나다.
> 둘째, 성경은 다양하게 해석할 수 있으므로 이성이 특정한 뜻의 오류
> 를 명백하게 밝힐 경우에는 그것이 원래의 뜻이라고 우기지 말고 이성
> 과 조화되는 다른 뜻을 찾아야 한다." [29]

성경은 다양하게 해석될 수 있는 반면 감각의 진술은 단 하나뿐임을 아

---

[29] 『프로뱅시알 편지』 18번. 안혜련 373; 아퀴나스, 『신학대전』, 1부 68문 1항 1답; 아우구스티누스, 『창세기의 문자적 해석』, 1장 18항.

우구스티누스는 강조하였고 토마스 아퀴나스도 인용했다. 갈릴레오도 자신의 첫 후원자였던 로레인의 크리스티나 그러니까 페르디난도 2세의 할머니에게 보낸 편지에서 아우구스티누스를 인용하면서 신앙과 학문의 관계를 명확하게 설명한 바 있다. 파스칼은 보기까지 들어 설명한다. 창세기 1장은 해와 달을 '두 큰 광명체'라 하여 마치 달이 다른 별보다 큰 것 같은 인상을 주지만 실제로는 별이 더 크다는 것이 과학적으로 입증되었으므로 '큰 광명체'라는 말에는 '우리가 보기에 그렇다'는 식의 다른 뜻이 담겨야 올바른 해석이 된다는 것이다. 또 지구가 돈

<아우구스티누스>. 필립 드 샹파뉴 그림. 1650년 작품이니 파스칼이 과학과 신앙의 관계를 한참 천착하던 무렵이다. 오른손에는 책을 쓰던 펜을 쥐었고 왼손에는 하나님을 향한 사랑을 상징하는 불타는 심장을 들었다. 심장의 불꽃과 아우구스티누스의 눈빛이 함께 향하는 곳을 보니 펼쳐진 성경 위에서 '진리veritas'의 빛이 뻗어 나오고 있다. 오른발로는 이단으로 정죄된 펠라기우스 분파의 책을 밟고 있다. 로스앤젤레스 카운티 미술관 소장. 사진: Wikimedia Commons

다는 사실을 과학이 입증한다면 교회의 권위로 그것을 막아서는 안 된다고 명확하게 지적하고 있다.[30] 언제나 존경스러운 것은 말씀의 핵심 진리에 대한 우리 선배들의 열정이다. 과학이나 역사 분야에서 명확하지 않은 것을 성경의 권위를 업고 사실이라고 주장했다가 혹 사실이 아닌 것으로 밝혀질 경우 복음의

---

30 『프로뱅시알 편지』 18번. 안혜련 374-5.

진리 곧 "죽은 자들의 부활이나 영생의 소망"마저 거짓으로 오해받을 수 있음을 아우구스티누스가 경고하였고 아퀴나스도 인용하였으며 파스칼도 편지에서 자세하게 소개하고 있다.[31] 파스칼은 예수회의 자존심이나 홉스의 야망 같은 데는 일말의 관심도 없다. 오직 진리 하나만을 추구하고자 했을 따름이다.

우리 시대에도 대립이 있다. 생명체의 기원에 대한 설명으로 창조와 진화가 서로 대립하고 있다. 창조를 믿는 사람들 가운데서도 하나님이 진화를 창조의 방법으로 쓰셨는지를 두고 거센 논쟁이 벌어지고 있다. 진화를 수용하는 그룹과 거부하는 그룹은 학문적 성과와 성경 해석을 두고 첨예하게 대립하고 있다. 갈릴레오 사건을 보는 관점도 정반대여서 한쪽은 학문의 진보를 교회가 억압한 사례로 보는 반면 다른 쪽은 교황 주변 사람들의 세속적 세계관이 갈릴레오의 성경적 세계관을 핍박한 사건으로 해석한다. 자유를 빼앗지만 않는다면 반대도 좋다. 엉뚱한 소리를 하는 사람도 필요하고 끝까지 버티는 고집도 때론 유용하다. 죽어도 못 믿겠다 한 예수회 학자들의 포도주 통

<베네치아 총독에게 망원경 사용법을 가르치는 갈릴레오> 주제페 베르티니Giuseppe Bertini, 1825-1898. 1858년. 이탈리아 바레제Varese에 있는 빌라 안드레아 폰티Villa Andrea Ponti의 프레스코. 갈릴레오는 파도바 대학 교수이던 1609년 자신이 직접 제작한 망원경을 당시 파도바 대학이 속했던 베네치아 공국의 관리들에게 처음 선보였다. 사진 Wikipedia.

---

31 『프로뱅시알 편지』 18번. 안혜련 373; 아퀴나스, 『신학대전』, 1부 68문 1항 1답; 아우구스티누스, 『창세기의 문자적 해석』, 1장 19, 39항.

고집이 있었기에 더욱 명확하고 정교한 실험이 속속 등장한 것이 아닌가. 파스칼의 과학철학도 따지고 보면 그런 집요한 반대의 산물인 셈이다. 갈릴레오의 경우처럼 강제로 억누르지 않고 오랜 기간 밀고 당기고 했기에 그런 열매도 맺게 되었다. 고집이든 자유든 결국은 모두가 혜택을 볼 수밖에 없다.

끝까지 물리쳐야 할 대적은 오직 하나, '불통不通'이다. 마음을 닫고 대화를 끊어버리는 태도다. 나만 옳다는 독선에서 출발하여 나와 조금만 달라도 내치는 편협성으로 이어진다. 그런 좁은 마음은 대개 자신감의 결여에서 나온다. 갈릴레오가 로마를 방문해 예수회 천문학자들과 토론을 벌일 때 기존 이론에 집착한 몇 학자들은 망원경으로 직접 관찰해 보라는 갈릴레오의 제안마저 뿌리쳤다. 성경의 진리성이 너무나 확실하기 때문에 관찰 같은 건 따로 필요하지 않다고 큰소리를 친 것이다. 하지만 이들의 닫힌 마음을 보니 그런 큰소리 뒤에 감춘 것이 자신감이 아니라 두려움인 것 같다. 진공을 두려워한 예수회 사람들도 마찬가지다. 확신이 그리도 강하다면 활짝 열어젖히지 못할 까닭이 무엇이겠는가? 독선과 편협성과 불통은 불안함을 슬쩍 가린 나뭇잎 석 장이다. 참 확신은 언제나 열린 태도로 나타난다. 그런 자신감이 미국의 대표적인 기독교 대학인 캘빈 대학교Calvin University로 하여금 진화론을 정규 생물과목에 포함시키게 만들었다. 나와 다른 의견을 존중하는 것도 그리스도인의 사명이라는 철학자 니콜라스 월터스토프Nicholas Wolterstorff의 30년 가르침 덕분에 지금 캘빈 대학은 수많은 분야에서 세계 최고 수준의 기독교 지성을 자랑하고 있다.

그런 열린 마음의 좋은 보기가 나다나엘이다. 나다나엘은 나사렛 예수라는 분이 메시아로 오셨다는 말을 듣고 나사렛 출신이라면 메시아일 수 없다 판단했다. 메시아는 베들레헴에서 나실 거라고 성경에 분명히 나와 있지 않은가.

하지만 일단 와서 확인해 보라 한 빌립의 말에 마음을 열고 가서 보았더니 나사렛 예수 그분이 바로 약속대로 베들레헴에서 나신 메시아였다. 겉모양만 보고 진리다 아니다 속단할 일이 아니다. 성경의 가르침이라 수천 년을 믿고 있던 그게 잘못이었음을 과학의 발전 덕에 알게 되었다. 지구가 태양 주위를 돈다는 것도 또 아무것도 없는 진공이 있다는 것도 지금은 아무도 부인하지 않는다. 과학의 발전과 함께 앞으로 고쳐야 할 게 더 나올지도 모른다. 인류가 오랫동안 간직해 왔던 세계관도 지금 엄청난 변화를 겪고 있지 않은가. 물론 한참을 밀고 당길 것이다. 하지만 결국은 모두가 그 혜택을 볼 것이다. 지구만 태양을 도는 게 아니다. 태양 역시 지구를 포함한 행성들을 거느리고 우리 은하계 전체를 또 돈다. 초속 230km, 그러니까 KTX보다 3600배 빠른 속도다. 그렇게 숨 가쁘게 달려 우리 은하를 한 바퀴를 도는 데 얼마나 걸릴까? 수천 년도 아니고 수백만 년도 아니고 무려 2억 년이 걸린다고 한다. 그러니 너무 성급하게 끝장을 보려 하지는 말자.

인공지능 기술이 발달해 인간과 기계의 거리가 바짝 좁혀지고 있다. 사람의 깊은 속까지 파헤치는 유전자 연구도 사람이란 무엇인가 다시 묻게 만들고 유물론에 바탕을 둔 두뇌 연구는 믿음을 포함한 사람의 생각 자체를 물질 현상으로 풀어내려 하고 있다. 우리가 취할 태도는 무엇이며 갈 길은 어디인가? 모든 게 물질이라면 사람의 자유는 어떻게 되는가? 하나님의 형상 인간의 존엄성은? 교회 안에도 진화론이나 유물론을 수용하는 사람이 많아지고 있다. 공세를 취하는 것도 좋지 않지만 그렇다고 수세에 몰릴 필요도 없다. 우주의 창조주를 믿는 사람들이 진공을 두려워할 까닭이 무엇인가? 창조주께서 당신의 아들을 구원자로 주셨다고 정말로 믿고 그분의 은혜로 영원한 생명을 얻었다고 확실히 믿고 있는가? 하나님은 내가 죽음의 골짜기로 갈 때도 지켜주실 것이라 고백하는 사람이 그런 하나님을 내가 오히려 무신론자들의 공격으로부터 보호해 드려야 한다고 생각한다면 뭐가 뒤집어져도 한참 뒤집어진 것이다. 성경도 마찬가지다. 내가 영생의 길을 그 책에서 찾은 게 분명하다면 두려워할 게 뭐란 말인가? 내가 몸을 던져 보호해 주어야만 살아남을 성경이라면 그런 책이 나를 구원해 주기는 어려울 것이다. 무한한 우주를 바라보며 느끼는 창조주를 향한 경외감 한 구석에 혹 외계인이라도 나타날까 봐 걱정되는 구석이 조금이라도 있다면 내가 과연 무얼 어떻게 믿고 있는지 돌아보아야 할 것이다. 아직도 두려움을 떨치지 못한 사람들은 비방하는 사람을 통해서도 복음은 전파된다며 기뻐하였던 바울의 통 큰 배짱을 좀 배울 수 있으면 좋겠다.

함께 가는 길

물론 부당한 비방에 답하는 일은 필요한 일이요 믿는 사람의 사명이기도 하다. 안 믿는 이들에게는 우리 소망의 이유를 조리 있게 말해 주어야 한다. 현대 무신론자들이 악의 존재를 근거로 하나님을 비난한다. 하나님이 선하시지 않거나 전능하시지 않기 때문에 악이 없어지지 않는다는 논리로서 기독교에 대한 뿌리 깊은 공격이다. 과거 아우구스티누스를 비롯한 많은 학자들은 악은 실제로 존재하는 게 아니라 그저 선이 없는 상태라는 논리로 하나님을 변호해 왔다. 그런 논리를 신정론神正論, Theodicy이라 부른다. 하지만 단순한 결핍으로 치부하기에는 악이 주는 고통이 너무나 크다. 게다가 성경도 악을 어떤 실체로 본다. 하여 현대의 기독교 철학자들은 전통적인 신정론 대신 성경적이면서 현실과 괴리감도 적은 '자유의지 변론Free Will Defense'을 개발했다. 악이 세상에 있는 이유는 하나님이 사람에게 완전한 자유를 주셨기 때문이라는 설명이다. 완전한 자유라면 당연히 악도 행할 수 있어야 한다. 따라서 악을 선택한 인간에게 책임을 물어야지 완전한 자유를 주신 하나님을 비난할 수는 없다는 것이다. 천재지변 같은 건 설명할 수 없으니 완벽한 논리는 못 되지만 적어도 사람이 만들어내는 악에 대해서는 하나님을 비난할 수 없게 만들었다. 물론 변론은 하되 싸움은 벌이지 않는다. 겸손하고 온유한 태도로 한다. 하나님을 경외하는 사람으로서 당연한 일이다.

현대 무신론의 선봉에 섰던 영국의 종교철학자 앤터니 플루Antony Flew, 1923-2010 가 죽기 몇 해 전 유신론으로 개종(?)을 해 전 세계 무신론자들을 멘붕에 빠뜨렸다. 앨빈 플랜팅가Alvin Plantinga 같은 기독교 철학자들과 수십 년 토론하고 내린 결론이라 하는데 토론의 내용도 내용이지만 기독교 철학자들의 인격에도 많은 감화를 받은 것 같다. 내가 가진 것이 진리임을 확신할 때 열린 마음과 온유한 태도가 가능하다. 확신이 크면 클수록 인격에서 풍기는 향기도 그윽할 것이다. 사람을 생명으로 인도한다는 바로 그 냄새다. 그런데 오늘 교회 안팎에서는 지난날의 교황처럼 진리의 싸움을 총칼의 싸움으로 변질시키는 모습을 본다. 누구 좋으라고 하는 일인지도 모른 채 영의 싸움을 혈과 육의 싸움으로 타락시키고 이념 분쟁으로 왜곡한다. 과학자를 가두는 일은 이제

플랜팅가와 월터스토프. 현대 기독교 철학을 대표하는 앨빈 플랜팅가Alvin Plantinga와 니콜라스 월터스토프Nicholas Wolterstorff. 플랜팅가는 개혁 인식론을 확립하여 기독교 신앙을 갖는 것이 불합리하지 않음을 잘 논증하였고 월터스토프는 경험론에 바탕을 둔 기독교 인식론을 철학, 신학, 과학, 문화, 정치 등 다양한 영역에 적용, 실천했다. 두 사람 다 캘빈대학교에서 철학을 전공한 뒤 월터스토프는 하버드대학교에서, 플랜팅가는 예일대학교에서 각각 박사학위를 취득했다. **사진: Wikipedia.**

그만두고 외로이 허공을 찌르고 있는 갈릴레오의 가운데 손가락을 보며 반성할 일이다. 그런 깨달음이 있을 때 우리 시대가 품고 있는 그 갈등을 통해서도 근세 초 용기 있는 과학자들을 통해 모두가 유익을 얻은 그 아름다운 역사가 다시 한 번 되풀이될 것이다.

파스칼의 대기압 연구는 유체역학 연구로 이어져 파스칼의 원리를 낳았다 (1653). 밀폐된 용기 안에 정지해 있는 유체의 일부에 압력의 변화가 생기면 그 변화는 그 유체의 모든 부분 및 용기의 모든 면에 유실됨 없이 전달된다는 원리다. 유체정역학 역사에 큰 획을 그은 이 원리를 파스칼은 나무통 실험으로 입증해 보였다. 나무통에 물을 가득 채운 뒤 밀폐시키고 통 위에 조그만 구멍을 뚫어 긴 대롱을 연결한 다음 그 대롱에 물을 채워 넣자 나무통이 압력을 견디지 못하고 터져 버렸다. 좁은 구멍에 미친 것과 똑같은 압력이 통 전체에 똑같은 크기로 작용하여 통을 깨뜨린 것이다. 이렇게 확립된 파스칼의 원리는 오늘날 정비소에서 자동차를 들어 올릴 때 쓰는 유압식 리프트나 기계 작업에 다양하게 사용되는 유압식 프레스에 응용되고 있다. 자동차의 자동변속기나 브레이크 가운데도 유압식은 모두 이 원리에 바탕을 두고 있다. 화장실 변기가 막혔을 때 고무 도구를 사용하여 뚫을 때도 파스칼의 원리가 작용한다. 물론 파스칼이 만든 게 아니라 하나님의 창조에 속한 원리를 오랜 세월이 지난 다음 파스칼이 발견했을 따름이다.

파스칼은 발명의 대가다. 진공 및 대기압을 연구하다가 기압계를 발명하였고 아버지의 업무를 돕다가 계산기를 발명했다. 물리학 연구를 통해 유압식 프레스를 만들었고 그 작업 과정에서 현대식 주사기도 발명했다. 한때 영구기관 연구에 몰두하다가 엉뚱하게 도박 기계인 룰렛을 만들기도 했다. 미국의 게

임쇼〈행운의 수레바퀴Wheel of Fortune〉에 나오는 원판이 그런 룰렛의 일종이다. 평생 도박을 멀리하고 또 반대한 사람이 도박 기계를 발명했으니 별일이다. 파스칼은 또 회중시계에 줄을 달아 손목에 차고 다닌 걸로도 유명하다. 이른바 손목시계의 원조다. 파스칼은 대중교통 개념도 처음 생각한 사람이다. 루이 14세 당시의 파리는 인구 50만의 거대도시였는데 그런 큰 도시에서는 사람을 많이 태우고 다니는 교통수단이 있으면 효과적이겠다는 아이디어를 낸 것이다. 파스칼은 문화 발전과 침략전쟁으로 바쁘던 루이 14세로부터 파리의 '노선 마차Carrosses à cinq sols' 독점운영권을 따내 1662년 3월부터 50대의 마차를 5개 노선으로 운영했다. 역시 얀센파 그리스도인이었던 동업자와 합의하여 운영 수익금은 전액 가난한 사람들에게 기부했다.[32] 개업 몇 달 뒤 파스칼 자신은 세상을 떴지만 회사는 15년 정도 사업을 이어갔다. 환승 할인 제도가 있었는지는 확인이 안 된다.

함께 간다. 믿음과 실험이 서로를 돕고 신학과 과학도 갈라설 필요가 없다. 정원을 아름답게 만들려던 노력이 학문의 큰 진보로 이어졌다. 아름다운 것은 참된 것과 함께 가는 법이다. 그런데 진리와 돈은 같이 안 가는지 피렌체의 통치자 페르디난도 2세 메디치가 신기술에 거의 광적인 관심을 쏟은 덕에 메디치 가문의 전통이던 은행 사업은 내리막길을 걷기 시작했다. 그것도 알고 보면 조상 탓이다. 메디치 없는 르네상스는 생각하기 어렵다. 은행 사업으로 이룩한 부와 권력을 몇 대에 걸쳐 문화 하나에 쏟아부어 수백 년에 걸친 문예부흥 시대를 이룩했다. 페르디난도 2세의 할머니 크리스티나도 갈릴레오를 적

---

32 차비가 5전이어서 마차 이름도 '5전 마차'다. 마차 사업 동업자는 나중에 파스칼 유고 편찬위원장을 맡은 로안네 공 (Duc de Roannez, 1627-1696)으로 『팡세』 983/9에 나온다. 뛰어난 학자였던 로안네는 파스칼 남매의 전도로 그리스도인이 되었다.

극 후원했고 아버지 코시모 2세 데 메디치도 갈릴레오를 가정교사로 둔 것을 계기로 평생 갈릴레오의 후원자가 되었다. 페르디난도 2세 본인은 돈과 함께 줄어든 권력 때문에 갈릴레오를 지켜 주지는 못했지만 동생 레오폴도와 함께 피렌체의 과학자들을 널리 후원하여 공식 학회를 조직, 운영하게 했다. 분수 하나에 담긴 원리를 가벼이 지나치지 않은 그 관심이 이탈리아 및 프랑스 과학 자들의 창의력과 결합되어 뜻밖의 결과를 낳았고 그렇게 발전한 기술은 농업 과 공업 등 산업발전에 큰 도움을 주었다. 많은 학자들이 앞 다투어 이룩한 업 적이 쌓이고 쌓여 과학혁명을 일으켰고 얼마 후에는 산업혁명으로 이어졌다. 그 혜택을 오늘 우리도 입고 있다. 기술 위주의 사회가 낳은 부작용도 잊어서 는 안 되겠지만 뜻깊은 장소를 방문할 때나 삶의 이런저런 순간을 겪을 때 우리 의 평범한 일상을 위해 수고한 선배들을 생각하면 고마운 마음이 절로 생긴다.

보볼리 정원도 혼자가 아니다. 그 정원의 분수 때문에 이탈리아 학계가 바 빠지기 얼마 전 보볼리 정원을 파리 한복판에다 그대로 복사하려 한 사람이 있 었다. 프랑스 왕 앙리 4세의 왕비 마리였다. 피렌체의 통치자 프란체스코 1세 데 메디치의 딸로 태어나 프랑스 왕가로 시집 온 마리 드 메디시스^{Marie de Médicis,} ¹⁵⁷⁵⁻¹⁶⁴²는 결혼 10년째인 1610년 왕비 대관식 다음날 남편이 암살당하자 어린 아들 루이 13세의 섭정을 맡았는데 재임 중 정치권력을 마음껏 휘두름과 동시 에 예술 발전에도 많은 열정을 쏟았다. 바로크를 대표하는 페테르 파울 루벤 스^{Peter Paul Rubens, 1577-1640}를 궁중화가로 기용해 많은 작품을 남기게 하였을 뿐 아니 라 어릴 적 뛰놀던 피티 궁전 및 보볼리 정원을 프랑스 수도 한가운데 재현하 기 시작했다. 피티 궁전과 닮은 거대한 건물을 지었고 보볼리 정원을 연상시킬 넓은 공원을 조성했다. 마리아가 권력을 잡기가 무섭게 공사를 시작한 이 공원 이 바로 지금 파리 한가운데 자리잡고 있는 뤽상부르 공원^{Jardin du Luxembourg}이다.

<춤> 앙리 마티스Henri Matisse, 1869-1954. 1910년. 1909년의 첫 작품 이후 이듬해 새로 시도한 작품. 러시아 상트페테르부르크의 국립 예르미타시 미술관 소장. 서로 손 잡고 동그라미를 그리며 돌아가는 모습이 강력한 힘과 일체감을 발산하고 있다. 아, 함께 하나를 이루는 것은 언제나 가슴 벅찬 감동이다. 이 그림은 셰익스피어의 희곡 <한여름 밤의 꿈>을 주제로 한 윌리엄 블레이크William Blake의 그림을 따라한 것 같기도 하고 역동적인 몸짓의 연속으로 해방감과 즐거움을 자아낸다는 점에서는 봄의 생명력을 노래한 스트라빈스키Igor Stravinsky의 발레곡 <봄의 제전>과 통한다고 볼 수도 있다. **사진: Wikimedia Commons.**

잔디를 넓게 깔고 곳곳에 나무를 심었다. 분수에다가 인조 동굴까지 만들었는데 그 작업은 자기와 비슷한 시기에 피렌체에서 이민 온 건축가 프란치니Francini 형제에게 맡겼다. 이 형제는 마리의 아버지 프란체스코 1세의 메디치 별장 작업에 참여하여 멋진 분수와 인조동굴을 만들어 본 사람들이었다. 이들이 뤽상부르 공원의 메디치 분수를 만든 시기가 1620년이니 보볼리 정원의 분수 문제가 불거지기 20여 년 전의 일이었다. 파스칼로 하여금 진공 및 대기압 실험을 하게 만든 바로 그 피렌체의 분수 기술이 파스칼보다 먼저 프랑스 파리에 들어와 있었던 셈이다. 파스칼이 대기압 실험을 직접 했던 생자크 탑도 뤽상부르 공원에서 걸어 20분 정도의 가까운 거리에 있다. 멀어 보이는 곳도 역사를 살피면 가까워진다. 빅뱅 이후 우주는 팽창하고 있다고 한다. 나중에는 모든 곳이 다시금 한 점으로 모이게 될 것이다.

3장

"파스칼을 망가뜨린 기독교를 용서할 수 없다."

프리드리히 니체

포르루아얄 수도원

뤽상부르 공원 조성 작업이 10년에 접어들 즈음 공원 남쪽 끝 그러니까 지금은 카르포의 천문대 분수가 있는 길 건너편에서는 수도원 건축 공사가 하나 진행되고 있었다. 파리 교외에 있던 유서 깊은 포르루아얄^Port-Royal 수도원을 시내로 옮기기 위해 새 건물을 지은 것이다. 13세기 초 설립되어 400년을 이어오던 포르루아얄 수도원은 1609년 명망 있던 귀족 아르노 집안 출신 마리 안젤리크 아르노^Marie Angélique Arnauld, 1591-1661가 수도원장을 맡으면서 일대 부흥기를 맞이했다. 그래서 1626년 파리 시내에 새 건물을 완공하고 대부분의 수녀를 새 건물로 이주시켰다. 새 건물이 포르루아얄이 되면서 옛 건물은 포르루아얄 데샹^Port-Royal-des-Champs 곧 들판의 포르루아얄이라는 새 이름을 얻었는데 이후 포르루아얄 수도원은 들판의 옛 건물에 학교를 설립하는 등 다양한 방법으로 활용했다.

아르노 집안은 15세기에 귀족 지위를 얻은 법복귀족 집안이었다. 안젤리크의 할아버지 앙투안 아르노^Antoine Arnauld 때부터 명성을 얻기 시작하였는데 앙투안 아르노는 군인이면서 또 법률가로 앙리 2세 재위 기간 왕궁에서 일했다. 또 칼뱅의 종교개혁을 수용한 개신교인 곧 위그노^Huguenot였다. 안젤리크의 아버지 앙투안 아르노^Antoine Arnauld, 1560-1619는 할아버지로부터 이름뿐 아니라 직업까지 이어받아 프랑스 고등법원 변호사로 일했다. 이 부부는 놀랍게도 20명의 자녀를 낳아 길렀는데 안젤리크는 그 가운데 셋째였다. 동생 아그네스^Agnès Arnauld, 1593-1672도 수녀였는데 언니가 세상을 뜬 다음 수도원장 직을 이어받았다. 여동생 가운데 셋도 포르루아얄의 수녀가 되었다.

새 건물로 이주한 것보다 더 큰 변화가 1633년에 생겼다. 수도원장 안젤리크가 파리와 클레르몽 중간쯤에 있던 생시랑^Saint-Cyran 수도원의 원장 쟝 뒤베르지에 드 오란^Jean du Vergier de Hauranne, 1581-1643을 포르루아얄 수녀들의 신앙지도 담당자로 모신 것이다. 생시랑이라는 별명으로 더 많이 알려진 뒤베르지에는 루뱅^Louvain/Leuven에서 수학한 신학자요 또 신앙의 귀감으로 이미 많이 알려져 있었는데 기독교 신앙 가운데서도 이른바 얀센주의라는 독특한 신학사상을 프랑스에 전파한 사람이었다. 뒤베르지에를 안젤리크에게 소개해준 사람은 20남매의 첫째였던 오빠 로베르^Robert Arnauld d'Andilly, 1589-1674였는데 로베르는 시인이면서 정치가로 마리 드 메디시스 왕실에도 출입하던 사람이었다. 뒤베르지에 청빙을 계기로 포르루아얄 안팎의 수많은 사람들이 얀센주의 신앙을 수용하게 되었고 포르루아얄 수도원은 이후 몇십 년 동안 프랑스 얀센주의의 거점이 되었다.

얀센주의는 코르넬리우스 얀센^Cornelius Jansen, 1585-1638의 신학사상을 가리킨다.

얀센은 네덜란드 출신의 천주교 신부로서 루뱅에서 공부한 뒤 루뱅대학과 플랑드르 지역에서 교수로 또 신부로 활동했다. 얀센은 관습에 젖어 있던 교회의 타성을 비판하면서 바울과 아우구스티누스의 가르침을 따라 인간의 죄와 부패를 강조하고 인간의 자유와 선행이 아닌 하나님의 은혜가 구원의 조건임을 역설했다. 얀센은 특히 루뱅에서 가르치는 동안 예수회 학자들과 많은 논쟁을 벌였는데 그의 신학사상은 1640년 유고로 출간된 저서 《아우구스티누스》에 주로

코르넬리우스 얀센 초상. 뒤티에Louis Dutielt의 그림. 얀센의 가르침을 바탕으로 한 얀센주의는 천주교 내에서 일어난 작은 종교개혁 운동이었다. 베르사유궁 소장. **사진: Wikipedia.**

담겨 있다. 예수회를 중심으로 한 천주교회는 얀센의 개혁 운동을 칼뱅주의와 동일한 이단으로 규정하고 최대한 억압했다. 얀센의 사상은 이후 로마 교황청의 정죄를 받았고 저서 역시 금서목록에 올랐다.

뒤베르지에는 루뱅에서 공부하는 동안 얀센을 만나 친구가 되었고 이후의 생애를 얀센의 신학을 실천하며 전파하는 일에 바쳤다. 얀센에게 《아우구스티누스》라는 저서를 집필하도록 권한 것도 사실 뒤베르지에였다. 뒤베르지에는 얀센이 교수직을 얻도록 힘써 주었을 뿐 아니라 몇 년 동안 가까이 지내면서 아우구스티누스를 비롯한 교부들의 저작을 함께 연구했다. 말하자면 얀센주의의 공동 창시자 겸 전파자인 셈이다. 1620년 생시랑 수도원장으로 부임한 이후 얀센주의를 몸소 실천하며 수많은 제자를 길렀다. 뒤베르지에는 하나님의 사

랑을 강조하면서 참 회개와 그에 따르는 고난의 삶을 강조했다. 뒤베르지에는 회개 교리 문제로 리슐리외 추기경과 오랜 갈등을 빚다가 1638년 감옥에 갇혔는데 리슐리외의 죽음과 함께 4년 만에 출옥했지만 오랜 감옥생활로 건강이 약화되어 이듬해인 1643년 세상을 떴다.

뒤베르지에 초상. 필립 드 샹파뉴의 그림으로 장 모랭Jean Morin, 1595-1650이 1643년에 만든 동판화. 뉴욕 메트로폴리탄 미술관 소장. 동판 아래 새겨진 문구는 다음과 같다. "깊은 겸손과 높은 학문이 이 위대한 성인 속에 함께 있었다. 명예와 재물과 쾌락을 싫어하여 세상 가운데서 아무것도 아닌 자로 살았다. 그의 마음이 바라본 고결한 대상은 오직 하늘에 계시는 하나님과 땅에 있는 교회뿐이었다." **사진: 메트로폴리탄 미술관.**

뒤베르지에가 죽은 뒤에는 수도원장 안젤리크의 막냇동생인 앙투안 아르노Antoine Arnauld, 1612-1694와 친척 소개로 포르루아얄과 연결된 피에르 니콜Pierre Nicole, 1625-1695 등이 얀센주의 운동을 이끌어 갔다. 할아버지와 아버지의 이름을 물려받은 앙투안 아르노는 변호사가 되어 가업을 이어야 한다는 아버지의 요구를 뿌리치고 소르본에서 신학을 공부한 뒤 신학자로 또 철학자로 많은 업적을 남겨 아르노 가문의 대표자가 되었다.

프랑스 얀센주의의 중심에 선 것은 사실 포르루아얄 수도원이라기보다 아르노 가문이었다. 아르노 집안은 정치적, 신학적 이유로 예수회와 오랜 대립을 벌였는데 그 사상적 원천은 아마도 위그노였던 할아버지 앙투안 아르노의 신앙적 유산이었을 것이다. 이들은 포르루아얄을 중심으로 얀센주의 신앙을 지켜 나갔는데 식구가 하나씩 둘씩 아예 수도원으로 들어와 살았다. 수도원장 안젤리크를 비롯해 이미 딸 다섯이 수녀원 생활을 하고 있던 중 1638년 아르노 가문의 맏딸 카트린의 네 아들이 또 포르루아얄에 줄줄이 들어왔다. 이들은 위그노였던 아버지의 성을 따라 르 메스트르Le Maistre 형제라 불렸다. 넷 가운데 맏이였던 앙투안Antoine Le Maistre, 1608~1658은 사람들이 키케로나 데모스테네스에 비길 정도로 잘 나가던 변호사 일을 과감하게 내던져 세상을 놀라게 했다. 계속되는 국내외 전쟁에 염증을 느끼던 중 뒤베르지에의 조언을 듣고 내린 결정이었는데 소식을 들은 리슐리외 추기경은 유능한 젊은이를 잃었다며 매우 안타까워했다.

앙투안 르 메스트르는 수도원에 들어온 그 해에 동료 여러 사람과 함께 얀센파 금욕 모임인 '은둔자들Les Solitaires'을 포르루아얄 데샹에서 시작했다. 뒤베르지에의 영적 지도를 받기로 하고 시작한 일인데 뒤베르지에가 투옥되는 바람에 지도를 받지 못하게 되자 일단 앙투안 자신이 아예 거처를 포르루아얄 데샹으로 옮겼다. 그러자 다른 이들도 뒤를 따랐고 이들은 모두 포르루아얄 데샹에서 자발적 은둔자 생활을 실천했다. 은둔자 프로그램은 지극히 단순했다. 개인 경건의 시간과 단

앙투안 르 메스트르 초상. 필립 드 샹파뉴 그림. 포르루아얄 데샹 국립미술관 소장. 오랫동안 이 그림이 파스칼의 초상화로 잘못 알려져 파스칼의 저서에도 많이 등장한다. 포르루아얄 데샹 국립미술관은 이 그림이 르 메스트르 형제의 사진인 것은 분명하지만 형인지 동생인지는 명확하지 않다고 설명한다. **사진**: Wikipedia.

체 예배가 수시로 있었고 오전 오후 두 시간씩 밭에 나가 농사를 지었다. 구제 및 자선을 베푸는 일과 금식 등의 순서도 있었다. 옷, 가구, 음식 등 생필품은 최소한도만 사용했다. 1644년에는 앙투안의 큰외삼촌 그러니까 아르노 가문을 얀센파와 처음 연결시켰던 맏아들 로베르가 문학 및 정치 경력을 다 접고 50대 후반의 나이에 데샹 수도원에 들어와 여생을 은둔자로 보냈다.

당시 수도원 소속으로 있던 독특한 인물 하나가 유명한 화가 필립 드 샹파뉴Philippe de Champaigne, 1602-1674다. 젊어서부터 얀센파와 교류하다가 부인과 사별한 1643년 이후 더욱 적극적으로 참여하였는데 얀센파 신앙을 배우면서 루벤스 풍의 바로크 스타일을 버리고 사실주의 그림에 집중했다. 1656년에는 딸도 수녀가 되어 포르루아얄 데샹에 들어왔다. 딸이 두 다리가 마비되었다가 수도원장 아그네스의 기도로 2년 만에 회복된 것을 감사하여 그린 〈봉납ex-voto 1662〉라는 제목의 그림은 지금 파리 루브르 박물관에 전시되어 있다. 니콜라 푸생Nicolas Poussin, 1594-1665과 함께 뤽상부르 궁전 작업을 맡는 등 폭넓은 활동을 펼친 샹파뉴는 당시 저명인사 가운데 루이 13세를 많이 그렸는데 특히 리슐리외 추기경은 자신의 초상화를 샹파뉴 한 사람에게만 맡겼다. 샹파뉴는 포르루아얄에 드나들면서 아르노 집안 여러 인물과 생시랑 수도원장 뒤베르지에 초상을 그렸다.

얀센파를 만나고

좋은 일이 비극을 낳을 수 있다. 반대로 불행한 사건이 뜻밖의 좋은 결과로 이어지는 일도 역사에 드물지 않다. 굳이 새옹지마塞翁之馬 이야기를 들먹일 필요가 없는 것은 우리가 다 그런 인생을 이미 살아가고 있기 때문이다. 좋은 일 안 좋은 일이 엎치락뒤치락 꼬리를 문다. 반대되는 것끼리 맞붙어 있는 경우도 많다. 폭풍이 닥치기 전에는 별스러운 고요함이 있고 태풍이 지난 뒤의 하늘은 유난히 맑고 푸르다. 또 사소한 일인데 엄청난 변화를 가져오는 경우도 많다. 그래서 우리는 일의 크고 작음보다 그 일의 의미에 더 많은 관심을 둔다. 물론 무엇이 좋고 나쁘며 뭐가 사소하고 중요한지는 사람마다 생각이 다를 수 있다. 그리고 어떤 일의 의미는 그 일을 있게 만든 원인이나 그 일이 빚어낸 결과를 떼놓고 생각할 수 없다. 나비효과라는 말이 생기기 오래전에도 한 개인의 작은 일 하나가 많은 사람에게 엄청난 결과를 안겨주는 일이 적지 않았다. 파스칼에게도 그런 일이 일어났다. 물론 뒤돌아보고 내린 평가지만 작은 불행 하나가 큰 뜻을 품고 다가왔고 이후의 모든 것은 전 인류를 위한 소중한 유산이 되었다. 누나 질베르트 역시 이 사건을 '하나님의 섭리'로 푼다.[33]

파스칼 가족이 루앙에 살고 있던 1646년 초반 파스칼의 아버지 에티엔이 낙상사고를 당했다. 얼음에 미끄러져 넘어지는 바람에 다리를 심하게 다쳤는데 꼼짝 못하고 집에 갇혀 있는 에티엔을 그 분야의 전문가 두 사람이 방문하여 치료해 주었다. 이 두 사람은 데샹Deschamps이라는 이름의 형제로 신실한 그리스도인이었다. 전 재산을 바쳐 병원을 짓고 온 가족과 더불어 가난한 병자들을 돌볼 정도로 헌신적인 사람들이었다. 이들은 루앙에서 멀지 않은 루빌Rouville의 한 교회 소속이었는데 그 교회를 담임하고 있던 쟝 기베르Jean Guillebert 신부가 포르루아얄의 신앙지도를 맡고 있던 뒤베르지에의 제자였다. 기베르는 소르본에서 신학을 공부할 때 안젤리크의 막냇동생 앙투안 아르노와 친구가 되었고 이 아르노에게 뒤베르지에를 소개받고는 곧바로 그의 제자가 되었다. 기베르는 1642년 신학박사 학위를 받은 뒤 루빌의 교회를 맡아 섬기고 있었는데 얀센

---

33 Gilberte Périer, *La Vie de Pascal* #22 (Paris: Vermillon, 1994), 33.

파 신앙을 바탕으로 성결한 생활을 실천하고 가르쳐 주일마다 주변의 수많은 사람들이 그의 설교를 들으러 모이곤 했다.

데샹 형제와의 만남은 파스칼 가족에게 엄청난 변화를 가져다주었다. 파스칼 온 식구가 얀센의 가르침을 마음 깊이 수용하고 따르기로 한 것이다. 파스칼 가족은 얀센파를 알기 전에도 꾸준히 교회생활을 해오고 있었다. 경건한 가톨릭 신자였던 아버지 파스칼은 자신의 신앙과 경건을 자녀들에게 잘 물려주었다. 파스칼은 학문에 조예가 깊었던 아버지로부터 이성과 신앙의 영역을 명확하게 구분하는 법을 배웠는데 특히 무엇이든 신앙의 대상은 이성의 대상이 될 수 없음을 깊이 새기고 있었다. 그런데 아버지의 발을 치료하러 온 두 형제와 교제하고 또 이들이 가져다 준 뒤베르지에, 얀센, 아르노 등의 저서를 읽으면서 파스칼은 신앙의 새로운 세계에 눈을 뜨게 되었다. 파스칼은 이들 사상의 원천이라 할 수 있는 아우구스티누스의 《고백록》과 《신의 도성》을 하나님의 말씀 성경과 함께 직접 읽으면서 인간의 부패, 하나님의 예정, 하나님의 은혜의 전적인 효력 등의 개념들을 더 깊이 깨닫게 되었다. 파스칼 연구가들이 파스칼의 '첫 회심'이라 부르는 사건이 그렇게 일어났다.

교리도 교리지만 얀센파는 무엇보다 철저한 도덕적 삶을 지향하는 운동이었다. 파스칼의 누나 질베르트에 따르면 파스칼은 이들의 책을 집중적으로 읽기 시작하면서 사람은 자신의 노력이 아니라 오직 그리스도의 공로로 구원받는다는 것과 구원받은 신앙인은 높은 도덕 수준을 갖추어야 한다는 것을 확신하게 되었다고 한다. 가장 중요한 깨달음은 인생의 목적에 관한 것이었다. 놀라운 일이다. 바다 건너 영국 땅에서 수많은 신학자들이 모여 웨스트민스터 요리문답을 한참 만들고 있을 바로 그 즈음에 (1647-8) 파스칼도 혼자만의 연구와 묵상을 통하여 사람의 으뜸 목적은 오직 하나님을 영화롭게 하는 것이라는 동일한 결론에 도달한 것이다. 웨스트민스터 요리문답 1번은 이렇다.

> "문 1: 사람의 으뜸 목적은 무엇인가?"
> "답 1: 사람의 으뜸 목적은 하나님을 영화롭게 하고 그를 영원히
> 즐기는 것이다."

파스칼도 이때의 깨달음을 훗날 《팡세》에서 이렇게 정리했다.

> "기독교인들의 하나님은........ 그들의 영혼을 겸손과 기쁨과 확신과
> 사랑으로 가득 채우고 하나님 당신 외의 다른 목적을 갖는 것을
> 불가능하게 만드시는 하나님이다." 449/17

웨스트민스터 총회 참석자들과 파스칼이 물리학의 양자들처럼 서로 얽혔던 것일까? 10대 초반 혼자만의 연구로 기하학의 핵심 정리에 도달한 바 있는 파스칼이 20대 중반에는 백 명도 넘는 신학자들이 오랜 기간 논의하여 집약한 신앙의 핵심 곧 사람의 가장 중요한 도리를 그들과 같은 시기에 저 홀로 책과 씨름하여 터득한 것이다. 이 깨달음과 더불어 파스칼은 적지 않은 기간 동안 주님이 말씀하신 '한 가지 일' 곧 말씀 연구에 몰두하여 더욱 깊은 신앙의 세계로 들어갔다 (누가복음 10:42).

아버지에게서 물려받은 이성과 신앙의 이분법은 파스칼로 하여금 한때 세상 학문을 부정적으로 보게 만들고 또 여동생 자클린을 세상을 등지는 삶으로 인도하기도 했다. 그래서 파스칼은 비록 잠깐이지만 학문 연구를 소홀히 한 적

이 있고 자클린은 수녀가 되어 기어이 수녀원으로 도피해 버렸다. 하지만 사람의 으뜸 목적에 대한 깨달음은 파스칼로 하여금 이 이분법을 극복하고 생애 전체를 사람의 최고 목적 하나를 위해 바치게 도와주었다. 그래서 얀센파 신앙으로 훈련을 받는 동안에도 자기에게 주어진 재능을 꾸준히 계발했다. 진공과 관련된 실험이나 대기압 실험도 모두 얀센파 신앙을 익히던 그 무렵 진행된 것이다. 기계식 계산기를 만들어 판 것도 이 기간에 한 일이며 물리학과 수학 분야의 연구도 꾸준히 이어가고 있었다. 이 모든 일이 동시에 일어남으로써 파스칼의 자연과학 연구가 신앙적 탐구와 연결될 수 있었다. 또 탁월한 재능이 기독교의 첫째 덕목인 겸손과 단단히 결합됨으로써 결국에는 재능과 인격이 결합된 신앙인 파스칼까지 낳게 되었다.

식구들 가운데 얀센파 신앙을 가장 먼저 받아들인 사람은 파스칼 자신이었다. 그런 다음 그 신앙을 동생 자클린에게도 전해주었다. 자클린은 얀센파 신앙을 접하고 곧바로 수녀가 되고자 하였으나 딸을 잃고 싶지 않다는 아버지의 반대로 꿈을 잠시 미루어야 했다. 그러다가 1651년 아버지가 돌아가시자 이듬해 바로 수녀가 되더니 이번에는 오빠의 반대를 무릅쓰고 포르루아얄 수도원 소속 수녀원에 들어갔다. 자클린은 수도원에 들어간 이후 더 굳센 믿음으로 오빠 파스칼의 신앙을 이끌었다. 일찍 어머니를 여읜 파스칼에게 여동생은 때로 어머니 역할도 맡아 주었다. 파스칼 역시 얀센파 사람들과 깊이 교제하면서 신앙을 다졌을 뿐 아니라 다양한 재능을 활용하여 수도원 일에도 적극 참여했다.

파스칼 가족이 포르루아얄에 참여할 무렵 수도원에는 일찍 부모를 여의고 할머니를 따라 수녀원에 들어온 소년이 하나 있었다. 나중에 프랑스의 대표

극작가가 된 장 라신[Jean Racine, 1639-1699]이다. 라신은 아르노와 니콜이 가르친 포르루아얄 학교를 다니면서 얀센파 신앙과 함께 문학적 기교를 배웠고 무엇보다 사람의 마음에 대해서도 배웠다.[34] 파스칼은 당시 문학, 논리학, 철학 등 교재 제작에 참여하였는데 특히 아르노와 니콜이 함께 편집한 《포르루아얄 논리학 (1662)》 책에는 파스칼의 명쾌한 추론이 가득 담겨 있었다. 라신 자신 아르노의 엄격함보다 파스칼의 위트에서 더 많은 것을 배웠다고 훗날 고백하였으니 [35] 라신은 말하자면 파스칼의 문학적 제자인 셈이다.

수녀 자클린 파스칼. 작가 미상. 오랫동안 오빠의 그늘에 가려 있던 천재 시인 자클린은 시 외에 수필이나 논술도 남겼는데 최근 학계의 새로운 관심을 받고 있다. 사진: Wikipedia.

얀센주의 신앙은 프랑스에서 환영을 받지 못했다. 종교개혁의 거센 물결이 온 유럽을 뒤흔든 100여 년 기간에도 프랑스는 가톨릭 왕가를 중심으로 천주교 국가 체제를 굳건히 유지해 왔는데 파스칼의 진공 실험을 집요하게 거부하였던 예수회가 중심이 되어 얀센파를 다양한 방법으로 억압했다. 특히 선봉에 선 사람이 루이 13세 때 20년 가까이 재상을 지낸 리슐리외 추기경이었다. 얀센파에 대한 이 핍박은 역사에 '공식논쟁公式論爭'으로 기록되고 있다. 처음 얀센 자신이 예

34 프랑스 계몽주의를 대표하는 사상가 볼테르는 라신을 "인간의 마음을 가장 잘 알았던 사람"으로 평가한다. Voltaire, *Le Siècle de Louis* XIV, Vol. II, 45; *The Age of Louis* XIV (London: 1780), Vol. II, 365.

35 John Sayer, Jean Rachine, *Life and Legend* (Berlin: Peter Lang, 2006), 103-4.

수회의 핍박을 받았고 그 다음에는 뒤베르지에가 추기경 리슐리외의 박해를 받았다. 그 뒤에는 소르본 대학의 신학교수였던 앙투안 아르노가 여러 권의 저서를 통해 얀센주의를 옹호하다가 결국 쫓겨나고 말았다. 논쟁 과정에서 예수회는 얀센의 저서《아우구스티누스》에서 뽑은 이단 사상이라며 다섯 개의 문장을 간추린 바 있는데 1660년에는 루이 14세 왕실을 등에 업고 모든 성직자로 하여금 그 문서에 서명을 하도록 강요했다. 얀센주의의 본거지였던 포르루아얄 수도원도 이 압력을 피해가지 못했다. 처음에는 모두가 서명을 거부하며 저항했지만 1661년에는 학교 초등과정을 폐교 당하고 새 수녀 선발도 금지되면서 포르루아얄 수녀들도 아르노의 권고에 따라 내키지 않는 서명을 하는 수밖에 없었다. 안젤리크 수도원장은 강제 서명 얼마 뒤 세상을 떠났다. 파스칼의 동생 자클린도 억지로 서명을 한 뒤 그 충격으로 시름시름 앓다가 몇 달 뒤 숨을 거두었다. 그때 나이 서른여섯이었다.

포르루아얄 수도원은 이후 명맥을 이어가다가 프랑스대혁명이 막 시작된 1790년에 영구히 폐쇄되었다. 건물은 혁명 기간에 잠시 감옥으로 사용되었고 얼마 후에는 병원이 되어 지금까지 이어지고 있다. 예배당과 회랑을 비롯한 3층 건물 대부분이 그대로 남아 있는데 지금은 파리의과대학 부속병원이자 공공의료기관인 코생병원Hôpital Cochin 건물로 사용되고 있다. 예배당이었던 본 건물은 지금도 현대식 건물 사이에 우뚝 서서 지난 역사를 조용히 전하고 있다. 건물 앞 큰 도로 이름도 '포르루아얄가Boulevard de Port-Royal'로 되어 있다. 수도원이 처음 세워졌던 들판의 포르루아얄 옛 건물에는 지금 국립미술관이 자리 잡고 있다.

아무도 몰랐던 경험

1651년에 아버지가 돌아가시고 이듬해 여동생 자클린마저 수도원에 들어가 버린 직후 파스칼은 잠시 세속적인 삶에 빠져든다. 물론 엄격한 얀센파의 기준으로 볼 때 세속적이지 오늘의 일반적인 관점으로 볼 때는 그저 지식과 교양을 갖춘 귀족의 평범한 일상이었다. 우선 포르루아얄 수도원과 다소 소원해졌다. 1653년에는 아버지가 남긴 상속재산의 자기 몫을 수녀원에 바치겠다는 자클린과 분쟁도 벌였다. 남들처럼 살롱에 출입하면서 세상 생활을 즐겼다. 노름꾼인 앙투안 공보와 세속주의자 다미앙 미통^{Damien Mitton, 1618-1690}을 만난 것도 이 무렵이었다. 그렇지만 신앙의 회의를 느끼거나 육체적 쾌락을 추구하는 그런 삶은 아니었다. 엄격한 도덕적 삶에는 조금의 흐트러짐이 없었다. 오히려 이 땅의 것들을 추구하는 사람들을 가까이 접하며 세속적 욕망의 허무함을 더 깊이 느낀 기간이었다. 그런 공허감이 파스칼 자신도 위협한다 싶었는지 수시로 자클린에게 신앙 상담을 받기도 했다. 학문적인 연구는 계속되었다. 열정은 다소 식은 듯했지만 확률론과 유체역학 분야에서 상당한 성과가 이어지고 있었다.

그런 가운데 파스칼은 서른한 살이 되던 1654년 11월 23일 일생일대의 신앙적 경험을 하게 된다. 페르마와 편지를 주고받은 한 달 뒤의 일이다. 이른바 '불의 밤' 사건인데 파스칼 연구가들은 이 사건을 파스칼의 두 번째 회심이라 부른다. 파스칼이 그런 경험을 했다는 것을 파스칼이 살아 있는 동안에는 아무도 몰랐다. 죽은 다음 유품을 정리하다가 파스칼이 즐겨 입던 외투 안쪽에 천 조각 하나가 기워져 있는 것을 발견하고 뜯어보았더니 천 안쪽에 파스칼이 적어 둔 고백이 적혀 있었다. 같은 내용을 적은 종이 한 장도 천 조각 안에서 발견되었다. 그 고백에는 그 경험을 한 날짜 및 시간과 함께 자신이 느낀 바를 이렇게 적어 놓았다.

"불.

아브라함의 하나님, 이삭의 하나님, 야곱의 하나님.

철학자나 학자들의 하나님이 아님.

확신, 확신, 느낌, 기쁨, 평화

(예수 그리스도의 하나님)

예수 그리스도의 하나님

내 하나님 곧 너희 하나님께

그대의 하나님이 내 하나님이 되실 것입니다.

세상을 잊음. 하나님 아닌 모든 것을 잊음.

그분은 복음서가 알려주는 방법이 아니면 만날 수 없다.

인간 영혼의 위대함

의로우신 아버지여, 세상은 아버지를 몰랐으나 저는 알았나이다.

기쁨, 기쁨, 기쁨. 기쁨의 눈물.

난 그분을 떠났었다.

그들은 생수의 근원인 나를 버렸다.

나의 하나님 나를 버리시렵니까?

그분을 영원히 떠나지 말자.

영생이란 유일하신 참 하나님이신 그대를 알고 그대가 보내신 예수 그

리스도를 아는 것입니다.

예수 그리스도.

예수 그리스도.

난 그분을 떠나고, 외면하고, 부인하고, 십자가에 못 박았다.

다시는 그분을 떠나지 말자.

그분은 복음서가 알려주는 방법이 아니면 모실 수 없다.

완전하고 감미로운 포기

예수 그리스도와 내 감독에게 전적으로 복종함.

땅에서 하루 수고했다고 영원히 기쁨을 누린다.

그대의 말씀을 잊지 않겠나이다. 아멘." 913/737

밤 열 시 반부터 열두 시 반까지 두 시간 동안의 경험이라고 적어 놓았다. 글의 내용을 보면 우선 신구약의 성구를 여럿 인용하고 있다. 구약에서는 룻의 결심과 하나님의 경고를 적었고 신약에서는 그리스도의 말씀만 세 개 인용했다. 인용한 구절은 모두 예수 그리스도의 하나님 곧 참 하나님에 집중되어 있고 그 하나님은 오직 성경에서만 발견할 수 있음을 반복해 확인하고 있다. 파스칼 자신의 느낌도 되풀이해 적었다. 하나님을 떠난 자신의 죄를 거듭 회개하였고, 하나님이 주신 뜨거운 감격을 여러 번

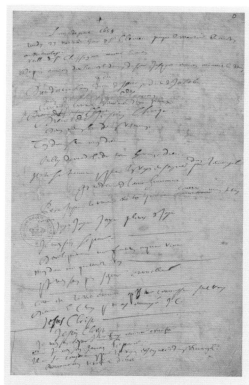

파스칼 육필 원고. '불의 밤'에 대해 종이에 적은 파스칼의 육필 원고 영인본. 프랑스 국립 도서관 소장. 글씨를 볼 때 짧은 시간에 급히 써 내려갔음을 알 수 있다. **사진: 프랑스 국립 도서관.**

표현하였으며 그런 하나님을 향한 굳센 결심도 반복하여 밝히고 있다.

적은 내용을 간단히 줄이면 성경적 기독교에 대한 확신이요 성경이 전하는 하나님에 대한 헌신이다. 도대체 무슨 경험을 한 것일까? 기독교 복음이 진리라는 것과 이 세상과 세상 철학이 헛되다는 것을 어떻게 확신하게 되었을까? 파스칼이 실제로 어떤 경험을 했는지, 뭘 느꼈는지, 혹 보았다면 뭘 보았는지, 그건 아무도 모른다. 불이라 했으니 몸과 영혼이 함께 뜨거워지는 경험이었을 것이다. 분명한 것은 이 경험이 그가 가졌던 기독교 신앙의 내용과 통하는 것이었고 이 경험을 계기로 신앙에 대한 흔들리지 않는 확신을 갖게 되었다는 점이다. 이 경험은 인간 파스칼을 송두리째 바꾸어 놓아 사람들이 추구하는 명예나 쾌락을 완전히 끊게 하였고 자기가 가진 신앙의 본질에 더욱 충실한 삶을 살게 만들었다. 몇 해 동안 다져 오다가 잠시 느슨해진 신앙의 고삐를 다시 한 번 든든하게 조임으로써 한층 농도 짙은 믿음의 삶을 살게 만든 것이 이 불타는 밤의 경험이었다.

파스칼의 이 고백을 평가절하하려는 이들이 많다. 프랑스의 진보 사상가 콩도르세^{Marquis de Condorcet, 1743-1794}는 파스칼의 고백을 적은 천 조각을 부적이라 부르며 조롱했다. 오직 인간만을 신뢰한 무신론자였으니 하나님의 은혜의 기념물도 그렇게 깎아내리고 싶었을 것이다. 파스칼의 경험 자체를 의심하는 이들도 있다. 신경계의 이상 현상이었다 하면서 그것을 파스칼의 과거 경험에 연결해 설명하려 한다. 확인이 안 된 사실이지만 파스칼이 한 달 전쯤 마차를 타고 센 강변을 달리다가 낭떠러지에서 떨어질 뻔하였는데 너무 놀란 나머지 그 뒤로는 낭떠러지가 눈에 자주 어른거렸다는 것이다. 20세기의 한 전문의는 그렇게 반복된 현상이 시신경의 손상에서 온 것이며 그게 불의 밤으로 이어졌을 것이라 분석했다. 신경계의 이상에서 비롯된 일종의 환각 현상이었다는 말이다.

어떤 현상이든 몸과 마음이 함께 가는 건 당연하다. 따라서 마음의 변화를 몸의 경험으로 설명하는 것도 조금도 이상할 것 없다. 미국의 의사요 심리학자이면서 또한 실용주의 철학자였던 윌리엄 제임스William James, 1842-1910가 《종교 경험의 다양성The Varieties of Religious Experience, 1902》을 통해 시도한 게 그것 아니던가. 우울증이나 정신분열증 같은 마음의 병을 다스릴 때 몸의 상태를 바꾸는 약도 함께 쓴다. 수천 년을 연구하고도 못 알아낸 몸과 마음의 신비로운 관계는 두뇌 연구가 진척되면서 조금씩 밝혀질 것이다. 아니, 어쩌면 더 미궁에 빠질 수도 있으리라. 종교 현상을 사회학이 연구할 수 있다면 종교 체험을 심리학이나 의학이 분석하지 못 할 이유도 없다. 그런데 파스칼이 한 경험을 보니 참으로 신비스러운 게 사람이구나 싶다. 어떤 부분을 어떻게 건드리면 이렇게 놀라운 신앙의 고백을 할 수 있을까? 인위적으로 신경을 자극하거나 신경에 이상이 생길 때는 말초적인 쾌감이 오기도 하겠지만 대개는 정상 생활이 어려워진다. 약물 중독이 그런 현상 아니던가. 그런 경험은 사람을 파멸로 몰아간다. 그런데 파스칼이 했다는 경험은 도대체 어떤 것이기에 말초적인 쾌감 대신 정신적인 기쁨을 주고 게다가 정상 상태에서도 쉽지 않은 높은 도덕적 결단까지 내리게 하였을까? 좋은 일에는 중독이라는 게 불가능하지 않은가? 신경 한 곳을 잘 건드려 이런 확신을 얻고 새로운 삶을 살 수 있게 된다면 그 곳이 어딘지 나도 누가 좀 세게 건드려 주면 좋겠다.

파스칼의 경험을 일종의 질병으로 본 학자들의 분석에는 파스칼을 지나치게 떠받든 사람들도 한몫을 했다. 파스칼이 평생 비밀로 간직한 이 경험을 사실이 아닌 다른 이야기와 연결시켜 파스칼을 필요 이상 경건한 사람으

<사이클로이드를 연구하는 파스칼>. 오귀스탱 파주Augustin Pajou, 1730-1809의 1785년 대리석 작품. 파스칼이 사이클로이드 도판을 들고 의자에 앉아 있는 모습. 파스칼의 왼발 뒤 책은 ≪프로뱅시알 편지≫고, 오늘발 옆의 종이 뭉치는 ≪팡세≫ 원고를 가리킨다. 루브르 박물관 소장. 99년 뒤에 만든 조그만 복제본이 베르사유궁에도 있다. **사진:** Wikimedia Commons.

로 만든 까닭이다. 파스칼이 하마터면 죽을 뻔 했다는 이야기는 파스칼이나 주변 사람 그 누구도 몰랐던 것으로 파스칼이 죽고 한참 뒤 등장하기 시작한 전설이다. 파스칼이 수시로 낭떠러지를 보았다는 것도 사실인지 확인할 도리가 없다. 그런데도 그런 일들을 사실인 양 강조하면서 불의 밤 경험을 보다 극적인 것으로 만들고 파스칼이 그 이후로는 지나치게 거룩한, 거의 수도사에 가까운 같은 삶을 살았다고 묘사하여 결국은 기독교인 아닌 사람들로 하여금 신앙의 참 모습을 오해하게 만들고 신앙의 진실성마저 조롱하게 만든 셈이다. 불의 밤 이후에도 파스칼은 지금까지 살아온 삶을 그대로 열심히 살았다. 물론 자연과학 연구는 이전처럼 열심히 하지 않았다. 사실 그럴 겨를이 없었다. 신학 논쟁 및 《팡세》 초안 준비로 바쁘게 지냈고 그런 가운데 수학의 사이클로이드 연구에도 열정을 쏟아 사이클로이드 역사에 제법 흔적을 남겼다. 파스칼의 마음이 한 번 뜨거워졌다고 파스칼이 이 세상을 등진 건 결코 아니다. 세상을 사는 뜻을 분명하게 확인하고 오히려 더 열심히 살았다. 다만 건강이 극도로 약해져 그 열심을 뒷받침해 주지 못한 점이 내내 아쉬울 따름이다. 어쨌든 파스칼이 했다는 그 경험이 뭔지 궁금하고 그런 경험을 한 그가 두고두고 부러운 것만은 어쩔 수가 없다.

시골 친구에게 보내는 편지

불의 밤 경험은 무엇보다 파스칼을 다시금 얀센파 신앙과 또 포르루아얄 수도원과 이어주었다. 파스칼은 불의 밤을 경험한 두 달 뒤인 1655년 1월 포르루아얄 데샹 수도원을 찾았다. 십수 년째 거기서 운영되고 있던 은둔자 프로그램에 두 주 정도 참가한 것이다. 어떻게 지냈는지 자세한 내용은 알 수 없다. 다만 앙투안 르 메스트르의 동생이자 당시 프로그램의 영적 지도자였던 르메스트르 드 사시 Louis-Isaac Lemaistre de Sacy, 1613-1684와 나눈 대화가 기록으로 남아 있는데 드 사시는 파스칼이 겸손하게 의무를 이행했다고 적었다. 이 해에는 또 기하학 관련 책인《기하학의 정신 De l'Esprit géométrique》을 집필하였고 하나님의 은혜에 관한 성찰을 담은《은혜에 관한 소고 Écrits sur la Grâce》를 쓰기 시작했다. 이 여름에 하위헌스가 두 달 동안 파리를 방문하여 파스칼의 확률론 업적을 전해 들었지만 파스칼을 직접 만나지는 않았다.

파스칼이 신비로운 경험을 하고 일 년 남짓 지났을 무렵 프랑스에서 얀센파 반대운동이 또 일어났다. 주도 세력은 다시금 예수회였다. 포르루아얄 수도원과 가까이 지내던 어떤 사람이 얀센파라는 이유로 교회에서 미사를 거부당하자 소르본에서 가르치던 앙투안 아르노가 공개 편지를 써 이를 비판했다. 예수회 사람들은 기다렸다는 듯 아르노를 종교재판에 붙였고 그 소식을 들은 파스칼은 평생동안 천천히 숙성시켜 온 펜을 꺼내 들었다. 불의 밤 경험이 동력이 되었다. 파스칼이 사용한 방법은 장문의 글을 연속으로 발표하여 얀센주의의 정당성을 해명한 일이었다. 얀센주의가 성경에도 부합하고 아우구스티

누스의 사상과도 일치하고 또 내적인 일
관성도 갖추고 있다는 것을 논리정연하
게 써 내려간 것이다. 이 글에서 파스칼
은 얀센주의를 옹호하는 것으로 그치지
않고 당시 예수회의 잘못된 교리와 부패
한 삶도 함께 비판함으로써 교회의 개혁
을 촉구했다.

앙투안 아르노 초상. 작자 미상. 필립 드 샹
파뉴의 원본 그림을 보고 그린 것으로 추정.
베르사유궁 소장. 아르노는 얀센파 박해 사
건 이후 천주교회와 화해하고 프랑스 교계
의 영적 지도자로 활동했다. **사진: 베르사유궁.**

　파스칼은 자신의 주장을 익명의 편
지 시리즈로 발표했다. 1656년 1월부터
1657년 3월까지 총 18통의 편지를 출간
하였으며 19번째 편지는 미완성으로 남
았다. 첫 열 통은 파리의 한 시민이 시골
에 사는 친구에게 보내는 형식으로 되어 있고 열한 번째 편지부터는 예수회 신
부들에게 보내는 편지로 되어 있다. 1657년 편지가 완결된 직후 출판한 책은
제목을 《한 시골 친구 및 예수회 신부님들께 보내는 루이 드 몽탈트의 편지Lettres
écrites par Louis de Montalte á un Provincial de ses amis et aux R. R. Pères Jésuites》로 붙였다. 루이 드 몽탈트는
파스칼이 자기 신분을 숨기기 위해 사용한 가명이다. 이 서간집은 일반적으로
는 《프로뱅시알 편지Lettres Provinciales》라는 이름으로 통한다. 이 편지는 초판이 나
온 그 해에 라틴어, 영어를 비롯한 여러 외국으로도 번역, 출판되었다. 이 편지
의 저자가 파스칼이라는 사실이 파스칼 생전에는 드러나지 않았다.

　열여덟 통의 편지 묶음은 간결한 문체에 파스칼 특유의 유머와 풍자를 가
득 담고 있다. 아버지가 늘 보여준 특유의 풍자, 곧 라신에게도 전수된 바로 그

위트다. 아버지가 어린 파스칼에게 수학보다 먼저 가르쳤고 동생 자클린을 통해 넘치게 드러났던 파스칼 집안의 문학적 재능이 신학 논쟁을 담은 이 편지에서 그 진면목을 보이고 있다. 이 편지는 나중에 볼테르Voltaire, François-Marie Arouet, 1694-1778, 루소Jean-Jacques Rousseau, 1712-1778, 몰리에르Molière, Jean-Baptiste Poquelin, 1622-1673 등에게도 큰 영향을 미쳤다. 몰락해 가는 신성로마제국을 향해 "신성하지도 않고 로마도 아니고 제국도 아니다" 하고 신랄하게 조롱한 바 있는 볼테르는《루이 14세 시대》라는 책에서 이 편지 묶음을 "온갖 종류의 능변을 담고 있는 책"[36], "프랑스에서 나온 최고의 작품"[37] 등으로 규정하면서 이렇게 평가하고 있다.

> "《프로뱅시알 편지》는…… 능변과 익살의 표본이다. 몰리에르의 최고 희극 작품도 이 서간집 전반부의 위트를 따를 수 없으며 보쉬에의 작품들도 후반부의 기품을 따르지 못한다."[38]

품위를 갖춘 위트라 하였으니 멋진 평가다. 볼테르가 언급한 보쉬에Jacques-Bénigne Lignel Bossuet, 1627-1704는 파스칼과 동시대 사람으로 신학자요 명 설교가였는데 보쉬에 역시 글을 처음부터 다시 쓴다면 어떤 글을 써보고 싶으냐는 질문에 조금의 망설임도 없이 "프로뱅시알 편지"라고 대답했다.[39] 프랑스 문학비평의 창시자인 부알로Nicolas Boileau-Despréaux, 1636-1711는 이 책을 "현대 프랑스 산문의 효시"

---

36 Voltaire, *Le Siècle de Louis* XIV, Vol. I, 541; *The Age of Louis* XIV, Vol. II, 281.

37 Voltaire, *Le Siècle de Louis* XIV, Vol. II, 47; *The Age of Louis* XIV, Vol. II, 368.

38 Voltaire, *Le Siècle de Louis* XIV, Vol. II, 47; *The Age of Louis* XIV, Vol. II, 367; 안혜련『시골 친구에게 보내는 편지』419에도 인용됨.

39 Voltaire, *Le Siècle de Louis* XIV, Vol. I, 541; *The Age of Louis* XIV, Vol. II, 282.

로 꼽으면서 "타의 추종을 불허하는" 작품이라 칭송한다.[40]

이 편지 묶음이 현대 프랑스어를 형성해 왔다는 평가도 많다. 이탈리아의 단테나 영국의 초서에 비길 수도 있다는 이야기다. 지난 세기 영어권의 대표적 시인이자 비평가인 티 에스 엘리어트[T. S. Eliot, 1888-1965]는 파스칼의 이 글은 "데모스테네스, 키케로, 스위프트도 따를 수 없는" 논증을 담고 있다고 격찬한다.[41]

세기의 철학자 칸트는 대표 저서인 《순수이성비판》 서문에서 책이 너무 짧으면 읽는 데 시간이 더 걸린다는 한 프랑스 학자의 말을 인용하고 있다.[42] 저자가 충분한 설명을 하지 못하면 독자가 그만큼 오래 고생을 한다는 이야기를 위트 있게 쓴 것이다. 그런데 그 위트의 원조로 보아 부족함이 없는 표현이 파스칼의 이 편지 묶음에 등장한다.

"이번 편지는 좀 길었지요? 시간이 없어 짧게 쓰지 못했습니다." [16-320]

가장 긴 16번 편지 말미에 등장한 이후 오늘까지 사람들에게 애용되고 있는 구절이다. 칸트의 인용문이 글의 길이와 읽는 시간의 역설적 관계를 독자의 입장에서 언급했다면 파스칼은 저자의 입장에서 글의 길이와 쓰는 시간의 역설적 관계를 언급한 셈이다.

---

40 P. Daunou, "Notice," in N. Boileau Despréaux, *Complete Works of Boileau Despréaux,* (Paris: Bau~res, 1826), 54. From Wikipédia "Les Provinciales."

41 T. S. Eliot, *"Introduction"* to Pascal's Pensées (New York: Dutton, 1958), x.

42 『순수이성비판』 1판의 머리말, A xviii-xix.

파스칼은 편지를 만들어 출판하는 과정에서 앙투안 아르노의 조카인 앙투안 르 메스트르의 도움을 받았다. 변호사 출신인 조카 앙투안은 20남매 중 둘째요 맏딸이었던 카트린의 맏아들로서 막내인 외삼촌 아르노보다 네 살이나 많았고 파스칼보다는 열다섯 살 위였다. 포르루아얄 데샹에 살면서 은둔자 프로그램을 주관하던 중 잠시 파리에 숨어 들어와 파스칼과 함께 편지를 쓰고 인쇄하고 배포하는 작업을 했다. 파스칼의 편지에는 파스칼 자신의 재능뿐 아니라 키케로를 연상시켰

프로뱅시알 편지. 1656년 1월 23일에 간행된 프로뱅시알 첫 편지. 사진: Wikisource.

던 전직 변호사 앙투안의 재능도 많이 녹아 있을 것이다.

파스칼은 논쟁에 사용한 논리 가운데 많은 부분을 아르노가 10여 년 전에 출판한 《예수회의 도덕신학Théologie morale des Jésuites》이라는 책에서 가져왔다. 그 책에서 아르노는 특히 예수회의 도덕적 부패상을 예리하게 지적하고 있다. 파스칼의 편지를 보면 치밀한 논리도 놀랍지만 파스칼의 신앙적 열정이 깊이 배어 있음을 느끼게 된다. 교회와 영혼을 향한 사랑도 돋보인다. 일 년여 전 한밤중에 붙은 마음의 불은 여전히 뜨겁게 타오르고 있었다. 내 삶을 온통 주께 바치기로 결심한 그 열정이 치밀한 논리 및 넘치는 위트와 뒤엉켜 연속 편지로 이루어진 대작을 만들어낸 것이다.

구원에 이르는 은혜

파스칼은 논쟁의 핵심인 은혜 교리를 여러 편지에서 다룬다. 은혜의 문제는 곧 구원의 문제로서 어떤 사람이 어떤 방법으로 구원을 얻는가 하는 문제였다. 구원이 하나님의 은혜라는 점에 대해서는 기독교인인 이상 이견이 있을 수 없다. 하지만 사람의 역할에 대해서는 분파마다 생각이 달랐다. 파스칼은 첫 두 편지에서 이 은혜 교리를 예수회와 얀센파의 가장 큰 차이점으로 설명하는데 예수회와 얀센파의 입장뿐 아니라 예수회와 논쟁을 벌인 바 있는 도미니코파의 입장까지 요약, 비교하고 있다. 예수회는 아우구스티누스와 펠라기우스를 뒤섞은 입장으로서 구원을 위해 충분한 은혜가 모두에게 주어졌지만 그 은혜가 실제 효과를 보기 위해서는 사람의 자유의지가 필요하다 했다. 그런데 그 의지를 움직일 수 있는 근사 능력은 모두에게 주어진 것이 아니기 때문에 구원받지 못하는 사람도 있다는 것이다. 도미니코 분파는 하나님이 충분한 은혜를 모든 사람에게 주셨는데 그 은혜가 순종의 행동을 낳아 구원에 이르기 위해서는 유효한 은혜가 또 필요하다 했다. 2-26

파스칼은 예수회와 도미니코파가 둘 다 충분한 은혜라는 말을 쓰지만 뜻은 전혀 다르다는 것을 지적했다. 도미니코파는 충분하지 않은 은혜를 충분한 은혜라 부름으로써 그 낱말을 일반적으로 알고 있는 뜻과 다르게 사용한다고 비판했다. 1-21 예수회가 말하는 충분한 은혜 역시 주시는 분 입장에서는 충분할지 모르나 사람의 호응이 없이는 효력을 발생할 수 없으니 엄밀하게 따지면 충분한 것이 아니라 지적했다. 2-26-29 얀센파의 입장은 간단명료하다. 구원을 위해 필요한 것은 사람의 의지와 무관한 유효한 은혜다. 구원은 오직 하나님의 은혜로 이루어진다는 것이 파스칼이 이해한 기독교로서 이는 칼뱅이 가르친 불가항력적 은혜와 통하는 개념이었다. 물론 그 은혜는 무책임이나 방종을 가져오는 것이 아니라 모든 것을 다해 하나님을 사랑하고 이웃을 사랑하는 삶으로 이어진다. 하나님의 은혜를 강조한 파스칼은 그 누구보다 고결한 삶을 살았다. 바른 교리만이 바른 삶을 가져올 수 있음을 파스칼 자신의 삶으로 보여준 것이다.

네 번째 편지는 이른바 '행동 은혜' 교리를 다룬다. 아퀴나스에 따르면 사람을 칭의 및 성화로 인도하는 하나님의 은혜는 둘로 나눌 수 있는데 하나는 지속적인 삶을 가능케 하는 습관적 은혜이고 다른 하나는 그런 은혜가 없는 상태에서 구원을 지향하는 구체적인 행동을 할 수 있게 하는 행동 은혜로서 행동과 함께 주어지고 행동이 끝나면서 사라지는 은혜다.[43] 그런데 예수회 학자들이 그 은혜를 '어떤 행동이 죄악임을 아는 지식'이라 풀면서 문제가 시작되었다. [4-54] 그 논리대로 한다면 죄라는 걸 알고 한 행동만이 죄가 되므로 그 어떤 방탕한 생활도 죄라는 걸 모르고 하면 죄가 안 된다. 식자우환識字憂患! 아는 게 병이다. 모르는 것은? 그건 약보다 더 좋은 구원을 준다. 결국 하나님이나 성경에 대해 모르면 모를수록 죄도 덜 짓게 된다는 기상천외한 결론으로 이어진다. 파스칼은 이런 모순을 명확하게 지적한 다음 성경은 죄인 줄 모르고 죄를 지은 사람도 죄인으로 본다는 것을 여러 성구를 인용해 증명하고 있다. 또 예수회의 교리가 아리스토텔레스의 윤리학에 바탕을 두고 있지만 알아야 죄가 된다는 아리스토텔레스의 말은 행동의 의도 및 정황이 판단의 근거가 된다는 뜻이지 행동 자체의 선악에 대한 지식을 말하는 게 아니라고 친절하게 설명한다. [4-66] 그리고 죄인 줄 몰랐다고 죄를 면할 수 있는 게 아니라는 교부 아우구스티누스의 말을 길게 인용하며 편지를 마무리하고 있다. [4-69]

---

43 『신학대전』 2부 1편, 110문, 2항.

파스칼은 10번 편지에서 참 회개의 성격에 대해 설명한다. 천주교회는 하나님을 경외하는 마음에서 우러나는 참 회개contrition와 지옥 가는 게 두려워서 하는 불완전한 회개 곧 회한attrition을 구분한다. 우리말로는 초자연적인 상등통회와 자연적인 하등통회로 표현한다. 그런데 예수회는 불완전한 회개라도 고해성사 및 보속을 거치면 참 회개로 바뀔 수 있다고 가르쳤다. 10-169 회개는 구원과 연결된 핵심 교리로서 죽음에 이르는 죄와 그렇지 않은 죄 사이의 구분 등 다른 여러 교리와 연결되어 꽤 복잡하지만 파스칼은 누구나 이해할 수 있는 근본적인 모순을 지적한다. 즉 고해성사가 불완전한 회개를 완전한 회개로 바꾸어 용서에 이르게 하는 것이라면 참 회개를 한 사람은 성사가 필요하지 않을 것이고 그러면 나중에는 성사 무용론도 나올 수 있을 것이다. 파스칼은 참 회개가 "성사에 장애물이 된다"는 한 신부의 글을 인용하고 있다. 10-184 회개 교리가 이렇게 왜곡

<성 히에로니무스의 회개> 엘 그레코El Greco, 1541-1614의 1600년 작품. 스코틀랜드 국립 미술관 소장. 불가타 성경을 번역한 히에로니무스가 그리스도의 십자가를 붙들고 돌로 가슴을 치며 회개하는 모습을 그렸다. 학자를 상징하는 책 두 권도 앞에 두었다. 해골 및 모래시계는 당시 유행하던 바니타스 (vanitas, 헛됨) 화풍으로 인생의 한계를 깨우치라는 교훈이다. **사진: 스코틀랜드 국립미술관.**

된다면 결국 회개는 절대로 철저하게 하지 말고 언제나 적당한 선에서 마무리해야 한다는 기괴한 결

론에 이르게 될 것이다.

    회개의 문제는 구원의 문제와 직결되는 핵심 교리다. 마르틴 루터를 비롯한 종교개혁자들은 천주교의 하등통회를 위선에 불과하다며 신랄하게 비판했다. 사실 뒤베르지에와 리슐리외 추기경 사이의 교리적 갈등도 바로 이 회개 교리 때문이었다. 뒤베르지에는 하나님의 사랑이 가장 중요하다 한 얀센의 가르침을 받들어 하나님의 유효한 은혜만이 우리를 하나님을 향한 사랑과 진정한 회개에 이르게 한다고 가르치다가 리슐리외의 미움을 샀고 결국 감옥에도 갔다. 파스칼은 참 회개가 없는 거짓 용서를 제도로 만든 이들을 《팡세》에서 이렇게 꾸짖는다.

> "당신들은……. 가장 타락한 이들과 또 교회를 더럽힌 나머지 유대인 회당이나 철학 학파에서도 무자격자로 내쫓고 불경스러운 자로 혐오할 그런 사람들만 (교회에) 가두어 놓는다." *923/836*

    바르게 살고자 몸부림치던 신앙인 파스칼의 일갈이다. 참 회개만이 사람을 살린다. 100년 뒤 영국의 존 웨슬리^{John Wesley, 1703-1791}도 거짓 회개를 즐기는 그런 위선자들을 '거의 신자^{An Almost Christian}'라는 설교를 통해 엄중하게 꾸짖은 바 있다.[44] 겉으로만 신자 행세를 하는 사람이 아닌 '전적으로 헌신하는 신자^{Altogether Christians}'가 참 그리스도인이라는 말이다. 그런데 우리 시대의 눈으로 보면 별 차이도 없는 두 가지를 두고 논쟁을 벌인 것 같기도 하다. 오늘날은 하나님을 향한 사랑 때문에 죄를 미워하기는커녕 지옥 가는 게 두려워 죄를 멀리하

---

[44] 1741년 7월 25일 옥스퍼드 대학교회에서 한 설교.

는 태도조차 찾아보기 힘든 형편 아닌가. 한 신앙의 선배가 탄식하였던 것처럼 우리 시대는 정말 위선마저 그리운 그런 시대다.[45] 파스칼의 열정적인 글을 읽다 보면 우리 시대에 그리스도인이 된다는 것은 무슨 뜻이 있을까, 안 믿는 사람들과 어떤 차이가 있을까, 그런 의문마저 든다.

결의론에 대한 비판

파스칼이 은혜 교리 못지않게 공을 들인 부분은 예수회의 결의론決疑論, Casuistry 윤리였다. 열여덟 통 가운데 열세 통이 예수회의 그릇된 결의론과 결의론의 잘못된 적용을 지적하는 내용이다. 결의론은 일반적인 도덕 원칙을 구체적인 상황에 적용하는 방식이다. 신부가 지정해 주는 속죄행위를 함으로써 죄를 공적으로 용서받는 소위 보속제도가 정착되던 7세기부터 교회에 자리를 잡았다. 16세기 이후에는 다양한 형태로 발전하였는데 이 결의론은 천주교뿐 아니라 청교도들 가운데서도 많이 사용되었다. 그런데 도덕적인 삶을 고취 시키고자 시작된 이 원리가 예수회에서는 복잡해지고 교묘해진 나머지 어이없는 결론에 이르는 경우가 많았다. 파스칼은 열 통 이상의 편지에서 상당히 많은 수의 결의론을 언급하고 있다. 물론 예수회의 잘못을 지적하는 글이므로 파스칼이 언급한 보기들 가운데는 다소 극단적인 사례도 나오고 또 그런 보기를 과장해 묘사한 점도 없지 않다. 하지만 그런 점을 감안하더라도 예수회의 결의론에 담긴 문제의 심각성은 짐작하고도 남음이 있다.

예수회의 결의론을 타락시킨 으뜸 공신은 윤리적 판단의 원리가 된 '개연론蓋然論, probabilité'이었다. 복잡 미묘한 구체적 상황에서는 명확한 원리를 찾기가

---

45 김교신 "위선도 그리워"『김교신 전집 1』193 (1933년 9월).

어려우므로 가장 개연적인 입장 즉 가장 그럴듯한 입장을 따르면 된다는 생각이다. 딱 부러지는 답이 없을 때 진리일 확률이 가장 높은 방안을 찾자는 것이다. 예수회에서는 이 원리가 종종 교회의 권위 있는 선생의 견해를 따르는 방식으로 실행되었는데 문제는 선생들의 견해가 일반적인 견해와 다르거나 심지어 정반대인 경우가 많았다는 점이다. 722/792 개연론은 결국 이현령비현령 耳懸鈴鼻懸鈴, 즉 귀에 걸면 귀걸이 코에 걸면 코걸이가 되는 원리였고 그 원리를 사용한 결의론 역시 모든 사람에게 모든 것을 허용하는 윤리가 되고 말았다. 파스칼은 개연론은 부패한 인간성에 꼭 맞는 것으로서 985/819 진실 추구와 반대의 길을 가는 것이라고 신랄하게 비판한다. 721/861 개연론은 죄와 죄 아닌 것 사이의 구분마저 없애 버리는 악한 원리였다. 6-97

결의론의 문제점을 보여주는 좋은 보기가 금식이었다. 예수회에서 꽤 중요한 규례였는데 예수회 신부들은 이를테면 저녁을 안 먹으면 잠을 못 잔다거나 심지어 종일 여자 꽁무니를 쫓아다녀 피곤하다는 것도 금식을 하지 않을 정당한 이유로 만들어 주었다. 배고픔의 고통을 경험하고 그렇게 아낀 식량으로 이웃과 사랑을 나눈다는 금식 본래의 뜻을 그대로 짓밟아버린 것이다. 금식이야 어느 정도 애교로 봐줄 수 있을지 모른다. 하지만 그렇게 뒤튼 것들 가운데 심각하고 위험한 내용도 많았다. 대표적인 것이 보복을 허용한 일이었다. 보복의 욕망을 명예를 지키고자 하는 열망으로 바꾸기만 하면 된다는 것이었다. 7-111 그런 논리로 살인까지 정당한 행위로 만들었는데 심지어 뺨을 한 대 맞은 정도나 돈 몇 푼 때문에도 사람을 죽일 수 있게 만들었다. 7-121~4; 13-232 이슬람에 있다는 명예살인과 별로 다르지 않은 규칙이 돼 버린 것이다. 이런 논리를 이용하니까 심지어 아버지의 죽음도 기뻐할 수 있게 되었다. 아버지가 미워서 기뻐한다면 대죄가 되겠지만 자기에게 돌아올 재산 때문에 기뻐하는 것은 얼마든지 괜찮다는 것이었다. 7-114 우리 시대를 생각해 보니 사람은 그때나 지금이나 변함이 없는 것 같다.

명령에 복종하기로 서약한 수도사도 윗사람의 지시를 마음껏 거부할 수 있게 되었다. 수도사 정도 되면 자기가 옳다 생각하는 대로 할 권리가 있기 때문이다. 그래서 죄를 저질러 수도원에서 쫓겨난 수도사도 전혀 회개하지 않고 얼마든지 수도원으로 돌아올 수 있었다. 7-103 그런 식으로 개연론은 수도사의 기본 정신은 물론 존재 의미까지 부인하는 규칙이 된 것이다. 공의로 재판해야 할 판사도 자기 마음대로 재판할 수 있게 되었다. 개연성이 높은 의견만 옳은 게 아니라 판사 개인의 독특한 의견도 얼마든지 옳을 수 있기 때문이었다. 8-132 너도 나도 모두 최고의 권위자가 되다 보니 온갖 행위가 다 옳은 행위로 둔갑한다. 각자가 옳고 그름의 기준이 되었던 사사시대의 재현이었다. 모두가 공감하는 거대담론巨大談論의 존재를 거부하고 개인의 취향에 모든 걸 맡기는 우리 시대의 가치관과 아주 잘 통한다. 20세기 들어 프랑스 파리가 왜 포스트모던 상대주의의 중심지가 되었을까 궁금했는데 이미 400년 전부터 그런 터전을 잘 다져 온 덕분인 것 같다.

핑계 없는 무덤은 없다고 그런 규칙을 만든 명분도 당연히 있었다. 사람을 교회에 붙잡아 두어야 한다는 명분이었다. 사람들이 워낙 타락했기 때문에 너무 엄격한 규칙을 요구하면 교회를 떠날 것이고 일단 교회를 떠나면 더 타락할 것이라는 이유였다. 파스칼도 5번 편지에서 결의론이 온갖 사람들의 다양한 필요에 맞게 도움을 주고자 생겨났음을 상기시키면서 "온갖 계층의 사람들"과 "다양한 모든 나라들"을 상대하는 일은 결코 쉬운 일이 아님을 인정한다. 5-73 하지만 파스칼은 예수회의 결의론은 영혼을 배려하는 것이 아니라 오히려

"세상을 따르는 것"이라고 꾸짖는다. [644/786] 그렇게 한 동기도 교회를 염려해서가 아니라 성직자들 자신의 탐욕 때문이라고 비판했다. 파스칼은 당시의 결의론에 대해《팡세》에서 이렇게 비판하고 있다.

> "결의론자들은 타락한 이성에 결정을 맡기고 타락한 의지에 그 결정
> 의 선택을 맡김으로써 인간의 본성 안에 있는 타락한 모든 것이 인간
> 의 행동에 영향을 미치게 만들었다." [601/832]

> "이것은 사람들과 예수회의 죄의 결과다. 귀족들은 아첨을 받기 원했
> 고 예수회는 귀족들에게 사랑을 받기 원했다." [973/869]

파스칼의 심지어 "이들은 예외를 원칙으로 만든다"고 비판한다. [727/801] 확률 개념을 창안하여 확률론의 아버지가 된 파스칼은 개연성 자체가 나쁘다고 말하지는 않는다. 다만 부패한 방법과 결합되었을 때 심각한 결과를 초래한다는 점을 거듭 경고한다. [985/819] 간단히 말해 개연성은 절대성을 결여한 것이므로 그것 하나만을 우리의 윤리적 기초로 삼아서는 안 된다는 것이 파스칼의 명확한 지적이었다. [599/843]

개연론과 더불어 긴요하게 사용된 다른 방법은 '말 바꾸기'였다. 파스칼은 이것을 용어에 대한 해석의 문제라고 부른다. [6-91] 말만 잘 바꾸면 그 악명 높은 고리대금업도 얼마든지 허용되었다. 높은 이자를 받는 것은 악행이지만 돈을 빌려준 데 대한 감사의 표시로 돈을 받는 것은 절대 고리대금업이 아니라 했다. [8-134] 그런데 그런 논리만 갖고는 부족하다 싶었는지 교묘한 편법까지 고안해 냈다. 돈을 꾸러 온 사람에게 내 물건 하나를 400만 원에 판다. 돈은 1년

뒤 받는 조건이다. 그런 다음 그 자리에서 현금 200만 원을 주고 그 물건을 되사면 된다. 돈을 200만원 빌려주고 1년 뒤에 400만 원을 받는다면 사악한 고리대금업이 되겠지만 이 경우는 물건이 오갔기 때문에 정상적인 외상 거래일 뿐 절대 고리대금업은 아니다. 8-135~6 또 죄 하나를 덮고 그걸 이용해 다른 죄를 정당화하는 방법도 있었다. 이를테면 공정한 판결을 하고 돈을 받으면 잘못이지만 불공정한 판결을 했으면 뭔가 해 주고 받은 대가이므로 얼마든지 받아도 괜찮다 했다. 8-143~4 그런 논리를 활용했더니 도둑질도 옳고 점쟁이도 좋고 성매매도 얼마든지 허용되었다. 그런 논리 덕분에 내 탐욕을 성취할 뿐 아니라 연약한 영혼들을 교회에 붙들어 놓아 구원까지 성취하게 하니 결의론은 누이도 좋고 매부도 좋은 기막힌 원리가 된 셈이다. 8-146

예수회는 말 바꾸기를 통해 그 추악한 성직매매도 정당한 행위로 만들었다. 성직을 돈으로 사고파는 것이 죄악이라는 사실은 예수회 사람들도 분명히 알고 있었다. 시몬이라는 마술사가 거룩한 능력을 돈으로 사려 했다가 벌 받은 이야기를 성경에서 읽고 또 성직매매자들을 지옥 밑바닥에 처넣은 단테의《신곡》도 읽었으니 어찌 아니라 하겠는가. 그렇지만 이들은 바로 가는 길이 막히기가 무섭게 돌아가는 길을 만들었다. 소위 의도를 전환하는 방식이었다. 성직 임명 책임자에게 성직을 수여하고자 하는 마음을 불러일으키기 위해 돈을 드리거나, 성직을 받는 사람으로 하여금 세상 재물을 포기하게 만드는 취지로 돈을 내게 만드는 것은 성직매매가 아니라는 것이었다. 6-99; 7-110; 12-221

정말 놀라운 언어의 능력이다. 말을 약간 돌렸더니 추악한 죄악이 순식간에 거룩한 행위로 바뀐다. 돈을 받으면 왜 성직을 수여하고 싶어지는지 또 내가 포기한 세상 재물이 왜 임명권자에게 가야 되는지 또 임명권자는 왜 나처럼 세상 재물을 포기할 생각을 하지 않는지 그런 건 절대 묻지 않는다. 아니, 물어서는 안 된다. 모두가 뻔히 알고 있는데 괜히 물어서 나만 눈치 없는 사람이 될 필요는 없다. 교회가 그런 식으로 세상과 결탁하여 돈과 권력을 가진 자들을 거룩한 종교의 이름으로 비호해 주고 그 부스러기를 얻어먹은 것이다. 예수회 사람들은 심지어 서로 교구장과 수도원장으로 밀어주는 경우도 서로 돕는 아름다운 행위이므로 성직매매가 아니라 주장했다. [12-226] 눈에 보이던 현금이 보이지 않는 권력으로 바뀌었으니 딱 잡아떼기가 더 쉬웠을 것이다. 파스칼은 그들의 논리가 결국은 거짓이요 위선임을 조목조목 지적하고 꾸짖는다. 그리고 이들이 성직매매의 원조라 여

<성직매매를 한 교황>. 윌리엄 블레이크의 단테 ≪신곡≫ 삽화. 1824-7. 영국 테이트Tate 미술관 소장. 성직매매의 죄를 범한 교황 니콜라우스 3세가 지옥 밑바닥에서 구덩이에 거꾸로 처박힌 채 벌을 받고 있는 모습을 단테와 베르길리우스가 곁에서 바라보고 있다. 사진: Wikimedia Commons.

긴 사도행전 시몬의 경우 역시 사고판다는 말도 없고 또 자기에게 영적 자산을 줄 동기를 부여하기 위해 돈을 바치려 했으므로 예수회의 논리에 따르면 절대 성직매매가 아닐 것이라고 세게 꼬집고 있다.

오늘 우리도 그런 지혜에는 뒤지지 않는다. 그 시대의 예수회나 우리 시대의 대한예수교나 다 예수로 통하지 않는가. 장로, 집사, 권사 직분을 받기 위해 돈을 내라 한다면 성직매매가 되겠지만 직분을 주신 은혜에 감사하는 마음으로 돈을 드리라 하니 거절하기가 참 어렵다. 나를 드리는 게 직분인데 어쩌다가 직분이 무언가를 받는 일로 바뀌었을까? 공로가 없어 믿음으로만 구원받는

다 해 놓고 그래도 믿었으니 뭔가 하지 않았느냐 하고 우기는 격이다. 나를 다 드린다는 처음의 뜻을 그대로 간직했더라면 나를 드리는 대가로 지참금도 같이 내라는 소리는 못 하지 않았을까 싶다. 교회에 돈을 낼 때 당회장님께도 뒤로 좀 드리는 모양이다. 직분 임명에 막대한 힘을 써 주셨지만 나한테 무슨 도움을 주어서가 아니다. 인사가 만사라 하지 않는가. 사람을 골라 쓰는 가장 힘든 일을 하신 수고에 약간의 성의를 표했을 뿐. 받는 입장에서도 무슨 명예나 권력을 안겨주고 대가를 받은 게 아니니 까마귀를 통해 주시는 떡과 고기 정도로 여긴다. 그럴 땐 일꾼이 제 삯 받는 게 마땅하다는 성경의 가르침이 참 느껍게 다가온다. 파스칼 시대에 서로서로 밀어주는 미풍양속이 있었던 것처럼 우리 시대에는 자기를 노회장으로 밀어주면 아들을 중견 교회의 담임으로 보내주겠다 하는 아름다운 거래도 있다. 세상은 물론 모를 것이다. 오고 가는 현금 속에 담긴 이 귀한 뜻을 이해 못한 채 그저 뇌물이라는 추악한 이름으로 욕할 것이다. 교회는 물론 그런 비난에 개의치 않고 오늘도 부패하고 어리석은 세상을 위해 거룩한 기도를 올린다.

전부 뒤집는 거짓

개연론 및 말 바꾸기 외에 '심중유보心中留保, reservatio pectoralis'라는 기상천외한 방법도 등장했다. [9-160] 이 방법은 사실 교황이 성직매매를 정당화하려 처음 만든 것으로서 개혁자 마르틴 루터가 강하게 비판한 바 있는데 이 방법이 예수회에 와서 실천적인 윤리로 되살아난 것이다. 이 방법을 이용하면 뻔한 거짓말을 하고도 죄는 얼마든지 피할 수 있었다. 우선 모호한 말을 사용하면 된다. 여럿이 도둑질을 했다가 걸렸을 때 모호한 억양으로 "저 혼자 안 했어요" 하고 진술한다. 남들은 다 했고 오직 나만 안 했다는 뜻으로 알아듣겠지만 내 말 뜻은 나 혼자 한 게 아니라 친구들이랑 같이 했다는 것이니 거짓말은 아니다.

말귀를 못 알아들은 사람이 잘못이지. 교묘한 속임수를 담은 이런 지혜는 요즘 우리 나라 언론 매체가 많이 활용한다. 종이신문, 인터넷 신문, 방송, 유튜브 모두가 마치 귀신에 홀린 듯 사실 같은 거짓말을 제목과 내용에 쏟아낸다. 거짓의 마법에 걸린 대한민국이다. 모호한 말을 쓰는 대신 남몰래 중얼거리는 방법도 있다. "전 절대 그 여자와 간음을 한 적이 없습니다" 하고 모두의 앞에서 큰소리로 맹세한 다음 마음속으로 "그 여자를 알기 전에는요" 하고 중얼거리면 그 맹세는 참된 맹세가 된다. 간음죄를 혹 그 여자 집에서만 지었을 경우 "이 예배당에서는요" 하고 아주 작은 소리로 말해도 같은 효과를 볼 수 있다.

이것도 수백 년 전의 프랑스에 국한되는 이야기가 아니다. 간음죄, 횡령죄를 지어 유죄판결을 받고도 강단에서 아니라고 큰소리로 설교하시는 당회장님들도 아마 이 방법을 몰래 배웠을지 모른다. 성도들은 또 교회에서 배운 그런 지혜를 세상에 나가 요긴하게 써먹는다. 고춧가루를 가리키며 "이거 국산 맞아요?" 묻는 고객에게 "그럼요, 백 퍼센트 국산입니다" 하고 대답하면서 마음으로는 고춧가루를 담은 그릇을 생각하면 된다. 그런 사업이라면 십일조를 제대로 안 바쳐도 시작부터 창대할 것이다. 요즘 계약서 아래쪽에는 파인 프린트, 곧 계약자에게 불리한 조건을 담은 깨알 같은 글씨가 있는데 그 원조가 어쩌면 예수회의 결의론일지 모르겠다. 너와 내가 뜻을 주고받아 함께 살아가도록 주신 게 말이요 대화인데 그걸 이런 식으로 혼란에 빠뜨렸으니 말을 해도 서로 알아들을 수 없었던 바벨탑의 혼란이 이제는 같은 언어를 쓰는 사람들 가운데도 생겨난 셈이다. 그때는 지은 죄에 대한 벌로 언어가 혼란해졌는데 지금은 말을 그렇게 뒤죽박죽으로 만드는 그 자체가 죄악이니 그 죄에 대한 벌은 어떻게 주어질지 그저 두려울 따름이다.

<바벨탑>. 대 피터르 브뤼헐Pieter Bruegel de Oude, 1525- 1569. 1563년 작품. 오스트리아 빈의 미술사박물관Kunsthis- torisches Museum 소장. 기초인 땅이 기울어 건물도 기울었다. 외부의 나선형도 매끄럽지 못하다. 구름 위로 높이 쌓아 올렸는데 정작 아래층조차 아직 완성하지 못했다. 건물 안팎을 로마의 콜로세움과 닮게 만들어 로마에 반기를 든 종교개혁의 분위기를 반영하고 있다. **사진: Wikipedia.**

개연론, 말 바꾸기, 심중유보 등 기교에 기교를 쌓아간 예수회의 결의론은 급기야 가장 중요한 이웃 사랑에 있어서도 성경과 반대되는 길을 가게 만들었다. [6-91-2; 12-213-4] 자선에는 나에게 남는 것을 궁핍한 이웃에게 주는 것과 나에게 필요한 것이지만 극도로 궁핍한 이들에게 주는 것이 있다. 그

런데 웬만한 부자라도 가족과 부모의 미래를 생각한다면 소위 남는 것이 있기는 어려우므로 결국 보통의 궁핍한 사람들을 향한 자선의 의무는 사라지고 만다. 파스칼은 이런 식으로 용어를 왜곡함으로써 결국 "파리의 최고 부자도 평생 자선을 한 번도 안 하는" 상황이 될 거라고 비판한다. [12-214] 교회사의 성인들은 남에게 주려는 마음을 북돋우려 애쓴 반면 예수회 사람들은 남는 게 없도록 탐욕과 야심을 부추겼다는 것이다. [12-219] 파스칼의 편지를 읽으면 사유재산을 인정하는 자본주의를 마치 성경의 원리인 양 내세워 가진 자들의 탐욕을 정당화하는 우리 시대의 예수교가 파스칼 시대의 예수회와 정말 잘 통하는 것 같다.

실천만 못 하게 만든 것이 아니다. 예수회의 결의론은 아예 원리까지 뒤집어 버렸다. 성경은 구원받은 자들에게 하나님을 사랑하고 이웃을 사랑하라 가르친다. 그런데 예수회 소속 유튜브 논객들은 하나님을 사랑할 필요가 없다, 심지어 사랑해서는 안 된다는 논리를 폈다. 그리스도께서 오셔서 우리를 모든 죄에서 해방시켜 주실 때 하나님을 사랑하는 '고통스러운' 의무에서도 해방시켜 주셨기 때문이다. 10-187 그러니 그 해방의 은혜를 경험한 사람들 곧 이생에서 하나님을 전혀 사랑하지 않는 자들이 나중에 하나님을 영원히 즐거워하는 복을 받는다는 소리였다. 이쯤 되면 정말 어이가 가출을 해도 할 말이 없다. 그리스도께서 우리를 죄에서 해방시켜 주신 결과 이제는 하나님과 이웃을 사랑할 수 있게 되었다는 것이 성경의 가르침인데 그걸 어떻게 풀었기에 180도 뒤집어진 결론에 이르게 되었는지 참으로 불가사의한 일이다. 하나님을 사랑하고 이웃을 사랑하는 그게 얼마나 무거운 짐이었으면 그런 해괴한 논리를 만들어서라도 벗어나고 싶었을까? 파스칼은 이런 궤변을 가리켜 '불경건의 극치'라고 비판한다. 10-188 그리스도의 은혜 덕분에 비로소 가능해진 그 기쁘고 보람된 삶이 부담스러운 의무가 되었다면 하나님의 은혜가 뭔지 내가 받은 구원은 또 무엇인지 돌아보아야 할 것이다. 이천 년 전 교회를 어지럽히던 율법반대론자들도 비슷한 논리를 써먹은 바 있다. 이들은 그리스도의 은혜로 율법에서 해방된 사람은 율법을 지킬 필요가 없다 하면서 죄를 마음껏 즐기는 방탕한 삶을 살았다. 파스칼은 지난날 율법반대론자들을 꾸짖었던 그 성경 말씀을 예수회 궤변가들에게 들려준다. 구원의 은혜를 받은 사람은 하나님을 사랑하고 이웃을 사랑하라는 계명을 지키게 마련이요, 사랑을 실천하지 않는 사람은 죽은 것과 같다는 말씀을 인용하면서 얼른 정신들 차리라고 엄중하게 경고하고 있다.

파스칼은 이 논쟁에서 지고 또 이겼다.[46] 우선 앙투안 아르노가 유죄 판결을 받고 소르본에서 제명되었으니 첫 목적부터 이루지 못했다. 또 교황 알렉산드르 7세는 이 편지를 이단으로 정죄했다. 게다가 전에 파스칼에게 계산기 독점 판매권을 허락해준 루이 14세도 이 편지를 금서로 지정하고 불태우라 하였으니 정치적으로는 실패했다. 하지만 도덕적으로는 우위를 점하여 결과적으로 천주교로 하여금 자신의 도덕적 해이를 반성하고 잘못된 많은 규정들도 바로잡게 만들었다. 그리고 여전히 부패한 본성을 가진 오늘 우리에게도 많은 깨달음을 준다. 파스칼은 체계적인 신학 교육을 받은 적이 없다. 철학도 마찬가지다. 어릴 때 아버지에게 배운 고전어와 고전문학이 다다. 혼자 읽었다. 스무 살 때부터 혼자 읽은 그 실력으로 쟁쟁한 신학자들과 겨루었다. 그리고 이겼다. 파스칼의 재능도 큰 몫을 했겠지만 사실은 성경의 가르침이 단순 명료한 것이기 때문이었고 파스칼 자신 그 명백한 진리를 얀센이나 뒤베르지에처럼 그대로 믿고 실천했기 때문이었다.

파스칼은 열한 번째 편지에서 이전 열 통의 편지에 쓴 내용을 두고 자신을 비난하는 예수회 사람들을 향해 자신을 길게 변호하고 있다. 비난과 조롱의 어투를 썼다는 비방에 대해서는 성경에서 하나님도 또 예수님도 그런 어투를 사용하셨다 주장하면서 테르툴리아누스나 아우구스티누스 같은 교회사의 스승들이 사용한 보기를 길게 소개하고 있다. 또 잘못한 사람을 비난하는 대신 잘못을 지적하는 사람을 비난하는 세태를 개탄하면서 결의론을 비롯한 예수회의 가르침이 선을 행한다는 명분으로 악을 허용하고 진리를 전하기 위해 거짓을 사용하는 나쁜 방법이라 지적했다. 파스칼로 하여금 이 편지를 쓰게 만든

---

46 Vincent Carraud의 평가. Wikipedia "Lettres provinciales" 각주.

원동력은 교회를 향한 열정이었다. 파스칼은 교회를 진리로 거룩하게 지키고
[13-232] 사람들을 구원의 참 길로 인도하고 싶었다. 그래서 "두 마음을 품은 자들,
두 길을 가는 죄인들은 저주를 받으라!"하고 바울처럼 준엄하게 꾸짖고 있다.
[13-250] 파스칼은 나중에《팡세》에서도 자신의 입장을 이렇게 분명하게 밝혔다.

> "만약 내 편지가 로마에서 정죄를 받는다면 내가 내 편지에서 정죄한
> 것들은 하늘에서 정죄를 받을 것이다. 주 예수여, 주님의 심판에 맡기
> 나이다." [916/830]

파스칼이 아르노를 변호하고 예수회의 잘못을 지적한 것은 기독교 신앙의
참 모습을 보이기 위해서였다. 그래서 그가 강조하고자 한 것은 오직 하나, 사
람은 하나님의 은혜가 아니고서는 구원을 얻을 수 없다는 신앙이었다. 예수회
신부들은 천국 열쇠를 가졌다는 교황권을 빌미로 큰소리를 마음껏 쳤지만 파
스칼은 땅에서 열쇠를 하나님의 뜻에 맞게 돌려야 만약 잘못 휘두르면 천국
의 문이 그 사람 앞에서 닫혀버릴 수 있음을 경고하고 있다. [706/853; 274/508] 천국의
열쇠는 베드로의 법통을 계승한 사람이 아닌 진리를 알고 믿는 사람이 다 가진
열쇠임을 파스칼은 이 글에서 분명히 보여주고 있다.

신앙의 사람 파스칼

파스칼의 생애는 처음부터 마지막까지 그리스도인으로 산 삶이었다. 처
음 아버지의 신앙에 따라 습관적인 신앙생활을 했다면 20대 중반에 발견한 얀
센파 신앙을 통해 새로운 영적 회심을 경험하였고 잠시 느슨해졌던 신앙의 이
력은 30대 초반의 불의 밤 경험으로 새로운 동력을 얻어 파스칼의 이후 생애
를 주도했다. 두 번의 특별한 경험은 파스칼의 삶을 풀어내는 가장 소중한 두

열쇠다.

파스칼의 천재성은 수학이나 물리학 또는 기타의 발명에서뿐 아니라 기독교 신앙이라는 영역에서도 나타났다. 그 누구도 따를 수 없는 사상적 일관성, 특히 성경에 근거한 확고한 기독교 세계관을 갖춘 것이다. 파스칼은 집에서 받은 인문학 교육에 홀로 성경과 고전을 탐독하여 인간과 우주와 하나님에 대해 포괄적 틀을 잡았고 역시 홀로 읽어 파악한 수많은 철학자들의 사상을 그 틀로 정확하게 분석했다.《프로뱅시알 편지》에도 그런 원리가 풍성하지만 특히 말년의 작품인《팡세》에서는 그런 세계관으로 인간과 우주를 마음껏 분석한다. 사실 나 혼자 해서는 성경 하나도 제대로 깨닫기 어렵다. 철학이나 기타 사상까지 알아 성경으로 그것을 분석한다는 것은 더더욱 어려운 일이다. 그런데 교회사에서 아우구스티누스나 칼뱅 같은 사람 외에는 하지 못했던 그 엄청난 일을 파스칼이 해낸 것이다. 천재 파스칼이 나타나 주었기에 그 혜택을 오늘 우리를 포함한 모든 인류가 입는다.

파스칼이 보여준 일관성 있는 기독교 세계관은 1655년 1월 포르루아얄 데상에서 은둔자 생활을 할 때 신앙 지도를 맡았던 드 사시와 나눈 대화에 잘 나타나 있다.[47] 에픽테토스와 몽테뉴의 사상을 비교 설명한 이 대화를 곁에서 함께 들었던 사람이 잘 정리해 두었는데 이 자료를 읽어보면 파스칼이 두 사람의 사상을 정확하게 이해하고 있었을 뿐 아니라 그 사상의 장단점을 성경의 기본 구도인 창조, 타락, 구원의 원리를 기초로 정확하게 꿰뚫고 있었음을 알 수 있다. 고대 그리스의 에픽테토스[Epictetus, 50-135]가 독단주의의 대표라면 파스칼

---

[47] Blaise Pascal, *Blaise Pascal: Thoughts, Letters, Minor Works.* The Harvard Classics. Vol. 48, (New York: P. F. Collier & Son, 1910), 387-400;『파스칼 전집』, IV, 21-58.

당대의 몽테뉴는 회의론을 대표한다. 인간이 하나님의 계시를 모르는 상태에서 선택할 수 있는 두 대안이다. 그런데 둘 다 장점과 단점이 있다. 에픽테토스는 인간의 다양한 의무를 잘 가르쳤지만 인간에게는 그런 의무를 수행할 능력이 없다는 사실을 몰랐고 100/190 몽테뉴는 인간이 확실한 지식을 가질 수 없다는 사실은 잘 지적했지만 그 결과 가장 기본적인 책임감마저 약화시키고 말았다는 것이다.

에픽테토스와 몽테뉴의 근본 오류는 인간의 "타락corruption"을 몰랐다는 점이라고 파스칼은 예리하게 지적한다. 그래서 에픽테토스는 타락 후 남은 좋은 것들만 보았고 몽테뉴는 타락이 가져 온 왜곡과 문제점만 강조했다는 것이다. 두 사상을 조화시키는 것이 가장 이상적이지만 자연 상태에서는 그런 결합이 불가능하고 오직 복음 안에서만, 즉 신성과 인성의 조화를 이룬 예수 그리스도를 통해서만 가능하다는 것이 파스칼의 결론이었다. 파스칼의 인간 이해의 핵심은 타락이다. 신을 안다고 주장하는 사람들도 이 타락을 모르면 신의 구원도 모르고 구원의 유일한 길인 그리스도를 모르고 결국 그분을 주신 하나님도 모르는 것이다. 142/280

파스칼이 완벽한 기독교 세계관을 갖추었음을 입증하는 다른 증언도 있다. 놀랍게도 무신론을 대표하는 철학자 니체Friedrich Nietzsche, 1844-1900의 비판이다. 니체는 파스칼의 사색에는 처음부터 기독교 신앙이 깊이 배어 있었다 주장하면서 일단 파스칼을 "기독교의 탁월한 논리학자"라 칭송한다.[48] 그렇지만 니체가 칭송하는 그 일관성은 파스칼이 가진 가장 큰 약점이기도 했다. 왜냐하

---

48 KSA 12:10 [128] ; WP 388.

면 니체가 본 기독교 신앙은 다름 아닌 "영이 가진 모든 자유, 모든 긍지, 모든 자신감을 희생하는 것"이었고 결국 "자기 조롱, 자기 파괴"로 귀결되기 때문이었다.[49]

> "나는 파스칼을 읽지는 않고 사랑한다. 기독교에 희생당한 가장 대표적인 경우다. 처음에는 몸이, 또 그 다음에는 마음이, 시나브로 살해를 당했다. 이 가장 소름 끼치는 형태의 비인간적 잔인함과 완전히 일치하는 일이었다."[50]

니체는 평생 파스칼을 흠모했다. 쇼펜하우어를 통해 파스칼을 접하게 된 만큼 이 세상의 가치를 부인한 점이 가장 마음에 들었다. 파스칼의 성찰은 니체의 철학 전체에 적지 않은 영향을 끼쳤다. 니체 본인도 "내 핏줄에는 파스칼의 피가 흐르고 있다"고 솔직하게 썼다.[51] 그렇지만 한 가지가 끝내 마음에 들지 않았다. 파스칼이 가진 기독교 신앙 곧 "(사람은) 어리석게 되어야 한다il faut s'abetir"는 원리였다.[52] 니체가 가장 소중하게 여긴 인간다움을 포기하라는 권고다. 확고한 지성의 소유자 파스칼이 그렇게 돼 버린 것은 원죄 교리 때문이라고 니체는 분석한다. 기독교가 파스칼로 하여금 원죄가 인간의 지성을 파괴

49 F. Nietzsche, *Jenseits von Gut und Böse. Vorspiel einer Philosophie der Zukunft*, 제 3장, #46.

50 F. Nietzsche, "Warum ich so weise bin" in *Ecce Homo*, II, 3. 필자 번역.

51 F. Nietzsche, *Gesammte Werke*, XXI, 89.

52 David Simpson, "Blaise Pascal" in *Internet Encyclopedia of Philosophy*. https://iep.utm.edu/pascal-b/

했다고 믿게 만들었다는 것이다.[53] 그래서 니체는 기독교를 "비인간적인 잔인함 가운데 가장 소름 끼치는 형태"라 불렀다. 정확한 판단이다. 이 원죄 교리가 사실 파스칼의 인간 이해의 핵심이었다. 파스칼이 그런 입장을 취한 이유는 간단하다. 기독교 신앙 없이는 자연도 역사도 모두 "괴물 및 혼돈"이 될 것이기 때문이다. [131/246] 따라서 파스칼은 진리를 위해 자연과 역사와 인간을 부인해야만 했고[54] 니체는 그런 식으로 "파스칼을 망가뜨린 기독교를 용서할 수 없다"고 분개했던 것이다.[55]

파스칼의 일관성은 논리로 그치지 않는다. 파스칼은 자신이 믿은 바를 그대로 실천한 사람이다. 이론적인 일관성뿐 아니라 믿음과 행함 사이의 일치까지 실현한 것이다. 얀센주의의 가르침 그대로 언제나 성결한 삶을 추구하였고 철저한 회개를 생활화했다. 인간의 원죄에 대한 이해도 언제나 자신에게 가장 먼저 적용되었으며 그랬기에 뛰어난 천재요 온 프랑스가 알아주는 유명인사였으면서도 평생을 겸손하게 또 소박하게 살 수 있었다. 이론을 앞뒤가 맞게 완성한 천재도 드물고 그것을 현실의 삶과 조화시킨 천재는 더더욱 희귀한데 그 모든 것을 자신의 인격과 융합한 정말 찾아보기 어려운 위인이 바로 파스칼이다. 이 점이 특히 놀라운 것은 인격 내지 경건이라는 요소는 뛰어난 머리나 손재주처럼 타고나는 것이 아닐뿐더러 오히려 뛰어난 머리나 재주와 조화되기 어려운 것이기 때문이다.

---

53 F. Nietzsche, *Der Antichrist*, #5.

54 KSA 12:9 [182] ; WP 83.

55 1887-8의 한 노트. KSA 13:11 [55] ; WP 252.

물론 파스칼의 생애 특히 불의 밤 같은 경험을 고려할 때 하나님의 은혜의 측면을 무시할 수 없다. 그리스도인의 삶에서 은혜 아닌 게 어디 있으랴! 그렇지만 파스칼 자신도 몸부림을 쳤다. 얀센파를 통해 기독교 신앙의 본질을 접한 이후 그 신앙을 삶으로 살아내기 위해 쉬지 않고 경건의 훈련을 쌓았다. 말년의 저서 《팡세》에서 파스칼은 훈련과 습관의 중요성을 강조하고 또 강조한다. 삶으로 직접 체득한 교훈이 아니고 무엇이겠는가. 많은 것을 타고난 천재가 자신을 훈련하는 이 일에도 철저했다는 사실은 그가 가진 천재성과 무관하게 오늘 우리에게 큰 도전으로 다가온다. 천재라서 본받지 못했다는 핑계가 적어도 이 부분에서는 통하지 않는다는 말이다. 최근 천주교 내에서

파스칼 동판. 데로셰 Étienne-Jehandier Desrochers가 1697년에 만든 동판. 베르사유궁 소장. 그림 아래 새겨진 문구는 이렇다. "온 세계가 그의 진귀한 재능에 매료되어 그가 남긴 것들을 앞다투어 칭송한다. 명예가 그의 뒤를 따랐지만 그는 그것들을 뿌리치고 오직 하나님께만 바쳐 드렸다. 자신의 펜 및 자신의 삶과 함께." **사진:** 베르사유궁.

파스칼을 성인으로 추앙해야 한다는 의견이 점점 많아지고 있다. 2017년 교황 프란치스코가 파스칼의 시복諡福 절차를 공식 추진하고 싶다는 뜻을 밝혔다. 천주교회는 공부를 잘했거나 재주가 좋았다고 성인으로 받지 않는다. 게다가 파스칼이 당대의 주류 예수회와 평생을 대립했던 사람임을 고려한다면 실로 파격적인 조치가 아닐 수 없다.

파스칼이 이런 수준 높은 경건을 평생 실현할 수 있었던 비결이 무엇일까?

《팡세》에 보면 파스칼 자신의 간증으로 보아 좋을 대목이 하나 나온다.

> "내가 혼자든 사람들이 보든 나는 내 모든 행동들을 하나님이 보시
> 는 가운데 한다. 그것들을 심판하실 하나님께 나는 내 행동 전부를
> 바쳤다....... 또 나는 내 삶의 모든 날 동안 내 구주를 찬송한다. 주님
> 은....... 연약함, 비참함, 정욕, 오만, 야망 등으로 가득한 사람을 이 모
> 든 악에서 벗어난 사람으로 만드셨다. 은혜의 능력으로." 931/748

비결은 코람데오coram Deo의 삶 곧 "하나님 앞에서" 살아간 태도였다. 모든
것을 보시고 모든 것을 아시는 하나님 앞에서 부끄러움이 없이 살고자 스스로
를 채찍질한 결과가 바로 파스칼이라는 위대한 신앙인을 만들어낸 것이다. 그
런 삶의 원동력이 하나님의 은혜에 대한 깊은 깨달음이었음은 말할 필요도 없
다. 죄인을 의인으로 변화시켜 주신 은혜, 이것이 기독교 신앙 아닌가. 이 은혜
가 있어 다른 모든 것도 은혜로 다가온다. 구원의 은혜에서 시작한 바울 역시
자신이 이룬 업적을 포함한 모든 것이 하나님의 은혜임을 고백하고 있다 (고린
도전서 15:10). 시작이 은혜이면 모든 것이 은혜다. 오늘 우리가 파스칼의 손길
을 통해 얻는 유익 역시 하나님의 은혜임을 부인하기 어렵다.

수미쌍관의 생애

파스칼은 인생을 문학으로 시작했다. 확고한 교육철학을 가졌던 아버지 에티엔은 어린 아들 파스칼에게 그리스어와 라틴어를 먼저 가르쳤다. 고전 중심의 문과 교육이었다. 그러다가 수학적 재능이 느닷없이 튀어나오는 바람에 수학 공부도 병행하게 되었고 파스칼의 관심이 기하학에 집중되는가 싶더니 이내 과학 여러 분야로 뻗어갔다. 그렇지만 그런 가운데도 문학적 재능은 사라지지 않고 파스칼 속에서 꾸준히 자라면서 때를 기다리고 있었다. 그리 길지 않은 파스칼의 생애 가운데 마지막 몇 년을 아름답게 장식한 것이 바로 이 글재주다. 삶의 여정 내내 숙성시켜 온 그 재능은 먼저 《프로뱅시알 편지》라는 아름다운 꽃을 한 다발 피워냈고 죽은 뒤 유고로 출판된《팡세》는 아예 파스칼의 생애 전체를 보볼리나 뤽상부르의 정원처럼 아름답게 완결했다. 온갖 위트로 가득한 《프로뱅시알 편지》가 설악산의 화려함에 비길 만하다면 인간과 우주와 신을 깊이 묵상한《팡세》는 그런 화려함에 더하여 지리산의 장엄함까지 담고 있다. 이 두 권의 책으로 파스칼은 프랑스 문학을 평정했을 뿐 아니라 오늘까지 세계 최고의 문학자들과 어깨를 나란히 하고 있다. 뛰어난 수학자, 과학자, 신학자에 이은 위대한 사상가 파스칼이다. 요즘 표현으로 문과 이과가 따로 없던 천재다. 파스칼이 우리 시대를 살았다면 젊은 수학자들의 꿈인 필즈상, 물리학과 문학에서는 노벨상, 그리고 종교인의 영예인 템플턴 상까지 받고도 남았을 것이다. 그런 상이 천재의 격에 맞을지는 물론 다른 문제다.

파스칼의 생애는 수미쌍관首尾雙關 인생이다. 수미쌍관은 첫 구절과 마지막 구절을 똑같이 만들어 주제를 강조하는 시의 기법이다. 물론 문구만 똑같다고 수미쌍관이 되지는 않는다. 첫 구절에는 없던 내용이 마지막 구절에는 듬뿍 담겨 더욱 풍성한 뜻을 가져야 한다. "엄마야 누나야 강변 살자." 강변? 좋지. 근데 왜 하필 강변이지? "뜰에는 반짝이는 금모래 빛" 야, 아름답구나. 강에서 고기도 잡고 황금빛 모래밭에서 뛰어놀기도 하면 참 좋겠다. 그런데 그게 다가 아니다. "뒷문 밖에는 갈잎의 노래." 맞아, 음악도 있어야지. 생각하는 갈대가 춤을 추기 시작한다. 열심히 산 다음 여유 있는 문화도 즐길 수 있어야 인간다운 삶 아니겠는가. 강변의 삶은 일상과 축제가 어우러진 멋진 삶이다. "엄마야, 누나야 강변 살자." 그래, 그러자. 아, 정말 그런 곳에서 사랑하는 가족과 산다면 얼마나 행복할까!

첫 구절에서는 몰랐던 것, 혹은 그저 느낌으로, 의문으로, 궁금증으로 숨어 있던 것들이 시가 전개되는 가운데 구체적인 내용으로 하나하나 펼쳐지고 그 모든 것들이 마지막 구절에 고스란히 녹아들어 아름답게 마무리된다. 파스칼의 생애가 수미쌍관인 이유 역시 그저 시작과 끝이 똑같이 문학이라서가 아니라 생애를 차곡차곡 채워 온 중간의 모든 요소가 하나도 사라지지 않고 마지막 한 줄에 한가득 담겨 있기 때문이다. 파스칼의 생애는 앞뒤가 꼭 맞는 아름다운 한 편의 시다. 생애 전체가 문학으로, 특히 사람을 깊이 연구한 인간학으로 마무리되고 있다. 사람에 대한 깊은 철학적, 신학적 성찰이다. 칠, 팔십을 살고서도 완결은커녕 단편적인 의미조차 제대로 찾기 어려운 게 우리네 필부들의 인생일 터, 마흔도 못 되는 짧은 생애를 어쩜 이리도 풍성하게 살고 또 이토록 깔끔하게 마무리할 수 있었는지 그저 놀랍고 그저 부러울 따름이다.

파스칼이라는 시의 첫 구절은 고대 그리스 로마의 고전이었다. 마지막 구절은 《팡세》라는 문학 작품이다. 그럼 이 마지막 구절을 아름답게 수놓은 요소들은 무엇인가? 어느 것 하나 뺄 수 없지만 특히 중요한 것은 자연과학에서 이룩한 눈부신 성취였다. 10대에 연구한 사영기하학, 20대에 탐구한 물리학, 30대에 발전시킨 확률론이 생애 마지막 작품 《팡세》에서 인간 이해를 위한 디딤돌 역할을 한다. 2차원의 평면에 3차원을 구현하고자 하는 사영기하학의 심오함은 인간에 대한 입체적인 깨달음, 특히 신과의 관계 속에서 드러나는 인간의 모순에 대한 성찰로 나타난다. 물리학에서 밝힌 진공의 존재는 사람의 영혼에 숨어 있는 빈자리에 적용되어 하나님의 은혜 없이는 존재할 수 없는 파스칼 인간학의 핵심을 이룬다. 수학에서 발전시킨 확률론은 내세에 대한 신앙과 결합되어 파스칼의 내기라는 유명한 논리를 탄생시켰다. 그 논리로 파스칼은 기독교 신앙에 담겨 있는 무한에 가까운 기댓값을 사람들에게 소개하며 같이 한번 내기해 보자며 초청한다.

파스칼은 자연과 인간이 서로 닮았다는 것을 알았다. 이유는 "모두가 한 주인에 의해 만들어지고 인도되기 때문"이다. [698/954] 포괄적이고 절대적인 하나님의 주권에 대한 신뢰다. 파스칼이 연구한 자연은 "모든 것 심지어 신학까지도 말할 수 있는" 어떤 존재였다. 675/3 그렇기에 수학도 물리학도 인간 연구와 무관할 수 없었다. 원뿔 곡선 및 기댓값 연구도 진공이나 대기압 실험도 결국은 인간에 대한 탐구로 귀착되었다. 언제나 인간을 지향하는 이런 강력한 특성은 파스칼의 사색과 연구의 무게중심이 어디에 있었는지 명확하게 보여준다. 파스칼에게 모든 학문은 인문학 곧 인간에 대한 연구였다. 우주의 운행원리보다 더 중요한 것은 언제나 인간의 문제요 영혼의 문제였고 영혼의 문제는 또한 나 자신의 문제였다. 164/340; 427/11 첫 번째 회심 이후 탐독한 아우구스티누스에게서 배운 전통이다.

> "아, 얼마나 놀라운 일인지요. 사람들은 곳곳을 다니면서 높은 산, 파
> 도치는 바다, 거대한 강, 세계를 휘감는 대양, 제 길을 가는 별들을 보고
> 감탄해 마지않으면서도 정작 자기 자신에게는 관심조차 없나이다."[56]

1200년 전 아우구스티누스가 토로한 이 안타까운 고백에 300년 전 르네상스 시인 페트라르카가 방투 산 꼭대기에서 아멘으로 화답했고 이제 파스칼이 《팡세》에서 그 전통을 잇는다. 파스칼은 인간 연구를 외면하는 당대의 풍조를 안타까워하며 이렇게 단언한다.

> "사람은 자기 자신을 알아야 한다. 혹 진리를 발견하는 데 도움이 되
> 지 않을 경우에도 자신의 삶을 조절하는 데 도움이 된다. 이보다 더 옳
> 은 일은 없다." 72/120

---

56 『고백록』 X, 8.

팡세 필사본. 파스칼의 팡세 포르루아얄 필사본 첫 쪽 "순서" 부분. 1/24-3/26. 파스칼의 육필 원본을 아르노와 니콜이 명료하게 정서하고 필요한 경우 교정도 가해 만든 사본. 사진: **프랑스 국립 도서관.**

천재 파스칼이 평생을 바쳐 연구하였던 수학과 과학이 파스칼이 깊은 신앙의 세계에 들어가면서 인간에 대한 깨달음이라는 새로운 차원을 발견하였고 그 모든 것이 한 덩어리로 응축되어 아름다운 문학의 옷을 입은 것이다. 《팡세》는 그 모든 성과를 신학뿐 아니라 철학, 종교, 심리, 인간학, 역사, 문화, 성경해석 등을 망라하여 인간에 대한 심오한 통찰로 표현하고 있다. 따라서 전체적으로 볼 때 파스칼의 수학과 과학 연구뿐 아니라 얀센주의 신앙과 포르루아얄 생활, 심지어 살롱 출입까지 모두 파스칼이라는 아름다운 시의 소중한 일부를 이룬다.

미국의 사상가 윌 듀런트[Will Durant, 1885-1981]는 명저 《문명 이야기[The Story of Civilization]》에서 《팡세》를 "프랑스 산문 가운데 가장 멋진 책"이라고 평가했다.[57] 정말 그런가? 혹 불어책은 많이 못 보아서 그렇게 판단한 것은 아닌가? 에밀 졸라나 빅토르 위고도 읽고 나서 한 이야기인가? 또 프랑스의 비평가 생트뵈브[Charles Augustin Sainte-Beuve, 1804-1869]는 《팡세》의 한 부분을 읽고는 "프랑스 문학에서 가장 아름다운 대목"이라 칭송했다. 이들뿐 아니라 다른 전문가들도 《팡세》

---

57 Will & Ariel Durant, *The Story of Civilization*, Vol. VIII (New York: Simon & Schuster, 1963), 66.

를 "프랑스 산문의 이정표" 또는 "서양 사상사의 경전"이라 부르기를 주저하지 않는다. 《팡세》가 토마스 아퀴나스의 《신학대전》이나 도스토옙스키의 《카라마조프 형제들》 같은 대작이라면 이해할 만도 하다만 사실 《팡세》는 그런 완결된 작품이 아니라 책 한 권을 쓰려고 틈틈이 모아 놓은 자료집에 지나지 않는다. 정리도 채 끝내지 못한 생각의 조각들을 파스칼이 죽은 뒤 유고로 펴낸게 팡세다. 그래서 책 제목도 그냥 《생각들^{Pensées}》이다. 원고를 누가 정리했느냐에 따라 순서도 제각각이다.[58] 그런데도 오늘까지 세계문학전집이나 사상전집에서 빠지는 법이 없고 지구 전역에서 "세계인의 고전"으로 사랑을 받고 있다. 우리말 번역만 해도 벌써 열 개가 넘는다.

영혼의 바로미터

맞다. 《팡세》는 성찰의 조각들을 모아 놓은 책이다. 하지만 그렇다고 성찰 자체도 단편적인 것은 아니다. 아무 흐름도 없이 즉흥적으로 떠오르는 생각들을 긁어모은 것이 아니라 뚜렷한 목적을 갖고 생각을 전개하는 가운데 정리된 것들을 주제별로 갈무리해 둔 것들이다. 때아닌 죽음으로 완성은 못 했지만 파스칼이 이 단편들을 모아 쓰려고 했던 책은 《기독교 변증$^{Apologie\ de\ la\ Religion}$ ^{chrétienne}》이다. 우주 최고의 진리인 기독교 복음을 사람들에게 납득시키는 책을 쓰고 싶었다. 미완성의 단편을 모은 책인 만큼 언뜻 보면 미처 꿰지 못한 서 말구슬 같다. 하지만 파스칼의 의도를 알고 내용을 찬찬히 읽어보면 아름다운 진

---

58 『팡세』는 처음 포르루아얄 위원회에서 필사본을 만들었고 1670년에 포르루아얄 인쇄본을 처음 출간했다. 이후 편집을 다르게 한 여러 판본이 출판되었는데 20세기 들어 1947년 출간된 라퀴마(Lafuma) 본이 대세를 이루었다. 민음사 판이 이 판본을 번역한 것이다. 라퀴마는 1951년에 초기 필사본을 위주로 한 판본도 출판하였는데 을유문화사 번역이 1963년 재발행된 이 판본을 따랐다. 최근에는 1976년에 출간된 셀리에(Sellier) 판이 완결판으로 입지를 넓혀가고 있는데 서울대에서 몇 해 전 번역, 출간했다.

리의 금줄이 조각 하나하나를 관통하고 있음을 깨닫게 된다. 크고 작은 생각의 조각들이 한 데 모여 천재의 깊은 성찰을 보여주고 있어 생각 모음집 전체가 보배 덩어리다.

읽기는 쉽지 않다. 미완성이라 그렇기도 하지만 혹 완성되었어도 큰 차이는 없었을 것이다. 파스칼 자신이 자기 생각을 "질서 없이 적어갈 것"이라 하면서 그런 "무질서 그 자체" 속에서 자신의 목적이 드러날 것이라 했기 때문이다. [532/44] 완결됐든 아니든 파스칼의 사고 자체가 또 워낙 크고 입체적이어서 우리의 좁은 평면에 담아 내기에는 한계가 있다. 《팡세》는 정말 쉽게 읽을 수 있는 책이 아니다. 책을 너무 빨리 읽거나 너무 느리게 읽으면 이해를 못 한다고 파스칼이 말했지만 [41/78] 파스칼 자신의 저서에는 해당되지 않는 조언이다. 단테의 《신곡》을 안단테로 읽어야 한다면 파스칼의 《팡세》는 아예 라르기시모로 천천히 곱씹어야 한다. 조각 하나하나가 다 심오한데 그것들을 모은 분량도 사실 방대하다. 한두 줄짜리 짧은 것부터 여러 쪽에 이르는 긴 것까지 전부 합쳐 천 개 남짓 된다. 그러니 한꺼번에 다 읽으려 서두르기보다 한두 개를 골라 읽으면서 천천히 생각을 주고받는 것이 좋다. 페이스북 하랴 유튜브 보랴 카톡 두드리랴 바쁜 우리 시대에는 어쩌면 《팡세》가 평생 일독도 불가능한 책일지도 모르겠다.

처음 구상은 포르루아얄 수도원에서 은둔자로 지낼 때 했다. 생각의 조각들을 본격적으로 모으기 시작한 것은 1년 뒤 《프로뱅시알 편지》를 쓸 무렵이었다. 작업이 천천히 진행되던 중 가속기를 힘껏 밟아준 사건이 하나 생겼다. 조카가 기적을 경험한 것이다. 누나 질베르트의 딸 둘이 포르루아얄 수도원 학교를 다니고 있었는데 큰딸 마거리트가 앓고 있던 불치의 눈병이 그리스도의 가시관에서 떼 왔다는 가시를 만지는 순간 나았다고 한다. 1656년 3월의 일이니까 5번 편지를 쓰고 6번 편지를 쓰기 전에 일어난 일이다. 이 기적을 계기로 파스칼은 하나님이 포르루아얄과 함께하신다고 확신하게 되었다. "사람들이 악마의 사원이라고 말하는 이 장소를 하나님은 당신의 성전으로 만드신다." 902/814 이 고백은 자신이 가진 기독교 신앙에 대한 확신이기도 했다. 불의 밤에 가졌던 혼자만의 주관적인 경험이 이제 누구나 확인할 수 있는 객관적 근거를 확보한 것이다. 그래서 처음 기독교의 기적을 소개하는 책을 기획했다가 생각의 단편을 하나하나 모으는 가운데 본격적인 기독교 변증서로 확장된 것이다.

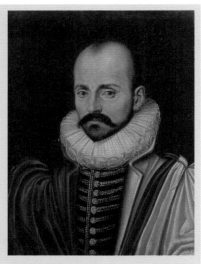

미셸 드 몽테뉴 초상. 작가 미상. 베르사유궁 소장. 30세 전후로 추정. 사진: 베르사유궁.

기독교 변증을 준비하면서 주로 염두에 둔 대상은 지성인들, 특히 그 시대를 주도하던 "철학자들, 회의주의자들, 독단론자들"이었다. 4/27 당대 불가지론의 대표자인 몽테뉴와 몽테뉴 사상의 전도사였던 친구 샤롱Pierre Charron, 1541-1603, 또 유물론과 기독교를 합치려 애쓴 박식한 사상가 가상디, 영국의 유물론 정치 철학자 홉스, 그 시대의 독단론을 대표하는 데카르트 등이 포함된다. '친구'도 대상에 들었다. 5/28 살롱에서 만난 세속주의자 공보와 미통 같은 사람에게도 기독교 복음을 변증하고 싶었다. 광범위한 대상 가운데 대표를 하나 고르라면 단연 몽테뉴다. 몽테뉴는 수필 모음인《수상록》으로 당시 프랑스 지성계를 거의 장악하고 있었다. 파스칼 자신이 몽테뉴의 그런 위력을《팡세》에서 이렇게 인정하고 있다. "내가 몽테뉴에게서 보는 모든 것을 몽테뉴 아닌 나 자신에게서 발견한다." [689/758] 몽테뉴의 수필을 읽을 때 거듭 '아멘!' 소리가 나오더라는 말이다.

파스칼이 몽테뉴의 회의론을 수용했다는 뜻은 물론 아니다. 몽테뉴가 펼친 논리가 자연인 파스칼을 포함한 인류 보편의 문제를 예리하게 지적하고 있다는 말이었다. 르네상스 이후 똑똑해진 사람들은 넘치는 지식의 홍수 가운데 갈피를 잡지 못한 채 웬만한 문제에 대해서도 잘 모르겠다는 모호한 태도를 유지했다. 의심하는 것이 지성인의 상징이 되다 보니 진리를 찾았다고 외치다간 사람들의 조롱을 받기 십상이었다. 그런 분위기 가운데 파스칼은 자신이 평생을 믿어 온 기독교 복음의 진리성과 확실성을 증명하고 싶었다. 파스칼이 본 기독교 신앙은 우주에서 가장 확실한 진리요 모든 것을 포괄하는 세계관이었다. 어느 정도였을까? 파스칼의 자신감은 파스칼의 사상적 후계자요 20세기의 대표적 변증가 씨 에스 루이스의 말에 잘 나타나 있다.

"저는 해가 뜬 것을 믿듯이 기독교를 믿습니다. 단지 해가 보여서가
아니라 해 덕분에 다른 것들도 다 보이기 때문이지요."[59]

파스칼의 수석대변인 루이스의 말이다. 파스칼이 가진 기독교 신앙은 모든 것을 밝히는 빛이다. 파스칼의 글이 철학, 문학, 심리, 종교 등 다양한 분야를 망라한 이유도 결국 그 어떤 종류의 의심에 대해서도 기독교 복음은 답을 줄 수 있다고 확신했기 때문이다. 어려서부터 언제나 원리를 추구해 온 파스

---

59 1944년 옥스퍼드 대학 소크라테스 클럽에서 한 강의. 제목은 "Is Theology Poetry?"

칼에게 기독교 복음은 모든 것을 시원하게 설명해 주는 가장 근본적인 원리였다. 이보다 명확하고 이보다 포괄적인 원리는 없다. 파스칼이 《팡세》에서 전하는 사상은 쉽게 말해 오늘 포스트모던 시대 사람들이 불신하는 '거대담론'의 전형인 셈이다.

파스칼은 근대 초기 사람이다. 유럽 이성주의의 대표자 데카르트와 동시대 사람이다. 그러나 이성이 주도하던 시대가 막을 올릴 무렵 파스칼은 이미 그 시대를 뛰어넘고 있다. 《팡세》는 철학과 종교를 주로 다룬다. 그러나 파스칼은 이성보다 마음에 중심을 둔 종교적 경험을 강조하였고 직관주의를 확립함으로써 후대 철학자들, 특히 루소와 베르그송 Henri-Louis Bergson, 1859-1941 그리고 여러 실존철학자에게 큰 영향을 미쳤다. 파스칼의 독특성은 "철학을 비웃는 것이 진정으로 철학하는 것이다"라는 파스칼 자신의 말에 담겨 있다. 513/911 사람은 어리석게 되어야 한다던 바로 그 원리다. 파스칼은 인생의 가장 중요한 문제 곧 종교의 문제에 대해서는 이성이 답을 줄 수 없음을 강조한다.

> "우리는 진리를 이성으로만이 아니라 마음으로도 안다. 바로 이 후자
> 를 통해 제일 원리들을 알게 되는데 마음과 무관한 추론이 그 원리들
> 과 맞서려 해도 헛일이다." 110/214

> "마음은 이성이 모르는 자신의 이유들이 있다." 423/224

두 번째 인용문은 말장난을 포함하고 있다. 이성과 이유는 불어로 똑같이 레종 raison 이다. 어려서부터 추구한 바로 그 '원리'다! 마음은 이성이 모르는 자신의 이성 곧 이유, 논리, 동기 등이 있다는 말이다. 여기서 마음은 감정이나 느

낌을 넘어 직관까지 포함하는 포괄적 개념이다. 우리 인격의 중심이기에 성경도 이 마음을 가장 공들여 지켜야 한다고 가르친다 (잠언 4:23). 마음은 이성이 모르는 것을 안다. 특히 가장 중요한 진리는 이성 아닌 마음으로 안다. [424/225] 라신이 깊이 체득한 것이 바로 이 마음이다. 따라서 이성의 최종 인식은 "무수한 것들이 자기 너머에 있다는 깨달음"이어야 하며 [188/373] 이성에게 가장 잘 어울리는 과제는 "자신을 부인하는 일"이다. [182/367] 이성의 효용 및 한계에 대한 그런 깨달음은 기독교의 진리성과 깊이 연관되어 있다.

> "우리가 모든 것을 이성에 복종시킨다면 우리 종교는 신비롭고 초월적인 것이 하나도 남지 않게 될 것이다. 우리가 이성의 원리를 거스른다면 우리 종교는 터무니없고 우스꽝스럽게 될 것이다." [173/358]

모든 것을 이성에 맡겨서는 안 된다. 하지만 그렇다고 이성을 무시하는 것도 잘못이다. 이성을 배제하거나 이성만을 인정하는 극단을 피해야 한다. [183/368] 파스칼이 이성의 한계를 인식하고서도 반이성 내지 몰이성으로 가지 않는 이유는 자신을 부인하고 자신의 한계를 깨닫는 그 일 역시 이성의 책임이기 때문이다. 어쨌든 이성이 주도하던 시대 초기에 이미 이성의 한계를 지적하였으니 파스칼의 성찰은 근대의 주류인 이성주의와 수백 년 동안 변방을 지켜온 낭만주의라는 두 갈래 물줄기를 따라 우리 시대의 포스트모더니즘까지 훌쩍 달려온다.

《팡세》조각들을 만들 무렵 파스칼은 불의 밤에 시작된 두 번째 회심을 경험하고 있었다. 그 동력으로《프로뱅시알 편지》도 쓰고 또《팡세》조각들을 준비했다. 그런데 첫 번째 회심과 달리 두 번째 회심에서는 파스칼의 관심이 자신이 아닌 다른 사람들에게 집중된다. 내가 알게 된 진리, 내가 발견한 삶의 의미를 다른 사람들과도 최대한 나누고 싶었던 것이다. 어떻게 하면 이 진리를 가장 잘 전할 수 있을까? 어떻게 하면 나의 이 경험이 다른 사람들을 회심으로 인도할 수 있을까? 그 목표를 이루기 위해 파스칼은 황금률黃金律 원리를 실천한다. 나 자신을 다른 사람의 입장에 둠으로써 그들에게 진정 필요한 도움이 무엇인지 알아 그 도움을 베푸는 방식이다. 그리스도께서 성육신으로 몸소 실천하셨고 바울도 유대인을 전도할 때 사용했던 그 방법을 이제 파스칼이 자신의 친구들을 전도하기 위해 사용한다.

> "그러나 하나님을 알지도 않고 찾지도 않으면서 살아가는 사람들을
> 위해서는....... 우리가 만약 그들의 입장이 됐을 경우 우리가 사람들이
> 우리에게 해 주었으면 하고 바랄 그것을 우리가 그들에게
> 해 주어야 한다." 427/11

> "만약 내가 그런 상태에 있을 경우 누군가가 내 어리석음을 불쌍히
> 여기고 내 뜻과 달리 나를 끌어내는 호의를 베풀어 준다면 난 얼마나
> 행복할까! " 821(432)/15

하여 파스칼은 《팡세》에서 자신을 두려움에 사로잡힌 가운데 진리를 찾고자 몸부림치는 사람으로 묘사한다. 자신은 확실한 진리를 이미 발견했지만 아직 그 진리를 찾지 못한 사람들의 입장에 자신을 둠으로써 그들을 보다 잘 이해하고 그들을 보다 효과적인 방법으로 진리로 이끌겠다는 것이다. 길고 짧은 생각의 조각마다 파스칼의 그런 마음이 담겼다. 그래서 《팡세》는 인격과 혼연일체가 된 "자연스러운 문체"를 보여주며 독자들은 "작가"가 아닌 "사람"을

만나는 기쁨을 맛본다. ^{675/3} 그 사람과 함께 미음완보^{微吟緩步} 곧 나직이 읊조리며 천천히 걷다 보면 길이 조금씩 열릴 것이다. 비평가 엘리어트는 1958년에 간행된 《팡세》의 새 영문판 서문을 이렇게 마무리하고 있다.

> "의심하는 사람들, 그렇지만 삶과 고통의 무질서, 헛됨, 무의미함, 신
> 비 등을 생각하고 느끼는 마음과 감성을 가진 사람들, 그리고 총체적
> 인 만족을 통해서만 평화를 얻을 수 있는 사람들에게 파스칼보다 더
> 권해주고 싶은 기독교 작가는 없다." [60]

《팡세》는 삶의 문제를 다룬다. 의심하는 사람들, 확신이 없어 갈 길을 찾지 못하는 사람들에게 파스칼은 친절한 안내자 역할을 한다. 단편적인 답이 아닌 종합적인 답을 원하는 이들에게 특히 필요한 사람이 파스칼이다. 평생을 걸쳐 이룩한 성경적 세계관을 우리 마음에 담아주기 때문이다. 청년 파스칼은 대기압 연구를 통해 날씨의 변화를 판단할 수 있는 바로미터를 만든 바 있다. 불혹을 바라보는 성숙한 파스칼이 남긴 이 유고는 인간 본질의 문제를 생각하고 올바로 판단하게 돕는 영혼의 바로미터가 될 수 있다. 삶의 미로에서 갈 길을 찾지 못하는 사람들, 광대한 우주 및 영겁의 세월 속에서 자신의 위치를 발견할 수 없는 사람들로 하여금 바로 생각하고 바로 판단하게 도와주는 책이 바로 《팡세》다. 파스칼은 이 미완성의 작품으로 자신의 생애를 멋지게 완결하면서 오늘 우리도 인생의 뜻한 바를 이룰 수 있도록 친절하게 안내해 준다.

---

60 T. S. Eliot, *"Introduction" to Pascal's Pensées* (New York: Dutton, 1958), xix.

생각하는 갈대

《팡세》는 파스칼의 인간학을 담고 있다. 파스칼이 본 인간은 한 마디로 모순 덩어리다. "영광"과 "비참함"을 함께 가졌다. 인간은 "잘 믿고 안 믿으며, 소심하고 무모한" 존재다. [124/239] 파스칼의 인간 이해에는 상호 모순된 것들의 짝이 많이 등장한다. 무한과 무, 의미와 허무, 빛과 암흑 [149/309] 등 대립적인 구도가 있는가 하면 신앙과 이성, 몸과 영혼, 죽음과 삶, 위대함과 비참함, [121/236; 117/221] 높음과 낮음, [351/667] 오만함과 절망 [192/383] 등 모순적인 인간 규정도 많다. 처음 인간의 특성으로 등장한 이 모순은 이내 인간과 자연의 관계로 확장되어 인간이 자연을 관찰할 때 경험하는 온갖 혼란과 오류의 원천이 된다. 자연 개념이 무한으로 확장되면 신을 포함한 모든 것을 포괄하게 되는데 그 구도에서 인간은 딱 중간이다. 그런데 양 끝이 너무나 멀리 떨어져 있기에 이 대립의 결론은 무지다. 그렇지만 몽테뉴식의 불가지론이 아니라 피조물 인간의 한계요 또 죄로 타락한 인간의 한계다. 그리고 그 한계는 우리에게 겸손의 태도를 요구한다. 오직 하나님의 은혜만이 우리의 소망임을 보여 줌으로써 파스칼은 기독교 신앙에 담긴 궁극적인 해답을 사람들과 나누고자 한다. [45/82]

인간을 규정하는 넓고 깊은 모순의 출발점은 몸과 마음의 공존이다. 파스칼은 이 모순을 "생각하는 갈대"라는 문구로 표현했다. 모르는 사람이 없을 정도로 유명한 말이지만 누가 한 말인지 또 정확한 뜻은 무엇인지 모르는 이가 많다. 갈대는 몸이다. 약하다. 또 시간과 공간에 갇힌 유한한 존재다. 그러나 사람은 마음이 있어 생각할 수 있다. 생각은 강하다. 또 시공의 제한 없이 무한대로 날아간다. 몸과 마음의 공존은 유한과 무한의 공존과 잇닿아 있다. 수많은 한계에 갇혀 있으면서도 무한의 세계로 뻗어가려고 한다. 따라서 인간의 모순은 모든 것을 포괄하는 모순 곧 존재의 모순과 맞닿아 있다.

"사람은 그저 갈대 곧 자연에서 가장 연약한 존재다. 그러나 생각하는 갈대다. 사람 하나를 박살내자고 온 우주가 무장할 필요는 없다. 증기나 물 한 방울로도 얼마든지 죽일 수 있다. 그러나 우주가 사람을 박살낸다 해도 사람은 자기를 죽이는 우주보다 더 존귀하다. 자기가 죽는다는 것과 우주가 나보다 나은 게 뭔지 알기 때문이다. 우주는 아무것도 모른다. 따라서 우리의 존엄은 전적으로 생각에 있다. 이것으로 우리를 높여야지 우리가 채울 수 없는 공간이나 시간으로 해서는 안 된다." 200/391

몸과 마음의 공존은 사람이 가진 신비 또는 모순의 출발점이다. 199/390 파스칼은 몸과 마음 사이에 있는 "무한의 거리"를 보았다. 308/585 철학자 데카르트는 몸과 마음이 어떤 방식으로 서로 교류하는지 그게 늘 궁금했다. 이를테면 속았다는 판단이 분노라는 감정으로 이어진다. 마음이 하는 일이다. 그런데 이 마음이 어디서 몸과 이어져 혈압을 높이고 맥박도 빨라지게 만드는 걸까? 데카르트는 몸과 마음이 송과선松科腺, pineal gland이라는 곳에서 만난다는 엉뚱한 주장도 했지만 둘이 만나는 방식에 대해서는 첨단 시대인 오늘도 답이 없다. 파스칼은 몸과 마음이 만나는 방식보다 그 둘의 공존과 연합이 가진 신비로움과 의미에 더 관심을 갖는다. 199/390 약함과 강함의 모순된 공존이다. 몸은 약하다. 죽거나 다친다. 공기나 물 등 자연계의 모든 것이 인간의 목숨을 앗아갈 수 있다. 사람이 자신을 위해 만든 담이나 계단마저도 사람을 죽일 수 있다. 927/749 그러나 마음이 있어 사람은 강하다. 자연의 모든 것을 능가한다. 몸이 우주에 짓밟힐 때조차 그것을 알고 생각하기에 인간은 위대하다. 생각은 사람의 본질인 동시에 존엄성이다. 620/226; 756/232 파스칼이 말하는 생각은 인간의 모든 정신 활동을 포함한다. 이성이 기본이지만 그것을 뛰어넘는 마음의 전 영역을 포함한다.

오직 사람만 생각한다. 111/215 생각하기에 인간은 위대하다. 파스칼도 데카르트처럼 사유 또는 생각을 인간의 본질로 파악했다. 하지만 데카르트가 생각이라는 행위를 인간 존재의 확실성의 근거로 삼는 데 그친 반면 파스칼은 생각 자체가 가진 힘을 더 깊이 분석해 들어간다. 이 생각의 힘은 신사고에서 말하는 바 생각대로 된다는 식의 초자연적인 능력이 아니라 온 우주를 포괄하는 거대한 인과관계의 틀 속에서 인간의 생각이 구현하는 독특한 양상과 힘을 말한다. 파스칼의 생각은 르네상스 이후 서양 문화가 집요하게 탐구한 인간 자유의 뚜렷한 측면으로 볼 수 있다.

생각의 힘은 우리 삶에 나타나고 역사에서도 찾아볼 수 있다. 인류 역사에 있었던 모든 엄청난 변화가 알고 보면 다 사람의 생각에서 비롯된 것이다. 파스칼은 사람이 가진 생각의 힘을 재미있는 문장 하나로 표현했다. "클레오파트라의 코, 그게 조금 낮았더라면 지구 표면이 완전히 달라졌을 것이다." 이 문장도 "생각하는 갈대" 못지않게 유명한 말이다. 클레오파트라 7세는 제국 이집트의 마지막 왕이다. 로마가 대제국으로 발돋움할 무렵 로마의 권력을 이용해 이집트 왕위를 지키고자 율리우스 카이사르의 애첩이 되어 아들까지 낳았다. 하지만 나중에는 삼두정치의 주인공 안토니우스와 결혼하여 카이사르의 양자 옥타비아누스와 대립을 벌였다. 그러다가 남편 안토니우스가 옥타비아누스에게 패했다는 소식을 듣고는 스스로 목숨을 끊어버렸다. 파스칼은 수천 년을 이어온 이집트가 멸망하고 로마가 새로운 세계제국으로 등장하는 과정을 클레오파트라 7세를 중심으로 이렇게 요약했다.

"인간의 허영심^{vanité}을 총체적으로 알고 싶다면 사랑의 원인과 결과를 살펴보기만 하면 된다. 사랑의 원인은 '난 모르는 그 무엇$^{je\ ne\ sais\ quoi}$'이다. (코르네유)[61] 사랑의 결과는 무시무시하다. 난 모르는 그 무엇, 너무 작아 알아채기도 어려운 바로 이것이 온 땅과 왕들과 군대와 온 세상을 뒤흔든다. 클레오파트라의 코, 그게 조금 낮았더라면 지구 표면이 완전히 달라졌을 것이다." 413/90

'나비 효과Butterfly Effect'라는 말이 있다. 미국의 수학자 로렌즈Edward Lorenz, 1917-2008의 이론인데 아마존 정글에서 나비 한 마리가 날개를 팔랑거리면 그 바람이 주위의 공기를 움직이고 그것이 점점 증폭되어 나중에는 허리케인이나 토네이도 같은 돌풍이 되어 미국 텍사스에 들이닥칠 수도 있다는 주장이다. 극히 작은 현상 하나가 원인과 결과로 꼬리에 꼬리를 물어 나중에는 엄청난 결과를 가져올 수 있다는 이야기다. 아마존 나비를 보기로 들었지만 사실 아마존 현장에서는 잘 와 닿지 않는 이론이다. 아마존의 큰 강 두 개가 합류하는 마나우스에서는 이따금 엄청난 나비 떼가 몰려와 강을 건너 날아가는 장관을 연출하지만 나비 수백만 마리가 한꺼번에 날개를 퍼덕거려도 독수리 몇 마리의 바람에도 못 미친다. 진정한 나비 효과는 사람이 일으킨다. 난 모르는 그 작은 것이 온 세상을 뒤집어엎는다. 사람의 생각이 일으키는 것이기에 진정한 나비 효과를 찾아볼 수 있는 현장은 자연이 아닌 역사다.

파스칼은《팡세》에서 크롬웰Oliver Cromwell, 1599-1658의 요도에 들어간 모래알 하나 때문에 "그는 죽었고 그의 집안은 몰락했으며 모든 것이 평온을 되찾았고 왕은 복위되었다"고 썼다. 750/203 영국을 뒤흔든 크롬웰의 철권통치가 신장결석 때문에 끝이 났다 하였으니 자연과 인간이 결합된 나비 효과를 알고 있었

---

61 Pierre Corneille, *Médée*, II, v.

다는 말이다. 우리는 나비 효과라 부르지만 파스칼은 프랑스 사람이라 그런지 나비 대신 파리를 보기로 든다. "파리의 힘은 위대하다. 전투를 승리로 이끌고 우리 마음을 못 움직이게 하고 우리 몸을 먹어치운다." 22/59 몽테뉴의 영향이 보이는 구절인데 언뜻 들으면 허황한 것 같지만 사실 사람을 중심에 둔다면 언제든 가능하고 또 실제로도 많이 일어난다. 요즘도 운전대 주변을 날아다니는 파리 한 마리가 차도 박살내고 때론 사람도 다치게 해 파리 효과든 나비 효과든 농담이 아님을 보여준다. 파리와 나비가 결합된 기묘한 이야기도 한때 있었다. 파리에서 나비부인이 날갯짓을 했더니 바람이 서울 여의도까지 불어오더라는 실화 같은 소설이다. 그렇지만 파스칼이 말하는 파리의 진짜 힘은 "귓가에서 윙윙거리면서...... 이성을 마비시키고 또 도시와 왕국을 다스리는 위대한 지성을 방해하는" 그런 힘, 48/85 한 마디로 인간의 생각과 관련된 힘이다.

코르네유는 사랑을 '난 모르는 그 무엇'이라 불렀다. 우리네 사랑 노래에도 "내 마음 나도 모른다"는 구절이 자주 등장한다. 로미오와 줄리엣의 사랑이 날갯짓이었다면 그 결과는 두 사람의 죽음이었다. 알아채기조차 어려운 그 작은 것이 두 사람의 목숨을 앗아간 것이다. 클레오파트라와 주변 사람들의 경우는 사랑의 감정과 정치적 허영심이 두 날개가 되어 바람을 일으키지 않았을까? 로마의 국민시인 베르길리우스가 《아이네이스》에서 클레오파트라를 빗대 만든 옛 이야기에서도 여왕 디도가 아이네아스를 짝사랑한 나머지 자살로 생을 마감하고 만다. 파스칼은 사랑의 힘이라는 이 통찰력에 근거해 남들이 수백 쪽으로 써 내려간 이집트제국의 역사와 로마제국의 역사를 윤동주 시인의 참회처럼 한 줄로 줄였다. 제국이 무너지고 일어나는 지구 표면face의 그 엄청난 격동이 한 여인의 잘생긴 얼굴face에서 비롯되었다니 멋진 요약이다. 거대한 두 제국의 역사를 클레오파트라 한 사람으로 잘 요약했기 때문일까? 파스칼은 자신의 알찬 인생도 클레오파트라와 똑같은 서른아홉으로 요약하고 말았다. 토리첼리도 서른아홉이었다. 윤동주는 그보다 짧은 스물일곱. 짧지만 굵게 산 이들을 생각하면 이들이 경험하지 못한 사십대 오십대를 산다는 것조차 부끄러울 때가 있다. 생각이 곧 존엄이라 하였으니 생각이 쌓여갈수록 더 존엄해져야 할 것 같은데 생각하는 이 능력은 내가 우주보다 더 낫다는 사실 말고도 너무 많은 것들을 생각하게 만드는 까닭이다.

클레오파트라 당대에 제작된 두 흉상. 둘 다 왕의 머리띠를 착용한 20대 중반의 모습이다. 왼쪽은 이탈리아 로마 근교의 퀸틸리Quintili에서 발견되어 퀸틸리 클레오파트라라 부른다. 바티칸 미술관 비공개 전시실 소장. 얼굴 모양을 유지하고 있는 오른쪽 흉상은 베를린 구 박물관 소장. 오늘날 유행하는 성형수술 역시 작은 차이가 가져오는 큰 변화를 입증한다. 사진: 둘 다 Wikimedia Commons.

광대한 우주와 나

몸과 마음의 공존은 사실 신비감을 자아낼지언정 문제를 제기하지는 않는다. 정작 갈등은 이 관계가 자연과 인간의 관계로 확장되면서 시작된다. "생각하는 갈대"라는 문구도 알고 보면 인간과 자연 사이의 미묘한 관계에서 태어난 표현이다. 사람은 자연 가운데서도 지극히 미미한 갈대지만 마음이 가진 생각의 능력으로 자연을 정복할 수 있다. 나와 우주가 서로 상대보다 더 크면서 동시에 더 작기 때문에 이 관계는 수수께끼가 되었다.

> "생각하는 갈대. 나는 인간 된 나의 존엄성을 공간이 아닌 내 생각의
> 규칙에서 찾아야 한다. 땅을 차지한다고 더 나아지지는 않는다. 우주
> 는 공간으로 나를 에워싸고 점 같은 나를 삼킨다. 하지만 나는 생각으
> 로 우주를 에워싼다." 113/217

자연과 인간은 서로 먹고 먹히는 관계다. 광대한 우주에 비하면 인간의 몸은 먼지의 먼지도 못 된다. 무한과 무의 관계다. 그런데 나보다 덩치가 월등히 큰 우주는 나를 에워싸면서도 자기가 나보다 크다는 걸 모른다. 나는 우주보다 못한 게 참 많지만 못하다는 사실을 아는 것 하나로 단숨에 우주를 능가한다. 내가 우주를 에워싸는 방식이 바로 생각이다. 에워싼다comprendre는 말에는 이해한다는 뜻도 있다. 생각의 힘은 위대하다. 온 우주를 에워쌀 뿐 아니라 무한까지 품을 수 있는 게 생각이다. 무한의 공간에 장악되어 있는 우리가 공간을 조금 더 차지해 본들 무슨 차이가 있을까. 땅 갖고 싸우지 말자. 대신 생각하자. 인간성의 회복도 오직 생각에 달려 있다. 생각을 똑바로 하도록 노력해야 한다. 그것이 우리의 기본적인 도덕 원칙이요 인간 존엄의 근거다. 200/391

그런데 생각을 아무리 가다듬어도 마음이 편치 않다. 생각 하나로 내가 더 낫다 하기에는 우주가 너무나 큰 까닭이다. 파스칼은 갈릴레오와 동시대를 살았다. 파스칼의 생애 전반부가 갈릴레오의 생애 후반부와 겹친다. 갈릴레오가 누군가? 직접 만든 망원경으로 관찰하여 우주가 얼마나 광대한지 처음으로 밝힌 사람 아닌가? 미국의 천문학자 크라우스Lawrence Krauss, 1954-의 표현을 빌면 "우

리를 우주의 중심에서 밀어낸" 사람이다.[62] 갈릴레오가 코페르니쿠스와 손잡고 지구 중심의 전통 가치관을 한창 뒤집어엎던 바로 그 시대에 파스칼은 살았다. 이 지구가 전부였던 사람들에게 지구 너머에, 아니 전체 태양계 너머에 우리보다 훨씬 큰 무언가가 있다는 인식은 막연한 대상에 대한 것이든 아니면 엄청난 공간 때문이든 두려움을 자아내기에 충분했다. 파스칼은 당대 인류의 대표가 되어 그 두려움을 이렇게 표현하고 있다.

"이 무한한 공간의 영원한 침묵이 나를 두렵게 한다." 201/392

인간을 가리켜 "생각하는 갈대"라 한 것도 광대한 우주 앞에 서서 깨달은 진리였다. 그냥 약해서 갈대가 아니라 끝없는 우주의 한 구석에 위치한 우리 인간의 형편을 가리키는 표현이었다. 생각이라는 위대한 능력으로 우주를 한 입에 넣긴 했는데 소화는커녕 목구멍으로 넘어가지도 않는다. 초라하다는 말로도 표현이 안 되는 인간 실존이다. 파스칼이 남긴 생각 모음에는 광대한 우주 가운데서 느끼는 두려움에 대한 고백이 매우 많다. 198/389; 68/116 광대함이 두려웠던 첫째 이유는 침묵이었다. 말이 없는 게 침묵이다. 우주는 아무것도 말해주지 않는다. 우주가 광대하다면 침묵은 영원하다. 시간의 무한과 공간의 무한은 함께 간다. 파스칼은 다시 한 번 자신을 기독교 신앙이 없는 일반인의 자리에 세운다.

"나를 에워싼 우주의 이 무시무시한 공간이 눈에 보인다. 내가 이 광대한 허공의 한 구석에 붙어 있다는 건 알겠는데 내가 왜 다른 곳이 아

---

62 M. Brooks, "Darwin vs Galileo: Who cut us down to size?" in *New Scientist*, Dec 2008.

닌 이곳에 놓이게 되었는지 또 내 생애로 주어진 이 짧은 시간이 내 앞에 지나간 모든 영원과 내 뒤에 올 모든 영원 가운데 왜 다른 순간이 아닌 이 순간에 할당되었는지 나는 모른다. 구석구석 둘러보아도 무한밖에 보이지 않는데 이 무한은 나를 원자처럼 또는 한 순간 있다가 사라지는 그림자처럼 에워싼다. 내가 아는 것이라고는 내가 곧 죽어야 한다는 게 전부다. 하지만 내가 가장 모르는 것이 바로 이 피할 수 없는 죽음이다.″ 427/11

허블 익스트림 딥 필드. 허블 울트라 딥필드Hubble Ultra Deep Field는 지구 궤도를 돌고 있는 허블 우주 망원경이 2003년 약 넉 달 동안 찍은 800장의 사진을 합친 것이다. 130억 광년 거리에 있는 초기 우주의 모습인데 사진에 담긴 1만 개 정도의 개체가 전부 은하다. 허블 익스트림 딥 필드Hubble eXtreme Deep Field는 울트라 딥필드를 정교하게 다듬어 어둠에 가려 있던 132억 광년 거리의 은하까지 보이게 만든 것이다. 저 사진에 있는 조그만 점 하나의 폭이 10만 광년이라는 사실은 사진을 아무리 오래 보아도 와 닿지 않는다. **사진: 미항공우주국 (NASA)의 허블 스페이스 망원경 홈페이지**

사람들이 느끼는 두려움은 단순히 우주의 광대함 때문이 아니었다. 광대함보다 두려운 것은 무의미였다. 파스칼이 본 인간은 "내버려진abandonné" 존재였다. 198/389 실존주의 철학자 하이데거Martin Heidegger, 1889-1976가 인간 실존의 특징으로 규정한 '던져짐Geworfenheit'을 300년이나 앞서 말한 것이다. 그렇게 침묵하는 우주는 우주의 한 구석에 내팽개쳐진 우리에게 "누가 거기 두었는지, 무얼 하러 왔는지, 죽으면 어떻게 될 건지" 말해주지 않는다. 198/389 우린 한 마디로 "맹목"이며, 인간 존재의 맹목성은 곧 우리의 "비참함"이다. 우리를 "공포에 몰아넣고" 또 "절망하게 만들기" 때문이다.

그런 상태에서 사람들이 찾고자 몸부림친 것은 '의미'였다. 존재의 의미, 인간의 조건과 유한성, 이성 너머에 있는 실존의 뜻을 물었다. 이상적인 인간이 아닌 실존하는 실제 인간을 탐구한 것이다. 이 엄청난 공간 가운데서 하나의 원자밖에 되지 않는 내가 갖는 의미는 무엇일까? 무한한 공간은 또 장구한 시간일 터, 나라는 사람이 그 긴 역사의 이 특정한 지점에 태어나 한 순간을 살다 가는 "이유raison"는 도대체 무엇일까? 68/116; 194/385 우주는 자연이니 침묵하는 게 당연하다. 하지만 내가 자연과 하나가 되어 그 침묵을 함께 즐길 수 없는 이유는 죽음이 다가오고 있기 때문이다. 인생이란 무엇인가? 파스칼 자신이 인용한 지혜서 문구처럼 "하루만 머물고 다른 곳으로 떠나는 나그네의 추억과도 같은 것"63 아니겠는가. 68/116 인생은 짧다. 죽음은 자연적 불행이며 인간의 비참함의 근거다. 136/269 하이데거가 인간을 "죽을 존재Sein-zum-Tode"로 규정하기 오래전부터 인간의 삶은 그 삶을 끝장내는 죽음을 안고 살아야 하는 모순된 존재였다. 나를 한 점으로 또 한 순간으로 만드는 것이 바로 이 죽음 아닌가. 그

---

63 지혜서 5:14. 파스칼이 인용한 불가타에서는 5:15이다.

래서 이유와 의미를 향한 절박한 갈구를 하는 것이다. "아침에 도를 들으면 저녁에는 죽어도 좋다"고 공자가 말했는데[64] 오후의 뜨거운 햇볕이 내리쬐는데도 아직 도를 못 들었다. 이제 곧 저녁이 올 것이다. 죽음은 시시각각 다가오고 있는데 답은 아직 없다.

죽음은 나를 혼자로 곧 단독자單獨者로 만든다. 파스칼은 "사람은 혼자 죽을 것이다. 따라서 마치 혼자인 듯 행동해야 한다"고 썼다. [151/327] 죽을 때뿐 아니라 살아 있을 때도 우리는 혼자다. 다만 죽음이 그 단독성을 일깨울 뿐이다. 사람에 대한 연구는 한 사람 곧 나 자신에 대한 연구라고 했다. 우리 각자는 광대한 우주를 홀로 대해야 한다. 파스칼은 "자연 가운데서 인간은 무엇인가?" 하고 물었다. 그 물음은 사실상 "무한 가운데서 인간은 무엇인가?" 하는 질문이었다. [199/390] 광대한 우주를 마주하는 일은 의미를 찾는 일이요, 답을 얻고자 하는 절박한 몸부림이다. 파스칼은 나를 나 되게 하는 것은 몸도 아니고 마음도 아니고 어떤 추상적인 본질도 아니라고 한다. [688/167] 그런 나는 도대체 무엇일까?

우주가 곧 무한을 가리킨다면 인류의 대표 파스칼이 광대한 우주 가운데서 느낀 두려움은 곧 종교적 경험이었다. 독일의 종교학자 루돌프 오토Rudolf Otto, 1869-1937가 누미노제Numinose라 부른 바로 그 경험이다.[65] 장엄한 산이나 광대한 바다 또는 그랜드캐니언이나 나이아가라 폭포 같은 거대한 자연을 접할 때 우

---

64 『논어』 4장 〔里仁篇〕 8. "朝聞道夕死可矣"

65 Rudolf Otto, *Das Heilige – Über das Irrationale in der Idee des Göttlichen und sein Verhältnis zum Rationalen* (1917); 영역 *The Idea of the Holy* (1924) 오토는 윌리엄 제임스의 『종교경험의 다양성』에 감동을 받으면서도 종교에 대한 제임스의 경험주의적 이해를 뛰어넘고자 시도했다. (Britannica.com)

리는 단순히 크다는 느낌을 넘어 어떤 신비로움을 경험한다. 오늘날은 광대한 우주를 사진으로 보며 비슷한 경험을 할 수 있다. 경이로움과 신비로움은 이내 어떤 초월적인 존재 곧 누멘^{Numen}을 향한 인식으로 이어진다. 인간이 종교적 존재임을 확인하는 순간이다. 그게 바로 칼뱅이 말한 종교의 씨다. 신과 통하는 인간 특유의 그 영역을 인식하는 것은 내가 생각하는 갈대임을 제대로 느끼는 순간이다. 생각의 힘으로 우주를 삼켜 소화까지 시켜 보겠다는 의지다. 파스칼에게는 이런 수직적 관계가 수평적 관계의 모든 모순과 문제를 푸는 열쇠가 된다.

파스칼이 묘사한 이 경험을 200년 이후 두 사람의 철학자가 따라해 보았다. 하나는 파스칼을 향해 애증愛憎을 쏟아부었던 철학자 니체였다. 하지만 니체는 광대한 우주, 영겁의 세월 가운데 잠시 있다가 사라지는 인간 존재에서 아무 의미도 발견하지 못했다. 개인뿐 아니라 인류 전체의 존재가 그저 덧없을 뿐이었다. 신은 존재하지 않으므로 인간 스스로 세계에 의미와 질서를 부여하며 사는 수밖에 없다는 것이 니체의 결론이었다.[66] 이에 반해 기독교 철학자 키르케고르^{Søren Kierkegaard, 1813-1855}는 파스칼이 인류의 대표가 되어 시도한 경험을 명실공히 온 인류의 경험으로 확장시켜 현대 실존주의로 이어지는 징검다리가 되었다. 광대한 우주를 마주하는 일은 곧 신 앞에 서는 경험임을 깨달은 키르케고르는 사람을 "신 앞에 선 단독자"로 규정했다.[67] 신 앞에 선 개개인은

---

[66] Friedrich Nietzsche "도덕 외적인 뜻으로 본 참과 거짓" (*Über Wahrheit und Lüge im aussermoralischen Sinne*)" (1873) 첫 단락; John Caputo, *Philosophy and Theology*, 서론에도 언급.

[67] Soren Kierkegaard, "That Individual": Two 'Notes' Concerning My Work as an Author (1859) in *The Point of View for My Work As An Author* (New York: Harper & Row, 1962), 107-138.

자아의 모순으로 갈등을 경험한다. 그리고 그런 몸부림은 둘 가운데 하나로 귀결된다. 믿음 아니면 절망이다. 키르케고르는 파스칼처럼 신앙인이었고 따라서 갈등뿐 아니라 믿음이라는 답도 주었지만 현대의 철학자들은 답은 짐짓 외면한 채 문제 하나만 잘 활용하여 실존주의라는 대단한 철학 체계를 만들었다.

오늘 우리도 광대한 우주를 마주한다. 하지만 우리의 경험도 종교적인가? 파스칼 시대에는 그저 지구가 우주의 중심에서 쫓겨난 정도였다면 오늘날은 우리 태양계 전체가 우리 은하의 변두리로 밀려났다. 게다가 우리 은하도 이제는 수천억 개의 은하 가운데 하나일 뿐이다. 최근 들어서는 다중우주론이라는 게 등장하여 이 광대한 우주 바깥에 무언가 또 있을 가능성마저 제기되는 실정이다. 경험의 폭도 넓어졌지만 경험하는 방법도 다양해졌다. 파스칼처럼 맨눈으로 하늘을 바라볼 수도 있고 갈릴레오처럼 망원경을 이용할 수도 있다. 그리고 옛 사람들은 몰랐던 새로운 방법으로 화면에 떠 있는 고해상도의 허블 익스트림 딥 필드 속으로 빠져들어 가볼 수도 있다. 경험의 폭이 넓고 깊어졌음을 고려할 때 오늘 우리는 파스칼보다 더한 두려움에 떨어야 할 것 같은데 우리의 광대함이 우리가 느낄 수 있는 한계를 넘어섰기 때문인지 모두들 관심을 끊고 평안하게 살아간다.

파스칼은 하나님의 존재를 믿었다. 그리스도를 통한 구원도 확신했다. 그런데도 왜 두려움을 그렇게 자주 언급하고 있을까? 자신을 아직 신앙이 없는 인류의 대표로 여기고 그런 표현을 썼을 것이다. 황금률 실천의 현장이다. 그와 동시에 그런 표현들은 파스칼 자신의 실제 고백이기도 했다. 파스칼이 가진 신앙이 그런 몸부림을 요구하는 것이었다. 파스칼의 신앙적 확신에는 언제나 그 반대인 의심이 혼합되어 있었다. 확신이 부실했다는 뜻이 아니라 생각하는 인간인 이상 백 퍼센트 완벽한 확신은 현실이 아니라 목표일 수밖에 없기 때문이다. 갈대는 생각하면서 흔들린다. 파스칼은 구원의 희망을 가진 사람이 구원을 모르는 사람보다 지옥을 두려워할 이유가 더 많다고 썼다. "지옥의 두려움"은 "구원의 행복"과 함께 있는 것이다. [748/349] 숨어 계시는 하나님을 알기에 느끼는 두려움이지만 [921/724] 신앙에서 오는 것이기에 좋은 두려움이다. [908/351] 든든히 섰음에도 혹 넘어질까 조심하는 그런 두려움이 철저한 경건의 훈련으로 이어진 것 아니겠는가. 파스칼과 우리는 광대한 우주에서도 혼자고 심판자 하나님 앞에도 단독자로 서야 한다. 의심해서가 아니라 생각하는 인간으로서 또 거룩함에 나아가고자 몸부림쳐야 할 사람으로서 당연한 모습이다. 그렇기에 파스칼은 뜨거운 감격과 확신이 있던 불의 밤에도 "나의 하나님 나를 버리시렵니까?"하고 물었다. 그리고 그리스도와 연합하리라는 소망 가운데 "평안하게 죽음을 기다리며" 살았으면서도 [793/466] 죽는 순간에는 신앙과 두려움이 뒤섞인 간구를 하나님께 드렸다.

"Que Dieu ne m'abandonne jamais!"
"하나님 제발 저를 버리지 마소서!"[68]

수수께끼가 된 이유

몸과 마음을 공유한 모순덩어리, 광대한 우주에서 먼지 하나에 불과하면서도 순식간에 생각의 능력으로 그 우주를 삼킬 수 있는 수수께끼 같은 존재가 인간이다. 그 인간은 거대한 우주와 장구한 시간 가운데 여기 이곳에 던져진 의미가 무엇인지 탐구하는 가운데 종교적 차원을 경험한다. 그렇게 하여

---

[68] Gilberte Périer, *La Vie de Pascal* #88 (Paris: Vermillon, 1994), 73. 시편 38:21a 다윗의 간구 "여호와여 나를 버리지 마소서!"를 생각나게 한다.

"생각하는 갈대"는 정신과 육체의 신비로운 결합이나 광대한 우주 앞에서 느끼는 자신을 넘어 신학적 함의를 가진 수수께끼로 발전한다. 인간이란 무엇인가? 존엄하면서도 저급하여 "위대함"과 "비참함"을 함께 가진 존재다. 119/243; 149/309 파스칼이 말한 "생각하는 갈대"는 기독교가 말하는 인간의 영광과 치욕을 동시에 담은 표현이다.

기독교가 말하는 인간의 위대함은 하나님의 형상이라는 점이다. 불의 밤에 깨달은 "인간 영혼의 위대함"이다. 치욕은 그것을 잃어버린 것이다. 물론 그 영광을 잃어버리기 전에도 인간은 기본적인 한계가 있었다. 사람은 신이 아니라 그 신이 만드신 피조물이다. 인간은 피조물이기에 몸이 무엇인지, 마음이 무엇인지 모르고 이 둘이 어떻게 연합되는지도 모른다. 199/390 또 사물의 원리도 목적도 모르고 그저 주변 겉모습 정도밖에 보지 못한다. 199/390 게다가 광대한 우주 가운데 내가 왜 존재하는지도 모른다. 창조주가 아닌 까닭이다. 그렇지만 그런 한계 속에도 인간은 위대한 존재였다. 모른다는 사실 그 자체가 그대로 치욕이 되는 것은 아니다.

인간이 치욕을 가진 이유는 처음의 영광을 잃어버렸기 때문이다. 엄밀하게 따지면 인간은 지금 영광은 없이 그저 치욕 하나만이 남았다. 인간은 단순히 던져진 존재가 아니라 신으로부터 버림받은 존재다. 인간의 실제 삶이 그 비참한 현실을 보여주고 있다. 파스칼은 기독교 변증서를 통해 "신 없는 인간의 비참함"과 "신과 함께하는 삶의 행복"을 전하고자 했다. 6/29 신이 없으면 왜 비참한가? 그 답은 인간의 죄와 타락이다. 이 문제와 해답은 인간을 분석해서는 얻을 수 없다. 파스칼은 여기서 인간에 대한 성경의 가르침을 그대로 수용한다. 그런 다음 그것을 인간성과 역사를 통해 확인한다. "만물의 심판자요 무력한 지렁이, 진리의 저장고요 불확실과 오류의 시궁창, 우주의 영광이요 쓰레기!" 극과 극의 공존이다. [131/246] 사실 인간 존재가 수수께끼가 된 이유도 인간의 이러한 상태 때문이다. 하나님의 형상이라는 영광과 죄를 지어 그것을 잃어버린 비참함의 공존이다. 그래서 생각이 인간 존엄성의 근거지만 그 생각의 내용은 허영 같은 초라한 것이다. 개인은 변덕으로 가득하고 사회는 불의로 충만하다. [53/101-76/124]

<아담> 귀스타브 로댕 Gustave Rodin, 1840-1917. 1880-1. 미국 필라델피아 로댕 미술관 소장. 고개를 왼쪽으로 기울이고 왼팔을 내리 뻗었으며 온몸의 힘을 왼발 하나에 싣고 있다. 거기에다 몸까지 뒤틀어 최대한 부정적 분위기를 연출함으로써 인간 실존이 안고 있는 한계와 모순을 드러내고 있다. 이 조각상은 나중에 로댕의 역작 <지옥의 문> 꼭대기에 세 그림자라는 이름으로 올라가게 된다.
사진: 로댕 미술관.

파스칼의 인간 이해의 밑바탕은 원죄 교리다. 원죄는 인간 존재를 수수께끼로 만드는 주 원인이면서 인간이라는 수수께끼를 풀어내는 실마리이기도 한 신비로운 원리다. 파스칼이 원죄를 믿는 것은 얀센파라서가 아니라 그리스도인이기 때문이다. 기독교가 인간에 대해 가르치는 가장 핵심적인 교리가 바로 이 원죄다. 성경에 명료하게 나와 있는 그 진리를 교회 지도자들도 이어 가르쳤고 예수회가 잠시 일으킨 흙탕물을 얀센과 뒤베르지에가 다시금 맑게 만들려 했을 뿐이다. 한 사람 아담 때문에 죄가 세상에 들어왔고 아담 이후의 모든 사람이 그 죄 아래 놓였다고 성경은 가르친다. 그 가르침을 아우구스티누스가 원죄라는 교리로 다듬었고 교회는 대대로 그 교리를 수용해 왔다. 이성을 가진 합리적인 인간으로서 정말 수용하기 어려운 이 교리를 파스칼이 확신을 갖고 받아들이는 까닭은 그 교리가 아니고서는 인간이라는 모순덩어리를 도저히 이해할 수가 없기 때문이다. 아니, 원죄 교리만큼 사람을 가장 분명하고 정확하게 설명하는 게 다시없다고 파스칼은 믿는다.

> "첫 사람의 죄가 사람들 특히 그 죄로부터 너무나 멀리 떨어져 있어
> 그 죄에 동참하는 것이 불가능해 보이는 그런 사람들을 죄인으로 만든
> 다고 말한다면 의심할 여지도 없이 그것보다 더 우리 이성을 손상시키
> 는 것은 다시 없을 것이다. 우리가 볼 때 그런 전승은 불가능할 뿐 아
> 니라 심히 부당하기도 하다. 아직 의지가 생기지도 않은 갓난아기를
> 자기가 태어나기 육천 년 전에 저질러진 죄, 그래서 자기와 아무 관련
> 도 없어 보이는 어떤 죄 때문에 영원한 저주에 던지는 것만큼 우리의
> 초라한 정의 규정에 어긋나는 게 또 있겠는가? 이 교리보다 더 세게
> 우리를 때리는 것은 정말 다시 없을 것이다. 그러나 그럼에도 불구하
> 고 가장 풀기 어려운 이 신비가 없으면 우리가 우리 스스로에게 풀기
> 어려운 존재가 되어버린다. 우리의 조건이라는 매듭은 이 심연 속으로
> 깊이 휘감겨 들어가 있다. 따라서 이 신비도 인간이 이해하기 어렵지
> 만 그것보다 이 신비 없이 인간을 이해하기가 더 어려울 것이다."[131/246]

원죄 교리는 인간의 합리성에 비추어 볼 때 정말 문제가 많다. 가능하지도 않거니와 얼마나 부당한지 인간의 불완전한 정의 개념으로도 확인이 된다. 기독교가 사람들이 보기에 "어리석음"이라면 그 핵심이 바로 이 원죄다. [695/323]

그렇지만 파스칼은 인간 존재 자체가 원죄 교리보다 더 큰 수수께끼라고 주장하면서 그 이유는 원죄가 인간 본성을 뒤틀어 놓았기 때문이라고 분석한다. "인간의 모든 상태는 감지할 수 없는 이 요소에 달려 있다." [695/323] 타락을 모르면 독단론자들처럼 과거만 생각하고 스스로를 높이는 오만의 죄에 빠지거나 회의론자들처럼 현재만 보고 스스로를 비관하는 나태의 죄에 빠지게 된다. [208/402] 대부분의 인간성이나 문화를 이 부패한 인간의 본능으로 설명할 수 있다. 분노하는 나, 너와 나의 다툼에 정치 체제, 경제 제도도 마찬가지다. 원죄 교리가 아니고서는 인간 존재의 수수께끼를 풀어낼 방법이 없다. 기독교 신앙이 잘못된 것이 아니라 그걸 이해하지 못하는 이성이 오히려 문제라는 것이다.

원죄는 인류의 상태를 가장 정확하게 묘사한다. 그 상태는 불행과 행복이 뒤섞인 두 겹의 조건이다. 인간의 타락이 불행이라면 그렇게 떨어지기 전의 상태가 행복이다.

"만약 인간이 부패하게 되지 않았다면 순수함 가운데 진리와 지복을 확실하게 누리고 있을 것이다. 그리고 만약 인간이 부패하지 않았던 적이 없었다면 진리나 지복 같은 개념을 아예 갖지 못했을 것이다. 하지만 불행한 우리, 우리의 조건 안에 위대함이 없었을 경우보다 더 불행한 우리는 행복이라는 개념은 있지만 행복에 이를 능력은 없다........ 전혀 모르는 것도 또 확실하게 아는 것도 불가능한 형편이므로 분명한 것은 우리가 완벽한 상태에 있었지만 불행하게도 그 상태에서 떨어졌다는 것이다." [131/246]

타락이 없었다면 인간은 오늘도 에덴에서 행복하게 살고 있을 것이다. 반대로 인간이 애초부터 부패한 존재였다면 진리나 지복 같은 개념도 몰랐을 것이다. 그런데 개념은 있고 실체는 멀다. 인간이 순수 상태에서 지금의 상태로 타락했다는 확실한 증거다. 파스칼이 말하는 행복과 불행 이 두 겹 조건을 하나로 줄이면 죄다. 타락이다. 시인 엘리어트는 《황무지 The Waste Land》에서 이것을 "추억과 욕망을 뒤섞어"라는 문구로 표현했다.[69] 먼 옛날의 추억은 있다. 생명의 추억이다. 그래서 다시 돌아가고 싶지만 안 된다. 이미 떨어졌기 때문이다. 그래서 라일락이 피는 4월은 가장 잔인한 달이 되고 말았다. 초서 Geoffrey Chaucer, 1340-1400가 처음 《캔터베리 이야기 The Canterbury Tales》에서 노래한 4월은 꽃을 피워내는 '달콤한 비'[70]의 계절이었는데 엘리어트는 그걸 뒤집어 '잔인한 달'로 만들었다. 라일락이 꽃을 피워 생명의 존재를 일깨우지만 그 생명으로 나아갈 능력은 없기 때문이다. 파스칼도 "바라지만 할 수 없는 것은 불행하다"고 썼다. 75/123

결국 파스칼이 보는 인간의 위대함은 인간의 비참함과 통한다. 위대함이 비참함으로 결론 나고 비참함이 위대함으로 결론을 맺는다. 122/237 무엇이 위대함인가? 파스칼은 인간이 생각할 줄 알기에 위대하다 했다. 생각은 그럼 왜 위대한가? 파스칼은 이렇게 설명한다.

---

69 『황무지』 1-4행. "April is the cruellest month, breeding/ Lilacs out of the dead land, mixing/ Memory and desire, stirring/ Dull roots with spring rain."

70 『캔터베리 이야기』 서시. 1-2행. "When in April the sweet showers fall/ That pierce March's drought to the root and all."

"인간의 위대함은 자신이 비참하다는 것을 안다는 점에서 위대하다. 나무는 자신이 비참한지를 모른다. 따라서 자신의 비참함을 아는 것은 비참한 일이지만 자신이 비참하다는 것을 아는 것은 참으로 위대한 일이다."[114/218]

파스칼은 인간의 비참함을 거듭 말하면서 그 비참함을 알기에 인간은 "참으로 위대하다"고 결론짓는다. [122/237] 비참함을 아는 것이 왜 위대함인가? 우선 이 비참함은 현재의 맹목적인 삶을 반영한다. 사람들은 광대한 우주 가운데 두려움에 사로잡힌 채 갈 바를 모르고 살아간다. [198/389] 동물처럼 추해진 모습 역시 인간의 비참한 현실이다. [117/221] 그러나 비참함의 진짜 이유는 현재 아닌 과거에 있다. 인간의 비참함이 곧 지난날의 놀라운 영광을 잃어버린 결과이기 때문이다. 결국 생각하는 인간의 위대함은 의식이나 지각을 가졌기 때문이 아니라 자신의 참 영광 곧 찬란했던 과거를 인식할 수 있다는 뜻이다. 인간은 "비참하고 타락했으며 하나님에게서 분리되었다." [431/14] 나무나 우주가 인간보다 못한 것은 지각능력이 없어서가 아니라 인간처럼 영광스러운 과거가 없기 때문이다. 그 점에서는 인간과 비슷한 감각을 가진 동물도 자연의 일부일 따름이다. 오직 인간만이 비참할 수 있다. [437/129]

인간의 비참함이 인간의 위대함인 이유는 결국 지난날을 생각게 하기 때문이다. 지금의 모습이 비참하다는 것을 모르고서는 인간의 위대함을 제대로 알 수 없고 그 위대함을 회복할 수도 없다. 돼지는 처음부터 돼지였으니 비참하지 않다. 하지만 사람이었다가 돼지가 되었다면 불쌍하다는 말로도 표현이 안 된다. 파스칼은 인간의 비참함을 "폐위된 왕의 비참함"에 비긴다. [116/220-117/221] 서로마제국의 마지막 황제 로물루스 아우구스투스는 십대 때부터 죽는 날까지 수십 년을 경치 좋은 나폴리 바닷가 성에서 편안하게 살았지만 그 삶은 오도아케르에 의해 폐위를 당한 황제의 비참한 은퇴 생활일 뿐이었다. 단테가 지옥에서 만난 프란체스카는 지옥의 고통도 괴롭지만 지난날의 행복했던 기억 때문에 더 비참하다고 고백했다.[71] 정치인이나 유명인사들은 몰락한 뒤에도 여전히 많은 재물과 권세를 누리지만 돈도 권력도 없는 사람들은 자기들보다 형편이 훨씬 나은 그들을 위해 눈물짓는다. 지난날의 영광이 오늘의 인간을 비참하게 만든다.[449/17] 따라서 "이 모든 비참함 자체가 위대함을 입증한다."[116/220]

비참함이 곧 위대함이라면 역설이다. 모순되는 두 가지의 공존은 변증법 같기도 하다. 비참함 속에 참 위대함이 있다 하니 더 그렇다. 마르크스도 자본주의의 문제가 극에 달하면 그 자본주의를 극복하는 힘이 자본주의 속에서 나온다 하지 않았던가. 파스칼도 미치지 않은 것도 또 하나의 광기라 하여 푸코의 포스트모던 상대주의를 말하는 것 같기도 하다.[412/127] 그러나 여기 마르크스나 푸코가 비집고 들어올 틈은 없다. 파스칼이 말하는 역설은 오직 신과의 관계 속에서만 이해할 수 있는 역설이기 때문이다. 비참함이 위대함인 이유는 오직 하나 하나님의 은혜 때문이다. 인간의 비참함 때문에 비참해지신 그리스도 때문이다. 하나님의 구원은 영원한 것이지만 그 구원이 우리에게 올 때는 시간 안에서 온다. 그렇기에 조직신학에서는 구원의 과정ordo salutis이라는 것을 다룬다. 하나님의 구원에는 여러 단계가 있어 시간에 따라 순서대로 온다. 하나님이 구원의 은혜를 주시면 가장 먼저 자신의 비참한 상태 곧 그 은혜를 필요로 하는 상태를 먼저 깨닫는다. 그게 바로 영이 가난한 상태 곧 영적 파산이다. 그런 사람에게 천국의 복이 주어지는 까닭에 자신의 비참함을 아는 것은 영광

---

71 『신곡』 지옥 5곡, 121-3.

이다. 회복된 영광, 은혜로 되찾은 처음의 그 영광이다. 따라서 비참함을 모르는 인간은 절대 위대할 수 없다.

마음에 있는 진공

옛 영광을 잃어버린 비참함. 이것을 보여주는 증거가 사람에게 있다. 바로 진공이다. 사람의 영혼에 있는 빈자리다. 인간이 왜 모순인지, 왜 수수께끼로 가득한지, 왜 비참함이 곧 영광인지, 이 빈자리가 정확하게 설명해 준다. 파스칼이 지난날 했던 진공 연구가 말년에 새로운 뜻을 갖고 다시 등장한다. 자연에 있는 진공을 명백하게 증명한 파스칼이 이제 사람 마음에도 그런 빈자리가 있다고 주장한다. "사람의 마음은 얼마나 공허하고 쓰레기로 가득한가!" [139/272] 그런데 이걸 증명할 수 있을까? 자연의 진공을 입증하는 데도 많은 시간과 노력이 필요했다. 보이지 않아 그렇기도 하지만 진공 자체의 존재 방식이 '있음' 아닌 '없음'이기 때문이다. 마음에 있는 빈자리는 그럼 어떻게 증명할 수 있을까? 마음의 존재 방식조차 신비에 싸여 있는데 거기 있지도 않은 그것의 존재를 어떻게 설명한단 말인가?

파스칼은 데카르트를 불러들인다. 전에 물리적 진공의 존재를 끈질기게 거부했던 데카르트가 마지막 《팡세》에서는 영적 진공마저 거부하는 사람으로 다시 나타난다. 홉스가 진공의 뜻을 정치적으로 확대 해석했다면 데카르트의 진공 혐오는 결국 영적 진공에 대한 혐오를 내포하고 있음을 파스칼이 간파한 것이다. 이성적 믿음을 추구한 데카르트는 백 퍼센트 확신하는 완벽한 단계가 가능하다고 믿었다. 의심을 이용해 얻어낸 가장 확실한 결론은 라틴어로 "코기토 에르고 숨cogito ergo sum" 즉 "나는 생각한다. 고로 나는 존재한다"는 진리였다. 그 든든한 토대 위에 데카르트는 완벽한 체계를 수립하려고 시도했다. 파스칼은 강력하게 비판한다. 데카르트의 그런 시도를 "쓸모없고 불확실하고 힘들기만 한" 일로 결론짓는다. [84/174] 이유는 명확하다. 그런 시도는 곧 사람 마음에 있는 그 진공을 거부하는 일이기 때문이다. [887/297]

> "난 데카르트를 용서할 수 없다. 하나님 없이 해볼 수 있으리라는 꿈을 철학의 전 영역에서 두루 꾸고 있다. 하지만 세계가 움직임을 시작하도록 하나님이 손가락을 까딱하시게 하지 않을 도리는 없었구나. 그런 다음 하나님은 더 이상 필요 없게 되었다."[72]

파스칼의 머리가 비었다 한 데카르트의 말이 진짜인지 알 수 없듯 데카르트를 용서할 수 없다 한 파스칼의 말도 사실인지 확인은 못 한다. 파스칼이 직접 쓴 게 아니라 누나 질베르트의 딸, 그러니까 눈병이 나았다던 마거리트가 훗날 외삼촌의 말이라며 전해준 것이《팡세》에 실렸을 따름이다. 데카르트가 철학에서 하나님을 배제하고자 한 것은 분명하고 파스칼은 그런 사람들을 비판했다. 그러니 "용서 못한다"는 과격한 표현만 빼면 파스칼이 충분히 했을 법한 말이다. 데카르트는 물리적인 진공을 두고 파스칼을 반대하였지만 파스칼은 영적 진공 때문에 데카르트와 맞선다. 사람의 마음에는 빈자리가 분명 있다. 하나님과 관련된 자리다. 그런데 하나님을 완전히 배제한 철학이 어떻게 가능하단 말인가? 내 마음의 진공을 인정할 때 하나님의 존재도 인정하게 된다. 진공이 없다 한다면? 하나님 없이 모든 게 가능할 것이다. 물론 이론상으로도 하나님을 완전히 배제하는 것은 불가능하다. 그래서 데카르트도 우주의 시작을 설명하기 위해서는 하나님이 잠깐 필요했다. 아리스토텔레스가

---

72 불어 원문이나 영문판에는 있지만 민음사 및 을유문화사 번역에는 나오지 않음.

<파괴된 도시> 오시프 자드킨Ossip Zadkine, 1890-1967의 1951년 작품. 나치 독일의 공습으로 파괴된 문화도시 로테르담을 기념하는 조각작품. 몸 한가운데가 뻥 뚫린 한 남자가 손을 위로 쳐든 채 온몸으로 두려움을 나타내고 있다. 파괴된 로테르담 심장부에 새로운 뜻을 부여한 이 작품은 뚫린 구멍을 통해 하늘이나 태양을 바라볼 수 있어 여러 가지 해석이 가능하다.

사진: Wikipédia.

말한 최초의 운동자 차원이다. 그러나 우주가 움직임을 일단 시작한 다음에는 하나님 없이 완벽한 철학 체계를 구축해 보려고 했다. 파스칼은 그런 시도가 성공할 수 없다 주장한다. 사람 마음에는 분명 진공이 있기 때문이다.

물리적 진공 개념이 영적 개념 즉 인간의 조건으로 자리 잡게 된 계기는 1654년에 있었던 불의 밤 경험이었을 것이다. 그때 파스칼은 고백했다. "난 그분을 떠났었다. 그들은 생수의 근원인 나를 버렸다." 파스칼이 인용한 구절은 예레미야 2:13이었다. 하나님이 이스라엘 백성을 하나님의 백성으로 택하셨는데 이스라엘은 하나님을 배반했다. 하나님은 그들의 잘못을 이렇게 꾸중하신다.

"내 백성이 두 가지 악을 행했다. 생명의 물의 샘인 나를 버렸고 물을 가두지 못하는 터진 웅덩이를 팠다."

하나님은 생명의 물을 주시는 샘인데 그 하나님을 버렸으니 마음에 메마른 빈자리가 생겼다. 그런데 그 샘 대신 웅덩이를 팠다. 하나님 아닌 다른 것을 추구한 것이다. 그런데 그 웅덩이는 터진 웅덩이다. 하나님이 주신 그 물마저 못 가둔다. 생명이신 하나님을 떠났을 뿐 아니라 그 자리를 다른 것으로 채워보려고 헛수고까지 하는 어리석은 인생의 모습이다. 마음의 빈자리는 파스칼이나 이스라엘 백성만의 문제가 아니라 온 인류의 공통된 문제다. 하나님을 떠난 사람의 마음에 빈자리가 생겼다. 그 빈자리는 인간으로 하여금 자존심이나 명예 같은 헛된 것을 추구하게 만들고 인간 존재의 근본 의미를 찾지 못해 방황하게도 만들었다. 살며 경험하는 온갖 문제와 모순이 결국 이 텅 빈 공간의 존재를 입증하는 것이다.

사람 마음에 텅 빈 공간이 있다. 파스칼이 《팡세》라는 두꺼운 책에서 하고자 하는 말은 사실 이것 하나다. 우리 마음에 있는 이 진공을 인정해야 한다. 이 진공이 인간의 위대함과 비참함을 설명해 준다. 인간의 몸과 마음이 데카르트의 주장처럼 정말로 송과선에서 만나는지 그건 잘 모르지만 위대함과 비참함은 분명 이 빈자리에서 만난다고 파스칼은 역설한다. 파스칼은 불의 밤에 고백했던 그 구절을 《팡세》에서 좀 길게 풀어 쓰고 있다.

"…. 그러니 이 열망과 이 무기력함이 우리에게 분명히 말해주는 것은 사람 속에 한때 참 행복이 있었는데 지금은 그저 텅 빈 표시와 흔적만 남아 있다는 것과 또 사람은 주위에 있는 모든 것으로 이 빈자리를 채우려고 헛수고를 하는데 곧 있는 것들로부터 얻지 못하는 도움을 있지도 않은 것들에게서 찾으려 한다는 것이다. 그렇지만 그것들은 전혀 도움이 안 된다. 왜냐하면 이 무한한 심연은 어떤 무한하고 불변하는 있다가 없어진 행복의 빈자리가 우리 속에 있어 사람들은 그걸 채워보려고 갖은 애를 쓴다. 잃어버린 영광이다. 찬란했던 만큼 더욱 아픈 인간의 타락이다. 이미 떠난 그분을 다시 찾지 못한 가운데 사람들은 주변에 있는 것들, 그러니까 재물이나 권력이나 쾌락 등 나의 존재감을 확인시켜줄 것들을 많이 모으고 누림으로써 채워보려 한다. 파스칼은 살롱에 출입하면서 공보나 미통 같은 이들에게서 그런 모습을 제대로 보았다. 제대로 된 삶을 외면하고 엉뚱한 삶을 산다고 꾸짖은 하이데거의 음성을 삼백 년 앞서 듣는 것 같다. 있는 것들은 아무리 채워도 만족이 없으니 있지도 않은 것에서 도움을 찾으려 한다. 가진 것으로 만족이 없기 때문에 지금 가지지 못한 그것을 얻으면 만족이 될까 기대하지만 그게 그렇게 되지 않는다는 걸 이미 수도 없이 경험해 놓고서도 깨닫지 못한다. 이런 시도가 헛수고로 끝나는 이유는 간단하다. 빈자리는 무한인데 우리가 거기 쏟아붓는 것들은 전부 유한한 것들이기 때문이다.

진공이 바라는 것

파스칼이 말한 마음의 진공이 이런 것이라면 교부 아우구스티누스의 고백과 다시금 통한다. 아우구스티누스는 《고백록》 첫 부분에서 이렇게 고백한다.

> "우리 마음은 하나님 그대 안에서 쉬기 전에는
> 평화를 얻을 수 없나이다!"[73]

---

73 『고백록』 I, 1.

왜 그런가? 하나님이 우리 마음을 당신을 위해 만드셨기 때문이다. 하나님이 사람을 당신과 닮게 만드셨다. 하나님과 사귀자고 우리를 만드셨기 때문에 우리 마음에는 하나님과 통하는 어떤 자리가 있다. 사람이 하나님께 등을 돌렸을 때 그 자리는 빈자리가 되었다. 텅 비었다고 아무것도 없는 게 아니다. 뜯겨 나간 상처와 아픔이 있다. 인간의 범죄와 타락이 빚은 고통의 빈자리다. 그래서 사람들은 그 빈자리를 채우고 그 공허함이 주는 아픔을 달래 보려고 온갖 방법으로 애를 쓴다.

진공의 존재가 실험으로 증명되던 무렵 진공의 불가능성을 주장하면서 창조의 완전함에 호소한 사람이 많았다. 아퀴나스의 창조 교리를 거듭 인용했고 라이프니츠 같은 철학자도 하나님의 선한 창조를 강조했다. 그 사람들은 창조의 완전함만 알았을 뿐 인간의 죄가 그 창조를 얼마나 더럽혔는지는 제대로 고려하지 못했다. 인간의 죄와 타락을 알 리 없는 아리스토텔레스의 이론을 옹호하려다가 성경이 가르치는 실로 중요한 한 대목을 빼먹은 셈이다. 물질적인 진공과 영적 진공은 처음부터 그렇게 통했다. 물론 아우구스티누스도 옛 사람이라 물리적 진공의 가능성은 부인했다. 젊었을 때는 하나님이 온 우주에 물질처럼 연장되어 있는 분으로 생각했기 때문에 하나님이 계시지 않는 공간을 생각할 수 없었을 것이다.[74] 나중에는 생각의 힘을 깨닫고 하나님이 물질을 초월해 계시다는 걸 이해하게 되었지만 그것을 물리적 진공의 가능성과 연결시키지는 않았다. 하지만 영적 진공의 존재에 대해서는 처음부터 분명히 알고 있었고 올바른 처방까지 정확하게 제시했다.

---

[74] 『고백록』 VII, 1.

칼뱅은 이 빈자리를 가리켜 '신성 감각' 또는 '종교의 씨'라 불렀다.[75] 하나님의 형상으로 창조되었지만 하나님을 배반하고 떠난 인간의 마음 깊은 곳에 남은 하나님의 흔적이다. 이 흔적이 있기에 사람들은 하나님을 찾으려 애쓴다. 하지만 죄 때문에 마음의 눈이 어두워져 하나님을 볼 수 없고 어둠 속을 더듬는다 (사도행전 17:27).[781/49] 그래서 생겨난 것이 신화요 종교요 각종 사상이며 온갖 우상이다. 다만 그런 잘못된 결과에도 불구하고 찾고자 하는 마음 자체는 귀한 것이라 볼 수 있다. 의도는 일단 좋았으니 그런 좋은 마음은 복음을 전하는 접촉점으로 활용할 수 있다. 이런 접촉점이 없다면 전도 자체가 불가능할 것이다. 이 빈자리를 채우겠다는 것이 기독교 복음 아닌가. 복음은 사람들이 느끼기는 하되 정확히는 모르는 이 빈자리의 존재를 일깨우고 그것을 채우는 올바른 방법까지 가르쳐 준다.

<우물가의 여인>. 카를 블로흐Carl Heinrich Bloch, 1834-1890. 1879년. 덴마크 코펜하겐 프레데릭스보르 궁Frederiksborg Slot 예배실 부속 기도실의 '그리스도의 생애' 23 작품 가운데 하나. 블로흐의 그림은 모르몬교가 자기네들 것인 양 애용하고 있지만 모르몬교와 아무 상관이 없다. 블로흐의 친구였던 동화작가 안데르센은 블로흐의 그림을 "영원에 이르는 야곱의 사닥다리"라 격찬했다. 사진: Wikipedia.

사람 마음에는 빈자리가 늘 있다. 그래서 사람들은 그 자리를 채우고 싶어 한다. 생명의 물을 바라는 마음이다. 누구나 그런 마음을 갖고 있다는 것을 성경에 나오는 한 인물에게서 확인한다.

---

75 신성감각(sensus divinitatis) 『기독교 강요』 1,3,1; 1,3,3; 1,4,4; 2,5,19; 종교의 씨 (semen religionis) 『기독교 강요』 1,3,1; 1,4,1; 1,5,1 등.

사마리아의 한 우물가에서 그리스도와 대화를 나눈 여인이다. 다섯 남자에게 버림받은 뒤 지금은 남편도 아닌 사람과 살고 있던 복잡한 이력의 여인이었다. 물을 좀 달라는 그리스도의 요청으로 시작된 대화가 물질적인 물에서 영혼을 살리는 살아 있는 물로 이어지면서 급기야 그리스도께서 이 여인의 은밀한 사생활까지 알고 계심이 드러났다. 순간 여인은 그리스도가 예언자일 것이라 생각하였고 여인의 입에서는 하나님을 예배하는 일에 관한 질문이 곧바로 튀어나왔다. "메시아 곧 그리스도라 하는 이가 오실 터인데 그분이 오시면 우리에게 다 알려주실 것입니다." 이게 무슨 말인가? 남에게 별로 내놓을 것 없이 조용히 살기 원한 여인이었지만 그 여인도 마음 깊은 곳에서는 내 모든 문제를 해결해 주실 분을 기다리고 있었다. 처음에는 그저 자신의 서글픈 인생, 지금의 어중간한 생활, 삶의 고단함 등을 해결하고 싶었겠지만 이어지는 대화를 통해 결국은 내 마음 깊은 곳에 어떤 빈자리, 곧 하나님이 약속하신 메시아가 채우실 자리가 있음을 드러낸 것이다.

스코틀랜드의 작가 브루스 마셜[Bruce Marshall]의 소설에 보면[76] 스미스 신부가 무신론자 소설가와 대화하는 장면이 나온다. 교회는 여자를 못 만나는 사람들이나 가는 곳 아니냐 하고 소설가가 빈정대자 신부는 그게 아니라 하나님을 못 만났기 때문에 성매매 같은 말초적인 쾌락을 추구하게 된다고 대답하면서 "창녀의 방문을 두드리는 청년은 사실 하나님을 찾고 있는 것"이라고 설명해 준다. 하나님은 창녀촌에도 물론 계시겠지만 그 하나님을 만나러 창녀를 찾아간다는 말은 아니다. 육체적 쾌락을 추구하는 그 사람 마음에는 그런 쾌락보다는 참된 사랑을 찾는 본성이 있고 그 본성을 더 파고 들어가 보면 결국은 영원

---

76 Bruce Marshall, *The World, the Flesh and Father Smith* (1945).

한 사랑을 갈구하는 마음 곧 무한하신 하나님만이 채울 수 있는 빈자리가 있다는 뜻이다. 그 자리에 하나님을 모실 때까지 사람은 철학자들이 말하는 실존적인 두려움을 느끼면서 그 자리를 다른 것들로 채워보려 애를 쓰게 된다. 파스칼이 지적했다.

> *"인간 삶의 비참함이 이 모든 것의 기초가 되었다. 이것을 보았기 때문에 사람들은 오락을 택했다."* 10/33

사람들은 몸의 쾌락이든 정신의 만족이든 얻어 보려 갖은 노력을 기울인다. 빈자리를 채워 보려는 몸부림이다. 파스칼은 인간이 이룩한 온갖 문화와 발전의 근저에 바로 이 비참함을 극복해 보려는 본능이 있음을 지적한다. 사람들은 무언가 이루어 보려고 애를 쓰거나 값비싼 명품을 가져 보려고 시도하거나 아니면 스포츠나 게임 등에 몰두에 잊어보려 한다. 파스칼의 말대로 인간의 성취라는 게 다 그런 비참함의 결과 곧 그것을 극복해 보려는 몸부림의 결과일지 모른다. 사업성공, 가정문제, 자식교육, 성취감 및 쾌락 등등. 하지만 하이데거가 지적한 것처럼 그런 일에 집중하는 것은 문제를 해결하는 게 아니라 문제를 외면하고 도망가는 일이다.

마그데부르크 반구라는 게 있다. 현대식 진공 공기펌프를 발명한 독일 마그데부르크시의 시장 오토 폰 게리케Otto von Guericke, 1602-1686가 만든 반구로서 두 반구를 맞붙인 다음 공기를 빼 내부를 진공으로 만들면 말 두 마리가 양쪽에서 반구를 잡아끌어도 떨어지지 않을 정도로 강한 압력이 생긴다는 것을 증명한 실험도구다. 폰 게리케는 토리첼리의 실험에 대해 전해 듣고 1654년에 첫 실험을 했는데 이 도구가 입증하는 것은 사실 진공의 힘이 아니라 주변에서 누르는 대기의 힘이다. 말하자면 빈자리를 차지하려는 공기 입자들의 치열한 경쟁이다. 그게 곧 진공 청소기의 위력이다. 마음에 있는 빈자리도 마찬가지다. 사람들이 그 자리를 다른 것으로 채워 보려고 애쓰는 이유는 결국 그 빈자리 주변의 것들이 하나님 대신 그 자리를 차지하려고 서로 다투기 때문이다. 어마어마한 압력이다. 사람이 하나님을 거부하면 다른 피조물들이 그 자리를 차지하게 된다는 로마서 1:23-25의 말씀 그대로다.

<창녀 초상> 빈센트 반 고흐. 1885년 안트베르펜. 네덜란드 암스테르담의 반 고흐 미술관 소장. 일반적으로 "푸른 옷의 여인 초상"으로 알려져 있고 고흐 자신 아무 설명도 남기지 않았지만 이 그림을 소장한 고흐 미술관은 "창녀 초상"으로 소개한다. 쪽을 튼 머리와 짙은 눈화장 그리고 당시 기준으로 깊이 팬 가슴팍이 창녀임을 보여준다. 드러난 가슴 한가운데를 차지하고 있는 십자가 목걸이가 이채롭다. **사진: 고흐 미술관.**

사람들은 오늘도 답을 얻을 수 있는 곳이 아닌 엉뚱한 곳에서 답을 찾아 헤맨다. 강물에 무언가를 빠뜨린 순간 배 난간에다 표시를 하고 강가로 노 저어 나와 그 주변을 뒤진다. 각주구검刻舟求劍이다. 아니면 연목구어緣木求魚처럼 나무에 올라가 물고기를 내놓으라 한다. 사람은 기쁨 없이 살 수 없다는 아퀴나스의 말이 아니어도 영혼의 즐거움을 빼앗긴 사람은 육체의 즐거움을 대신 추구하게 된다. 가장 깊은 곳에 있는 그 공허감을 채우지 못해 오늘도 수많은 사람이 말초적인 쾌락을 바라고 이 방 또는 저 룸을 기웃거린다. 이 빈자리가 문제의 근원인 줄은 누구나 알아서 동서고금의 소위 종교가 이 문제를 해결하는 나름의 처방을 제시해 왔다. 동양 종교는 마음을 비우는 방법 즉 빈자리를 그대로 두라고 가르쳐 왔지만 이는 이 빈자리의 성격을 이해하지 못한 처방이었다. 그 자리를 비워두지 않으려는 그 끈질기고 강력한 힘을 깨닫지 못했던 것이다.

인간 존재의 수수께끼에 대해 파스칼이 주는 답은 예수 그리스도다. 인간의 모든 문제가 죄와 타락에서 비롯되므로 죄 문제를 해결하는 순간 모든 문제가 해결된다. 그리스도는 신인 동시에 사람으로 오셨기 때문에 그분 안에서 하나님을 알 뿐만 아니라 나 자신도 발견한다. [417/602] 인간이 죄를 모르고 신을 알았다 한다면 오만에 빠지고 신을 모른 채 죄만 안다면 절망에 빠지고 만다. [351/667-354/670] 그리스도를 알 때 나를 비참함에서 건지시는 하나님을 만나고 실존의 모순을 다 풀고 균형 잡힌 삶을 누리게 된다. [189/380-192/383] 그리스도는 인간의 비참함과 영광을 몸소 경험하심으로써 인간이 비참에서 영광으로 올라갈 수 있는 길도 보여 주신다.

세상을 뒤덮은 마법

파스칼의 인간학은 절박한 요청이다. 냉철하고 예리한 분석이 아니라 뜨거운 가슴으로 던져주는 경고다. 속히 비참함을 깨닫고 영광을 회복해야 한다는 강권이다. 파스칼은 진리를 찾는 일에 게으른 사람들의 태도에 분노했다. 우리 자신의 존재 전체, 심지어 영원의 운명까지 달려 있는 이 문제에 무관심한 것은 정말 이해할 수 없는 일이었다. 이름난 사람 한두 명 만나보고 관련 서적 몇 권을 읽고는 무슨 대단한 노력이라도 한 것처럼 떠벌리는 사람들을 향해 파스칼은 "그런 태만은 참을 수 없다"고 경고한다. [427/11]

"영혼의 불멸은 우리에게 참으로 중요하고 우리와 정말 깊이 관련된

문제이기 때문에 정신을 송두리째 잃지 않고서는 그것이 무엇인지 아
는 일에 무관심할 수가 없다. 우리의 행동과 사고 전체가 우리가 바라
는 영원한 행복이 있느냐 없느냐에 따라 완전히 다른 길을 걷게 될 것
이므로 우리의 최종 목적지가 되어야 할 이 지점을 보고 그것에 따라
규제하지 않는 한 지각과 판단력을 갖고 단 한 걸음을 나아가는 것도
불가능하다" [427/11]

진리를 모르고서는, 즉 나 자신에 대해 정확히 알지 못하고서는 올바로 살
아갈 수가 없다. 그런데 사람들은 진리에 관심조차 없다. 파스칼은 "정신을 송
두리째 잃었기" 때문이라고 진단한다. 그런데 어떻게 한두 사람도 아니고 온
인류가 한마음으로 그렇게 무관심할 수 있을까? 파스칼은 이런 현상을 가리켜
"불가사의한 마법이고 초자연적 졸음"이라 부른다. [427/11] "하나님이 내리시는
무감각"이라는 표현까지 쓴다. [163/339] 온 세상이 어떤 초월적인 마법에 걸린 것
같다는 말이다. 파스칼은 이런 상황이 얼마나 어이없는 것인지 인식시키고 사
람들의 경각심을 불러일으키기 위해 사고실험을 하나 시도한다.[77] 인생을 감옥
에 갇힌 한 시간으로 축소시키는 실험이다.

"어떤 사람이 감옥에 갇혔다. 판결이 났는지는 모른다. 확인할 수 있
는 시간은 한 시간. 판결이 났을 경우 그 시간 안에 판결을 취소시킬
수도 있다. 그런데 그 한 시간 동안 판결이 났는지 확인할 생각은 않고
카드놀이만 하고 있다면 그건 자연을 거스르는 일일 것이다." [163/339]

---

77 사고실험 용어 출전: Jean Khalfa, "Pascal's Theory of Knowledge" in Nicholas Hammond
ed., *Cambridge Companion to Pascal* (Cambridge: Cambridge University Press, 2003), 137.

사고실험이다. 실제로 일어나지 않은 일을 마음으로 그려 본 것이다. 왜 감옥인가? 이대로 가면 끝장이기 때문이다. 인생은 감옥에 갇혀 죽음을 기다리는 것과 같다. 감옥에서 나가는 그날은 참수를 당하는 날이다. 434/314 영원한 파멸이다. 죄 가운데 있는 인간의 형편은 비참함이다. 그것을 모르는 것은 더 비참한 일이다. 형편이 그러한데도 이토록 중대한 일에 무관심한 것은 자연을 거스르는 일 곧 이성을 포기하는 일이다. 150/326

여기서 카드놀이는 두 가지를 가리킬 수 있다. 첫째는 사소한 일이다. 삶의 무게를 담지 않은 일, 말 그대로 놀이다. 사람들은 인생을 살면서 정작 중요한 일에는 무심하면서 별것 아닌 일에는 극도의 관심을 보인다.

"일자리를 잃었거나 모욕을 당했다는 생각 때문에 분노와 절망에 빠져 여러 날 여러 밤을 보내는 바로 그 사람이 정작 죽음과 함께 모든 것을 잃게 된다는 것을 알면서도 불안도 동요도 느끼지 않는다." 427/11

직장을 잃는 것이나 모욕을 당하는 일도 사실 보통 일이 아니다. 그렇지만 그 어떤 일이라 한들 영혼 불멸의 문제, 영원한 생명의 문제, 우리의 전부가 걸린 그 문제에 비길까. 파스칼은 사소한 문제와 중요한 문제가 뒤집힌 그런 현상을 인간성 내부에서 일어난 "기묘한 전도轉倒"라 이름 짓고 427/11; 632/20 "무시무시한 일"이라 부른다. 427/11 오늘날도 사람들은 가벼운 오락을 묵직한 인생사보다 중시하고 인생의 중요한 문제들 가운데서는 또 가장 중요한 것을 가장 무시하는 뒤집힌 삶을 살고 있다.

카드놀이가 가리키는 또 한 가지는 오락이다. 놀이는 대개 재미있다. 쉽게 빠져들기 때문에 놀이는 금방 일상을 잊게 해 준다. 사람들은 특히 죽음이라는 현실을 잊기 위해 오락을 찾는다. [133/267; 134/266] 죽음은 단순한 삶의 마지막이 아니라 삶이 가진 무게를 인식하지 않을 수 없게 만드는 일종의 경고 장치다. '죽을 존재'라는 하이데거의 말이 그런 뜻이다. 그래서 삶의 무게와 죽음을 잊기 위해 사람들은 밋밋한 오락 아닌 열중할 수 있고 몰입할 수 있는 짜릿한 오락을 선호한다. [136/269] 오락이 있기 때문에 사람들은 이토록 비참한 상황에 있으면서도 절망하지 않는다.

> "사람들이 이토록 비참한 상태에 있으면서도 어떻게 전혀 절망에 빠지지 않는지 그 점이 놀랍기만 하다. 비슷한 성향을 가진 사람들이 내 주위에도 있다. 그래서 그 사람들에게 나보다 더 아는 게 있는지 물어보면 아니라고 대답한다. 길을 잃은 이 비참한 사람들은 주위를 둘러보고 즐거운 무언가를 발견하면 거기 빠져 마음을 온통 쏟는다." [198/389]

파스칼은 사람은 누구나 행복하기를 바란다고 알고 있다. 그런데 참 행복의 길을 찾는 이는 너무나 적다. 참 행복을 발견하기 위해서는 무엇보다 먼저 지금의 비참한 상태를 먼저 깨달아야 하는데 사람들은 그런 현실을 마주하기 싫어 얼른 오락의 길로 내달린다. 그래서 절망에도 빠지지 않는다. 파스칼은 혹시 자기가 모르는 다른 행복의 길이 있는가 하여 사람들에게 물어 보았지만 그것도 아니다. 그렇다면 결국은 자신의 현실을 마주하면 절망할 것이기 때문에 절망하지 않기 위해 현실을 외면하려 하고 그런 사람들에게 가장 좋은 대안으로 제공되는 것이 바로 오락이라는 것이다.

"오락을 제거하면 그들이 지루해 몸을 비트는 것을 보게 될 것이다. 그러면 그들은 뭔지도 모른 채 자신의 공허함을 느끼게 될 것이다. 왜냐하면 자신을 살펴보아야 하면서도 도망갈 길은 전혀 없게 되어 견딜 수 없도록 슬픔에 빠지는 것만큼 불행한 일은 다시 없기 때문이다."[36/73]

오락은 내 마음을 나 아닌 것에 집중하게 만든다. 오락을 제거한다는 것은 나로 하여금 다시금 나 자신을 마주하게 만드는 일이다. 파스칼이 볼 때 사람들에게서 오락을 제거하는 일은 더없이 잔인한 일이었다. 자신을 마주하지 않을 수 없게 만들어 결국 견딜 수 없는 슬픔에 빠뜨리는 것이기 때문이다. 그런데 사실은 그게 행복으로 가는 올바른 길이다. 그렇게 절망을 맛보지 않고서는 희망을 갖는 것이 불가능하다. 그렇기에 절망의 반대는 희망이 아니라 오만이다. [354/670] 하나님의 명령을 피해 도망갔던 요나처럼 나 자신을 솔직하게 마주하고 싶지 않기 때문에 내 마음의 욥바 항구로 서둘러 내려간다. 파스칼은《팡세》곳곳에서 오락이라는 허황한 것을 추구하는 인간들을 준엄하게 꾸짖는다.

그런데 쉽지 않다. 홀로 선다는 것은 두려움을 동반한다. 특히 하나님 앞에 단독자로 서는 일은 엄청난 결단을 요구한다. 키르케고르가 말한 것처럼 믿음으로 도약하거나 아니면 바닥 모를 절망에 떨어져야 한다. 두렵다. 웬만하면 피하고 싶다. 그런 나에게 오락만큼 좋은 대안은 없다. 오락은 그저 재미를 동반한 놀이일 수도 있고 마음을 완전히 빼앗는 도박 같은 것일 수도 있다. 연극, 영화, 연속극일 수도 있고 창녀촌을 찾는 일일 수도 있다. 가족을 끔찍이 챙기거나 국가나 회사를 위해 충성하는 등 내 의무에 충실하는 것도 그런 오락의 역할을 대신할 수 있다. 나로 하여금 홀로 있게 하여 나 자신의 내면을 살피지 않을 수 없도록 만드는 그런 상황을 피할 수만 있다면 일이든 놀이든 심지어 열광적인 종교생활도 오락으로 충분한 자격이 있다.

스토아학파 사람들은 모든 불행과 고통이 바깥 세계에서 온다고 믿고 내면으로 가라고 충고했다. 마음을 잘 다스리면 거기서 행복을 발견할 수 있다는 것이었다. 이들은 인간의 비참함에 대해 몰랐다. 파스칼 시대 사람들은 반대로 했다. 바깥으로, 온갖 오락으로 내달렸다. 그것도 몽테뉴 덕분이었을까? 곳곳이 문제로 가득한데 답은 없다. 모르겠다. 잊으려 한다고 잊히는 게 아니라 했지만 잊으려 애쓰는 외에 무슨 대안이 있을까. 그런데 오락을 하니 잊을 수 있다. 행복이 느껴진다. 요나도 욥바로 갔더니 마침 적당한 배가 기다리고 있었다. 하지만 그것은 행복 아닌 불행의 길이었다. 그럼 어떻게 해야 하나? 파스칼은 말한다.

"행복은 우리 밖에도 우리 안에도 있지 않다. 하나님 안에 그리고 우리 밖과 안에 있다." 407/286

답은 분명하다. 행복은 하나님 안에 있다. 인간의 비참함을 솔직하게 깨닫고 그런 인간에게 주시는 하나님의 은혜를 알면 된다. 그게 파스칼의 메시지다. 하나님을 만나기 전에는 안을 뒤져도 바깥을 찾아다녀도 행복은 없다. 하나님을 알면 모든 곳이 행복으로 가득찬다. 우리 밖에도 행복 우리 안에도 행복이다. 내 마음도 기쁘고 삶에도 오락 아닌 보람과 감사가 넘친다. 40년도 채 못 되는 파스칼의 짧은 생애가 한 편의 시처럼 아름답게 마무리된 것이 이렇게 인생의 기본에 충실했기 때문이 아닐까. 인생의 뜻을 알고 그 하나에 최선을 다했으니 죽음이 갑자기 닥쳐도 후회 없는 행복한 인생이 되었을 것이다. 옳다. 도를 이미 들었다면 저녁이 좀 일찍 온들 걱정할 게 무엇이겠는가.

우리가 사는 형편

파스칼이 당대 사람들의 무관심 때문에 고개를 갸우뚱한 정도였다면 오늘 우리 시대는 아예 입을 쩍 벌리게 만든다. 사람들의 태도는 물론 그때나 오늘이나 크게 다르지 않다. 인간의 본성은 400년이라는 짧은 기간에 변할 정도로 호락호락하지 않기 때문이다. 하지만 우리 시대는 그때와 달리 삶이 복잡해졌다. 그리고 그때와 비교조차 할 수 없을 정도로 오락도 넘친다. 그래서 무관심의 깊이와 폭이 상상조차 할 수 없을 만큼 커지고 깊어졌다.

지금처럼 바빴던 때가 인류 역사상 또 있었던가. 정말 바쁜 시대다. 먹고 사느라 힘들다 하지만 사실은 필요를 넘은 욕심이 우리를 더 괴롭힌다. 결재서류, 아이들 공부, 아파트 값 때문에 바쁘고 독도영유권, 북핵문제, 한일 갈등, 부패한 권력도 우리 스케줄 한 자리로 비집고 들어온다. 게다가 바이러스가 한 번 닥치니 온 세상이 순식간에 멎어 버린다. 뭐가 잘 안 된다. 인간관계도 어렵고 돈도 잘 안 돌아가고 무엇보다 내 친구보다 못 누리고 옆집보다 잘 살지 못하는 좌절감이 크다. 목표를 이룰 수 없다는 무기력감과 더 잘 해야 한다는 주변의 거센 압력이 몸과 마음의 아픔과 겹친다. 이따금 맛보는 성취는 영혼의 탄산음료 같아서 한 모금 마실 때마다 갈증만 더해간다. 그래서 삶은 실패와 함께 힘들어지고 성공과 함께 더 무거워진다. 무겁고 힘들고 바쁜 우리 인생은 잠깐 주어지는 여유마저 생각 없이 보내게 만든다. 쌓인 걸 급히 풀자니 언제나 텔레비전 앞에서 바보처럼 그렇게 낄낄거리고 만다. 전에는 텔레비전을 바보상자라 불렀다. 텔레비전만 보면 바보가 된다는 뜻이었는데 요즘은 바보상자가 무척이나 똑똑해졌다. 오락은 오락인데 다양하고 복잡하고 교묘해졌다. 덕분에 그걸 시청하는 사람들도 다 똑똑한 바보들이 되어가고 있다. 모든 것이 오락 하나로 달리는데 요즘은 유튜브 같은 것도 등장해 주어 얼마나 고마운지.

왜곡된 일상에 뒤틀린 축제다.

우리 시대의 오락은 파스칼 시대와 격을 달리한다. 파스칼 시대에는 기껏해야 카드, 도박, 당구, 음주, 성적인 이탈 정도가 있었다면 근대 후반에 들어이른 바 스포츠가 오락의 주류로 자리매김을 했다. 전 세계 사람들이 즐기는 대중 스포츠만 해도 축구, 야구, 농구 등이 있고 여름 올림픽과 동계올림픽이 2년마다 번갈아 열린다. 미국에서 텔레비전을 틀면 스포츠가 얼마나 종류가 많은지 한 채널을 5분씩만 본다 해도 밤을 새워도 다 못 본다. 영화나 연속극 같은 오락 콘텐츠도 홍수라는 말로도 표현이 안 될 정도다. 넷플릭스 검색을 하다 보면 금새 길을 잃을 정도로 많고 복잡하다. 각종 연예프로그램은 또 얼마나 많은지. 이제는 가히 엔터테인먼트의 시대다. 널리 뻗어가는 한류도 세계곳곳에서 한몫을 단단히 하고 있다. 등산이나 낚시 같은 취미활동도 늘었다. 게다가 컴퓨터라는 괴물이 이전과 차원이 다른 소위 게임을 탄생시켰다. 컴퓨터 게임, 비디오 게임, 온라인 게임은 이제 삶의 중요한 일부로 자리를 잡았다. 성매매도 복잡해지고 교묘해졌는데 거기다 리얼돌이나 가상현실 같은 것들도 가세한다. 텔레비전이나 소셜네트워크도 오락에 거의 대부분을 집중한다.

가치관의 우선순위가 완전히 뒤집혔다. 내가 응원하던 스포츠 팀의 패배에 분노한다. 그 팀은 나하고 아무 관련도 없는데 그 팀의 승패에 내가 이렇게 흥분할 이유가 무엇일까? 연속극 진행이 내 예상대로 되지 않으면 또 짜증이난다. 너무 재미있다며 보면서도 시도 때도 없이 불평하고 비난하는 이유는 또무엇일까? 허구의 세계가 내 삶에 무슨 의미가 있다고? 그런 문제에 집중하다보니 정작 중요한 사회의 정의나 평등 또는 자비의 문제는 관심 밖이다. 가장중요한 내 영혼의 문제도 마찬가지. 파스칼이 염려하던 그 전도 현상이 우리 시대에 더욱 다양한 형태로 일어나고 있다. 삶의 양태가 복잡해진 만큼 가장 중요한 진리 문제는 가장 관심을 덜 받는 주제가 되고 말았다.

파스칼은 어떤 마법 같은 게 사람들의 정신을 장악하고 있는 것 같다는 의심을 했다. 오늘 우리 시대에는 그런 심증이 더욱 굳어진다. 사람이 마약에 빠지면 판단력을 다 잃고 약 하나만 찾게 되듯 우리 시대의 정신 역시 판단력을 다 잃고 오락, 즐거움, 쾌락, 성취 등에만 매달린다. 모두가 나를 외면하는 방법이다. 그런 우리에게 더없이 소중한 동반자가 컴퓨터다. 요즘은 사회적 거리 두기뿐 아니라 자가격리를 한다 해도 폰과 컴이 있어 나 자신을 마주할 겨를이 없다.

우리 시대의 정신 사조도 우리의 무관심을 더욱 부추긴다. 우리 시대를 주도하는 포스트모더니즘의 특징 가운데 하나가 종교성의 상실이다. 상대주의적 가치관에 물들고 스마트폰 중심의 디지털 생활에 익숙해진 젊은 세대는 종교에 더 관심이 없다. 무슨 말인가? 자신의 영혼 문제에 관심을 갖지 않는다는 뜻이다. 우리 시대에는 진리를 발견하기 위해 깊은 산으로 찾아갔다는 사람은 커녕 책 한 권 읽은 사람조차 찾기 힘들다. 파스칼은 근대가 채 시작되기도 전에 이미 근대가 가져올 절망을 경험했다. 근대 후가 된 지금 그 절망은 더 깊어지고 있다. 그래서 사람들은 더 바쁘게 다닌다. 앞으로 더 그럴 것이다. 사람들은 앞으로도 명품을 사려고 매장으로 달려갈 것이며 성매매를 하기 위해 창녀를 찾을 것이고 말초적 쾌락을 즐기기 위해 온갖 퇴폐적인 행위를 계속할 것이다. 이유는 오직 하나, 마음의 빈자리를 채우라는 주변의 강력한 압력 때문이요, 다른 말로 하면 하나님을 아직 만나지 못했기 때문이다.

진공과 관련된 연구는 발전을 거듭하여 진공 펌프뿐 아니라 진공관 등으로 이어져 산업발전에 큰 기여를 했다. 오늘날은 진공 믹서기나 진공 포장기 그리고 가정마다 있는 진공청소기도 만들어냈다. 그런데 물리적 진공과 관련된 물건을 하루에도 몇 번씩 쓰는 사람들이 마음에 있는 빈자리는 한 해에 한 번도 생각하지 않는다. 바쁘긴 정말 바쁜가 보다. 참된 것 하나면 채울 수 있는 자리를 참되지 않은 것들로 채우려 애쓰면서도 내가 왜 그렇게 살아야 하는지 묻지도 않는다. 그저 갈색 안개에 파묻혀 한강 다리를 부지런히 왕복하고 순환선 아닌 지하철을 타고서도 빙글빙글 돌아간다. 사람을 죽이고 때리고 속인다. 갖가지 패륜이 넘쳐난다. 거칠어져 가는 인간성에 베이고 할퀴어 모두가 상처를 안고 살아간다. 너무 아파 스스로 삶을 끝내는 이들도 많다. 더 이상 살아야 할 이유, 곧 뜻을 찾지 못할 때 사람은 삶의 반대인 죽음을 선택한다. 이런 판단을 보다 어두운 쪽으로 하게 만드는 물리적, 의학적 요소도 물론 있다. 하나 핵심은 같다. 사는 뜻을 잃었다. 아, 이대로 끝나고 마는 인생이라 해도 참 초라하다. 비참한 인생이다. 그런데 문득문득 이게 아닌데 하는 생각이 우리 마음 깊은 곳에 있는 빈자리의 존재를 일깨운다. 무한의 세계가 있음을 무서운 음성으로 알려준다.

진공을 인정하지 않으려던 이들 덕분에 태어난 기계가 기압계다. 수은 기둥 높이를 보고 대기의 상태를 안다. 보이지 않는 것의 상태를 눈에 보이게 알려주는 바로미터다. 그 기계는 눈에 보이지 않는 진공의 존재를 증명하는 과정에서 태어났다. 수치로 정확하게 알려주니 얼마나 편리한가. 마치 꽉 막힌 숲속에 갇힌 사람에게 방향을 가르쳐 주는 나침반과 같다. 그런 식으로 마음의 바로미터도 가능할까? 영혼의 진공을 논하고 있는 그 책이 혹 영적 바로미터가 될 수 있지 않을까? 《팡세》를 잘 읽어보면 지금 내 영혼의 위치도 파악할 수 있을지 모른다. 파스칼은 바깥 저기 있는 진공을 마음에 있는 빈자리와 이어 생각하였고 그 자리는 반드시 무한으로 채워야 함을 일깨워준다. 내 인생의 바로미터는 지금 눈금이 어디쯤 가 있나? 앞으로 내 인생의 날씨는 구름이 낄까? 폭풍우가 들이닥칠까? 아니면 맑음인가? 무엇으로 잴까? 지금의 눈금이 앞으로 며칠 동안의 날씨도 물론 보여주겠지만 사실 그 조그만 수치에 내 무한의 선택도 담겼다. 파스칼 말대로 우리의 사고와 행동 하나하나가 이미 선택한 그 최종 목적지에 의해 결정되고 있다. 영원의 길도 이미 정해 놓고 살면서 그걸 모른다.

요즘은 내비게이션이 대세다. 목적지를 입력한 다음에는 내 모든 판단을 유보한 채 기계가 시키는 대로만 하면 된다. 얼마나 편리한지 죽는 순간에도 기계가 가라 하는 쪽으로 갈 기세다. 요즘은 오작동도 거의 없다. 기계도 정확해졌고 운전을 하는 나도 잘 따라한다. 그러니 중요한 것은 최종 목적지 하나다. 그건 내가 입력한다. 목표지점만 정확하게 지정해 두었다면 사실 걱정할 것 없다. 좌회전, 우회전, 직진에 가끔은 유턴도 괜찮다. 첨단 기계 덕분에 잠깐의 운전도 그렇게 우아하게들 한다. 품질, 가격, 정확도, 편리함에다 감미로운 목소리까지 다 따져보고 산 기계니 그럴 만도 하다. 그런데 내 인생은 오늘도 갈 바를 모른 채 갈팡질팡 헤맨다. 왜일까? 기계를 아직 못 샀나 아니면 목표지점을 아직 입력하지 못했나? 늦은 오후의 햇살이 이미 뜨거운데 목적지를 어디로 입력했는지 기억조차 가물거린다. 그냥 기계가 시키는 대로 한 다음 "목적지에 도착하셨습니다" 하는 음성까지 들었는데 만약 거기가 내가 가려고 했던 곳이 아니라면 어떻게 될까? 영원의 운명이 시작되는 그 마지막 순간에?

2부

파스칼의 내기

Blaige Pascal

천재가 권하는 도박

파스칼은 오늘 우리 곁에 있다. 파스칼이라는 이름은 혹 몰라도 그가 남긴 명언 한두 개는 읊조리고 파스칼의 다양한 업적도 알게 모르게 누리며 산다. 집에서, 학교에서, 직장에서, 버스에서, 교회에서, 야외에서, 도서관에서…… 끝이 없다. 마흔 살도 못 살고 간 천재의 실로 넓고 깊은 발자국이다. 그러나 파스칼의 모든 것을 알고 즐긴다 해도 한 가지를 모른다면 그건 파스칼을 전혀 모르는 것과 같다. 파스칼이 인류에 끼친 가장 값진 혜택을 맛보지 못하는 것이기 때문이다. 파스칼이 남긴 유산 가운데 가장 소중한 것은 기독교 신앙인데 그 신앙을 깊숙이 그려낸 것이《팡세》요, 그 대작 가운데서도 가장 소중한 고갱이는 바로 '파스칼의 내기'라는 이름을 가진 논리다. 전에는 '파스칼의 도박'이라 부르기도 했는데 불어로는 'Pari de Pascal,' 영어로는 'Pascal's Wager'라 부른다.

PENSÉES
DE
M. PASCAL
SUR LA RELIGION
ET SUR QUELQUES
AUTRES SUJETS,
Qui ont esté trouvées après sa mort
parmy ses papiers.
SECONDE ÉDITION.

A PARIS,
Chez GUILLAUME DESPREZ,
ruë Saint Jacques, à Saint Prosper.
M. DC. LXX.
Avec Privilege & Approbation.

《팡세》 초판. 1670년에 나온 《팡세》 포르루아얄본 표지. 제목이 《파스칼의 생각들: 종교 및 다른 여러 주제에 관하여》로 되어 있다. 인쇄본으로는 초판이지만 먼저 만든 필사본을 초판으로 간주하여 재판이라 이름을 붙였다.

사진: Wikimedia Commons.

파스칼의 내기는 천 개가 넘는 《팡세》의 단 한 조각에 불과하다. 하지만 그 자체로 가장 소중한 것일 뿐 아니라 또한 파스칼의 생애 전체를 집약해 주는 것이기도 하다. 파스칼의 내기에는 인간 존재의 의미를 무한과 연결해 생각하는 입체적 사고가 등장한다. 물리적 무한과 영적 무한이 엎치락뒤치락 오고가는 과정은 2차원에 3차원을 구현하는 사영기하학의 철학적, 신학적 적용이다. 판돈 연구가 낳은 확률론 및 기댓값 개념도 담겨 있다. 잘 모르겠다는 이들을 향해 모두가 이미 걸고 사는 인생임을 일깨우면서 진정으로 가치 있는 곳에 걸어야 후회하지 않는다고 설득한다. 올바른 결정을 위한 지침을 주겠다는 것이다. 영혼의 바로미터에서 가장 중요한 눈금이 바로 여기다. 그렇게 거는 것이 곧 우리 마음의 빈자리에 무한의 하나님을 모시는 일이다. 끝없이 이어지던 갈망이 비로소 만족을 얻는 순간이다. 내기 논리에는 논리뿐 아니라 열정도 담겼다. 믿음은 머리 아닌 마음의 문제요 의지의 문제다. 파스칼 자신의 평생 동력이었던 기독교 신앙의 열정으로 그 신앙을 받아들여야 할 이유를 조리 있게 설명한 것이다. 내기 논리는 파스칼이 쓰고자 한 《기독교 변증》의 핵심이다. 화룡점정畫龍點睛! 《팡세》가 그림의 용이라면 내기 논리는 마지막에 점 찍은 눈동자다. 그 생명의 점이 있어《팡세》전 지면이 살아 꿈틀거린다.

　　내기 또는 도박이라 해서 놀랄 필요는 없다. 파스칼은 도박을 반대한 사람이다. 확실하지 않은 것을 위해 확실한 것을 거는 어리석은 짓이라 경고했다. 그런 파스칼이 우리에게 도박을 하라 권하는 까닭은 무엇인가? 이 내기는 적어도 어리석은 게 아니라는 말이다. 평생 도박을 멀리한 파스칼이지만 인생 자체는 어차피 한 방이라는 사실만큼은 분명하게 알고 있었다. 알기만 한 것이 아니라 자신부터 이미 화끈하게 모든 것을 걸고 39년 인생을 살았다. '내기' 논리지만 네가 이기나 내가 이기나 해 보자 하는 내기는 아니다. 파스칼은 지금 무슨 논증 같은 것을 내세워 독자를 설득하려 하는 게 아니다. 중세의 안셈이나 아퀴나스, 근대의 데카르트 같은 이들은 하나님의 존재를 논리적으로 증명할 수 있다고 믿고 여러 가지 논증을 내세웠지만 파스칼의 내기는 그런 증명과는 거리가 멀다. [190/381] 파스칼 자신이 그런 증명의 무익함을 분명하게 지적한 바 있다. [449/17] 말 갖고 결론지을 문제가 아니라는 것이다.

　　그럼에도 파스칼이 논리를 사용하는 이유는 신앙의 열정 때문이다. 때를 얻든지 못 얻든지 복음을 전하라는 명령의 적용인 셈이다. 논증은 신앙을 주지 못하지만 적어도 신앙의 길을 가로막는 장애물은 어느 정도 제거해줄 수 있다. 기독교를 믿는 것이 터무니없는 일은 아니라는 것을 이성이 알아들을 수 있게 설명할 수 있다는 이야기다. 사람이 할 수 있는 일은 아마도 거기까지일 것이다. 일반 학문에도 뛰어났던 신앙의 사람이 이 논리를 통해 자기가 가진 신앙이 이성의 눈으로 볼 때도 충분히 합리적이라는 점을 논증하면서 믿기를 거부하는 사람들이나 우물쭈물하는 회의주의자들에게 얼른 믿고 세례를 받으라 외치고 있다. 이 글에서 파스칼은 자신이 개발한 독특한 설득술을 활용한다.

상대에게 틀렸다고 말하는 대신 보지 못한 면이 있음을 일깨우는 방식이다. 틀렸다 하면 화를 내지만 못 본 게 있다 하면 대개는 수긍한다는 게 파스칼의 판단이다. [701/5] 파스칼 나름의 열정과 특유의 방법이 뒤엉킨 가운데 파스칼의 내기 논리는 사람들의 마음 깊은 곳을 파고든다.

파스칼의 목표는 하나, 독자들의 결단이다. 이 내기는 독자가 하는 내기다. 혼자 한다. 나를 걸어야 하니 누구도 대신 해줄 수 없는 내기다. 이 선택은 나 자신만의 것이다. 하이데거가 말한 죽음 못지않게 고유한 것이다. 파스칼은 자기가 말하는 쪽에 거는 게 조금도 어리석은 게 아니라고, 손해 볼 가능성은 전혀 없다고, 아니, 안 걸면 그게 정말 바보짓이라고 거듭 부르짖는다. 내기 자체가 개별적인 만큼 이 논리에 대한 평가나 반응 역시 사람에 따라 다를 수밖에 없다.

논리라 부르지만 사실 논리는 아니다. 파스칼은 완벽한 논리를 전개하고자 애썼지만 하나님의 사랑과 은혜에 대한 감격이 앞서 천재답지 않은 많은 허점을 보이고 있다. 말하자면 뜨거운 열정과 차분한 논리의 어색한 조합이다. 자기가 경험한 은혜의 세계로 독자들을 끌어들이고자 하는 글이니 굳이 따지자면 일종의 신앙 간증이다. 좀 심하게 말하면 논리의 옷을 입은 낚시다. 그러니 잘 알고 읽자. 그래야 안 낚인다.

파스칼의 내기 논리
파스칼의 내기는 생각보다 복잡하다. 핵심은 하나님이 계시느냐 안 계시느냐 하는 것이므로 간단해 보이지만 그 하나의 판단을 잘 내리기 위해 다양한 상황과 수많은 요소를 고려한다. 그래서 요즘 많이들 하는 세 줄 요약이 불가능하다. 사실 그런 성급한 요약 때문에 오해도 많이 생겼으므로 파스칼의 말을 직접 들어보는 것이 최선이다.《팡세》418/343에 나온다. 여기는 필자가 직접 번역한 내용을 실었지만 출판된 다른 번역들도 뜻을 잘 전달하고 있으므로 어느 것이든 좋다. 전체 논리를 먼저 천천히 읽고 그 다음 각 단락으로 나눈 부분을 설명과 함께 읽으면 좋을 것이다. 독자들이 직접 생각하고 판단할 수 있도록 불어 원문도 각 단락에 함께 수록했다.

무한 무. 우리 마음은 몸 안에 던져져 있어, 거기서 수, 시간, 차원을 만난다. 마음은 그걸 따져보고 자연, 필연이라 부르고 그 밖의 것은 못 믿는다. 무한에 일을 더해도 무한은 조금도 늘어나지 않는다. 무한의 길이에 한 자를 보태도 마찬가지. 유한은 무한 앞에서 소멸되어 무 그 자체가 된다. 우리의 영혼도 하나님 앞에서 그리 되고, 우리의 정의도 신의 정의 앞에서 그렇게 된다. 우리의 정의와 하나님의 정의 사이의 불균형은 일과 무한 사이의 불균형만큼 크지 않다. 하나님의 정의는 분명 당신의 자비만큼 엄청난 것이다. 그렇지만 버림받은 이들을 향한 정의는 선택받은 이들을 향한 자비만큼 엄청나지 않고 따라서 그렇게 놀랄 만한 것도 아니다.

우리는 무한이라는 게 있다는 건 알지만 무한의 본성은 모른다. 수가 유한하다는 게 잘못된 판단임을 아는 것과 마찬가지 방식이다. 그러니 무한의 수가 있다는 건 참이지만 그게 무엇인지 우리는 모른다. 짝수라 해도 틀렸고 홀수라 해도 틀렸다. 일을 더해도 무한의 본성은 조금도 달라지지 않는 까닭이다. 그렇지만 무한수도 하나의 수여야 하며, 수는 다 짝수 아니면 홀수다. 사실상 모든 유한수가 여기 해당한다. 이런 식으로 하나님이라는 분이 계시다는 것을 그분이 어떤 분이신지 모르고서도 얼마든지 알 수 있다.

참 진리라는 건 아예 없는 것일까? 그토록 많은 참된 것들도 참 그 자체는 아니니 말이다. 우리는 유한의 존재 및 본성을 안다. 우리도 그것처럼 유한하고 자리를 차지하기 때문이다. 우리는 무한의 존재는 알지만 본성은 모른다. 무한도 우리처럼 자리를 차지하지만 우리 같은 한계는 없기 때문이다. 그렇지만 하나님에 대해서는 존재도 본성도 모른다. 자리를 차지하시지도 않고 한계도 없으시니 말이다. 그러나 믿음으로 우리는 그분의 존재를 안다. 영광에 의해 우리는 그분의 본성을 알게 될 것이다. 그런데 어떤 것의 본성을 모르고서도 그것의 존재는 얼마든지 알 수 있음을 난 이미 증명했다.

이제 본성의 빛에 따라 말해보자. 만약 하나님이 계시다면 그분은 무한히 불가해하실 것이다. 왜냐하면 그분은 부분들도 없고 한계들도 없으셔서 우리와 아무 연관성이 없으시기 때문이다. 따라서 우리는 그분이 어떤 분이신지도 또 그분이 계시는지도 알 도리가 없다. 형편이 그러하니 누가 감히 이 문제를 풀려고 시도하겠는가? 우리는 아니다. 그분과 전혀 관련이 없으니 말이다. 그러니 기독교인들이 믿는 이유를 설명하지 못한다고 누가 비난하겠는가? 자기가 믿는 종교는 이유를 댈 수 없는 종교라고 대놓고 말하고 있으니 말이다. 기독교인들은 자기 신앙을 세상에 소개할 때 기독교는 어리석음이라고 선언한다. 그런데도 그대들은 기독교인들이 자기 종교를 증명하지 않는다고 불평한다. 기독교인들이 만약 자기 종교를 증명한다면 그건 자기 말을 뒤집는 일이다. 기독교인들이 지각없는 사람이 안 되려면 증명이 없어야 된다.

"맞아. 그런데 기독교를 소개하는 사람들은 그렇게 말하면 명분이 서겠지. 설명도 못 하면서 기독교를 내세운다는 비난도 비켜갈 수 있을지 몰라. 하지만 기독교를 받아들이는 사람에게는 그런 주장이 명분이 안 되지." 그럼 이 점을 검토해 보자. 그리고 말해보자. '하나님은 있거나 아니면 없다.' 그렇지만 우리가 어느 쪽에 더 기울게 될까? 이성은 아무것도 결정하지 못한다. 무한의 혼돈이 우리를 갈라놓고 있다. 이 무한한 거리 저쪽 끝에서 내기가 벌어진다. 앞면 아니면 뒷면이 나올 것이다. 그대는 어느 쪽에 걸겠는가? 이성으로는 이쪽이든 저쪽이든 고를 수가 없다. 이성으로는 둘 가운데 하나를 버리지도 못한다. 그러니 선택한 이들을 틀렸다 비난하지 말라. 그대는 아무것도 모르니 말이다.

"알겠네. 하지만 난 그들이 이걸 선택했기 때문이 아니라 선택이란 걸 했다는 사실 자체로 비난할 것일세. 왜냐하면 앞면을 고른 사람이나 반대쪽을 고른 사람이나 틀렸긴 마찬가지지만 사실 두 사람 다 틀렸기 때문이지. 아예 걸지 않는 게 옳은 길이야." 그래. 하지만 걸지 않을 수가 없다. 마음대로 걸고 말고 할 수 있는 일이 아니다. 그대는 이미 배를 탔다. 그러니 어느 쪽을 고르겠는가? 보자. 선택하지 않을 도리가 없으니 그대와 가장 덜 얽힌 게 어느 것인지 보자. 그대가 잃을 수 있는 건 두 가지. 진리와 선. 걸 것도 두 개. 그대의 이성과 그대의 의지, 그대의 지식과 그대의 행복. 그대의 본성이 피해야 할 두 가지는 오류와 파멸. 반드시 선택해야만 하는 상황이므로 어느 하나를 택한다고 해서 그대의 이성이 더 손상되는 건 아니다. 자, 문제 하나는 이렇게 해결됐다. 하지만 그대의 행복은? 하나님이 있다는 쪽을 고를 경우의 득실을 따져보자. 양쪽을 계산해 보자. 만약 이긴다면 다 딴다. 진다면 아무것도 잃지 않는다. 그러니 하나님이 있다는 쪽에 걸어라. 망설이지 말고.

"훌륭하군. 그래. 당연히 걸어야지. 하지만 아무래도 내가 너무 많이 거는 것 같아." 보자. 따거나 잃을 확률이 똑같으므로 목숨 하나로 둘을 얻는 내기라 해도 그대는 아마 걸 수 있을 것이다. 그런데 만약 세 개를 얻을 수 있다면? 당연히 걸어야지! 내기를 해야만 하는 상황일 경우 (내기를 하지 않을 수는 없다!), 잃거나 딸 확률이 똑같은 내기에서 세 개의 목숨을 얻기 위해 그대 목숨을 걸지 않는다면 그대는 지각없는 사람이 될 것이다. 그런데 여기 있는 건 영원의 삶, 영원의 복이다. 그렇다면, 무한의 가능성이 있고 그 가운데 단 하나가 그대가 이기는 경우라 할 때도 그대가 두 개를 갖기 위해 하나를 건다면 잘 하는 일이다. 또 내기하지 않을 수 없는 상황에서, 무한한 수의 가능성 가운데 그대가 이길 경우가 단 하나이고, 그대가 딸 수 있는 것은 무한히 이어지는 무한히 복된 삶인 그런 내기에서, 셋을 두고 하나를 걸지 않겠다 한다면 그건 어리석은 행동일 것이다. 하지만 여기서 딸 수 있는 건 무한히 이어지는 무한히 복된 삶인데, 딸 확률이 하나인 반면 잃을 확률 또한 유한하고, 여기서 그대가 거는 것도 유한하다. 결론은 이미 났다. 무한이 있는 곳에서 딸 확률에 비해 잃을 확률이 무한하지 않은 경우라면 우물쭈물할 틈이 없다. 다 내놓아야 한다. 마찬가지로, 그대가 내기하지 않을 수 없는 상황일 때, 잃을 거라고는 거의 없는 거나 마찬가진데, 무한을 따기 위해 생명을 걸지 않고 그냥 갖고 있겠다는 건 이성을 포기하지 않고서야 할 수 없는 일이다.

왜냐하면 딸 수 있을지 불확실하다, 걸기는 확실히 건다, 그래서 거는 것의 확실함과 딸 것의 불확실함 사이의 무한한 거리 때문에 결국 확실하게 거는 유한한 선이 불확실한 무한과 같아져 버린다 등의 말은 해도 소용이 없기 때문이다. 이런 말들은 사실이 아니다. 내기하는 사람은 불확실하게 따려고 확실하게 거는 법이다. 그렇지만 유한한 것을 불확실하게 따기 위해 유한한 것을 확실하게 건다고 이성에게 죄를 짓는 건 아니다. 거는 것의 확실함과 이득의 불확실함 사이에 무한의 거리가 없다 한다면 그건 잘못이다. 무한은 있다. 사실 딸 확실함과 잃을 확실함 사이에 있다. 하지만 딸 불확실성과 거는 것의 확실성 사이의 비율은 따거나 잃을 가능성의 비율과 나란히 간다. 따라서 한 면이 나올 가능성이 다른 면이 나올 가능성과 똑같다면 내기는 반반이 된다. 그 경우 거는 것의 확실함이 딸 것의 불확실함과 같아지므로 이 둘이 무한히 멀다는 건 말도 안 된다. 따라서 따고 잃을 가능성이 똑같고 딸 수 있는 건 무한인 그런 내기에서 걸기는 유한을 건다면 우리의 주장은 무한의 힘을 갖는다. 이건 증명이 가능하다. 인간이 진리라는 걸 알 수 있다면 이게 바로 그 진리다.

"그래 맞아. 인정하지. 그렇지만 그래도 패를 슬쩍 좀 보는 방법이 없을까?" 있다. 성경 및 다른 것들. "그렇군. 하지만 내 두 손은 묶였고 입은 막혔네. 걸라고 강요하지만 난 자유가 없어. 날 풀어주지도 않은 데다 뭘 어떻게 했는지 하여간 믿지를 못하게 만들어 놓았네. 그러니 날더러 어떻게 하란 말인가?" 맞는 말이다. 그렇지만 적어도 믿지 못하는 그대의 무능력이 그대의 정념에서 생겨나는 것임을 알라. 이성이 그대를 여기까지 인도해 왔지만 그럼에도 불구하고 그대는 믿지 못하고 있으니 말이다. 그렇다면 확신을 얻기 위해 하나님을 증명하는 논증을 추가하려 하지 말고 그대의 정념을 줄이라. 그대는 믿음에 이르기 원하지만 길을 모른다. 불신앙을 고치고 싶고 고칠 방법을 찾고 있다. 그러니 이들에게 배우라. 한때 그대처럼 묶여 있었지만 지금은 가진 걸 다 건 사람들이다. 그대가 따르고 싶은 그 길을 알고 있고 그대가 고치기 원하는 그 질병에서 나은 사람들이다. 그들이 시작했던 그 방법을 따르면 된다. 성수를 받고 미사를 드리는 등 마치 믿는 것처럼 매사에 행동하는 방법이다. 이런 것들이 자연스럽게 그대로 하여금 믿게 하고 어리석게 만들어줄 것이다. "하지만 내가 걱정하는 게 바로 그걸세." 아니, 왜? 그대가 잃을 게 뭐 있다고? 하지만 이것이 그리 이른다는 걸 보여 주지. 이렇게 해야 바로 그 커다란 장애물인 정념을 줄일 수 있어.

이야기의 결론: 자, 이쪽을 택할 경우 그대는 어떤 손해를 입게 될까? 그대는 믿음직스럽고 정직하고 겸손하고 고마움을 알고 자비롭고 다정하고 성실하고 참된 사람이 될 것이다. 분명 유독한 쾌락이나 영광이나 향락에는 빠지지 않을 것이다. 하지만 다른 것들도 누리지 못할까? 내 그대에게 말하지. 그대는 여기 이 생에서 따게 될 것이다. 이 길을 걸어가는 걸음걸음마다 따는 건 너무나 확실한 반면 거는 위험은 무시해도 좋을 정도임을 깨닫게 될 것이고 나중에 가서는 확실하고 무한

한 어떤 것을 바라고 걸었는데 실제로 건 건 하나도 없음을 알게 될 것이다. 아, 이 이야기가 나를 감격하게 하고 황홀하게 만든다. 등등. 혹이 이야기가 그대 마음에 들고 말이 된다 싶거든 꼭 알아주기 바란다. 이 글을 쓴 사람이 글을 쓰기 전에 또 쓴 다음에 무한하시고 부분이 없으신 그분, 그가 자신의 모든 것을 바쳐 섬기는 그분께 무릎 꿇고 기도하였음을. 나 때문에 그대들도 자신의 유익과 그분의 영광을 위해 그대들의 모든 것을 그분께 드리게 해 달라고, 그래서 능력이 이 낮음과 일치되게 해 달라고 말이다.

1. 무한과 하나님

파스칼이 이 글에서 말하고자 하는 바가 무엇일까? 한 대목씩 차근차근 따라가 보면 말의 뜻도 정확하게 파악할 수 있고 파스칼의 의도도 금방 알아챌 수 있다.

무한 무. 우리 마음은 몸 안에 던져져 있어, 거기서 수, 시간, 차원을 만난다. 마음은 그걸 따져보고 자연, 필연이라 부르고 그 밖의 것은 못 믿는다.

Infini rien. Notre âme est jetée dans le corps où elle trouve nombre, temps, dimensions, elle raisonne là-dessus et appelle cela nature, nécessité, et ne peut croire autre chose.

사람이란 무엇인가 하는 문제로 시작한다. 사람의 존재론적 특징과 그에 따른 인식론적 가능성 및 한계를 설명한다. 기본 틀은 데카르트와 비슷하다. 사람은 몸과 마음의 만남이다. 몸의 본성은 늘어남, 또는 자리를 차지함이다.

한자어로는 연장延長을 쓰는데 공간을 점유하고 있다는 말이다. 공간을 차지한 만큼 제한도 받는다. 공간과 함께 시간도 차지하므로 시간의 제한도 받는다. 마음의 본성은 생각이다. 몸과 달리 자리를 차지하지도 않고 시간의 제한도 받지 않는다. 자유다. 하지만 몸과 결합되지 않고는 생각이라는 걸 할 수가 없다. 몸이 있기에 수를 따지고 시간을 느끼고 차원도 안다. 공간의 세 차원, 시간의 흐름, 수의 많고 적음 등등은 이성과 무관하게 마음 또는 본능이 직관적으로 느끼는 것이다. 110/214 이성은 마음이 느끼는 이것들을 이용하여 추론을 하고 본디부터 있던 자연인지 아니면 논리적으로 필연적인 것인지 판단도 한다. 자연은 감각의 세계, 경험의 세계다. 필연은 논리의 세계, 생각의 세계다. 자연이니 필연이니 하는 판단은 이성이 한다. 그런데 그것도 몸을 가졌기에 할 수 있다. 마치 100년 뒤 칸트의 출현을 예기하듯 파스칼은 이곳을 비롯한《팡세》곳곳에서 인간 인식의 가능성과 한계를 따져보고 있다.

몸과 마음의 관계는 경험과 이성의 관계이기도 하다. 이성은 본능의 느낌을 바탕으로 무한을 향해 달리지만 경험에는 한계가 있다. 경험을 뛰어넘는 차원은 감각의 뒷받침이 없기에 믿을 수가 없다. 확실하게 알 수가 없다는 말이다. 왜 믿지 못할까? 파스칼은 습관 때문이라고 본다. 습관이 곧 본성이다. 그래서 진공을 인정하는 데도 많은 시간이 필요했다. 우리 마음은 수, 공간, 시간, 운동 등 유한한 것을 보는 데 길들여져 있다. 419/194 그걸 넘어서면 믿기 어렵다. 이를테면 삶에는 고통이 있다. 그런 모순과 아픔을 발견하는 것은 경험이다. 그 경험에 대한 답을 이성이 요구하는데 현세에선 찾을 수 없어 경험의 담을 넘어간다. 아담의 역사를 캐 보기도 하고 전생이나 내세로 가 보기도 한다. 일단 담을 넘으면 끝도 없이 간다. 하지만 몸은 생각을 따라 거기까지 가볼 수가 없어 마음만 간다. 그런데 마음도 몸 안에 던져져 있어야 생각도 할 수 있으므로 생각의 기본 틀은 여전히 유한의 단위를 벗어나지 못한다. 수, 시간, 차원이 그런 틀이다. 이성은 몸을 뛰어넘는다. 하지만 벗어날 수는 없다. 마음은 무한히 뻗어 가는데 몸이 따르지 않는 까닭이다. '몸에 깃든 마음' 또는 '마음을 품은 몸'은 사람의 가능성이면서 한계다.

이런 사람을 파스칼은 생각하는 갈대라 불렀다. 자연 가운데서도 가장 연약한 존재다. 몸은 무한한 우주에서 일개 점에 지나지 않는다. 무에 가깝다. 우주가 나 곧 내 몸을 삼킨다. 그러나 마음은 그 무한한 우주마저 삼키고도 남는다. 파스칼은 "무한과 무라는 두 심연" 사이에 위치한 인간을 이렇게 묘사한다.

"결국 자연 가운데서 인간은 무엇이겠는가? 무한에 비기면 무요, 무에 비기면 전부다. 무와 전체의 중간 지점으로 양 끝을 이해하는 일에서 무한히 멀다. 사물들의 목적도 또 그것들의 원리도 인간이 헤아릴 수 없는 비밀 속에 꼭꼭 감추어져 있다." 199/390

무한을 생각할 때 인간의 인식적 한계가 드러난다. 마음은 궁금한 게 참 많다. 우주는 얼마나 클까? 우주에 한계가 있을까? 만약 있다면 저 우주 너머에는 또 뭐가 있을까? 몸은 1m도 못 뛰어오르면서 마음으로는 영화 〈토이 스토리〉의 버즈처럼 외친다. "무한한 공간, 저 너머로 To infinity and beyond !" 공간뿐이겠는가. 시간도 마찬가지다. 길고 긴 세월 가운데 지극히 짧은 한 기간을 살다 가면서도 우주의 시작과 끝 그리고 그 너머에 대해서 생각한다. 하지만 "우리의 개념을 상상할 수 있는 공간 너머로 아무리 부풀려도 소용없다"고 파스칼은 지적한다. 199/390 제한된 몸과 무한한 마음, 곧 유한과 무한이 수수께끼처럼 만났다. 아는 것도 많지만 모르는 것도 참 많은 게 사람이다.

무한에 일을 더해도 무한은 조금도 늘어나지 않는다. 무한의 길이에 한 자를 보태도 마찬가지. 유한은 무한 앞에서 소멸되어 무 그 자체가 된다. 우리의 영혼도 하나님 앞에서 그리 되고, 우리의 정의도 신의 정의 앞에서 그렇게 된다. 우리의 정의와 하나님의 정의 사이의 불균형은 일과 무한 사이의 불균형만큼 크지 않다. 하나님의 정의는 분명 당신의 자비만큼 엄청난 것이다. 그렇지만 버림받은 이들을 향한 정의는 선택받은 이들을 향한 자비만큼 엄청나지 않고 따라서 그렇게 놀랄 만한 것도 아니다.

L'unité jointe à l'infini ne l'augmente de rien, non plus que un pied à une mesure infinie; le fini s'anéantit en présence de l'infini et devient un pur néant. Ainsi notre esprit devant Dieu, ainsi notre justice devant la justice divine. Il n'y a pas si grande disproportion entre notre justice et celle de Dieu qu'entre l'unité et l'infini. Il faut que la justice de Dieu soit énorme comme sa miséricorde. Or la justice envers les réprouvés est moins énorme et doit moins choquer que la miséricorde envers les élus.

무한 개념을 설명한다. 사람의 인식이 어떤 한계를 갖는지 설명하기 위해서다. 일단 개념적 정의만 내린다. 한계가 없는 게 무한이다. 수학을 보기로 든다. 수학에는 무한 개념이 있다. 기호는 숫자 8을 눕혀 사용한다 (∞). 아무리 큰 수라도 그것보다 더 큰 수가 언제나 있으니 수는 한계가 없이, 끝없이, 무한히, 뻗어간다. 작게 쪼개는 것도 한계가 없다. 아무리 잘게 쪼갠 수라도 수인

이상 또 쪼갤 수 있다. 무한을 이용해 인간 실존을 해명한 바 있는 파스칼은 이제 곧 그 무한의 사다리를 타고 하나님께도 접근할 것이다. 시작은 일단 수학에서 사용하는 추상적 개념으로 한다. 수학은 크게든 작게든 무한의 존재를 깨달을 수 있는 좋은 분야다.

그런데 그런 무한은 유한에서 출발하는 무한이다. 이미 알고 있는 어떤 지점에서 출발하지만 한계를 설정할 수 없어 무한이 되었다. 그래서 그냥 개념이다. 한계가 없는 것, 유한하지 않은 어떤 것이다. 무엇인지 알 수는 없지만 적어도 무한보다 큰 것은 있을 수 없고, 쪼갤 경우라면 무한보다 작은 것도 불가능하다. 무한에다 유한을 아무리 더해도 무한 개념은 변하지 않는다. 무한은 유한의 영향권에서 벗어나 있다. 이와 반대로 유한은 무한 앞에서는 없는 것과 같다. 없을 무無! 유한 그 자체만 따지면 무언가 있어 보이지만 무한에 비길 때는 아니다. 유한의 한계를 논하는 것조차 의미가 없다. 뭔가 있어야 한계도 있겠지만 그 있다는 것조차 무한 앞에서는 아무것도 아니기 때문이다. 내기 논리의 첫 두 낱말이 무한과 무다. 무한이 아니면 다른 모든 것은 무 하나로 수렴한다.

사람과 하나님도 그렇게 유한과 무한의 관계로 이어져 있다. 파스칼은 여기서 별다른 설명도 없이 추상적 무한을 하나님과 동일시한다. 다소 과도한 비약이다. 그리고는 그 하나님을 유한한 사람과 대조한다. 사람은 유한이다. 몸을 가진 까닭이다. 생각도 마찬가지다. 양은 몰라도 질에는 한계가 있다. 무한히 뻗어가는 생각이지만 몸과 뒤엉켜 있기 때문에 할 수 없는 것도 많다. 게다가 온갖 오류에 노출되어 있는 것이 사람의 생각 아닌가. 하나님은 그런 사람에 비할 때 무한이시다. 사람을 아무리 많이 더하고 아무리 좋게 바꾸어도 하나님이 될 수가 없다. 여기서 이미 파스칼의 신앙이 드러난다. 창조주 하나님, 이 넓은, 아니, 무한한 우주를 만드신 분이다. 그분이 만드신 우주가 무한할 정도라면 그분 자신은 얼마나 더 무한할까? 수의 무한을 생각해 보며 창조주를 그런 무한 개념에 빗대어 생각해 볼 따름이다.

우리 영혼 곧 마음은 하나님 앞에서 무가 된다. 하나님은 무한하시고 우리는 유한하다. 무슨 차이가 그렇게 클까? 정의 개념이 좋은 보기다. 우리도 정의 개념이 있다. 뭐가 옳은지 어떻게 해야 공평한지 안다. 사람을 차별하면 안되고, 빚진 게 있으면 갚아야 한다. 그게 정의다. 그런데 그런 개념이 정확하지 못하고 완벽하지도 못하다. 정의를 누가 만드나? 법인가 왕인가? 자연법이라는 게 있나 아니면 그냥 관습인가?^{60/108} 플라톤의 정의가 다르고 공리주의의 정의가 다르고 존 롤스의 정의도 다르다. 그래서 정의라는 주제로 책도 많고 논문도 끊임없이 나온다. 하지만 어느 주장이든 논리적 모순이 곳곳에 가득하다. 논의가 끝이 없어 유한한 것이 사람의 정의다. 그런 정의 개념을 현실에 적용하려 하면 더 엉망이 된다. 완벽한 정의 개념이라는 게 있다 해도 헝클어진 실타래 같은 이 복잡한 세상에는 제대로 적용하기 어려울 터인데 개념부터 이렇게 엉성해서야 뭘 하겠는가. 하나님의 정의는 그렇지 않다. 개념도 완벽하거니와 적용에도 한 치의 오차가 없다. 하나님의 정의가 그런 줄 어떻게 알까? 그런 정의를 갖고 실행하시는 분이라야 하나님일 수 있다. 정의는 하나님의 속성, 곧 하나님의 하나님 되심의 중요한 한 부분인 까닭이다.

그런데 파스칼은 하나님 앞에서 무로 소멸되는 우리 인간이지만 하나님의 정의와 우리 인간의 정의의 차이는 수학에 나오는 일(1)과 무한의 차이보다 작다고 한다. 파스칼이 무슨 말을 하고 싶은지 여기서 조금 드러난다. 알 수 있다는 것이다. 무한은 모든 유한을 포괄한다. 하나님과 우리 사이가 그렇다. 그런데 하나님의 정의와 우리의 정의를 비교해 보니 그 차이가 일과 무한만큼 크지는 않다. 일은 무한히 큰 수로 가거나 무한히 작은 수로 가는 출발점이다. 따라서 일과 무한은 사람이 생각할 수 있는 가장 큰 차이다. 그런데 정의에 대해서는 우리 이성도 아는 바가 있다. 정의의 기본인 죄와 벌의 원칙은 사람이라면 다 알고 있는 원칙이다. 죄 지어 타락하면서 터득한 원리지만 죄를 짓기 전에도 하나님의 뜻을 따르는 옳음과 맡은 바 책임을 다하는 바름에 대해 알고 있었다. 사람들은 그것을 양심 또는 자연법이라 부른다. 따라서 하나님의 정의와 우리의 정의 사이의 차이는 일과 무한보다는 작아야 맞다. 사람이 어떻게 그런 능력을 갖게 되었는지는 설명하지 않는다. 하나님이 사람을 하나님과 닮게 창조하신 덕분이지만 지금은 그것보다는 그런 능력을 갖고서도 이해할 수 없는 어마어마한 차이를 일단 강조한다.

정작 놀라운 것은 하나님의 자비다. 정의도 엄청나지만 자비는 훨씬 더 엄청나다. 왜 그런가? 하나님의 자비는 버림받은 자들을 향한 자비다. 버림받지 않은 자는 없으니 온 인류를 향한 것이다. 그런데 버림받은 자들은 스스로 하나님을 버린 자들이다. 이들에게는 하나님의 정의가 적용되어야 옳다. 지은 죄에 대해 벌이 주어져야 한다. 그런데 하나님은 정의를 실행해 벌주셔야 할 사람들 가운데 일부를 골라 자비를 베푸셨다. 용서해 주셨다. 벌을 받아야 마땅한 사람들에게 오히려 복을 주셨다. 한 거라고는 죄 지은 것뿐인데 죄 짓기 이전 상태로 되돌려주시는 정도가 아니라 그보다 더 영광스러운 상태로 높여 주신다. 이 자비는 사람의 이성이 생각조차 할 수 없었던 것일뿐더러 듣고 난 다음에도 이해할 수 없는 어떤 것이다. 우리도 자비라는 걸 조금은 안다. 남들이 겪는 아픔을 덜어주거나 헐벗고 굶주리는 이를 먹여야 된다는 정도의 자비다.

그런데 하나님의 자비는 벌을 받아야 할 대상에게 아무 이유도 조건도 없이 벌 아닌 복을 준다. 이게 말이 되나? 완전히 뒤집어진 것 아닌가? 자연은 정의만 알았다. 고대 신화에서도 잘한 사람은 낙원 엘리시움으로 보내고 못 한 사람은 지옥 밑바닥인 타르타로스로 보냈다. 심판자 라다만티스는 자비를 몰랐다. 고대 이집트를 비롯한 옛 이야기들은 다 그렇다. 정의의 여신도 눈을 가리고 있지 않은가. 그런데 자비라는 게 왔다. 잘못했는데 용서해 준다. 그러니 하나님의 자비는 하나님의 정의보다 훨씬 엄청날 수밖에 없고 듣는 사람마다 놀라지 않을 수 없다.

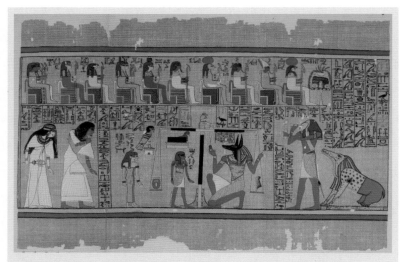

<사자의 서> 고대 이집트 문서인 '사자의 서Book of the Dead'가 그리고 있는 사후의 심판 모습. 맨 위에는 12명의 신이 앞을 보고 앉아 있고 그 아래 오른쪽에는 늑대 머리를 한 저승의 신 아누비스Anubis가 사제 아니Ani의 심장(양심) 무게를 진리(법)의 털과 비교해 재고 있다. 저울 왼쪽에는 운명의 신 사이Shai가 두 여신을 뒤에 거느리고 있으며 가장 왼쪽에는 흰 옷을 입은 아니 부부가 심판 결과를 기다리고 있다. 기원전 1275년 경. **사진 Cesar Ojeda @ Wikimedia Commons.**

그게 다가 아니다. 벌을 받아야 할 사람에게 복을 주는 것도 터무니가 없지만 그런 자비가 하나님의 정의에 어긋나지도 않는다. [149/309] 벌 받을 사람 가운데 일부를 골라내 복을 주는데 그게 비리도 아니고 타협도 아니고 불공평도 아니고 하나님의 무한한 정의와 완벽한 조화를 이룬다. 이게 가당키나 한 일인가? 자비를 베푸시는 방법은 더더욱 말이 안 된다. 하나님이 당신 스스로를 희생하시는 방법이다. 하나님이 당신의 아들을 죽음에 보내셨다. 벌 받을 자들 대신 당신의 아들을 죽이시고 벌 받을 자들에게는 복을 내리셨다. 정의와 자비를 한꺼번에 이루시는 하나님의 방법이었다. 파스칼이 하나님의 자비에 담긴 이런 요소들까지 전부 염두에 두었는지는 알 수 없으나 그 가운데 하나만으로도 얼마든지 엄청나다 할 수 있다. 하나님의 정의는 우리도 약간은 이해할 수 있기에 일과 무한의 차이보다 작다. 그러나 자비는 우리가 전혀 몰랐고 설명을 다 들은 다음에도 도무지 납득이 안 된다. 하나님의 자비에 담긴 엄청난 면모를 다 고려한다면 하나님의 자비는 이성이 생각할 수 있는 자연계 최대의 차이 곧 일과 무한 사이의 차이마저 훌쩍 뛰어넘는 것일 수밖에 없다.

무한을 논하다가 갑자기 왜 정의와 자비가 나왔을까? 논점에서 이탈한 것일까? 아니다. 이게 사실은 말하고 싶은 핵심이다. 추상적 무한 내지 물리적 무한은 하나님의 무한하심을 소개하기 위한 계기로 도입한 것이다. 우주의 물리적 무한을 말한 다음 그것과 통하면서도 그것을 월등히 넘어서는 하나님의 자비를 말하고자 한 것이다.

"여호와께 감사하라. 그는 선하시며 그 인자하심이 영원함이로다"

(시편 136:1).

하나님의 선하심과 자비로우심은 무한하다. 유한한 인간이 이해할 수 없는 무한이다. 하나님의 사랑, 용서, 자비, 이건 아무리 해도 내 머리에 들어오지 않는다. 왜 벌 대신 복일까? 당신 스스로 희생을 감수하시면서? 그러면서 당신의 정의와 아무런 모순도 없다고? 이성이 아무리 무한하다 해도 이건 이해 못 한다. 그래서 기독교 복음은 이성이 보기에 말이 안 되는 어떤 것이다. 성경은 그것을 "어리석음"이라 부른다. 파스칼은 용어는 수학이나 상식에서 쓰는 무한을 사용하면서 마음으로는 성경이 말하는 그 하나님을 생각하고 있다. 좀 심하게 말하면 과거 자신이 비판한 예수회의 심중유보 기법을 쓴 것 같기도 하다. 사람들이 흔히 말하는 신, 곧 지혜와 능력이 무한하신 그런 추상적인 대상이 아니라 죄에 대해서는 정의의 심판을 내리시지만 구원받은 자에게는 이해할 수 없는 자비의 은혜를 베푸시는 기독교의 하나님을 무한이라는 이름으로 슬쩍 소개한 것이다. 불의 밤에 고백한 그대로 철학자의 하나님이 아닌 아브라함과 이삭과 야곱의 하나님이다.

우리는 무한이라는 게 있다는 건 알지만 무한의 본성은 모른다. 수가 유한하다는 게 잘못된 판단임을 아는 것과 마찬가지 방식이다. 그러니 무한의 수가 있다는 건 참이지만 그게 무엇인지는 모른다. 짝수라 해도 틀렸고 홀수라 해도 틀렸다. 일을 더해도 무한의 본성은 조금도 달라지지 않는 까닭이다. 그렇지만 무한수도 하나의 수여야 하며, 수는 다 짝수 아니면 홀수다. 사실상 모든 유한수가 여기 해당한다. 이런 식으로 하나님이라는 분이 계시다는 것을 그분이 어떤 분이신지 모르고서도 얼마든지 알 수 있다.

Nous connaissons qu'il y a un infini, et ignorons sa nature comme nous savons qu'il est faux que les nombres soient finis. Donc il est vrai qu'il y a un infini en nombre, mais nous ne savons ce qu'il est. Il est faux qu'il soit pair, il est faux qu'il soit impair, car en ajoutant l'unité il ne change point de nature. Cependant c'est un nombre, et tout nombre est pair ou impair. Il est vrai que cela s'entend de tout nombre fini. Ainsi on peut bien connaître qu'il y a un Dieu sans savoir ce qu'il est.

하나님과 무한을 연결한 다음 이제 그 무한을 이용해 하나님의 존재를 설명한다. 오해는 말자. 하나님의 존재를 논리적으로 증명하겠다는 뜻이 아니다. 파스칼은 그런 시도가 무익하다 했고 본인도 전혀 관심이 없다. 다만 어떻게든 하나님의 존재를 알 가능성이 있음을 말할 따름이다. 그 하나의 방법이 바로 수학의 무한이다. 무한수라는 게 무엇인지 아무도 모른다. 하지만 그런 게 있다는 건 분명히 안다. 긍정적인 방법 아닌 부정적인 방법으로다. 수가 유한하다는 판단이 잘못이므로 무한할 수밖에 없다는 그런 방식이다. 무엇인지는 모르지만 있다는 한 가지는 분명히 안다. 그러니 뭔지도 모르는 어떤 대상을 두고 있다 없다 판단한다고 해서 비합리적이거나 몰이성적인 것은 아니다. 하나님이 계시다는 것도 그런 간접적인 방식으로 인정할 가능성이 얼마든지 있고 그런 방식이 가능할 경우 그걸 비합리적이라 해서는 안 된다는 것이다.

수학은 가장 합리적인 학문이다. 필연을 논하는 곳이다. 그런데 그 수학에서 무한이라는 개념을 만들어 사용한다. 그게 뭔지도 모르면서! 수인 이상 짝수 아니면 홀수여야 하는데 그중 하나라면 그건 이미 무한이 아니다. 짝수도 아니고 홀수도 아니고······ 그렇다고 제삼의 무엇도 아니다. 짝수나 홀수가 아닌 수는 없기 때문이다. 그렇다면 뭘까? 모른다. 그렇지만 무한의 수가 있다는 건 안다. 왜? 수는 유한할 수 없으니까. 수가 유한하다는 판단이 잘못인 줄 알기에 무한의 존재는 알지만 그게 뭔지, 어떤 수인지는 모른다. 인간 이성이 제 구실을 톡톡히 하는 수학에서 하는 이야기다. 가장 이성적이고 가장 논리적인 수학에서 되는 일이라면 그런 방식을 적용 못 할 분야가 어디 있겠는가? [149/309]

파스칼은 사람의 합리적인 사고에 호소한다. 본질을 모르고서도 존재는 알 수 있다는 것을 수학을 이용해 주장함으로써 하나님이 어떤 분이신지 모른 채 그분이 계시다는 걸 아는 것 또한 몰이성적이지 않다고 주장한다. 중세의 기독 철학자 안셈[Anselm, 1033-1109]의 존재론적 논증을 생각나게 하지만 취지는 다르다. 안셈은 하나님을 가장 완전하신 분으로 정의했다. 가장 완전하다는 그 개념에는 존재도 당연히 포함되어야 하므로 하나님은 가장 완전한 분이라는 정의만으로도 계시다는 것이 증명된다는 주장이었다. 하나님이 없다 하는 사람은 바보라고 선언하는 시편 14:1의 뜻을 그렇게 풀어본 것이다. 신앙은 이해를 추구해야 한다고 믿은 안셈은 자신이 기독교 신앙을 합리적으로 설명했다 믿었지만 하나님의 존재를 부인하던 바보가 이 깨달음에 설득되어 지혜롭게 되었다는 말은 들어본 바 없다. 안셈이 하나님이라는 개념에서 존재를 추론한 반면 파스칼의 설명은 반대로 전개된다. 하나님에 대해 몰라도 존재는 알 수 있다는 것이다. 하나님의 정의와 자비가 무한하다고 앞에서 언급했지만 그런 속성을 모르고서도 하나님의 존재를 아는 것이 이성에게 가능하다는 것이다. 논증이 아니라 제안이다. 가장 합리적인 수학에서도 무한의 본질을 모르면서 존재를 수용한다면 신앙의 영역에서도 안 될 이유가 없지 않느냐는 설명이다.

수학의 개념을 하나님의 존재에 적용하는 파스칼의 접근 방식은 철학자 플랜팅가가 주창한 '개혁 인식론[Reformed Epistemology]'과 통하는 점이 있다. 플랜팅가는 우리가 다른 사람의 마음이 존재한다는 것을 간접 추론으로 알듯이 하나님이 계시다는 것도 그렇게 추론을 통해 알 수 있고 따라서 하나님을 믿는 것은 남의 마음을 믿는 것과 마찬가지로 전혀 불합리하지 않다는 주장을 편다. 믿음과 지식을 날카롭게 구분하여 오직 지식만 수용하겠다 하는 철학자들 앞에서 모든 지식의 바탕에 믿음의 요소가 깔려 있음을 명확하게 밝혀 입을 닫게 만든 것이다. 개혁 인식론은 하나님의 존재를 믿는 기독교 신앙이 소위 철학적 지식에 비해 인식론적 가치에 있어서 조금도 열등하지 않음을 설득력 있게 밝히고 더 나아가 그 점을 깨닫지 못하는 인간 이성의 한계를 오히려 지적하고 꾸짖는다. 개혁 인식론은 자유의지 변론과 함께 우리 시대를 대표하는 철학적 변증이다. 기독교 신앙이 불합리하다는 공격에 맞서 사람들이 늘 사용하는 원리를 근거로 기독교 신앙의 합리성을 설명하는 일은 예나 지금이나 매우 효과적인 변증이라 할 수 있다.

파스칼의 논리 이 부분에도 오류가 하나 숨어 있다. 무한이라는 개념의 혼동이 빚은 오류다. 수학에서 무한은 수의 연속에 끝이 없다는 뜻일 수도 있고 무한이라는 특정한 수를 가리킬 수도 있다. 그런데 파스칼은 처음 수가 유한하다는 명제가 오류라 한 다음 곧바로 무한수가 있어야 한다는 결론으로 건너뛴다. 무한이라는 특성을 말하다가 무한한 어떤 대상으로 논의가 슬쩍 바뀌고 그런 다음 무한은 그 대상이 가진 하나의 속성이 되어 버린 것이다. 게다가 앞에서 말한 것처럼 수학이 말하는 물리적 유한과 하나님의 자비 같은 영적, 비유적 무한이 얼마나 유사성이 있는지도 의문이다. 파스칼이 그걸 몰랐는지 아니면 알고도 무시했는지는 알 수 없지만 그렇게 성급하게 달리는 이유만큼은 충분히 짐작할 수 있다. 하나님의 무한한 자비를 말하고 싶은데 수학에서 무한 개념을 사용하니 그걸 얼른 갖고 와 사용한 것이다. 그런 무한의 존재가 앞으로 전개될 추론의 근거가 되고 있으니 파스칼의 내기는 하나의 논리로서는 시작부터 꽤 엉성하다 할 수 있다.

> 참 진리라는 건 아예 없는 것일까? 그토록 많은 참된 것들도
> 참 그 자체는 아니니 말이다.
> *N'y a(-t-)il point une vérité substantielle, voyant tant de choses*
> *vraies qui ne sont point la vérité même'?*

누구의 의문인지 분명하지 않으나 답변을 하지 않은 걸 보니 파스칼 자신의 의문이지 싶다. 그런데 몰라 묻는 게 아니라 사람들의 관심을 끌기 위해 만든 물음이다. 진리 개념이 뜬금없이 등장했다. 하나님의 정의와 자비를 무한이라는 틀에서 논하다가 갑자기 진리를 언급한다. 진리라면 인간 이성이 도달할 수 있는 최고의 목표가 아닌가. 앞으로 이 진리가 논의의 중심에 설 것이다. 무한이라는 개념을 추구하는 그 일이 곧 진리를 찾는 방식으로 전개될 것이다. 그런데 진리라는 이름 곧 옳다는 이름을 가진 것들이 세상에 얼마나 많은가! 하나 더하기 하나가 둘이라는 것도 진리고 지구가 태양 주위를 돈다는 것도 진리다. 우리 부모님이 나 다음에 낳으신 아들이 내 동생이라는 것도 진리다. 한 인생 살면서 우리는 진리라는 이름을 가진 것들을 무수히 만난다. 그런데 그것들 가운데 진리 그 자체, 가장 값진 진리, 다른 모든 진리를 진리 되게 만드는 근본적인 진리는 무엇일까? 공자 말대로 아침에 들으면 저녁에는 죽어도 좋을 정도로 인생의 가치를 충족시키는 그런 진리란 무엇일까? 그런 게 과연 있기나 할까?

참 진리는 변하지 않는 진리 곧 진리 그 자체다. 파스칼은 본체적인 진리

*vérité substantielle*라는 말을 쓴다. 본체라는 말은 **sub-stantia** 곧 어떤 것 아래에 있다는 말이다. 눈에 보이는 것들은 끊임없이 변하지만 그 아래는 변하지 않는 참된 것이 있다는 믿음이다. 물결이 쉼없이 일렁이는 바다도 깊은 곳까지 내려가면 조금의 움직임도 없다 하지 않던가. 변하지 않고 움직이지도 않는 그게 진짜다. 플라톤의 이데아론을 생각나게 하는 말이다. 플라톤은 우리 눈에 보이는 것들은 다 복사된 것들이어서 끊임없이 변하고 생겼다가 사라지는 반면 원본은 보이지 않고 영원불변한 이데아의 세계에 있다 주장했다. 정의의 이데아가 자신을 조금 나누어주면 법을 만들어 집행하는 국가가 생기고 같이 번 돈은 사이좋게 나누어 쓰고 물건을 훔친 사람은 몇 배로 갚고 남을 상하게 한 사람은 벌을 받게 된다. 그런 여러 가지 모습은 다 정의라는 이데아가 복사판 세상에 자기 모습을 나타내는 방식이다. 아름다움이라는 이데아가 세상에 자기 힘을 좀 흘려주면 고흐의 그림도 되고 모차르트의 음악도 되고 원장님 손길을 거쳐 미스코리아도 된다. 그걸 염두에 두고 한 말이다.

우리가 알고 있는 것들은 다 유한의 세계에 속한 것이다. 따라서 참이라는 이데아의 한 조각을 간직하여 참되다는 특성을 가질 수는 있어도 그렇다고 해서 그게 참 그 자체인 것은 아니다. 참되다는 특성이 그것들의 본질, 본체는 아니라는 말이다. 하나에 하나를 더하면 둘이라는 문장은 산수일 때는 참이고 팥한 병과 깨 한 병을 섞을 경우 거짓이겠지만 문장 그 자체는 참 거짓 여부와 무관하게 그냥 있다. 지구가 돈다는 것도 참 거짓을 떠나 하나의 진술이다. 전에는 거짓이었는데 지금은 참이 되었다. 변한다. 요즘은 나와 동생 사이도 그럴지 모른다. 참 그 자체는 참이라는 것을 빼면 존재할 수 없는 어떤 것이다. 그것이 무엇일까? 우리는 모른다. 파스칼은 참되다는 이름을 가졌으면서도 참 그 자체일 수 없는 이 땅의 것들을 언급하면서 하나님이 바로 참 그 자체이신 분이 아닐까 하는 기대감을 독자의 마음에 불어넣고 있다.

그런데 이데아는 어떻게 알 수 있을까? 이데아의 그리스말 원어 에이도스는 보이는 어떤 것을 가리킨다. 플라톤의 이데아는 보아 안다. 그런데 감각 세계 너머에 있으니 눈이 아닌 마음으로 보는 것이리라. 이데아가 마음에 있다는 말이 아니다. 시공을 초월한 것이니 감각의 세계, 경험의 세계를 넘어 마음으로, 이성으로 볼 수 있

플라톤과 아리스토텔레스. 라파엘로의 <아테네 학당> 중앙 부분. 1509-1511 바티칸 교황청 라파엘로의 방. 아테네 학당 건물에 들어서는 두 사람을 그렸다. 플라톤은 우주의 기원과 원리를 따져본 대화편 ≪티마이오스≫를 들었고 아리스토텔레스는 인간관계의 기본을 다룬 ≪니코마코스 윤리학≫을 들고 있다. 원근법을 완벽하게 구사한 이 그림에서 라파엘로는 원근법을 가르쳐 준 스승 레오나르도 다 빈치의 얼굴을 플라톤으로 그려 존경을 표했다. 사진: Wikipedia.

다는 말이다. 그런데 아리스토텔레스는 속지 말라 한다. 이데아라는 건 애초에 없고 플라톤이 말한 진리 그 자체라는 건 우리 눈에 보이는 구체적인 것들 속에 다 있다는 것이다. 눈으로 보고 귀로 듣는 이 하나하나가 결국 진짜고 원본이라는 말이다. 그래서 라파엘로가 그린 <아테네 학당> 그림에서 플라톤은 손가락으로 위를 가리키고 아리스토텔레스는 손바닥을 펴 땅을 가리키고 있다. 이데아 사상은 노자의 가르침과 통하는 면도 있다. 도를 도라 하면 참 도가 아니고 이름을 이름이라 하면 참 이름이 아니라 하였으니[78] 참 도, 참 이름

---

78 『노자』 1장. 道可道 非常道 名可名 非常名.

/ 250 **파스칼 평전**

은 우리가 눈으로 보고 귀로 듣는 이 세상 곧 유한에 속한 것일 수가 없다. 유한에 속한 것이라면 왜 이름을 못 부르겠는가? 아리스토텔레스가 옳았다면 우리가 아직도 참 그 자체를 찾아 헤매고 있지는 않았으리라.

"아예 없는 것일까?" 하고 물으면서 파스칼은 사람들의 관심을 보이지 않고 들리지 않는 무한의 세계로 이끌고 있다. 아침에 듣거나 산모퉁이를 돌아 만나는 게 진리인 줄 알았는데 진리는 그렇게 듣고 보는 게 아닐 수도 있겠구나. 아니, 아침에 듣는 진리는 들음의 영역을 넘어서는 어떤 것일 수도 있고 산모퉁이를 돌아 발견하는 것도 송학사나 그리운 님이 아닌 다른 어떤 것일지 모른다. 결국은 보고 듣는 것이 맞다. 무엇을 어떻게 보고 듣느냐 그게 다를 뿐이지.

우리는 유한의 존재 및 본성을 안다. 우리도 그것처럼 유한하고 자리를 차지하기 때문이다. 우리는 무한의 존재는 알지만 본성은 모른다. 무한도 우리처럼 자리를 차지하지만 우리 같은 한계는 없기 때문이다. 그렇지만 하나님에 대해서는 존재도 본성도 모른다. 자리를 차지하시지도 않고 한계도 없으시니 말이다. 그러나 믿음으로 우리는 그분의 존재를 안다. 영광에 의해 우리는 그분의 본성을 알게 될 것이다. 그런데 어떤 것의 본성을 모르고서도 그것의 존재는 얼마든지 알 수 있음을 난 이미 증명했다.

Nous connaissons donc l'existence et la nature du fini parce que nous sommes finis et étendus comme lui. Nous connaissons l'existence de l'infini et ignorons sa nature, parce qu'il a étendue comme nous, mais non pas des bornes comme nous. Mais nous ne connaissons ni l'existence ni la nature de Dieu, parce qu'il n'a ni étendue, ni bornes.

Mais par la foi nous connaissons son existence, par la gloire, nous

connaîtrons sa nature. Or j'ai déjà montré qu'on peut bien connaître

l'existence d'une chose sans connaître sa nature. O. Tournez.

본성을 몰라도 존재는 알 수 있다는 설명이 계속된다. 우리는 어떤 대상을 유비類比를 통해 안다. 새로운 어떤 것을 그와 비슷한 것을 통해 알아가는 방식이다. 그래서 외부와 담쌓고 사는 아마존 오지 사람들에게 텔레비전이나 스마트폰 같은 것을 설명하기가 어렵다. 유한은 우리와 같은 차원에 있다. 그러니 유한한 것은 존재뿐 아니라 본성도 알 수 있다. 유한은 우리처럼 자리를 차지한다. 시간 공간의 범위 안에 있다. 무한은 다르다. 시공간을 점유하고 있긴 하지만 끝이 어딘지는 모른다. 아니 끝이 있을 수가 없다. 결국은 시공을 뛰어넘기 때문이다. 무한의 한계라는 개념 자체가 모순이다. 그러니 무한이 있다는 건 알지만 무엇인지는 모른다.

그런데 하나님에 대해서는 한 걸음 더 나아간다. 본성뿐 아니라 존재마저 알 수가 없다. 우리처럼 자리를 차지하고 계시지 않기 때문이다. 우리가 알고 있는 무한은 사실 우리와 같은 차원에 있는 무한이다. 위쪽 끝은 하늘까지 뻗어 보이지 않아도 아래 끝은 우리와 같이 땅에 서 있는 사다리와 같다. 학문에서 다루는 무한도 그런 무한이다. 하지만 하나님은 무한이라는 같은 이름을 가졌지만 우리가 알고 있는 무한과 다른 차원에 계신다. 사실 그분 앞에서는 우리가 무한이라 부르는 것들마저 무로 축소되어 버린다. 따라서 우리가 알고 있는 것들과 비교조차 할 수가 없다. 정의의 문제에 대해서는 어느 정도 유비가 가능했다. 하지만 상상조차 할 수 없던 자비가 있고 그것을 넘은 다른 것들은 아마 무한히 더 많을 것이다. 그러니 그분의 본성뿐 아니라 그런 분이 정말 계시는지조차 우리로서는 알 수가 없다. 우리가 그분의 존재를 알 수 있는 것은 오직 믿음의 차원이다. 믿음의 차원이니 우리의 이성적인 생각을 벗어난다. 이성이 아무리 멀리 뻗어가도 하나님에게 닿을 수 없다. 파스칼은 우리가 그분의 계심과 어떠하심을 알 수 있음을 성경에 근거해 설명한다.

하나님의 존재는 믿는 게 아니라 믿음으로 아는 것이다. 믿음은 모르는 것을 알 수 있게 해 주는 힘이다. 여기서 파스칼은 지식과 신앙 사이의 괴리를 잘 극복하고 있다. 중세 신학자들은 객관성을 가진 지식과 주관적인 사건을 구분한 플라톤의 이분법을 무비판적으로 수용한 결과 하나님에 대한 신앙을 일반 지식보다 열등한 것으로 만들어 버렸다. 그래서 중세 수백 년 동안 신앙의 인식론적 지위를 높여 보려고 무던 애를 써야 했다. 하지만 파스칼은 플라톤식 오류에 빠지지 않고 성경의 가르침을 그대로 수용하여 믿는 것과 아는 것을 동일하게 본다. 이성이 아무것도 할 수 없는 여기 믿음의 능력이 나타난다. 몰라서 믿는 것이 아니라 믿는 그게 바로 아는 것이다. 지금은 하나님의 존재만 알지만 나중에는 하나님의 본질까지 알게 될 것이다. 영광에 의해 알 것이라 했다. (빌립보서 3:21) 이 말은 그리스도의 재림을 두고 한 말이다. 그때가 되면 그리스도를 믿은 사람들은 모두 영광스럽게 변화될 것이다. 이 영광은 하나님의 본질에 참여하는 영광이다. 하나님의 본질을 외부에서 보고 느끼는 것이 아니라 나 자신이 그렇게 영광스러운 존재로 변화될 것이다. 플라톤의 이데아를 마음의 눈으로 보는 정도가 아니라 아예 내가 그 이데아가 된다. 다만 미래의 일이요 지금은 아니다.

믿음으로 아는 것이라면 이성과는 무관한 듯 보인다. 그렇지만 이성을 무시하는 일은 아니다. 이성으로 설명할 수 없는 일을 믿음으로 아는 그게 사실은 이성적인 판단임을 파스칼은 강조한다. 그래서 가장 이성적인 학문인 수학과 나란히 설명하였고 이미 증명하지 않았느냐고 다시금 확인한 것이다. 수가 유한할 수 없다는 판단이 무한의 존재를 인정하게 하듯 하나님의 존재와 본성에 대해서도 그런 간접적인 논리가 얼마든지 가능하며 그런 논리가 우리를 하나님이 계시다는 판단으로 이끌 경우 그것을 불합리하다 생각해서는 안 된다는 말이다. 파스칼은 여기서 이성적인 설명을 하다가 믿음으로 잠시 일탈한 것이 아니라 하나님에 대한 믿음에도 수학의 무한과 같은 차원의 논리가 합리적으로 적용될 수 있음을 말하고 있다. 편집자들은 이 단락에 수많은 교정의 흔적이 있다는 걸 발견했다. 공을 들였다. 그냥 쓱쓱 휘갈겨도 명문이 나오는데 공을 들여 다듬었으니 그만큼 치밀하게 생각했다는 뜻이다. 전체 논리에서 갖는 중요성도 그만큼 클 것이다.

2. 기독교의 하나님

이제 본성의 빛에 따라 말해보자. 만약 하나님이 계시다면 그분은 무한히 불가해하실 것이다. 왜냐하면 그분은 부분들도 없고 한계들도 없으셔서 우리와 아무 연관성이 없으시기 때문이다. 따라서 우리는 그분이 어떤 분이신지도 또 그분이 계시는지도 알 도리가 없다. 형편이 그러하니 누가 감히 이 문제를 풀려고 시도하겠는가? 우리는 아니다. 그분과 전혀 관련이 없으니 말이다.

O. Parlons maintenant selon les lumières naturelles. S'il y a un Dieu il
est infiniment incompréhensible, puisque n'ayant ni parties ni bornes,
il n'a nul rapport à nous. Nous sommes donc incapables de connaître

ni ce qu'il est, ni s'il est. Cela étant qui osera entreprendre de résoudre

cette question? ce n'est pas nous qui n'avons aucun rapport à lui.

본성의 빛에 따라 말한다. 우리 본성, 사람이면 타고나는 그 본성이다. 기독교를 모르고 성경에 대해 못 들어본 사람도 이해할 수 있는 이야기를 해 보자는 말이다. 파스칼은 시작부터 인간의 한계를 명확하게 지적한다. 우리의 본성은 하나님의 본성을 모른다. 하나님이라는 분이 계시다면 우리 본성으로 볼 때는 무한히 불가해하신 분, 곧 아무리 해도 이해할 수 없는 어떤 분이실 것이다. 왜 그런가? 우리와는 반대이시기 때문이다. 우리는 온갖 한계에 갇혀 있는데 반해 하나님은 그런 한계가 없으시다. 하나님과 우리 사이의 유비 자체가 불가능하다. 하나님이 무한하시다는 건 어떻게 아나? 간접적인 방법이라 했다. 유한한 것은 하나님일 수 없으니 유한 너머에 계셔야 한다. 하나님은 또 부분들도 없으시다. 우리는 자리를 차지하고 있기 때문에 나눌 수 있지만 하나님은 그렇지 않다. 부분이 없으시기에 나눌 수도 없다. 우리 본성과 하나님의 본성은 맞닿은 지점이 아예 없다.

옛 사람들도 본성의 빛에 따라 신이라는 존재를 알았다. 고대 그리스 로마의 신, 이집트와 동양 여러 종교의 신, 단군신화에 나오는 신들이 그런 존재 아닌가. 동서고금을 막론하고 사람이라면 다 느끼는 그런 신이다. 사람들이 알았던 신은 사람과 닮은 면이 많으면서도 사람이 갖지 못한 뛰어난 능력도 갖고 사람과 달리 죽지도 않는 어떤 존재였다. 사람이 가진 종교의 씨가 죄로 물든 땅에서 싹트고 자라 그런 신들을 낳았다. 파스칼은 지금 본성의 빛에 따라 이야기하자 하면서 하나님을 무한히 불가해한 어떤 분으로 정의한다. 우리와 닿은 부분이 전혀 없어 우리가 이해하는 것 자체가 불가능한 어떤 대상이라고 한다. 파스칼 자신의 생각이 아니라 그 시대 사람들이 알고 있던 철학자의 하나님이다. 그 하나님 역시 인간이 가진 종교적 본성이 발아한 경우다. 바울이 '알지 못하는 신'을 화두로 아테네 사람들에게 복음을 변증했던 것처럼 파스칼은 모두가 공감하는 하나님 개념 곧 중세 이후로 서양에 확립되어 온 그 무한의 하나님을 대화의 실마리로 삼아 기독교를 전하고자 한다.

하나님은 부분들이 없으시다는 구절은 '신의 단순성 Divine Simplicity'을 주장한 중세 신학을 염두에 둔 표현이다. 하나님은 전지하심, 전능하심, 의로우심, 선하심 등의 특징들을 가지신 분이 아니라 그런 특성 그 자체시라는 주장으로서 하나님의 초월성을 나타내는 대표적인 이론이다. 하나님은 참되다는 특성을 가지신 분이 아니라 참 그 자체이시다. 하나님은 이것저것 섞이신 분이 아니라 그저 단순한 하나의 본질이신데 그게 우리 피조물이 보기에 선하심, 의로우심 등 여러 가지 특성으로 나타난다는 것이다. 마치 빛 하나가 무지개 일곱 빛깔로 나타나는 것과 비슷하다. 하나님은 본성 그대로 계시고 계시는 그대로가 또 하나님의 본성이다. 단순함 그 자체이시니 변하시지도 않는다. 공간도 차지하시지 않고 시간에도 매여 계시지 않는다. 심지어 우리 눈에 모순처럼 보이는 것들도 하나님 안에서는 일치를 이룰 수 있다. 신의 단순성 교리에는 이해하기 어려운 복잡한 표현이 많이 나오지만 결론은 간단하다. 하나님은 우리 피조물과 다른 차원에 계시다는 말이다. 피조물인 우리의 언어로는 창조주 하나님을 올바로 나타낼 수가 없다. 말을 막 배운 어린아이한테 미적분을 논하는 것 이상이다. 하나님은 무한히 불가해한 분이다. 본성의 빛만 생각할 때 유한한 우리는 무한하신 하나님을 알 수 없다. 본질뿐 아니라 존재조차 알 수 없다.

파스칼이 신의 단순성을 언급한 건 뜻밖이다. 이 사상은 신플라톤주의 철학자 플로티노스^{Plotinus, 204-270}의 '하나─者' 개념을 바탕으로 중세의 스콜라주의 신학에서 발전된 신학으로 철학적 사변을 많이 담고 있는 독특한 이론이다. 물론 성경과 철학의 만남을 무조건 불륜으로 볼 필요는 없다. 계시와 자연은 언제나 조화를 이루어야 한다. 하지만 성경을 잘 표현하기 위해 철학을 이용하던 게 방향이 뒤집혀 특정 철학의 눈으로 성경을 재해석하는 식이 된다면 심각한 잘못이다. 신의 단순성에 치중하였던 스콜라 신학은 성경이 언급하는 하나님의 특성 가운데 불변성 하나를 기본 속성으로 두고 변화의 모습, 이를테면 분노, 후회, 자비 등의 표현은 사람 흉내를 낸 의인화 표현이라 풀었다. 그 결과 성경이 전하는 하나님의 모습이 상당히 왜곡되고 말았다. 성경의 하나님은 구원의 약속이나 심판의 엄정함에 있어서는 절대 변하시지 않지만 사람의 범죄에 대해 슬퍼하시고 분노하시며 혹 누가 회개를 하면 기다렸다는 듯 금방 마음을 바꾸고 좋아하시는 하나님이다. 철학적 신념 하나를 붙드는 바람에 하나님의 사랑과 은혜는 그만큼 덜 느끼게 되었다. 신의 단순성 이론은 성경과 역사에서 살아 일하시는 인격적인 하나님을 아무 느낌도 없는 기계 같은 하나님으로 만들어 버렸다.

신의 단순성 사상을 언급했다고 해서 파스칼이 아브라함의 하나님과 철학자의 하나님을 혼동한 건 아니다. 파스칼 자신은 철학자의 하나님은 진짜가 아니라고 불의 밤에 이미 결론을 내렸다. 철학의 틀에 갇힌 그런 하나님은 칸트가 요청했던 개념의 하나님을 넘지 못한다. 파스칼은 지금 철학자의 하나님밖에 모르는 사람들에게 성경이 말하는 아브라함의 하나님을 소개하려 노력하고 있다. 신의 단순성뿐 아니라 무한 역시 추상적 개념이니 사실 철학자의 하나님과 통한다. 그걸 이용해 성경의 하나님께 한 걸음이라도 다가오게 만들려는 게 파스칼의 내기 논리다.

그러면 무한하면서 동시에 부분이 없는 게 가능한가? 무한하다면 공간을 끝도 없이 점유해야 하지 않는가? 아우구스티누스도 청년 시절 무한하신 하나님을 그렇게 공간에 무한히 퍼져 계시는 분으로 생각한 적이 있다.[79] 만약 그렇다면 하나님에게도 부분이 없을 수 없을 것이다. 그런데 사람을 생각하는 갈대라 부른 파스칼은 하나님처럼 무한하면서도 부분이 없는 보기를 하나 든다.

"그대는 신이 무한하고 부분이 없다는 것이 불가능하다고 생각하는
가? 그렇다. 그렇다면 무한하면서 나눌 수 없는 것을 내가 하나 보여주
겠네. 무한의 속도로 사방으로 움직이는 점일세. 그 점은 모든 지역을
통틀어 하나이면서 어느 지점에서나 완전한 전체이기 때문이지." 420/344

자연의 진공 혐오를 다룬 아리스토텔레스의 《자연학》 4권에서 힌트를 얻은 것도 같지만[80] 어쨌든 파스칼답게 재치가 넘치는 비유다. 무한의 존재를 단하나의 점에 비긴다. 가장 클 것 같은 존재가 가장 작은 점과 닮았다는 말이다. 극과 극이 통한다는 말일까? 아니면 하나님에게는 가장 모순된 것도 그렇게 조화를 이룬다는 뜻일까? 어쨌든 파스칼은 점 하나에 불과한 내가 생각 하나로 우주를 삼킬 수 있다 하였으니 무한과 통하는 점 역시 그다지 놀랍지는 않다. 113/217

무한하면서도 쪼갤 수 없는 어떤 존재에 대해서는 공간을 시간으로 바꾸어 이해를 시도해 볼 수 있다. 시간의 무한을 보통 영원이라 부르는데 사람들

---

79 『고백록』 VII, 1.

80 『자연학』 IV, 8. 215a 21–22

이 일반적으로 생각하는 영원은 시간의 끝없는 연속이다. 그런데 이런 시간은 시, 분, 초로 나누어져 파스칼이 말하는 무한에는 어울리지 않는다. 이에 반해 성경이 말하는 시간은 시간이 없는 상태 곧 시간을 초월한 상태를 가리킨다. 시간은 하나님이 천지를 창조하실 때 함께 창조된 것이므로 창조주 하나님은 시간을 초월해 계시다는 것이다. "주께는 하루가 천 년 같고 천 년이 하루 같다"는 표현이 바로 이 초월성을 가리킨다 (베드로후서 3:8). 그렇다면 이 영원은 우리가 가진 시간과 어떻게 만날 수 있을까? 무한이면서 또한 쪼갤 수 없는 어떤 것이어야 한다면 그것은 시간의 끝없는 연속이 아닌 가장 짧은 시간 곧 '순간瞬間'이어야 한다. 그래서 파스칼은 공간의 점을 시간의 순간에 비긴다. 682/348 기독교 철학자 키르케고르 역시 영원에 속한 하나님이 시간 안으로 들어오신 성육신의 신비를 순간이라는 개념으로 표현했다. 성경에 충실한 표현이다. 바울도 시간에 속한 우리가 하나님이 계시는 영원으로 들어가는 부활 사건이 "순식간에 홀연히" 일어날 것이라 했다 (고린도전서 15:52). 원문은 "쪼갤 수 없는 때에, 눈 깜빡할 사이에"로 짧다는 말을 두 번 거푸 사용해 강조한다. 공간에서든 시간에서든 참된 무한은 가장 작은 점 아니면 가장 짧은 순간과 통한다는 역설의 진리다. 시간과 공간을 초월해 계시는 하나님을 시공의 한계에 갇힌 인간에게 설명하자니 도리가 없다.

물론 점이나 순간은 거리가 먼 비유일 따름이다. 하나님을 무한의 수에 비기는 것과 마찬가지다. 하나님이 우리와 맞닿은 부분이 전혀 없으시기에 우리 쪽에서도 하나님께 닿을 수 있는 게 없다. 따라서 우리가 본성에 따라 이야기할 때 하나님에 대해서 알 수 있는 건 전혀 없다. 하나님에 대해 알아낼 다른 존재가 혹 있을지 모른다. 천사라면 어느 정도 가능할까? 하지만 우리는 아니다. 사람은 그분의 본성뿐 아니라 존재조차 알 수가 없다. 인간 본성에 호소하는 논리를 전개하면서 파스칼이 강조하는 것은 오직 하나 인간 인식의 한계다. 모른다는 것이다. 그런 한계를 거듭 언급함으로써 파스칼은 자신의 한계를 깨닫는 이성의 본분을 다시금 명확히 하고 있다.

> 그러니 기독교인들이 믿는 이유를 설명하지 못한다고 누가 비난하겠는가? 자기가 믿는 종교는 이유를 댈 수 없는 종교라고 대놓고 말하고 있으니 말이다. 기독교인들은 자기 신앙을 세상에 소개할 때 기독교는 어리석음이라고 선언한다. 그런데도 그대들은 기독교인들이 자기 종교를 증명하지 않는다고 불평한다. 기독교인들이 만약 자기 종교를 증명한다면 그건 자기 말을 뒤집는 일이다. 기독교인들이 지각없는 사람이 안 되려면 증명이 없어야 된다.
>
> *Qui blâmera donc les chrétiens de ne pouvoir rendre raison de leur créance, eux qui professent une religion don't ils ne peuvent rendre raison; ils déclarent en l'exposant au monde que c'est une sottise, stultitiam, et puis vous vous plaignez de ce qu'ils ne la prouvent pas. S'ils la prouvaient ils ne tiendraient pas parole. C'est en manquant de preuve qu'ils ne manquent pas de sens.*

이 부분은 몽테뉴를 향한 공격이다. 이성의 한계를 거듭 확인한 파스칼은 이성의 이름으로 기독교를 비판한 몽테뉴를 비판한다. 몽테뉴는 불가지론 또는 회의주의의 대표자다. 하나님에 대한 신앙은 증명이 불가능함을 강조하면서 증명도 안 되는 걸 믿어서야 되겠느냐 지적했다. 기독교인을 향한 비난이다. 몽테뉴가 별난 사람이라고 생각할 필요는 없다. 사람이면 누구나 할 수 있는 그런 의심을 몽테뉴가 남보다 진지하게 하고 남달리 조리 있게 설명했을 뿐이다. 엘리어트의 표현대로 몽테뉴는 "인류 전체의 의심을 성공적으로 표현한" 사람이다.[81] 파스칼이 기독교 변증서를 구상할 때 염두에 둔 첫 대상이 이 몽테뉴다. 알 수 없으니 믿을 수도 없다 한 몽테뉴에게 파스칼은 몽테뉴 자신이 강조한 '알 수 없음'이라는 요소를 이용해 역공을 가한다. 하나님에 대해 알 수 없다는 것이 불가지론이므로 불가지론자는 자기 자신 어떤 주장을 내세울 수 없을 뿐 아니라 남들이 하는 주장을 옹호하거나 반박할 수도 없다. 모른다 했으니 옳다 그르다 할 처지가 아니다. 그러니 남들이 하나님에 대해 이렇게 또는 저렇게 믿는다고 해서 그걸 비판해서는 안 된다.

기독교인을 향한 조롱에 일침을 가한 파스칼은 한 걸음 더 나아간다. '알 수 없음'이라는 요소를 기독교의 진리를 소개하는 계기로 사용한다. 무한하기 때문에 설명할 수 없다는 차원에서 이제 기독교 신앙 자체가 그런 특성을 가진다는 설명으로 나아간다. 기독교인들은 자기가 믿는 내용이 본성의 빛으로 이해할 수 없는 것이라고 대놓고 말한다. 이성이 볼 때 말이 안 되는 어떤 것 곧 '어리석음'이라는 것이다. 파스칼은 원죄 교리를 소개하는 자리에서 이 점을 명백하게 하고 있다.

> "원죄는 사람들에게 어리석음이다. 그렇지만 그렇게 주어지는 것이다. 그러니 이 교리에 합리성raison이 결여되었다고 나를 비난해선 안 된다. 합리성이 없는 것으로 주니까 말이다. 695/323

교부 테르툴리아누스가 기독교의 이런 불합리성을 강조한 대표자다. 삼

---

81 T. S. Eliot, *"Introduction" to Pascal's Pensées* (New York: Dutton, 1958), xv.

위일체 교리, 신성과 인성을 함께 가지신 그리스도, 십자가 구원의 원리 등 이성이 보기에 앞뒤가 안 맞는 내용이 기독교 복음에는 많이 있다. 이성의 눈으로 볼 때 어리석은 것이다. 물론 기독교가 말하는 어리석음은 몽테뉴가 말하는 그런 알 수 없음과 다르다. 기독교는 모르는 종교가 아니라 아는 종교다. 하나님의 정의도 알고 하나님의 자비도 안다. 그 아는 것 가운데는 전능하시고 어디에나 계시는 하나님, 의로우시고 선하신 하나님, 우주를 창조하고 다스리시는 하나님, 사람의 잘잘못에 대해 반드시 심판하실 하나님 등 설명할 수 있는 부분도 많다. 그런 점을 잘 설명하자는 게 자연신학 아닌가. 안셈이 내세운 이해를 추구하는 신앙 역시 내가 깨달아 기쁨을 얻는 것도 중요한 목표지만 그렇게 깨달은 바는 신앙을 갖지 않은 이들도 공감할 수 있으니 그걸 함께 나누자는 뜻도 있다.

하지만 기독교의 핵심은 그렇지 않다. 기독교 복음은 근본적으로 이성이 납득할 수 없는 어떤 것, 말하자면 모순이다. 앞에서 언급하였던 자비의 하나님이 그렇다. 기독교의 하나님은 죄 때문에 저주에 빠진 인간을 건지시기 위해 아들을 기꺼이 이 세상에 보내신 사랑의 하나님이다. 고대 그리스 사람들은 가치 있는 신이 가치 없는 인간을 위해 스스로 희생하셨다는 점을 이해할 수 없었다. 그들이 알고 있던 신은 인간에게 제물을 요구하고 자신의 힘과 권세를 과시하기 위해 필요하면 인간의 희생까지 요구하는 신이었다. 그런 바탕 위에 세운 것이 고대 그리스의 합리성이므로 그들이 볼 때 기독교의 진리는 말이 안 되는 어리석음일 수밖에 없었다. 똑같은 합리성이 중세 들어서는 논리적 필연성 및 확실성을 요구했다. 그래서 안셈은 자기가 믿은 바를 조리 있게 풀어 보려고 애썼다. 하지만 벌 대신 복을 주시는 하나님, 죄인을 살리기 위해 스스로 희생을 치르신 하나님, 그러면서도 당신의 정의를 완벽하게 성취하시는 하나님은 근본적으로 이성의 한계를 넘어 계신다. 그분이 보내신 아들이 하나님이요 사람이라는 사실도 또 그분이 죽었다가 다시 살아나셨다는 것도 합리적인 인간에게는 터무니없는 주장일 뿐이다. 어리석음이다. 그러니 기독교의 원리를 본성의 빛이 이해할 수 있게 설명하려는 시도 자체가 기독교와 모순되는 일이다.

기독교의 하나님은 철학자의 하나님이 아니라 아브라함의 하나님, 이삭의 하나님, 야곱의 하나님이다. 이성과 논리가 추론해내거나 증명할 수 있는 하나님이 아닌 성경이 보여주는 하나님이요 역사의 현장에서 만나는 하나님이다. 오래전 아브라함을 택하시고 그의 후손 가운데 구원자를 주겠다 약속하신 사랑과 자비의 하나님이다. 아브라함, 이삭, 야곱의 하나님이라 하여 케케묵은 하나님을 가리키는 게 아니다. 그 하나님은 그때도 또 지금도 당신의 약속을 믿는 이들에게 자신을 보여주시는 늘 살아 계시는 하나님이다.

"죽은 자의 부활을 논할진대 하나님이 너희에게 말씀하신 바 나는 아브라함의 하나님이요 이삭의 하나님이요 야곱의 하나님이로라 하신 것을 읽어 보지 못하였느냐? 하나님은 죽은 자의 하나님이 아니요 살아 있는 자의 하나님이시니라."(마태복음 22:31-32)

철학자의 하나님이 아니라 아브라함의 하나님이라 했다. 오늘도 살아 계시는 하나님이다. 파스칼이 내기 논리를 통해 소개하고자 하는 바로 그 하나님이다. 파스칼은 논리적 증명은 무의미할 뿐 아니라 기독교의 원리 자체와 맞지 않는 것이라고 주장한다. 그런 관점에서 본다면 파스칼의 내기 논리는 증명이 아니라 해명이고 설득이다. 기독교를 안 믿을 이유는 얼마든지 있다. 하지만 몽테뉴의 주장처럼 논리적으로 증명이 안 되어 못 믿겠다는 것은 기독교를 반대할 이유가 되지 않는다는 것이 파스칼의 주장이다.

> "맞아. 그런데, 기독교를 소개하는 사람들은 그렇게 말하면 명분이 서겠지. 설명도 못 하면서 기독교를 내세운다는 비난도 비켜갈 수 있을 것이고. 하지만 기독교를 받아들이는 사람에게는 그런 주장이 명분이 안 되지."
>
> *Oui mais encore que cela excuse ceux qui l'offrent telle, et que cela les ôte du blâme de la produire sans raison cela n'excuse pas ceux qui la reçoivent.*

첫 반론이 등장한다. 기독교 자체에 대한 비판은 바로 앞에서도 다루었다. 증명이 안 된다는 비판에 대해 파스칼은 기독교는 원래 증명이 안 되는 종교라는 말로 답변했다. 여기 나오는 건 파스칼 자신의 논리에 대한 첫 반론이다. 아마도 파스칼 자신이 예상해 본 반론일 것이다. 설명이 안 되는 종교라는 말이 기독교를 전파하는 사람에게는 유용한 논리일 수도 있다. 이미 기독교를 믿는 사람, 그래서 기독교를 남에게 전하고자 하는 사람이라면 기독교는 본디 설명이 안 되는 종교라고 얼마든지 말할 수 있다. 처음부터 비합리적인 종교라며 전파한다면

전도훈련. 기독교 선교단체가 주관하는 전도훈련을 받고 있는 사람. 미국 남캘리포니아의 헌팅턴 비치. 터무니없다며 거부하는 기독교 복음을 말이 되게 설명하고 소개하는 작업이 바로 전도다. 사진: Fourbyfourblazer @Wikimedia Commons.

말도 안 되는 걸 전한다는 비난을 미리 막을 수 있을 것이다. 선수를 치는 셈이다. 그렇지만 기독교를 받아들이는 사람에게는 그런 주장이 타당한 명분이 안 된다. 왜 그런가? 받아들이는 입장에서는 모든 판단을 이성에 입각해 할 수밖에 없다. 그런데 이성으로 이해할 수 없는 어떤 것을 받아들인다면, 게다가 전하는 사람이 설명이 불가능하다고 분명히 말하는데도 그걸 진리로 수용한다면, 그건 내 이성의 판단을 포기하는 것이기 때문이다. 이성을 가진 인간으로서 무책임한 행동이 될 것이요 비난을 받아 마땅할 일이다.

옳은 말이다. 파스칼 자신도 인정한다. 이미 믿고 전하는 사람과 아직 믿지 않는 상황에서 판단해야 하는 사람은 입장이 같을 수가 없다. 이성을 가진 사람이라면 당연히 기독교가 옳다는 것을 먼저 확인하고 납득한 다음 받아들이는 것이 책임 있는 태도다. 전하는 입장에서야 증명이 안 되니 무조건 믿으라 할 수 있겠지만 받아들이는 입장에서는 그렇게 할 수 없다. 생각하는 갈대의 존엄성이 여기 달려 있다 하지 않았는가. 비평가 엘리어트가 성공회 교인이 되었다는 소식을 들은 버지니아 울프는 그날 일기에 "탐이 교회에 다닐 거란다, 세상에!" 하며 조롱과 탄식을 담은 글을 적었다. 무신론을 공유하던 문우가 말도 안 되는 기독교를 수용했다니 얼마나 안쓰러웠을까. 이성을 포기했으니 사람다움을 포기한 것 같았으리라.

지하철에서 누가 헤어드라이어를 판다. 회사가 망해 이렇게 갖고 나왔단다. 품질도 보장 못 한단다. 그러면서 사란다. 파는 사람 입장에서는 다 말했다. 품질 이야기까지 했으니 나중에 불평도 못 할 것이다. 그런데 사는 사람 입장은 다르다. 돈을 주고 물건을 사는데 품질을 보장 못 한다고? 회사가 망했으니 고장이 나도 서비스는 불가능하다! 사란 소린가 사지 말라는 소린가? 누가 하나 구입해 집에 가져갔다. 품질은 모르겠다 하더라고 부인에게 보고한다. 그럼 왜 샀느냐고 부인이 묻는다. 왜 샀지? 값이 너무 싸서? 아니면 사람이 솔직한 게 마음에 들어서? 나도 잘 모르겠다. 파는 입장에서는 품질을 보장 못 한다는 말도 할 수 있다. 책임과 비난을 면하는 방법이다. 사는 사람이 대신 다 뒤집어써야 한다. 고장이 나는 순간 돈이 아까울 것인지 아니면 말도 안 되는 소리를 수용한 내 멍청함이 더 쓰라릴 것인지 아내가 친절하게 가르쳐 줄 것이다.

그래서 사실 파스칼이 이 내기 논리를 장황하게 펼친 것이다. 기독교의 진리는 이성으로 증명할 수 없는 것이지만 그렇다고 해서 그걸 받아들이는 행위도 정말 비이성적이고 불합리한 것일까? 그렇지 않다는 것을 파스칼은 내기 논리를 통해 설명하고자 한다. 사람들이 납득할 수 있게끔 철저하게 이성의 판단에 호소하여 설명한다. 이성이 이해하지 못하는 것을 받아들이는 행위도 얼마든지 이성적이요 합리적일 수 있다는 것이 내기 논리의 요지다. 첫 반론에 답하면서 파스칼은 특유의 설득술을 사용한다. 상대가 미처 몰랐던 점을 보여주는 이 설득술은 반론에 답할 때마다 등장할 것이다. 이제 본격 내기 논리로 들어간다.

3. 피할 수 없는 선택

그럼 이 점을 검토해 보자. 그리고 말해보자. '하나님은 있거나 아니면 없다.' 그렇지만 우리가 어느 쪽에 더 기울게 될까? 이성은 아무것도 결정하지 못한다. 무한의 혼돈이 우리를 갈라놓고 있다. 이 무한한 거리 저쪽 끝에서 내기가 벌어진다. 앞면 아니면 뒷면이 나올 것이다. 그대는 어느 쪽에 걸겠는가? 이성으로는 이쪽이든 저쪽이든 고를 수가 없다. 이성으로는 둘 가운데 하나를 버리지도 못한다. 그러니 선택한 이들을 틀렸다 비난하지 말라. 그대는 아무것도 모르니 말이다.

Examinons donc ce point. Et disons : Dieu est ou il n'est pas ; mais de quel côté pencherons-nous ? la raison n'y peut rien déterminer. Il y a un chaos infini qui nous sépare. Il se joue un jeu à l'extrémité de cette distance infinie, où il arrivera croix ou pile. Que gagerez-vous' ? par raison vous ne pouvez faire ni l'un ni l'autre ; par raison vous ne pouvez défaire nul des deux. Ne blâmez donc pas de fausseté ceux qui ont pris un choix, car vous n'en savez rien.

내기는 간단하다. 하나님이 있느냐 없느냐? 둘 가운데 하나를 고른다. 잊지 말자. 기독교의 하나님이다. 유신론 무신론 가운데 택하라는 게 아니다. 본성의 빛으로 생각할 수 있는 그런 대상이 아니라 기독교가 말하는 하나님이다. 많은 비평가들이 지적한 바대로 파스칼이 말하는 하나님은 처음부터 기독교의 하나님 곧 성경이 말하는 바로 그분을 가리킨다. 내기 논리 자체의 타당성은 신 일반에 해당될 수 있을지 모르지만 파스칼의 설명은 처음부터 기독교의 하나님, 성경의 하나님에게 국한되어 있다. 본성의 빛에 따라 말할 때도 그 한계를 넘어가지 않았다. 그 하나님이 계시거나 아니면 안 계시거나 둘 가운데 하나이므로 어느 쪽을 고르겠느냐 묻는 것이다.

파스칼은 이성의 무능력을 먼저 지적한다. 역습이다. 기독교 복음은 이성이 납득할 수 없는 어리석음이라 해 놓고 이제는 이성은 기독교 복음을 이해 못 하니 결정할 능력도 없다고 한다. 설명 안 되는 복음이 문제가 아니라 이해 못 하는 이성이 문제다. 말도 안 되는 소리를 내뱉은 내가 잘못이 아니라 이해 못 하는 네가 문제라는 소리 아닌가? 이성은 하나님의 본성뿐 아니라 존재 여부조차 모른다. 그 무능력함을 보여주는 것이 무한의 혼돈이다. 지금 결정해야 할 하나님의 존재 여부는 지금 우리가 사는 이성의 세계와 무한의 거리를 두고 떨어져 있다. 여기서 무한은 우리가 전혀 알 수 없는 어떤 것을 가리킨다. 게다가 그 무한마저 질서 아닌 혼돈이라 더 어렵다. 쉽게 말해 저쪽과 이쪽은 완전 단절 상태에 있다. 파스칼은 이 단절의 원인이 죄라는 걸 안다. 무한의 거리는 하나님과 우리 사이의 영적 거리를 가리킨다. [281/540] 하지만 그런 개념들은 기독교 복음을 받아들여야 이해할 수 있는 것이니 아직 말하지 않고 대신 무한의 혼돈이라는 표현을 사용한다.

하나님은 계시거나 안 계실 것이다. 이것을 파스칼은 동전 던지기에 비긴다. 동전을 던지면 앞면 아니면 뒷면이 나온다. 하나님도 계시거나 안 계시거나 둘 가운데 하나다. 어느 쪽에 걸까? 무한의 혼돈이 갈라놓고 있어 우리 이성으로는 도무지 알 길이 없다. 가능성이 많은 쪽을 고를 수도 없고 가능성이 적은 쪽을 버릴 수도 없다. 후자는 중세 때 유행했던 '부정의 신학$^{via negativa}$'을 염두에 둔 말이다. 하나님이 어떤 분이신지 인간은 알 수 없고 또 인간의 진술 영역을 뛰어넘어 계시는 분이므로 하나님에 대해 긍정적인 진술은 불가능하다. 그래서 하나님과 무관한 것들을 하나씩 제거하는 방법으로 하나님의 본질에 다가가 보자는 것이 부정의 신학이다. 하나님의 존재에 대해 말할 수 있는 건 하나님은 인간이나 다른 물질이 존재하는 그런 방식으로 존재하시지 않는다는 것이다. 신플라톤주의 사상에 근거를 둔 입장으로 참 도는 말할 수 없는 것이라는 노자의 가르침과 통하는 방식이다. 그렇지만 이성으로서는 그런 접근조차 불가능하다. 그러니 어떤 결정이든 이성의 눈으로 보고 비판하는 것은 옳지 않다. 기독교인을 비난하지 말라는 뜻이지만 사실 하나님은 안 계시다는 쪽 다시 말해 기독교가 틀렸다는 쪽을 골라도 비난할 수 없기는 마찬가지다. 이성은 아무것도 모르기 때문이다.

이성이 아무것도 결정할 수 없다 하여 파스칼이 지금 반이성 또는 몰이성의 세계로 들어가는 건 아니다. 파스칼은 지금 이성의 세계를 사는 이들을 설득하고 있다. 이성의 한계를 아는 것도 이성적이요 합리적이라는 말이다. 하나님의 존재 여부를 내기에 비김으로써 파스칼은 하나님의 존재를 이성으로 알 수 없다는 것뿐 아니라 둘 가운데 하나를 받아들이는 결정이 이성을 짓밟는 행위가 아니라는

아직 돌아가고 있는 동전. 동전을 이미 굴렸으니 앞면 아니면 뒷면으로, 반드시 한쪽으로 결론이 날 것이다. **필자 사진.**

점을 강조한다. 쉽게 말해 이성이 자신의 한계를 알기만 하면 ¹⁸²/³⁶⁷; ¹⁸⁸/³⁷³ 종교적 선택이 이성의 비판을 받을 까닭이 없다는 것이다. 더 나아가 기독교 신앙을 선택하는 행위도 얼마든지 이성적일 수 있다. 논리적이거나 이론적인 합리성은 아닐지라도 일반적으로 판단해 터무니없는 짓은 아니요 실천의 차원에서는 얼마든지 합리적이라는 말이다.

상황은 분명하다. 동전을 던졌으니 둘 가운데 하나가 나올 것이다. 선택해야 한다. 따라서 파스칼이 독자들에게 묻는 질문도 하나다. "어느 쪽에 더 기울게 될까?" 이 질문을 끝까지 마음에 두자. 지금은 모른다. 둘 가운데 하나겠지. 하지만 파스칼은 자기 말을 들어보면 어느 한쪽으로 마음이 기울게 될 것임을 암시한다. 자신의 설명을 따라가다 보면 한쪽이 더 그럴 듯하게 들릴 것

이라는 말이다. 이성이 결정할 수 없는 영역이지만 역시 판단의 기준은 이성일 수밖에 없다.

> "알겠네. 하지만 난 그들이 이걸 선택했기 때문이 아니라 선택이란 걸
> 했다는 사실 자체로 비난할 것일세. 왜냐하면 앞면을 고른 사람이나
> 반대쪽을 고른 사람이나 틀렸긴 마찬가지지만 사실 두 사람 다 틀렸기
> 때문이지. 아예 걸지 않는 게 옳은 길이야."
> *Non, mais je les blâmerai d'avoir fait non ce choix, mais un choix, car*
> *encore que celui qui prend croix et l'autre soient en pareille faute ils*
> *sont tous deux en faute ; le juste est de ne point parier.*

내기 논리는 기독교를 받아들였다 비난하는 사람들에게 주는 설명이다. 비난하는 사람은 이성에 근거해 비난한다. 이성에 따라 행동하지 않았다는 비난이다. 그런데 파스칼은 여기서 이성이 할 수 있는 건 아무것도 없으므로 기독교를 선택한 사람을 비난할 수 없다 했다. 이에 대해 두 번째 반론이 나온다. 기독교를 받아들인 게 잘못이 아니라 선택을 한 것 자체가 잘못이라는 주장이다. 확실하게 알 수 없을 때는 결정을 유보해야지 무턱대고 선택하는 건 옳지 않다는 것이다. 이 반론 역시 당시 유행하던 불가지론을 다시금 반영하고 있다. 불가지론은 어느 쪽이 옳은지 몰라 판단을 유보한다는 입장이지만 유보 자체도 사실 하나의 판단이다. 파스칼의 내기 논리는 잘못 선택한 사람뿐 아니라 이렇게 유보를 선택한 사람들도 겨냥한다. 따라서 내기 논리 전체가 이 두 번째 반론에 대한 답변인 셈이다. 어느 쪽이 옳은지 분명하지 않을 때 한쪽이 옳다고 확신하는 사람이 즐겨 하는 소리가 "나랑 내기할래?" 아닌가. 파스칼은 지금 잘 모르겠다 하는 사람들에게 그렇게 내기를 하자고 제안하고 있다.

파스칼은 불가지론이 대세인 현실에 대해서는 대체로 이해할 수 있다는 입장이다. 이성적인 판단을 하는 사람이 취할 수 있는 보편적인 태도다. 왜 그럴까? 자연은 보여주는 듯 숨기기 때문이다.《팡세》다른 부분에서 파스칼은 이렇게 썼다.

"내 눈에 보이는 것들이 나를 곤혹스럽게 한다. 사방을 둘러보는데 보이는 거라고는 온통 어둠이다. 자연이 제공하는 것으로는 의심과 두려움이 일어날 따름이다. 신이 계시다는 흔적이 아예 안 보인다면 난 그냥 신은 없다고 결론지을 것이다. 반대로 창조주의 흔적이 도처에 드러나 있다면 난 믿음 안에 평화롭게 자리를 잡을 것이다. 하지만, 부인하기에는 너무 많고 확신하기에는 너무나 모자라 답답한 가슴을 친다. 난 정말 백 번이나 염원했다. 하나님이 자연을 붙들고 계시다면 자연은 조금의 모호함도 없이 그분을 나타내 주고, 자연이 제공하는 흔적들이 속임수라면 자연은 그것들을 다 없애 달라고 말이다." 429/13

증거가 없지도 않고 충분하지도 않다. 이것이 이성의 입장에서 본 우주의 모습이요 사람의 현실이다. 자연이 무슨 잘못이 있겠는가. 문제는 사람의 이성이다. 아는 것도 아니고 모르는 것도 아니다. 세상이 처음 창조되었을 때는 이 어둠이 없었다. 하나님과 사람이 함께 있었고 하나님의 모든 것이 사람의 눈에 명백했다. 그렇지만 죄를 지으면서 하나님과 나누어졌다. 마귀가 유혹한 것처럼 사람이 죄를 지어 똑똑해지긴 했다. 전에 없던 악이 들어오면서 뭐가 선이고 뭐가 악인지 판단도 할 수 있게 되었으니까. 하지만 그렇게 열렸다는 눈이 사실은 감겨버렸다. 완전히 어두워졌다. 하나님도 보지 못하게 되었다. 생명이신 하나님에게서 떨어져 영의 감각마저 상실하고 말았다. 낙원에서 쫓겨나면서 흔적 하나가 겨우 마음에 남았다. 찢긴 상처와 함께. 그래서 형식적인 관계는 계속된다. 아담의 후손들은 하나님께 제사를 드렸고 그런 지식에서 멀어진 사람들도 신들의 이야기를 만들어 내고 신전 같은 걸 만들어 신을 섬겼다. 하지만 사방이 어두움이니 바른 길 아닌 그릇된 길로 갈 수밖에 없었다.

그래서 하나님은 계시긴 계시되 숨어 계시는 분이 되었다. 하나님은 부피도 한계도 없으시니 설령 세상에 죄가 들어오지 않았더라도 하나님과 얼굴을 맞댈 수는 없었을 것이다. 피조물이 창조주를 아무리 많이 안다 해도 발가락 사이의 무좀균이 사람의 존재를 파악하는 것보다 훨씬 못하지 않겠는가. 그런 형편에 죄까지 들어왔다. 삶이 온통 일그러졌고 고통이 끊이지 않는 세상이 되었다. 그런 곳에서 하나님을 본다는 것은 꿈도 못 꿀 일이 되어버렸다. 더러워진 세상 가운데서도 특히 더러워진 것은 내 마음의 눈이다.[82] 타락한 이성은 보지 못하는 눈과 같다. 그런 이성 앞에서 하나님은 "숨어 계시는 하나님"이다. 하나님이 숨으신 것이 아니라 사실 사람이 먼저 하나님께 등을 돌린 것이다. 죄로 오염된 인간의 이성이 볼 때 모든 것이 수수께끼다. 죄가 낳은 이 비극을 그대로 말하지 못하는 종교는 신뢰할 수 없다. 죄가 세상에 있다는 게 너무나 명백하므로 "하나님이 숨어 계시다 하지 않는 종교는 다 거짓이요, 하나님이 왜 숨어 계시는지 설명하지 못하는 종교에서는 배울 게 없다." 242/449

하지만 그렇다고 해서 이 세상을 하나님이 만드시지 않은 것도 아니다. 그러니 그 흔적이 전혀 없을 수도 없다. 결국 우주는 창조주의 존재를 시인도 부인도 않는다. 아니 시인하면서 동시에 부인한다. 그러니 불가지론은 죄가 낳

---

82 예레미야 17:9. "만물보다 거짓되고 심히 부패한 것은 마음이라."

은 가장 똑똑한 이론인 셈이다. 파스칼의 이 관점은 하나님의 존재뿐 아니라 삶의 모든 영역을 관통한다.

> "하나님이 계시다는 것은 이해할 수 없고 하나님이 안 계시다는 것도 이해할 수 없다. 영혼이 육체와 공존한다는 것과 우리에게 영혼이 아예 없다는 것도. 또 세상이 창조되었다는 것과 창조되지 않았다는 것 등등. 또 원죄가 있다는 것과 없다는 것도." 809/325

숨어 계시는 하나님은 결국 하나님 아닌 인간에 대해 말하는 표현이다. 인간 이성의 무능력을 가리킨다. 죄로 어두워진 인간의 마음이다. 그런 눈으로 세상을 바라보니 모든 것이 애매하다. 죄로 뒤틀린 세상을 죄로 어두워진 눈으로 바라본다. 그래서 소위 똑똑하다는 사람들은 판단을 유보한다. 파스칼은 세상의 모습이 그런 이중성을 보인다는 점은 얼마든지 인정한다. 하지만 그렇다고 판단을 유보하는 것이 옳은 것일까? 파스칼은 그렇지 않다고 조리 있게 설명한다.

파스칼은 불가지론을 쉬운 답으로 선택하고 더 이상의 탐구를 하지 않는 이들에게 측은함을 넘어 분노를 느꼈다. 자신 속에서 못 찾겠다고 다른 곳을 알아보려 하지도 않는 이들이다. 반면 자신이 회의 가운데 있음을 알고 거기서 벗어나고자 몸부림치는 이들에게는 연민을 느낀다 했다. 427/11 파스칼의 논리는 게으른 이들에게 분노를 쏟아 움직이게 만들고 부지런히 찾는 이들에게는 바른 길을 보여 주고자 한다.

> "오직 보기를 원하는 자들에게는 충분한 빛이 있고 반대의 태도를 가

진 자들에게는 충분한 어둠이 있다." [149/309]

그래서 파스칼은 사람들로 하여금 보고자 하는 마음을 갖도록 유도한다. 그런 마음만 갖는다면 지금까지 보이지 않던 것들도 보이기 시작할 것 아닌가. 그저 애매할 뿐인 자연이지만 내 마음가짐에 따라 어느 한쪽으로 기울 수도 있을 것이다.

> 그래. 하지만 걸지 않을 수가 없다. 마음대로 걸고 말고 할 수 있는 일
> 이 아니다. 그대는 이미 배를 탔다.
> *Oui, mais il faut parier. Cela n'est pas volontaire, vous êtes*
> *embarqués.*

세상에는 두 종류의 사람이 있다. 독단론자 아니면 회의주의자다. [4/27] 르메스트르 드 사시와 나눈 대화에서는 에픽테토스와 몽테뉴가 이 두 무리의 대표였다. 독단론자는 내기를 한 사람이다. 기독교의 하나님을 진리로 받아들였거나 아니면 거짓이라고 거부한 사람이다. 회의주의자 내지 불가지론자는 기독교가 진리인 것도 같고 아닌 것도 같기 때문에 판단을 유보한다. 그러면서 선택한 사람들을 비판한다. 기독교를 믿기로 했든 거부하기로 했든 선택한 자체가 이미 잘못이라는 것이다. 둘 다 불확실한 상황에서 하나를 고르는 건 이성을 짓밟는 행위라는 것이 이들의 입장이었다. 파스칼은 그렇지 않다고 답한다. 선택은 불가피하다. 판단을 유보하고 회의론자로 머물러 있는 것 자체가 불가능하다는 말이다. 파스칼은 드 사시와 나눈 대화에서도 회의론의 문제점을 지적한 바 있다. 《팡세》에서도 회의주의에 대해 회의적으로 말하는 사람은 드물다며 회의론 자체의 내적 모순을 지적하고 있다. [131/246; 655/255]

더 큰 문제는 자기기만이다. 이미 배를 탔다. 가만있고 싶어도 안 된다. 내가 가만있어도 배가 움직이니 나도 움직인다. 회의주의자는 안개가 걷힐 때까지 출발하지 않고 기다리겠다 하는 사람이다. 배는 이미 움직이고 있는데 그게 가능한가? 회의주의자는 실제로 움직이고 있으면서 안 움직이고 있다고 거짓말을 하거나 아니면 정말 안 움직이는 줄 속고 있는 사람들이다. 모든 사람이 함께 움직이고 있으니 자기는 안 움직이는 것 같았으리라. 갈릴레오도 말했고 아인슈타인도 했다는 바로 그 사고실험이다. 움직이고 있으면서 안 움직인다고 속는 것이다. 동전을 던지는 수밖에 없다. 확실하지 않은 둘 가운데 골라야 한다. 동전을 안 던지겠다고? 그건 불가능하다. 윌리엄 제임스도 동의한다. 적어도 종교 문제에 대해서는 불가지론이 용납될 수 없다면서 그들의 위선을 이렇게 지적한다.

> "우리 마음과 본능과 용기를 중단시키고 종교가 진리가 아닌 듯 행동하면서 운명의 날까지 기다리라는 이 명령, 즉 우리의 지성과 감각이 공동작업을 해 충분한 증거를 확보할 때까지 기다려야 한다는 이 명령은 내가 볼 때 철학의 동굴에서 제작된 우상 가운데서도 가장 기괴한 것이다."[83]

불가지론은 선택을 외면하는 게 아니라 이미 선택을 했으면서도 안 했다고 발뺌하는 것과 같다. 제임스는 불가지론자의 선택을 "실수하느니 진리를 잃는 게 낫다"는 입장으로 규정한다[84]. 둘 가운데 하나가 분명 진리인데도 진

---

[83] W. James, *The Will to Believe* (New York: Longmans, Green, And Co, 1912), 29-30.

[84] W. James, *The Will to Believe* (New York: Longmans, Green, and Co, 1912), 26.

리 아닌 것을 고를까 두려워 선택을 포기함으로써 진리마저 포기하는 사람들이다. 시험을 칠 때 보기 둘 가운데 하나가 정답인 상황에서도 오답을 고를까 두려워 그냥 백지 답안지를 내는 것과 같다. 동전을 던지지 않겠다 말은 하지만 저 나름의 동전을 이미 던졌다. 다른 이론을 어리석다 비판하는 불가지론도 자기가 어리석다 부르는 그 일을 이미 했다. 진리를 택했을 가능성은 전혀 없으니 어떻게 보면 최악의 선택이다. 선택이라는 걸 했다고 비판하는 사람들은 자신들을 포함한 모두가 이미 선택을 했다는 사실을 못 보았다는 것이 파스칼의 설명이다. 결국은 모두가 선택해야 한다. 비록 타락한 이성이지만 마지막 결정은 그 이성이 할 수밖에 없으므로 동전을 던지는 것은 이성에 따르는 일이다. 터무니없는 일이라는 회의주의자들의 비판이 오히려 터무니없다는 말이다.

우리는 다 현실 세계를 살아간다. 선택의 연속이다. 머리로는 모르겠다 할 수 있을지 모르나 손발은 중립을 지킬 수 없다. 어느 쪽이든 움직여야 한다. 프랑스의 실존주의 철학자 사르트르^{Jean-Paul Sartre, 1905-1980}는 이런 삶을 혐오했다. 아, 이 빌어먹을 자유! 사르트르는 "인간은 자유롭도록 저주를 받았다^{l'homme est condamné à être libre}"고 주장한다.[85] 모든 결정에 내가 책임을 져야 하고 결국은 절망에 이를 수밖에 없다고 보았기 때문이다.[86] 자유가 사르트르의 말대로 정말 그렇게 저주스러운 것인지는 둘째 치고 일단 끊임없이 선택해야 하는 우리의 처지 하나는 분명하다. 벗어나고 싶으나 벗어날 수 없는 사람의 운명이다. 우리

85 Jean-Paul Sartre, *L'être et le néant: Essai d'ontologie phénoménologique* (Paris: Éditions Gallimard, 1943, pdf.), 598; Jean-Paul Sartre, Hazel E. Barnes tr., *Jean-Paul Sartre Being and Nothingness* (New York: Washington Square, 1993), 439, 485, 553.

86 Sartre, *L'être et le néant*, 601, 675; *Sartre Being and Nothingness*, 556, 627.

가 이 세상에 던져지듯 온 것은 분명 내 결정이 아니었다. 하지만 이후의 것은 하나도 빠짐없이 내가 결정해야 한다.

선택의 자유? 미국의 건축자재 전문점 홈 디포The Home Depot에서 판매하는 베어Behr 페인트의 색깔 견본. 약 이천 가지로 나누어져 있다. 우리 삶은 끝없는 선택의 연속이다. 선택하지 않는 것 역시 선택의 하나. 그리고 모든 선택에는 반드시 이유가 있다. 미국 뉴욕주 포체스터Port Chester의 홈 디포. **필자 사진.**

선택하지 않을 자유는 없을까? 미국 식당에 가 보면 쉽게 확인할 수 있다. 자유를 저주한 사르트르가 이해가 되고도 남는다. 마실 것으로 시작한다. 얼음물, 뜨거운 물, 생수, 수돗물? 음료수라면 콜라, 사이다, 주스, 레모네이드? 미국 식당에서는 저녁에도 아침 메뉴를 먹을 수 있다. 달걀을 먹을 경우 해님 방긋, 살짝 뒤집기, 푹 익히기, 휘젓기, 삶기? 샐러드는 집, 텃밭, 황제? 드레싱은 농장, 식초, 황제, 프랑스, 이탈리아? 그 다음은 스테이크다. 부위부터 고른다. 티본, 뉴욕 스트립, 립아이, 필레 미뇽? 약간 익힐까 중간으로 할까 푹 익힐까? 반찬은 강냉이, 야채, 감자 가운데 하나를 고르란다. 강냉이를 달라 하니 이삭째 줄까 낱알만 줄까 묻는다. 야채를 원하면 브로콜리, 섞은 야채, 깍지콩, 밥 가운데 골라야 된다. 감자를 고르면 튀길지, 구울지, 으깰지 또 정해야 되고 버터를 바를지 말지 또 베이컨을 뿌려....... 으아, 선택의 자유가 밉다! 영어는 물론 쑥쑥 는다. 만약 자유를 활용하지 않겠다 한다면? 그것도 내 선택이다. 종업원에게 선택권을 넘기는 내 자유의 선택. 하지만 어느 종업원이 그걸 좋아할까? 도망갈 길은 없다.

머리가 판단을 유보한다고 주장해도 몸은 끊임없이 움직인다. 사람은 기계가 아니므로 뜻 없이 생각 없이 움직이는 일은 없다. 어떤 행동이든 내 선택에서 나온 것이요, 어느 선택이든 가장 밑바탕에는 가장 중요한 선택, 곧 신의 존재를 인정하거나 거부하는 한 가지가 깔려 있다. 선택을 유보한 것 같지만 사실은 아니다. 숨 쉬는 것부터 선택이다. 내 생각의 내용 하나하나도 물론이거니와 공부 대신 커닝페이퍼를 만들고, 아내 몰래 여자 동창생을 만나고, 사고 현장을 내가 목격한 그대로 증언하고, 지하철 선로에 떨어진 사람을 구하기 위해 뛰어들고, 학위논문을 도서관 대신 복사실에서 작업하고, 갑자기 끼어든 운전자에게 육두문자를 쏟아붓는 일도 다 저 아래 내려가 보면 종교적 선택이 자리 잡고 있다. 동물적 충동을 따르는 것도 내 판단이다. 습관이 되어 별 생각 없이 하는 것들도 많겠지만 그게 습관으로 자리 잡도록 만들어 준 게 바로 가장 중요한 그 판단이다. 머리와 손발은 따로 가지 않는다. 마음과 몸이 어떻게 조화되는지 살펴볼 필요도 없다. 이 둘은 언제나 하나다.

모두가 걸고 산다. 어느 쪽이든 반드시 선택한다. 그걸 분명하게 알고 바른 선택을 하자는 것이 파스칼의 주장이다. 우리는 다 인생의 배를 탔다. 시간의 배다. 살아가는 건 곧 죽어가는 것이다. 한 사람도 빠짐없이 죽음을 향해 부지런히 가고 있다. 하이데거가 입을 안 열었어도 마찬가지다. 가지 않겠다고 아무리 우겨도 이미 가고 있으니 갈 것인지 말 것인지가 아닌 어느 쪽으로 어떻게 갈 것인지 골라야 한다. 지금도 알게 모르게 끊임없는 선택을 거듭하고 있음을 깨닫고 올바른 선택을 하도록 돕는 것이 파스칼의 내기 논리다. 머지 않아 죽음이 올 것이다. 내가 아무리 우아하게 판단을 유보해도, 죽지 않는 쪽을 아무리 단호하게 선택한다 해도, 죽음은 어김없이 나를 덮칠 것이다. 그러면 내가 그때까지 선택이 아니라는 이름으로 선택해온 그것이 그 순간 내 영원의 운명을 결정할 것이다. 단테도《신곡》에서 지옥문에 들어서기 전에는 '망설

임'을 내려놓아야 한다고 말했다.[87] 여기서는 유보하고 외면할 수 있을지 몰라도 더 이상 그리할 수 없는 순간이 온다. 죽기 전에는 선택할 수 있다. 바꿀 수도 있다. 그러나 죽음과 함께 모든 가능성이 사라진다. 로미오가 줄리엣에게 청혼했다. 줄리엣이 만약 기다려 달라 했다면 어떻게 됐을까? 승낙도 아니고 거절도 아니다. 하지만 그러다 줄리엣이 죽으면 그 순간 줄리엣의 대답은 거절로

<헛됨vanité'>. 필립 드 샹파뉴. 1671년. 튤립, 두개골, 모래시계가 있는 정물. 움직이지 않는 것이 정물이지만 모래시계를 통해 시간을 담았다. 튤립은 곧 시들 것이고 해골은 이미 죽은 사람을 보여준다. '메멘토 모리Memento mori' 즉 '죽는다는 걸 기억하라'는 메시지를 담았다. 물론 인간 존재는 그렇게 해골이 된다고 끝나는 것은 아니리라. 바닥에 놓인 돌판이 마치 재판장의 탁자인 듯 차갑게 느껴진다. 해골과 모래시계는 당시 유행한 바니타스 화풍으로서 엘 그레코의 <성 히에로니무스의 회개>에도 등장한다. 프랑스 르망의 테세 미술관Le musée de Tessé 소장. **사진: Wikimedia Commons.**

---

87 『신곡』 지옥편 3곡 14행.

바뀐다.[88] 불가지론은 살았을 때만 가능할 뿐 죽는 순간 무신론으로 변한다. 아니, 살아 있을 때 이미 선택했던 그 무신론이 죽음을 계기로 드러나는 것이다.

선택하지 않을 수 없는 인생 가운데 특히 중요한 선택이 하나님을 믿는 종교의 문제다. 알 수 없는 세계의 일이라는 이유로 판단을 유보해야 한다는 이들에게 파스칼은 종교의 문제가 우리 일상의 다른 일들에 비해 그렇게 불확실한 것이 아님을 일깨운다.

> "만약 확실하지 않은 일은 일절 하지 말아야 한다면 종교를 위해 아무
> 것도 해서는 안 된다. 종교는 분명 확실하지 않은 일이니 말이다. 하지
> 만 확실하지 않은 일을 우리는 얼마나 많이 하는가! 바다를 항해하고
> 전쟁도 벌인다. 그런 식이라면 우리는 아무것도 해서는 안 된다. 확실
> 한 건 하나도 없지 않은가. 그런데 종교의 확실성은 사실 우리가 내일
> 을 맞이할 가능성보다 더 크다. 왜냐하면 우리가 내일을 보게 될 지는
> 확실하지 않은 가운데 내일을 보지 못하게 되는 일은 얼마든지 가능하
> 기 때문이다. 종교에 대해서는 그런 식으로 말할 수 없다. 종교가 참인
> 지는 확실하지 않지만 종교가 참이 아니라는 게 얼마든지 가능하다고
> 는 누가 감히 말할 수 있겠는가?" 577/346

불확실성으로 뒤덮인 인생이다. 내일 아침 살아서 눈을 뜰 지 불확실한 가

---

88 Peter Kreeft, *Christianity for Modern Pagans* (San Franscisco: Ignatius, 1993), 300. 아마도 윌리엄 제임스의 *The Will to Believe*, 26쪽에서 힌트를 얻은 것 같다. 이 보기 외에도 많은 도움을 크리프트의 책에서 얻었다. 자료를 마음껏 이용하도록 직접 허락해 준 저자에게 감사의 뜻을 표한다.

운데 오늘 밤 정말로 세상을 뜰 가능성은 얼마든지 있다. 사람이 죽는다는 건 백 퍼센트 확실하니 그게 오늘 밤일 수도 있다는 것이다. 내가 믿는 종교가 참 인지 그것도 불확실하다. 하지만 엉터리일 가능성이 내가 오늘 밤을 넘기지 못할 가능성만큼 크다 할 수는 없다. 참일지도 모르겠지만 참이 아니라고 단정적으로 말할 수도 없다는 말이다. 그러니 불확실성의 문제로 신앙인들을 공격하는 것은 옳지 않다. 파스칼은 불확실한 일을 위해 수고하는 것을 "민중이 가진 매우 건전한 의견"이라 부른다. 101/191

이미 걸고 산다. 그걸 모른 채 걸지 않겠다 우기는 건 아무 뜻이 없다. 이렇게든 저렇게든 이미 걸고 있으니 어떻게 잘 걸 수 있겠는지 그걸 따지는 게 지혜다. 하나님 문제로 내기하는 게 어리석다 하는 사람들에게 지금도 온갖 내기를 하며 살고 있지 않으냐 반문한다. 내기를 하고 말고는 내가 정할 수 없다. 이미 하고 있다. 가장 중요한 종교 문제에서도 이미 하나에 걸고 살아간다. 그러니 어떻게 바른 선택을 할 것인지 거기 마음을 쏟는 게 옳다. 우리가 하는 그어떤 선택에도 가장 밑바탕에는 신의 존재 여부에 대한 판단이 자리 잡고 있다. 종교 문제는 모든 선택에 포함되어 있는 궁극적 선택이다. 종교 문제와 무관한 선택은 없다.

4. 거는 것과 따는 것

그러니 어느 쪽을 고르겠는가? 보자. 선택하지 않을 도리가 없으니 그대와 가장 덜 얽힌 게 어느 것인지 보자. 그대가 잃을 수 있는 건 두 가지. 진리와 선. 걸 것도 두 개. 그대의 이성과 그대의 의지, 그대의 지식과 그대의 행복. 그대의 본성이 피해야 할 두 가지는 오류와 파멸. 반드시 선택해야만 하는 상황이므로 어느 하나를 택한다고 해서 그대의 이성이 더 손상되는 건 아니다. 자, 문제 하나는 이렇게 해결됐다. 하지만 그대의 행복은?

Lequel prendrez-vous donc? Voyons; puisqu'il faut choisir voyons ce qui vous intéresse le moins. Vous avez deux choses à perdre : le vrai et le bien, et deux choses à engager : votre raison et votre volonté, votre connaissance et votre béatitude, et votre nature deux choses à fuir : l'erreur et la misère. Votre raison n'est pas plus blessée puisqu'il faut nécessairement choisir, en choisissant l'un que l'autre. Voilà un point vidé. Mais votre béatitude?

이제 멍석이 다 깔려 드디어 내기에 들어간다. 둘 가운데 하나를 고르는 내기다. 그런데 왜 시작부터 "가장 덜 얽힌 것"을 보자 할까? 적극적으로 하는 내기라면 가장 많이 따는 방법을 찾겠지만 떨떠름하게 끌려 들어가는 내기인지라 손해를 피하는 게 더 급하다. 멋모르고 걸었다가 다 날리고 패가망신이라도 하면 어떻게 하나? 가장 덜 얽힌 것을 찾자는 말은 선뜻 나서지 못하는 이들의 부담을 덜어주기 위함이리라. 득실을 잘 따져 가장 손해가 적은 쪽으로 정하라는 말이다. 캄캄한 동굴에 마지못해 들어가는 경우 불쑥 들어서지 말고 발 하나만 슬쩍 넣어보며 조심스럽게 시작하자는 말이다. 보자! 청유형이다. 같이 보자고 거듭 부탁한다. 불어 원문도 우리에겐 애교스럽다. Voyons! 봐용! 듣는 사람 본인이 직접 생각하고 직접 확인해 보라는 말이다. 나 혼자 밀어붙이지는 않겠다는 말이다. 한 단계 한 단계 나아갈 때마다 독자의 동의를 얻겠다는 말이다.

이 구절을 다르게 해석하는 사람도 있다. 나하고 얽혔다면 바로 내 이해관계 아닌가. 그런데 그런 이해관계는 우리 눈을 멀게 하는 주범이다. [44/81] 따라서 가장 덜 얽힌 걸 고르자는 말은 최대한 편견을 버리고 접근하자는 말일 수 있다. 파스칼은 또 우리 관심을 끄는 것들, 특히 가장 많은 관심을 끄는 것에 무감각해질 필요를 언급한 적이 있다. [383/10] 그런 것들은 정말 중요한 게 아니라는 말이다. 마치 마법에 걸린 듯 우선순위가 뒤죽박죽된 세상 아닌가. 그러니 가장 적게 얽힌 그게 사실은 우리에게 가장 소중한 문제일 수 있다는 뜻이다. 가장 덜 얽힌 문제, 그렇지만 우리 삶에서는 더욱 중요한 그 문제가 무엇일까?

가장 덜 얽힌 것을 골라 가장 적게 건다 해도 둘 가운데 하나는 잃을 수 있다. 진리 아니면 선이다. 아리스토텔레스는 사람은 본성적으로 알고 싶어 한다 하였고 토마스 아퀴

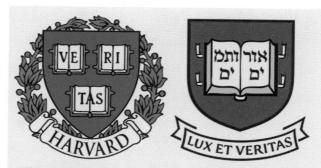

대학은 진리를 추구한다. 하버드대학의 모토는 "진리 VERITAS"고 예일대학은 "빛과 진리LUX ET VERITAS"다. 둘 다 라틴어다. 성경책에 적은 히브리어도 빛과 진리라는 말이다. 이 대학들이 처음 설립될 때는 이 진리가 그리스도를 뜻하는 표현이었지만 세속화가 된 지금은 기독교와 무관한 학문적 진리를 가리키는 말이 되었다. 진리가 무엇인지 물었던 빌라도의 질문은 오늘도 계속된다.

나스는 사람은 기쁨 없이 살 수 없다 하였는데 이 둘 가운데 고른다는 말이다. 최악의 경우 둘 다 잃을 수도 있다. 진리는 참된 것이니 진리를 잃으면 오류에 빠진다. 선은 좋은 것이므로 선을 잃으면 불행하게 된다. 이 내기에서 잘못 걸면 오류에 빠지거나 불행해질 수 있다. 둘 다 피하고 싶다. 어느 하나도 잃어서

는 안 된다. 이 둘을 잃을 수 있는 까닭은 이 내기가 이것들을 얻는 방법 내지 수단을 거는 것이기 때문이다. 참된 것은 이성으로, 복은 의지로 찾아간다. 이성은 지식을 낳고 의지는 행복을 가져온다. 이성이 잘못되면 오류에 빠지고 의지가 잘못되면 파멸에 이른다.

그런데 내기라는 건 우연 또는 운에 내맡기는 일이니 이성의 판단을 포기하는 일이요 따라서 진리를 저버리는 일 아닌가? 맞는 말이다. 운을 따르는 건 참으로 무책임한 행동이요 파스칼이 도박을 반대한 이유도 그것이다. 인간 존엄성이 걸린 문제 아닌가. 그런데 여기서는 그렇지 않다. 다른 문제라면 몰라도 신의 존재 문제라면 이성은 어차피 아무 답도 주지 못한다. 무한의 혼돈이 가로막고 있다고 앞에서 이미 설명했고 이는 그 똑똑한 불가지론자들도 인정하는 사실이다. 하지만 불가지론자처럼 선택하지 않는 것도 결국 또 하나의 선택이므로 신 존재 문제에서 어느 쪽을 택하든 마찬가지다. 더 이성적인 쪽도 덜 이성적인 쪽도 없다. 따라서 신 존재 문제에 있어서는 진리를 상실하지 않을까 우려할 필요가 없다. 아니, 그런 걱정이 아무 의미가 없다. 그러니 진리의 문제는 일단 접어두고 선, 의지, 복의 문제를 생각해 보자 한다.

거듭 불가지론자를 비판한다. 불가지론자는 오류에 빠지지 않기 위해 판단을 유보한 사람들이다. 하지만 윌리엄 제임스의 지적대로 오류를 피하는 대신 진리도 놓치고 마는 사람들이다. 어쨌든 이들은 오직 진리만을 추구한다. 행복은 다음 문제다. 눈앞에 행복이 보여도 그 길에 약간의 불확실함이 섞였다면 이들은 가지 않을 것이다. 하지만 파스칼은 행복도 진리 못지않게 중요한 요소임을 강조한다. 찾을 수 있다면야 당연히 진리를 찾겠지만 어느 쪽이 진리인지 분명하지 않다는 이유로 머뭇거리기만 하다가 선마저 놓친다면, 그

래서 영원한 파멸로 간다면, 이 얼마나 어리석은 일인가? 진리도 좋다. 하지
만 내 행복만큼 중요한 게 어디 있을까? 죽음의 순간이 시시각각 다가오고 있
다. 얼른 결단해야 한다. 진리 문제에는 어차피 답을 모른다. 오류에 빠지고 말
고는 내가 결정할 수 있는 문제가 아니다. 하여 행복의 문제로 넘어간다. 진리
보다 행복을 앞세우는 우리 시대 젊은이들에게 더욱 와 닿을 선택이 아닐 수
없다. 이 불확실함 가운데서 내 의지로 결단을 내려 비참을 피하고 행복을 얻
을 길이 있을까?

> 하나님이 있다는 쪽을 고를 경우의 득실을 따져보자. 양쪽을 계산해
> 보자. 만약 이긴다면 다 딴다. 진다면 아무것도 잃지 않는다. 그러니
> 하나님이 있다는 쪽에 걸어라. 망설이지 말고.
> *Pesons le gain et la perte en prenant croix que Dieu est. Estimons ces*
> *deux cas: si vous gagnez vous gagnez tout, et si vous perdez vous ne*
> *perdez rien: gagez donc qu'il est sans hésiter.*

이 짧은 대목이 파스칼의 내기의 핵심이다. 하나님의 존재는 이성의 능력
밖에 있으니 어느 쪽을 택하든 이성과 무관하다. 계시다 해도 이성을 손상하
는 것이 아니고 안 계시다 한다고 인간 존엄성이 높아지는 것도 아니다. 잘 모
르겠다고 판단을 유보해도 아무런 차이가 없다. 따라서 이성 아닌 행복의 문
제를 생각해 보자 하는 것이 파스칼의 내기다. 물론 행복 문제를 논의하는 기
준도 이성이다.

내기의 핵심은 의외로 간단하다. 내가 취할 태도는 두 가지다. 믿거나 안
믿는 것. 이건 결단이다. 내 의지로 가능하다. 파스칼에게 믿음은 늘 의지의 문

제다. 하나님의 존재 가능성도 두 가지다. 계실 가능성과 안 계실 가능성. 제 삼의 가능성은 없다. 그렇다면 가능한 경우의 수는 넷이다. 첫째, 계시다고 믿었는데 하나님이 정말 계시는 경우. 둘째, 계시다고 믿었지만 안 계실 경우. 셋째, 안 계시다 믿었는데 계실 경우. 넷째, 안 계시다 믿었는데 정말로 안 계실 경우다.

각각의 경우 뭘 따고 뭘 잃게 될까? 첫째 경우는 다 딴다. 내 믿음이 열매를 맛본다. 영원한 행복을 얻었으니 다 얻은 것이다. 잃을 거라고는 없다. 가장 귀한 걸 얻었는데 잃어야 뭘 얼마나 잃겠는가? 둘째 경우는 얻을 것도 잃을 것도 없다. 이 세상을 살면서 혹 남보다 더 빠듯하게 사느라 고생한 건 아쉬울 수도 있겠다. 헛것을 기대했다는 실망감은 있겠지만 하나님이 안 계시다면 죽는 순간 모든 게 사라질 것이니 실망할 틈도 없을 것이다. 제삼자가 볼 때 좀 억울하게 생각할 면도 없지 않겠으나 엄청나게 중요한 건 아니다. 셋째 경우는 최악이다. 하나님이 없다 생각하고 마구 살았는데 하나님이 계셔서 사람을 심판하실 거란다. 신나는 건 잠깐이고 결국은 다 잃는다. 영원한 파멸이다. 가장 소중한 영원한 행복을 잃는다. 넷째 경우는 둘째 경우와 비슷하다. 실망은 않겠지만 내 예상이 옳았다는 걸 확인할 틈도 없다. 그냥 사라지고 말 거니까.

파스칼은 이 논리는 현대 결정이론의 여러 가지 원칙을 그대로 담고 있다. 상황이 불확실할 때 어떤 결정에 담긴 가치나 불확실성 등 다양한 요소를 여러 가지 측면에서 검토 분석하여 최선의 방안을 확보하고자 하는 것이 결정이론이다. 이를테면 투자 문제로 어떤 결정을 내려야 한다. 보통 수익률이 높은 투자는 원금을 날릴 가능성이 있고 원금을 보장받으려면 수익률이 낮아져 다들 어느 쪽을 택할지 고민하게 된다. 하지만 수익률이 높으면서 원금도 까먹지 않는 경우와 낮은 수익률에 원금 보장마저 안 되는 경우 사이에는 고민할 필요가 전혀 없다. 물론 실제 투자의 현장에서는 그런 경우가 극히 드물기 때문에 원금과 고수익을 동시에 보장한다면 사기일 가능성이 크므로 조심해야 한다.

선택할 때는 언제나 최악을 피하고 최선을 선택해야 한다. 하나님이 계시다고 믿었는데 정말로 계실 경우가 최선이다. 하나님이 안 계시다고 믿었는데 실제로는 계실 경우가 최악이다. 최선을 노린다면 계시다고 믿어야 한다. 최악을 피하려면 안 계시다고 믿는 것을 피해야 한다. 결국 최선을 노리는 것과 최악을 피하는 것이 하나다. 하나님의 존재를 믿어야 한다는 것이다. 이 내기에서는 둘 가운데 좋은 쪽이 빚어낼 최악의 결과가 안 좋은 쪽이 가져올 최상의 결과보다 훨씬 더 낫다. 좋은 쪽이 안 좋은 쪽을 완전히 압도하므로 당연히 압도하는 그쪽을 택해야 한다. 따라서 하나님이 계시다고 믿는 것이 매우 합리적인 결정이다. 파스칼은 《팡세》 다른 곳에서 이렇게 부연한다.

> "하나님을 알지 않고서는 행복할 수 없다, 하나님께 가까이 갈수록 행복해진다, 궁극의 행복은 하나님을 확실하게 아는 것이다, 하나님에게서 멀어질수록 불행하게 된다, 궁극의 불행은 반대의 것을 확신하는 것이다 등은 의심의 여지가 없다." 821(432)/15

믿으면 영원한 복이 주어진다. 안 믿고 죽으면 "영원한 허무 아니면 성난 신의 손에" 들어간다. 427/11 최선을 노려도 믿어야 하고 최악을 피하려 해도 믿어야 한다. 망설일 까닭이 어디 있나? 얼른 믿는 쪽에 걸어라. 다 걸어라. 진리는 이성과 지식의 문제지만 행복은 의지의 문제다. 네 의지로 결단하라.

파스칼은 이 선택의 원칙이 몇 해 전 페르마와 함께 정리한 판돈 분배의 법칙과 통하는 것임을《팡세》다른 곳에서 분명하게 설명한다.

> "분배(의 법칙)에 따른다면 그대는 진리를 탐구하는 일에 매진해야
> 한다. 왜냐하면 참 원리를 섬기지 않고 죽는다면 그대는 끝장이기
> 때문이다." 158/334

하나님이 계시다는 쪽이 가장 높은 기댓값을 보장한다. "어느 쪽에 더 기울게 될까?" 하고 앞에서 물었다. 하나님이 계시는지 안 계시는지 답은 여기서도 나오지 않는다. 하지만 여러 가능성을 두루 살피는 가운데 우리 마음은 하나님이 계시다는 쪽으로 기운다. 아니, 계시다고 믿어야 되겠다는 판단이 선다. 이게 내기의 핵심이다. 정말 계시는지는 여전히 안개 속이지만 여러 가지 가능성을 놓고 보았을 때 계시다고 믿어야 할 이유는 분명해졌다.

거의 기울어진 동전. 동전은 한쪽으로 거의 기울었다. 어느 쪽일지는 물론 여전히 안갯속이다. **필자 사진.**

품질을 보장할 수 없다는 헤어드라이어를 샀다. 왜 샀는지 나도 모른다. 아내의 잔소리를 한 바가지 들은 다음 곰곰 생각해 보니 상표를 언뜻 본 것도 같다. 그 상표의 헤어드라이어가 미국에서 잘 나간다는 신문 기사를 전에 읽은 적이 있다. 그걸 어떻게 기억하냐고? 상표를 거꾸로 읽으면 내 이름이 된다. 파는 사람이야 내 이름도 모르고 내가 옛날

의 그 신문을 읽은 줄도 알 리가 없다. 회사가 망한 판국에 품질 운운해야 아무도 믿지 않을 터이니 그냥 보장 못 한다고 말했을 것이다. 상표를 흘끗 본 순간부터 왠지 파는 그 사람도 듬직해 보였다. 품질을 보장할 수 없다는 그 말에 오히려 신뢰감을 느꼈다. 게다가 다른 제품의 반값 아닌가. 그래서 마음이 기울었고 결국 하나 샀다. 그 사람이야 어쨌든 하나 팔았으니 괜찮은 마케팅 전략이다. 아내는 여전히 이해를 못 한다. 그렇지만 아무리 생각해도 내가 그렇게 정신 나간 짓을 한 것 같지는 않다. 물론 헤어드라이어는 오늘도 씽씽 잘 돌아간다.

파스칼은 처음부터 내내 기독교의 하나님을 염두에 두고 있다. 내기 논리 자체는 다른 종교에도 얼마든지 적용할 수 있고 그래서 실패한 이론이라는 주장도 있지만 그렇게 간단한 문제는 아니다. 신의 존재를 믿고 안 믿는 것이 내세의 내 행복 여부를 결정한다는 생각부터 이미 기독교다. 다른 종교도 신에 대한 믿음을 중요하게 치겠지만 특히 기독교는 영원한 행복이 신의 존재를 믿는 믿음에 다 달려 있다. 파스칼은 이런 말도 했다.

"나로서는 기독교가 진리라고 잘못 알았다가 나중에 아닌 줄 깨닫는 것보다 기독교가 진리가 아니라고 잘못 알았다가 진리임을 뒤늦게 발견하는 쪽이 훨씬 더 두렵다." [387/36]

종교 일반이 아닌 기독교에 대한 이야기다. 하나님의 존재를 믿는다는 것은 그저 어떤 명제에 머리로 동의하는 것과 다르다. 내 삶 전체를 걸어야 하는 선택이다. 그렇기에 거는 것과 따는 것을 기댓값 개념으로 비교한 것이다. 진리를 발견할 수 있다면 좋으리라. 하지만 속을 수도 있다. 확률은 반반이니까.

그렇다면 만의 하나 속더라도 손해가 덜 나는 쪽으로, 나에게 행복을 보장해주는 쪽으로 속는 것이 낫지 않은가! 이게 파스칼의 주장이다.

> *"훌륭하군. 그래. 당연히 걸어야지. 하지만 아무래도 내가 너무 많이거는 것 같아."*
>
> *Cela est admirable. Oui il faut gager, mais je gage peutêtre trop.*

세 번째 반론이다. 거는 게 옳다는 잠정적 결론을 수용한다 해도 그 결정으로 정말 최상의 결과를 얻는다는 보장이 있느냐는 의문이다. 하나님이 계시다는 쪽에 걸면 혹 안 계셔도 잃을 게 하나도 없다는 게 파스칼의 주장인데 독자가 볼 때는 그렇지 않다. 많이 잃을 수도 있다. 다시 말해 지금 거는 게 너무 많다는 이야기다. 결정이론의 원칙으로 따져볼 때 하나님을 믿겠다는 그 결정에 담긴 모든 요소를 파스칼이 충분히 검토하지 못했다는 말이다. 따는 게 얼마일지 몰라도 일단 거는 게 너무 많다면 그건 사실 가장 중요한 요소를 제대로 못 살폈다는 뜻 아닌가.

파스칼이 미처 생각을 못 한 것일까? 그렇지 않다. 관점이 달랐을 뿐이다. 파스칼이 보기에는 잃을 게 하나도 없는데 다른 사람이 보기에는 잃는 게 많다. 엄청난 걸 걸어야 한다. 이유는 간단하다. 파스칼은 이미 걸었을 뿐 아니라 이미 땄다. 내기에서 이미 이겼다. 이미 딴 입장에서 본다면 내가 건 것은 사실 딴 것에 비길 때 참으로 보잘것없는 것들이다. 하지만 아직 걸지 않은 사람들이 볼 때는 파스칼이 아무것도 아니라 생각하는 그게 사실 엄청나게 많은 것이다. 얼마나 딸 지는 모른다. 하지만 거는 건 일단 많다. 어쩌면 전부 다 건다는 느낌마저 들 것이다. 확신이 있느냐 없느냐에 따라 보는 눈도 완전 달라진다.

<카드놀이 하는 사람들> 폴 세잔Paul Cezanne, 1839-
1906의 1892년 작품. 순간을 포착하여 화폭에 담고자
애썼던 세잔은 말년에 카드놀이 하는 사람 그림을 다섯
장 그렸다. 가장 크고 등장인물도 가장 많은 이 그림에
서 자기 카드만 바라보고 있는 세 사람과 서서 구경하
는 사람 및 전혀 관심을 주지 않고 있는 여인이 강한 대
비를 이루고 있다. 미국 펜실베이니아 메리온Merion 시
의 반스Barnes 재단 소장. **사진: Wikipedia.**

이 차이를 백 년 뒤 독일의
칸트가 알아듣기 쉽게 설명했
다.《순수이성비판》의 끝부분
"의견, 지식, 신앙"이라는 대
목에서 사견과 신앙을 구분하
는 방법으로 내기를 언급하고
있다. 사견이나 신앙은 둘 다
객관적으로 입증할 수 없는 판
단이다. 그런데 주관적인 근거
가 있으면 정견이 되고 주관적
인 증거조차 없다면 사견이 된
다. 사견은 말이 좋아 믿음이지
실제로는 안 믿는 경우고 정견

은 내 인격과 삶을 담은 확고한 믿음을 가리킨다. 이 둘을 가려내는 좋은 방법
이 '내기'ᵂᵉᵗᵗᵉ다.

"그런 사람을 종종 본다. 자기 주장을 단호하게 내세우는데 그 태도
가 얼마나 자신만만하고 당돌한지 자기가 틀렸을 가능성은 추호도 생
각지 않는 것 같다. 그런 사람을 당혹스럽게 만드는 게 내기다. 이따금
그런 사람이 가진 사견이 금 한 냥짜리는 되지만 열 냥짜리는 못 된다
는 게 드러난다. 왜냐하면 한 냥이라면 얼마든지 걸 수 있지만 열 냥을
걸어야 한다면 미처 생각지 못했던 것 곧 자기가 틀렸을 가능성도 얼
마든지 있다는 것을 비로소 깨닫게 되기 때문이다. 우리 인생 전체의
행복을 거기 걸어야 한다고 마음으로 생각하는 순간 위풍당당하던 우

리의 판단은 크게 위축되고 우리는 극도로 기가 죽어 우리 신앙이 그리 대단하지 못하다는 것을 비로소 발견한다."[89]

한 냥쯤은 날릴 수 있다. 하지만 열 냥이라면 생각해 보게 된다. 어떤 것을 진리라 확신하고 떠들던 사람이 내기를 해보자 하면 멈칫한다. 한 냥 정도야 자존심 때문에라도 걸 수 있겠지. 하지만 금화 열 냥을 걸라 하면 한 걸음 물러선다. 자기 스스로도 확신하지 못하고 있었음을 그때야 깨닫는다. 그렇게 자신만만하게 떠들던 진리가 사실 열 냥짜리도 못 되더라는 것이다. 하지만 인생 전체를 걸어야 한다면? 칸트가 볼 때 그 정도는 아무나 못 한다. 믿음 믿음 떠들지만 실제로 걸라 하면 다 떨어져 나간다. 그래서 쏟아주시는 복을 바라고 하나님께 투자하라는 번영복음 전도사들도 일단 십분의 일만 내보라 하지 않는가. 파스칼은 믿음 하나에 인생을 다 건 사람에 해당한다. 말로만 내기를 제안한 게 아니라 자기 자신 그렇게 살았다. 그렇게 다 걸어 놓고도 잃을 건 하나도 없다 큰소리쳤다. 믿음이 있는 까닭이다. 이미 딴 사람의 관점이다. 하지만 파스칼의 설명을 듣는 사람은 따기는커녕 아직 믿음 근처에도 못 갔다. 금 열냥 아니라 한 냥도 엄청난데 인생 전체를 걸라고? 이성으로 확인조차 할 수 없는 일에다? 어림 반 푼어치도 없는 소리!

대화는 평행선을 달린다. 파스칼은 믿는다. 자기가 기대하는 영원한 복에 비길 때 이 세상의 삶은 별것 아니다. 바울의 표현을 빌면 배설물이다. 똥이다. 옛 사람들은 값싼 여러 물질을 잘 섞으면 값비싼 금이 될 수 있다 믿고 연금술을 열심히 연구했다. 믿음은 그와 반대인 연분술鍊糞術이다. 이 땅의 소중한 것들

---

89 『순수이성비판』 A825 B853. 필자 번역.

을 다 솥에 쏟아 붓고 푹 삶아 똥으로 만드는 신비로운 기술이다. 사도 바울처럼 파스칼의 눈에도 사람들이 금이라 생각하던 것들이 다 배설물이었다. 불의 밤에 느낀 대로는 "세상을 잊음. 하나님 아닌 모든 것을 잊음"이요 "완전하고 감미로운 포기"다. 열 냥 아니라 만 냥이라도 달라질 게 없다. 하지만 아직 믿지 않는 이들에게는 그게 전부다. 지금 살고 있는 이 삶이 가장 소중하다. 그런데 만약 내기에서 지면 이걸 다 잃는단다. 죽는 순간에야 모든 게 사라지고 말겠지. 이래도 한 세상 저래도 한 세상 아닌가? 하지만 그걸 미리 생각해 본다면 저렇게 멋지게 살 수 있는 인생을 이렇게 꾀죄죄하게 살았으니 온통 잃는 셈이다. 하나님이 없다는 데 걸었더라면 인생 전체가 얼마나 즐거웠겠는가! 신이 존재하지 않는 상황이라면 내세 아닌 현세가 파스칼이 말하는 그런 무한의 가치를 지닌 것 아니겠는가. 없는 하나님을 있다고 잘못 안 것도 진리를 놓친 것이니 사람으로서 억울한 일인데 마음껏 누리고 즐길 수 있는 이 무한한 행복을 그런 식으로 빼앗기고 만다면 그보다 원통한 일이 어디 또 있겠는가? 파스칼이 권하는 대로 득실을 잘 따져본 다음에도 못 건다. 절대 못 건다.

보자. 따거나 잃을 확률이 똑같으므로 목숨 하나로 둘을 얻는 내기라 해도 그대는 아마 걸 수 있을 것이다. 그런데 만약 세 개를 얻을 수 있다면? 당연히 걸어야지! 내기를 해야만 하는 상황일 경우 (내기를 하지 않을 수는 없다!), 잃거나 딸 확률이 똑같은 내기에서 세 개의 목숨을 얻기 위해 그대 목숨을 걸지 않는다면 그대는 지각없는 사람이 될 것이다. 그런데 여기 있는 건 영원의 삶, 영원의 복이다. 그렇다면, 무한의 가능성이 있고 그 가운데 단 하나가 그대가 이기는 경우라 할 때도 그대가 두 개를 갖기 위해 하나를 건다면 잘 하는 일이다. 또 내기하지 않을 수 없는 상황에서, 무한한 수의 가능성 가운데 그대가 이길 경우가 단 하나이고, 그대가 딸 수 있는 것은 무한히 이어지는 무한히 복된 삶인 그런 내기에서, 셋을 두고 하나를 걸지 않겠다 한다면 그건 어리석은 행동일 것이다. 하지만 여기서 딸 수 있는 건 무한히 이어지는 무한히 복된 삶인데, 딸 확률이 하나인 반면 잃을 확률 또한 유한하고, 여기서 그대가 거는 것도 유한하다. 결론은 이미 났다. 무한이 있는 곳에서 딸 확률에 비해 잃을 확률이 무한하지 않은 경우라면 우물쭈물할 틈이 없다. 다 내놓아야 한다. 마찬가지로, 그대가 내기하지 않을 수 없는 상황일 때, 잃을 거라고는 거의 없는 거나 마찬가진데, 무한을 따기 위해 생명을 걸지 않고 그냥 갖고 있겠다는 건 이성을 포기하지 않고서야 할 수 없는 일이다.

Voyons puisqu'il y a pareil hasard de gain et de perte, si vous n'aviez qu'à gagner deux vies pour une vous pourriez encore gager, mais s'il y en avait 3 à gagner? Il faudrait jouer (puisque vous êtes dans la nécessité de jouer) et vous seriez imprudent lorsque vous êtes forcé à jouer de ne pas hasarder votre vie pour en gagner 3 à un jeu où il y a pareil hasard de perte et de gain. Mais il y a une éternité de vie de bonheur. Et cela étant quand il y aurait une infinité de hasards dont un seul serait pour vous, vous auriez encore raison de gager un pour avoir deux, et vous agirez de mauvais sens, en étant obligé à jouer, de refuser de jouer une vie contre trois à un jeu ou d'une infinité de hasards il y en a un pour vous, s'il y avait une infinité de vie infiniment heureuse à gagner : mais il y a ici une infinité de vie infiniment heureuse à gagner, un hasard de gain contre un nombre fini de hasards de perte et ce que vous jouez est fini. Cela ôte tout

parti partout où est l'infini et où il n'y a pas infinité de hasards de
perte contre celui de gain. Il n'y a point à balancer, il faut tout donner.
Et ainsi quand on est forcé à jouer, il faut renoncer à la raison pour
garder la vie plutôt que de la hasarder pour le gain infini aussi prêt à
arriver que la perte du néant.

사람들이 어떻게 느끼는지 파스칼도 안다. 그들에게는 이 세상이 전부인 줄 누가 모르겠는가? 하여 거는 게 너무 많다는 반론에 답한다. 나는 다 걸고도 이렇게 행복하다 과시하는 대신 차분하게 논리적으로 설명한다. 처음부터 이성에 호소하기로 했다. 이성은 결정할 능력이 없다 했지만 그 깨달음 또한 이성의 판단 아니었던가. 여기서도 거는 것과 딸 수 있는 것을 논리적으로 비교하면서 걸어야 할 필요성을 거듭 역설한다. 독자들이 틀렸다고 말하지 않고 다시금 미처 못 본 것을 보여주겠다는 것이다. 그것을 함께 보자 권하며 이야기를 시작한다.

파스칼은 단도직입적으로 나간다. 별것 아니라 말하지 않는다. 거는 건 목숨이라고 솔직하게 말한다. 맞다. 거는 건 우리 목숨이다. 돈, 에너지, 시간, 관심 그걸 다 합친 우리 목숨, 우리 인생 전체를 건다. 하나님을 사랑할 때는 우리의 모든 것을 다해 사랑해야지 다른 길은 없다. 종교 문제의 선택은 언제나 전부 아니면 무다. 그래서 결과도 죽느냐 사느냐 하는 문제가 된다. 잘못하면 파멸이다. 목숨을 두 개, 세 개 하고 언급하니 좀 어색하지만 그건 일단 비유로 보자. 무한을 말하고 싶은데 그 전에 유한의 세계에도 이런 차이는 있다는 말이다. 하나를 걸고 둘 가운데 하나를 골라 둘을 따는 내기라면 기댓값이 1이므로 해볼 만하다. 셋을 딴다면 기댓값이 1보다 많다. 확률이 반반이니 하나를 잃거나 셋을 얻는다. 당연히 하는 게 합리적인 판단이다. 그런데 지금 논하고 있는 건 영원이다. 영원의 삶, 영원의 복, 곧 유한의 세계를 뛰어넘는 무한의 세계다. 그런 세계에서 유한한 하나를 걸어 무한한 둘을 딸 수 있다면 확률이 반 아니라 그보다 훨씬 낮아도 해볼 만하다. 셋이라면 말할 것도 없다. 정말 무한을 얻을 수만 있다면 확률이 무한 가운데 하나라 해도 내기를 하는 게 합리적이다.

앞에서 수학의 무한을 언급했다. 철학적인 무한도 등장했다. 파스칼은 이 무한을 이제 기독교의 하나님과 연결한다. 지금까지 언급했던 무한이 기독교가 말하는 하나님의 무한하심, 곧 기독교 신앙이 약속하는 무한한 생명, 무한의 복으로 명확하게 이어진다. 우리 마음의 진공을 채우실 바로 그 하나님의 무한이다. 철학자의 하나님이 아브라함의 하나님으로 연결되는 순간이다. 본성의 빛으로 공감할 수 있는 무한 개념을 기독교의 하나님과 연결해 내기 논리가 가능해졌다. 존재도 본성도 알 수 없는 무한의 하나님이지만 약속된 것이 무한의 복이니 믿어야 하지 않겠느냐는 말이다.

그런데 파스칼의 논리에 모순이 하나 눈에 띈다. 이길 가능성이 무한 가운데 하나라도 걸어야 된다고? 무한 가운데 하나라면 없는 것과 마찬가지니 확률로 따지면 영이다. 확률이 영이라면 절대 딸 수 없고 따라서 걸린 게 아무리 많아도 소용이 없다. 물론 무한을 딸 수 있다면 기대 값은 1이 되어 ($\infty \times 1/\infty =$ 1) 언제나 따는 내기가 될 수도 있다. 하지만 그런 뜻이라기보다 이 부분은 단순한 과장인 듯하다. 실제로 이 유한의 세상에서 지금 하는 내기의 경우의 수가 무한일 수는 없기 때문이다.

파스칼은 걸린 게 아무리 많아도 딸 가능성이 거의 없다면 내기하지 않는 게 낫다고 다른 책에서 말한 바 있다. 키케로 덕에 유명해진 사고실험 "무한 원숭이 정리infinite monkey theorem"에서 힌트를 얻은 논리다. 키케로는 가능성이 전혀 없는 일의 한 보기로 "금속으로 만든 수없이 많은 글자를 땅에 던져 고대 로마 엔니우스의《연대기Annals of Ennius》한 권을 그대로 만들어내는 일"을 언급했다.[90] 한 권은커녕 한 줄도 못 쓸 거라 했는데 하마터면 키케로가 금속활자를 우리보다 먼저 발명할 뻔했다. 구텐베르크 이후에 살았던 파스칼은 아르노와 니콜이 편집한《포르루아얄 논리학》에서 비슷한 다른 보기를 든다. 일 달러를 걸어 천만 달러를 딸 수 있는 대박 내기라 하더라도 만약 따는 조건이 "인쇄소에서 활자 정리를 맡은 꼬마가 활자를 닥치는 대로 늘어놓아 즉석에서 베르길리우스의《아이네이스》첫 스무 구절을 만들어 내는" 그런 조건이라면 거는 건 바보짓이라 했다.[91] 유한한 수에서도 확률이 지극히 낮다면 아무리 큰 게 걸려 있어도 내기하지 않는 게 낫다 하였으니 무한을 딸 가능성 역시 무한 가운데 하나라 본 것은 아닐 것이다. 그저 무한, 무한 되풀이하다 깜빡 실수한 게 아닐까 싶다.

간단히 말해 파스칼의 논지는 유한을 걸고 무한을 딴다는 것이다. 확률은 유한하다. 유한인 이상 아무리 낮다 해도 무한을 따기 위해서는 걸 수 있다. 거는 건 유한이니 내 능력으로 할 수 있는 반면 따는 건 내 능력으로 상상조차 할 수 없는 무한이다. 걸고 따는 게 다 유한한 것이라 해도 둘 사이의 차이가 엄청나게 크다면 사람들은 기꺼이 돈을 건다. 그런 심리가 있으니 도박도 하고 로또를 사는 것 아닌가. 그런데 여기서는 유한을 걸고 무한을 딴다. 무한 앞에서

---

90 Marcus Tullius Cicero, *De natura deorum*, 2.93.

91 Arnauld, A. and Nicole, P., *Logic, or the Art of Thinking*, trans. and ed. J. V. Buroker (Cambridge: Cambridge University Press, 1996), 274.

는 모든 유한이 무가 된다. 유한한 삶을 걸고 무한의 복, 무한히 이어지는 무한히 복된 삶을 딴다. 파스칼은 불의 밤에 이미 깨달았다. "땅에서 하루 수고했다고 영원히 기쁨을 누린다!" 수학적인 기댓값도 1을 훨씬 넘어서지만 심리적인 기댓값 또한 상상을 초월한다. 그러니 우물쭈물하지 말고 얼른 걸어야 한다. 다 내 놓아야 한다. 무한이 기다리고 있는데 내기를 하지 않겠다는 건 그야말로 이성을 포기하는 것과 마찬가지다. 유한한 목숨을 걸면 무한의 복을 딴다. "목숨을 잃으면 보존한다" 하신 그리스도의 말씀이 바로 이 뜻이다. "지키려 하면 잃는다" 하신 말씀도 얼마든지 이성으로 이해할 수 있다는 뜻이다.

유한과 무한 사이의 어마어마한 차이를 말로만 설명하니 잘 와 닿지 않는다. 요즘 같으면 로또에 비길 수 있을까? 당첨금이 백억 원인 로또복권이 두 장 남았다. 다른 건 이미 꽝이 됐으니 남은 두 장 가운데 하나가 당첨 복권이다. 그런데 그중 하나를 살 기회가 나에게 왔다. 값은 한 장에 백만 원. 합리적으로 생각하는 사람이라면 어떻게 하겠는가? 도박을 정당화하자는 게 아니다. 비록 내기 논리가 도박에 바탕을 두고 있고 또 얼떨결에 룰렛 기계도 발명했지만 파스칼은 도박에 반대한 사람이다. 여기서 파스칼은 어느 게 사람의 합리적인 사고방식인지 그걸 묻고 있는 것이다. 빚을 내어서라도 그 복권을 사야 하지 않겠는가? 그럴 때 안 사는 건 이성을 포기하는 행위 아니겠는가? 게다가 백만 원과 백억 원은 엄청난 차이이긴 하나 둘 다 유한하다. 하지만 지금 논의하고 있는 것은 무한이다. 무한을 얻기 위해 유한을 걸자는 것이다. 거는 게 백만 아니라 백억이라 한들 무한에다 비길까. 이성이 직접적인 지식을 줄 수 없는 영역이지만 여기서도 어느 쪽에 거는 게 합리적인지 분명하게 가르쳐 주는 건 이성이다.

파스칼은 우리가 이미 배를 탔다는 점을 거듭 강조한다. 내기를 안 할 수가 없다고 이 대목에서만 네 번을 되풀이한다. 그러니 파스칼이 요구하는 건 내기를 하라는 게 아니라 바른 쪽을 고르라는 것이다. 안 고르겠다고 버티면서 실상은 엉뚱한 쪽을 고른 수많은 사람들에게 이미 내기를 하고 있음을 상기시키며 바른 쪽으로 옮기라고 촉구하고 있는 셈이다.

가족 앨범을 펼쳐놓고 나온 경우와 빨래를 널어놓고 나온 경우에도 내 행동의 차이가 분명 있다. 그런데 놀랍게도 영원의 운명이 달려 있는데도 사람들은 관심조차 보이지 않는다. 기막힌 현실이다. 그런 상황의 심각성을 일깨우는 보기는 얼마든지 있다. 중요한 경매에 참여하고 있는데 누가 우리 집

<카드놀이를 하는 농부들> 1635년 아드리엔 브라우어Adriaen Brouwer, 1605-1638의 1635년 작품. 선술집에서 술을 마시며 카드놀이를 하는 농부들을 그렸는데 바깥은 아직 환하다. 심는 대로 거둔다는 농사의 법칙과 이들이 하는 카드놀이는 무슨 상관이 있을까? 독일 뮌헨의 알테 피나코테크Alte Pinakothek 미술관 소장. 사진: Wikipedia

에 불이 났다고 다급하게 전해준다. 아내와 아이들이 지금 집에 있는데 말이다. 지금 중단하면 손해가 좀 날 것이다. 그냥 무시할 것인가 아니면 달려가든지 아니면 응급기관에 연락하든지 아니면 적어도 확인을 위해 집에 전화라도 하지 않겠는가? 잘못 알았을 수도 있다. 하지만 사안이 이토록 긴급하고 중요하다면 "속는 셈 치고" 얼른 연락해 보아야 하지 않겠는가? 거래를 중단하면

손해를 본다. 거짓 정보에 속아 입는 손해다. 하지만 만약 진짜라면? 내가 거는 것과 이미 걸린 것 사이의 차이가 하늘과 땅만큼 크다. 그러니 우물쭈물할 틈이 없다.

파스칼이 수학에서 많은 성과를 이룬 기댓값 개념이 여기서 보다 깊은 뜻을 갖고 등장한다. 수학이든 과학이든 우리 삶, 특히 삶의 가장 깊은 차원인 영혼의 문제와 무관한 게 어디 있겠는가? 어느 쪽에 걸 것인지 결정할 때 가장 중요한 요소가 되는 게 바로 이 기댓값이다. 기댓값은 내가 선택한 쪽이 성공할 확률을 성공할 경우 얻을 값어치와 곱하고, 실패할 가능성과 실패할 경우 안게 될 손해액을 곱한 다음 이 두 값을 비교해 얻게 된다. 기댓값이 높을 경우 당연히 걸어야 한다 했다. 이건 내기해야 할 필연성과 다른 것이다. 행복을 찾기 위해 내기하지 않을 수 없고 사실은 모두가 이미 내기에 참여하고 있다고 파스칼은 거듭 썼다. 이제는 둘 가운데 한쪽을 골라야 할 당위성을 말한다. 너무 많이 거는 것 같아 내기를 못 하겠다는 이들에게 그렇지 않음을 설명한다. 따고 잃을 확률이 반반인데 하나를 걸고 셋을 얻는다면 기댓값이 하나를 넘기 때문에 당연히 거기 걸어야 한다. 이렇게 유한의 세계에서도 기대치가 높을 때는 거는 게 당연한데 지금 우리가 딸 수 있는 건 무한이다. 영원이다.

기댓값 개념은 우리 선택의 중요한 기준이 된다. 승마 도박을 할 경우 확률만 따진다면 우승 가능성이 가장 높은 말에 걸어야 하겠지만 배당금을 생각한다면 오히려 우승 가능성이 낮은 말에 걸 것이다. 로또를 사는 심리도 마찬가지다. 확률보다 당첨금이다. 영원의 문제를 두고 걸어야 한다면 기댓값 자체가 워낙 크기 때문에 확률이 극히 낮다 해도 그쪽으로 거는 것이 옳다는 게 파스칼의 주장이다. 요즘 먼 훗날 되살아날 가능성을 바라보며 자기 시신을 냉동 창고에 맡기는 사람들이 있다. 엄청난 돈이 드는 일로서 뭇 사람의 조롱을 받는다. 불확실한 미래를 위해 거액을 거는데 그 미래의 불확실성이 실성한 사람이 아니고서는 받아들일 수 없을 만큼 크기 때문이다. 하지만 만의 하나 그 웃기는 일이 현실로 이루어진다면 어떨까? 그거야 말로 대박 중에서도 대박일 것이다. 물론 그렇게 살아난 얼마 뒤에는 냉동이 불가능한 곳으로 결국 가야 될 가능성이 크지만 어쨌든 파스칼이 제시하는 논리의 힘을 짐작하게 만드는 한 사례다.

5. 불확실성의 문제

왜냐하면 딸 수 있을지 불확실하다, 걸기는 확실히 건다, 그래서 거는 것의 확실함과 딸 것의 불확실함 사이의 무한한 거리 때문에 결국 확실하게 거는 유한한 선이 불확실한 무한과 같아져 버린다 등의 말은 해도 소용이 없기 때문이다. 이런 말들은 사실이 아니다. 내기하는 사람은 불확실하게 따려고 확실하게 거는 법이다. 그렇지만 유한한 것을 불확실하게 따기 위해 유한한 것을 확실하게 건다고 이성에게 죄를 짓는 건 아니다. 거는 것의 확실함과 이득의 불확실함 사이에 무한의 거리가 없다 한다면 그건 잘못이다. 무한은 있다. 사실 딸 확실함과 잃을 확실함 사이에 있다. 하지만 딸 불확실성과 거는 것의 확실성 사이의 비율은 따거나 잃을 가능성의 비율과 나란히 간다. 따라서 한 면이 나올 가능성이 다른 면이 나올 가능성과 똑같다면 내기는 반반이 된다. 그 경우 거는 것의 확실함이 딸 것의 불확실함과 같아지므로 이 둘이 무한히 멀다는 건 말도 안 된다. 따라서 따고 잃을 가능성이 똑같고 딸 수 있는 건 무한인 그런 내기에서 걸기는 유한을 건다면 우리의 주장은 무한의 힘을 갖는다. 이건 증명이 가능하다. 인간이 진리라는 걸 알 수 있다면 이게 바로 그 진리다.

Car il ne sert de rien de dire qu'il est incertain si on gagnera, et qu'il est certain qu'on hasarde, et que l'infinie distance qui est entre la certitude de ce qu'on expose et l'incertitude de ce qu'on gagnera égale le bien fini qu'on expose certainement à l'infini qui est incertain, Cela n'est pas ainsi. Tout joueur hasarde avec certitude pour gagner avec incertitude, et néanmoins il hasarde certainement le fini pour gagner incertainement le fini, sans pécher contre la raison. Il n'y a pas infinité de distance entre cette certitude de ce qu'on expose et l'incertitude du gain : cela est faux. Il y a, à la vérité, infinité entre la certitude de gagner et la certitude de perdre, mais l'incertitude de gagner est proportionnée à la certitude de ce qu'on hasarde selon la proportion des hasards de gain et de perte. Et de là vient que s'il y a autant de hasards d'un côté que de l'autre le parti est à jouer égal contre égal. Et alors la certitude de ce qu'on s'expose est égale à l'incertitude du gain, tarit s'en faut qu'elle en soit infiniment distante. Et ainsi notre proposition est dans une force infinie, quand il y a le fini à hasarder, à un jeu ou il y a pareils hasards de gain que de perte, et l'infini à gagner. Cela est démonstratif et si les hommes sont capables de quelque vérité celle-là l'est.

세 번째 반론이 거는 액수를 따졌다면 네 번째 반론은 확실성의 문제를 다룬다. 거는 일에는 언제나 위험부담이 따른다. 그런데 불확실한 걸 따리고 확실한 걸 걸다니 잘 하는 짓인가? 동서고금의 지혜는 반대로 가르친다. 이미 잡은 한 마리 참새는 날아다니는 천 마리보다 낫다는 게 고대 근동 아히카르의 교훈이다.[92] 손에 잡은 한 마리 새는 덤불에 있는 두 마리와 같다는 영어 속담도 같은 지혜를 전한다. "A bird in the hand is worth two in the bush." 마테를링크Maurice Maeterlinck, 1862~1949의 연극 〈파랑새L'Oiseau bleu〉를 보면 행복의 파랑새는 집 새장에 있는데 틸틸과 미틸은 아무것도 잡히지 않는 꿈의 세계를 떠돌았다. 얻을 수 있는 게 아무리 커도 얻을 가능성이 불확실하다면 이미 얻은 확실한 작은 것보다 못한 게 아닌가? 작지만 확실한 행복을 추구하는 소확행小確幸은 오늘날 더욱 분명한 진리가 아니던가?

파스칼은 이 반론에 두 가지로 대답한다. 첫째로, 불확실한 것을 위해 확실한 것을 거는 일이 실제로 많이 있고 아무도 그런 일을 불합리하다 생각하지 않는다. 도박 이야기가 아니다. 삶 자체가 그런 면을 갖고 있다는 말이다. 한 치 앞을 내다볼 수 없는 우리이기에 우리 삶은 불확실한 것을 위해 확실한 것을 거는 내기의 연속이다. 효과를 볼지 모르면서도 족집게 과외에 거액의 돈을 투자한다. 사법시험이나 공무원 시험 합격을 위해 몇 해를 보낸다고 누가 비난하던가. 연구원들은 밤을 밝혀 실험에 몰두하고 기업은 그들에게 수천억을 투자하고 개미들은 성공 여부가 아직 불확실할 때 주식을 산다. 교육도 연구도 산업도 재테크도 다 불확실한 것을 바라며 확실한 것을 거는 일 아닌가.

파스칼은 옛 사람들도 불확실한 결과를 바라보고 확실한 것을 걸었음을 상기시킨다. 그들은 사실 지혜를 실천하면서도 그게 왜 지혜인지 몰랐지만 파

---

92 『아히카르 지혜서』 49번.

스칼 자신은 그 이유까지 설명할 수 있다고 주장한다. 파스칼의 두 번째 답변이다. 자신이 이미 터득한 논리 곧 오늘날 확률론, 기댓값, 결정이론 등의 바탕이 된 그 논리를 활용한다.

> "내일을 위해 또 불확실한 일을 위해 애쓰는 것은 이성에 따라 행동하
> 는 일이다. 왜냐하면 불확실한 일에 대해서는 이미 증명된 분배의 법
> 칙에 따라 불확실한 일을 위해 일해야 하기 때문이다. 아우구스티누
> 스는 우리가 바다에서 또 전투에서 불확실한 일을 위해 애쓴다는 것을
> 알았다. 하지만 왜 그래야 하는지를 증명하는 분배의 법칙은 몰랐다.
> 몽테뉴는 비뚤어진 마음이 우리를 괴롭힌다는 것과 습관은 뭐든 다 할
> 수 있다는 것을 알았지만 그렇게 되는 이유는 몰랐다." [577/346]

파스칼은 판돈 분배의 법칙을 다시금 언급한다. 그런데 그 법칙이 이미 증명되었다 하였으니 하위헌스의 책을 이미 보았을 가능성도 있다. 따고 잃는 내기에 착안한 연구였지만 이미 우리 삶에도 수시로 적용되고 있는 법칙이다. 아직 정해지지 않은 미래에 대해 현재 상황의 여러 요소를 최대한 고려하여 가장 정확한 가능성을 예측하는 행위로 나타난다. 그게 바로 기댓값 개념이고 우리 시대의 결정이론으로 적용된다.

비록 불확실한 미래지만 기댓값을 구해 보면 충분히 투자할 가치가 있다. 전쟁을 한다면 목숨을 걸어야 한다. 하지만 이길 경우 나라를 지키고 부강을 이룩할 바탕이 된다. 먼 바다로 나갈 때도 큰 위험이 따르지만 그렇게 해서 무역을 잘 하기만 하면 엄청난 부를 쌓을 수 있다. 불확실성에 싸여 있지만 땄을 경우를 생각하면 이야기는 완전 달라진다. 게다가 걸지 않을 경우까지 고려한

다면 답은 분명하다. 위험하니 싸움을 않겠다는 것은 침략자에게 나라를 바치겠다는 말이다. 나나 가족의 안위도 보장 못 한다. 바다가 위험하다면 다른 일을 해 먹고살아야 할 텐데 불확실성이 개입되지 않은 일이 어디 하나라도 있던가? 천하의 기본이라 하는 농사조차 기후나 천재지변 등 불확실성으로 싸여 있다. 오랜 경험으로 이제는 누구나 기댓값이 큰 쪽에 건다. 그게 습관이다. 습관은 말하자면 나 개인과 공동체가 쌓은 빅데이터다. 엄청난 자료로 이룩한 통계요 확률이다. 그렇게 축적된 지식을 못 받아들이는 마음이 몽테뉴가 말한 비뚤어진 마음이다. 보는 사람마저 답답하다. 습관의 힘이 뭔가? 말로 설명하지 못하는 그 지혜가 오래 쌓여 이룬 힘이다. 불확실하다 한 그게 확실한 결과를 거듭 낳아 이제는 생각할 필요조차 없이 저절로 하게 되는 것이 습관이다. 인내는 쓰지만 그 열매는 달다는 것도 습관이 낳은 지혜. 불확실한 달콤함을 위해 확실한 쓴맛을 보는 것이지만 이제는 습관이다. 왜 그런지 그것조차 물을 필요가 없으니 습관은 가공할 힘을 지닌다. ^{808/396}

옛 사람들이 피부로만 느끼던 것을 파스칼은 이제 마음으로 깨닫고 분명한 이론으로 만들었다. 어렸을 적부터 줄기차게 추구해 온 원리를 아우구스티누스나 몽테뉴도 몰랐던 영역에서 다시금 발견한 것이다. 그 이론에 따라 네 번째 반론에 대해 해명하면서 자기 이론이 옳다는 것을 설명한다. 고려할 대상은 두 가지 곧 확실성과 무한이다. 이 둘이 섞일 때 문제가 복잡해진다. 하지만 서로 어떻게 연결되어 있는지 살피면 어느 쪽이 슬기인지 뜻밖에 쉽게 알 수 있다.

거는 것은 확실하지만 딸 수 있을지는 불확실하다. 이 둘을 조화시킬 방법이 없다. 아무리 좋은 게 걸려 있다 해도, 심지어 무한이 걸려있다 해도, 딸 가능성이 그저 자욱한 안개속이라면 확실한 건 하나도 못 건다. 아무리 작아도 못 건다. 그런 점에서 딸 불확실성과 거는 확실성 사이에는 무한의 거리가 있는 것처럼 보인다. 그런데 곰곰 살펴보면 그게 아니다. 둘 사이에 있다 생각했던 무한은 사실 불확실한 결과에 있다. 확실하게 따는 경우와 확실하게 잃는 경우 사이의 무한이다. 그러니 거는 확실성과 딸 불확실성 사이의 비율은 따고 잃을 경우의 수의 비율에 따라 달라진다. 경우의 수가 무한히 많은 내기라면 확실하게 딸 가능성과 확실하게 잃을 가능성 사이에 무한의 거리가 있을 것이요 따라서 거는 확실성과 딸 불확실성 사이에도 무한의 거리가 있을 것이다. 하지만 따고 잃을 가능성이 반반이라면 둘 사이에 아무 거리도 없을 것이고 따라서 거는 확실성과 딸 불확실성도 무한의 거리 대신 반반의 가능성으로 가까이 있게 된다. 그런데 지금 하는 내기는 둘 가운데 하나를 고르는 내기다. 하나님은 계시거나 안 계실 것이므로 동전의 앞면 아니면 뒷면이요, 따라서 따고 잃을 가능성은 반반이다. 그러니 불확실한 것을 바라고 확실한 것을 걸지만 그 불확실성 때문에 내기의 가치가 소멸되는 게 아니라 여전히 반반의 가능성으로 남아있게 된다.

가능성이 반반이라면 결국 이 결정의 법칙에서 가장 중요한 요소는 거는 것과 딸 것 사이의 질적 차이다. 거는 건 유한이고 따는 건 무한이다. 유한이 걸렸다 해도 내가 거는 것보다 많다면 해볼 만하다고 이미 설명했다. 그런데 여긴 무한이 걸렸으니 이건 더 말할 필요조차 없다. 파스칼은 여기서 자신의 논리를 확신하고 있다. 무한의 힘을 느꼈다면 생각하므로 존재한다 확신한 데카르트의 코기토마저 뛰어넘는다. 증명도 가능하다 했다. 수학이 가진 그런 확실성을 자기 논리도 가졌다는 말이다. 그런데 결론을 수학적으로 증명하는 게 가능하다면 그건 자신의 논리 전체가 처음부터 이성의 전폭적인 지지를 받아

온 것이라는 뜻이다. "인간이 진리라는 걸 알 수 있다면 이게 바로 그 진리다." 내기 논리의 결론이다. 자신감이 넘친다. 진리 그 자체는 없는 것일까 하고 앞에서 물었는데 마치 여기 있다고 답하는 것 같다. 보통 흥분한 게 아니다. 마치 근두운을 탄 손오공처럼 천하를 발아래 굽어보는 것 같다.

파스칼이 왜 이리 흥분했을까? 진리라 했다. 진리! 처음 이야기를 시작할 때 유보해두자 했던 바로 그것이다. 이성의 무능함 때문에 진리는 알 수 없으니 그 문제는 일단 접어두고 어느 쪽이 행복을 주는지 그것부터 찾아보기로 했는데 결론에 와서 진리와 만났다. 행복을 찾아 먼 길을 왔는데 도착해 보니 진리도 거기 함께 있더라는 것이다. 그래, 진리를 제쳐두고 행복부터 찾으려는 우리 시대 젊은이들을 너무 나무라지 말자. 행복을 추구하는 그것이 진리로 가는 길일 수도 있으니 말이다. 행복을 찾는 그 길이 결국 이성을 가진 사람이 내릴 올바른 결정이었구나. 파스칼도 "진리를 아는 것과 행복하게 되는 것"을 늘 함께 말한다. [119/234] 사실 끝에 와 만난 게 아니라 줄곧 함께 왔다. 이성이 알 수 없는 문제지만 답을 찾아가는 과정 단계 단계마다 이성의 동의를 얻고 때로는 지침도 구했다. 진리는 알 수 없으니 행복부터 우선 찾아보자 한 것도 이성의 판단이었고 그 행복을 신의 존재를 인정하는 쪽에서 찾기로 한 것도 이성의 결정이었다.

그래. 결국에는 만난다. 참 진리라면 행복을 줄 것이고, 참 행복이라면 진리가 아닐 수 없다. 사람이 추구하는 세 가지 가치 곧 진선미도 그렇게 통한다. 하나다. 지리산을 오를 때 백무동계곡, 그 곁의 험준한 칠선계곡, 아니면 반대편의 중산리계곡, 어느 골짜기로 올라도 끝까지 오르면 결국 천왕봉이다. 서쪽 끝 노고단에 오른 뒤 20여 km 능선을 종주해 와도 마지막 닿는 곳은 같다. 어느 계곡이든 다 지리산 계곡이다. 그저 끝에 가서 만나는 게 아니라 사실 처음부터 같이 가는 길이다. 참됨의 길, 올곧음의 길, 아름다움의 길도 그렇게 꼭대기에서 만난다. 행복이 있는 곳이다. 그래서 도를 깨우치기만 하면 다 통한다. 철학과 물리학이 가슴 벅차게 통하고 문학과 예술이 기쁨의 대화를 나눈다. 권운이든 권층운이든 적란운이든 내가 올라앉는 순간 근두운이 되는 것 아니겠는가.

진리를 찾아가다가 만약 영원한 파멸에 떨어진다면 그 진리가 무슨 소용이 있겠는가? 내 영원한 파멸의 소식이 진리일 수는 없다. 아, 그래서는 안 된다. 진리는 곧 복이다. 같은 것이어야 한다. 진리는 얻는 자에게 가장 큰 행복을 주는 것이라야 한다. 아리스토텔레스도 사람이 추구하는 선 가운데 최고가 에우다이모니아 곧 행복이라 했다. 행복을 추구하는 이 마음이 인간 윤리의 기본이라 했다. 혼자만의 생각이 아니다. 사람이면 다 하는 생각을 자기가 좀 깔끔하게 갈무리했을 뿐이다. 진리는 행복이어야 하고 참 행복은 진리여야 한다. 그래서 진리로 가는 길이 막혔을 때 행복으로 향하는 길부터 일단 찾아본 것 아닌가. 참 행복을 주는 길이 있다면 그 길로 가야 하지 않겠는가? 참 행복을 주는 그게 진리지 다른 무슨 진리가 있을 수 있겠는가? 아침에 들어야 할 도가 바로 이것 아닌가. 그런 도를 들었다면 저녁 아니라 오후에 죽는다 한들 무슨 여한이 있겠는가.

이미 잡은 한 마리의 새를 덤불에 앉은 두 마리나 날아가는 천 마리를 노리고 놓아주는 건 참 어렵다. 하지만 지금 내 손에 있는 이 새가 과연 내 것인가 물어본다면 생각이 달라질 것이다. 내기를 이미 했다고 누누이 강조한다. 새는 이미 내 손을 벗어났다. 싸움은 시작되었다. 칼 아니면 백기를 들어야 한다.

결혼했다고 배우자를 소홀히 대하는 것은 지혜가 아니다. 덤불의 새든 공중의 새든 우물쭈물하지 말고 얼른 어떻게 해야 한다. 불가지론은 다 잃겠다는 생각이다. 우리는 곧 죽을 것이다. 생명을 지키겠다고 끝까지 붙잡고 있는 자는 잃을 것이다. 걸지 않고 지키려는 사람은 사실 지키는 게 아니라 다른 쪽에 건 것이다. 그래서 마지막에 다 잃을 것이다. 여기서 잃어야, 다시 말해 다 걸어야, 그래야 딴다. 그렇게 올바른 곳에 걸 때 마지막 날 살릴 것이다. 그리고 그렇게 살릴 그 삶을 여기서도 미리 앞당겨 맛보게 될 것이다.

> *"그래 맞아. 인정하지. 그렇지만 그래도 패를 슬쩍 좀 보는 방법이 없*
> *을까?" 있다. 성경 및 다른 것들. "그렇군. 하지만 내 두 손은 묶였고*
> *입은 막혔네. 걸라고 강요하지만 난 자유가 없어. 날 풀어주지도 않은*
> *데다 뭘 어떻게 했는지 하여간 믿지를 못하게 만들어 놓았네. 그러니*
> *날더러 어떻게 하란 말인가?"*
>
> *Je le confesse, je l'avoue, mais encore n'y a(-t-)il point moyen de voir*
> *le dessous du jeu? oui l'Écriture et le reste, etc. Oui mais j'ai les mains*
> *liées et la bouche muette, on me force à parier, et je ne suis pas en*
> *liberté, on ne nie relâche pas et je suis fait d'une telle sorte que je ne*
> *puis croire. Que voulezvous donc que je fasse?*

내기 논리는 끝났다. 하나님이 계시다는 쪽에 걸어야 한다는 데 대해서는 이제 의문의 여지가 없다. 그 점 이성이 분명하게 인정한다는 것이다. 물론 파스칼 자신의 확신이다. 그런데 그걸로 끝이 아니다. 논리가 이렇게 명확한데도 사람들은 선뜻 걸지 못한다. 그래서 설명이 더 필요하다.

앞에서도 말했지만 우주의 형편은 꼭 중간이다. 하나님이 계시다는 걸 분명하게 보여주지도 않고 그렇다고 그런 분이 안 계시다는 증거를 제시하지도 않는다. 어느 한쪽을 골라야 할 때 망설이지 않을 수 없다. 내기 논리를 통해 하나님이 계시다는 쪽에 거는 게 합리적인 판단임을 확인했지만 오랜 세월 불신앙에 길들여진 마음은 이성의 판단을 쉽게 따르지 않는다. 습관의 힘은 강하다. 하여 이번에는 패를 좀 보여 달라 요구한다. 이건 좀 심하다. 패를 미리 보고 한다면 그게 무슨 내기인가?

그런데 파스칼은 그게 가능하다고 믿는다. 타짜꾼처럼 속일 필요는 없다. 어차피 이기게 되어 있는 내기니 흘끗 보기만 하면 된다. 약간의 천기만 누설해 주면 된다. 패를 다 뒤집어 확인하는 건 물론 내기가 끝나야 가능하다. 하지만 그 전에 곁눈질이라도 할 수 있다면 내가 이기리라고 짐작이라도 할 수 있을 것이고 모르는 세계로 뛰어드는 불안함이 줄어들지 않겠는가? 캄캄한 동굴에 들어서려는데 약간의 빛이라도 비친다면 두려움을 상당히 덜 수 있을 것이다. 그런데 그게 가능하다. 아주 쉽다. 성경을 읽으면 된다. 성경은 지금까지 설명한 그 내기가 어떻게 진행될 것이며 결과는 무엇일지 자세하게 말해 주는 책이다.

> "하지만 그대는 말한다. '하나님이 내가 당신을 섬기기 바라셨다면 당신의 뜻에 대한 표시를 주셨을 것이다.' 당연히 주셨다. 다만 그대가 무시할 뿐. 그러니 그것들을 찾아보라. 그럴 가치가 충분히 있다." [158/334]

이 내기를 위해 주신 책이 바로 성경이다. 믿음과 구원을 위해 주신 책 아닌가. 사실 파스칼의 논리 자체가 이 성경의 압축이라 해도 과언이 아니다. 성

경은 하나님의 뜻을 다 보여준다. 내기를 하려는 나에게 패를 미리 보여줄 뿐
아니라 최종 결과까지 확실하게 알려주는 책이다.

<성경이 있는 정물> 빈센트 반 고흐. 1885년 뉘넌. 네덜란드 암스테르담의 반 고흐 미
술관 소장. 성경책은 목사였던 아버지의 유품으로 그리스도의 수난을 예언한 이사야
53장이 펴져 있고 그 앞에는 한 해 전 출판된 에밀 졸라의 소설 ≪삶의 기쁨La Joie de
vivre≫이 놓여 있다. 고흐 미술관은 이 두 책이 아버지와 아들의 서로 다른 세계관을
보여준다고 설명한다. 그래서 그런지 졸라의 책은 많이 읽어 너덜너덜해졌다. 그러나
이와 달리 뒤의 어두운 배경과 밝게 빛나는 전면 중간에 이사야의 글이 펼쳐져 있음에
주목한다면 그리스도의 죽음을 통해 우리의 어두운 세계가 밝고 즐거운 삶으로 변한
다고 풀 수도 있을 것이다. 고흐 자신 이 그림의 형식에 대해서만 간단히 언급하고 내
용에 대해서는 일절 말하지 않았으므로 모든 해석이 보는 이의 판단에 달려 있다. 꺼진
촛불은 일곱 달 전 돌아가신 아버지를 상징한다고 한다. **사진: 반 고흐 미술관.**

성경 외의 다른 것들은 무엇을 가리킬까? 패를 슬쩍 보여 달라는 것은 내
기를 하기 전에 약간의 확신이나 용기를 좀 달라는 말이다. 따라서 성경 외에

그리스도인들이 신앙의 기둥으로 생각하는 기도, 예배, 성도들 사이의 친교 등을 경험해 보는 것도 좋을 것이다. 파스칼처럼 이미 건 사람들을 만나 이야기를 나누어 보는 것도 패를 슬쩍 보는 한 방법이다. 어쨌든 짜고 치는 고스톱 이상이다. 상표를 미리 보았으니 보증서 없이도 일단 믿음이 간다. 당첨될 줄 거의 알고 복권을 사는 셈이다. 이게 바로 당첨 복권이라고 대놓고 말하진 않지만 패를 슬쩍 봄으로써 당첨된 거나 다름없다는 걸 알 수 있다.

성경 및 다른 것들이라 했지만 핵심은 성경이다. 파스칼에게는 성경이 어떤 책일까? 지금 내기 논리에서 하나님이 계시다는 쪽에 걸라 했다. 일반적인 신의 존재를 말하는 것이 아니라 성경의 하나님 곧 아브라함과 이삭과 야곱의 하나님이 계시다고 믿으라는 말이다. 그 하나님은 죄에 빠진 인간들에게 구원자를 약속하시고 오랜 세월 뒤에 약속대로 예수 그리스도를 보내신 하나님이다. 죄 가운데 있는 인간은 가만있으면 그대로 죽는다. 영원한 멸망으로 간다. 아담 때문이 아니라 내 죄 때문이다. 많이 지어야 되는 것도 아니다. 내가 알고 지은 그 많은 죄 가운데 단 하나만 해도 나를 영원한 멸망에 보내기에 충분하다. 구원자를 믿어야 한다. 그래야 멸망에서 벗어나 생명을 얻는다. 멸망과 생명은 둘 다 영원하다. 무한에 속한 것이다. 무한한 복 아니면 무한한 저주다. 그런데 세상을 보아서는 내 죄도 희미하고 그리스도가 주신다는 구원도 확실하지 않다. 그래서 선뜻 걸지 못한다. 하지만 성경을 읽으면 거기 시원하게 나와 있다. 옆 사람 패를 슬쩍 보는 것과는 비교도 안 될 정도로 자세하게 또 정확하게 나와 있다.

"그렇군." 말은 했지만 사실 파스칼은 여전히 착각을 하고 있다. 자기는 이미 믿은 사람이다. 이미 다 건 사람에게는 패가 다 보인다. 성경도, 기도도, 교인들이 모인 교회도 다 패를 보는 방법이다. 어느 패를 보든 내기에서 이겼다는 걸 알 수 있다. 하지만 아직 걸지 않은 사람이 읽는 성경은 여전히 닫힌 책이다. 내용을 받아들일지 말지는 결국 읽는 내가 결정해야 한다. 우주를 보며 느끼는 곤혹스러움이 성경을 읽는다고 나아지지는 않는다. 적어도 아직 걸지 않은 입장에서는. 파스칼 자신도 인정한다. 성경을 믿는 게 불합리하지는 않지만 그렇다고 절대 확신을 주지도 않는 책이다. [835/736] 그래서 믿음이란 결국 도약이 될 수밖에 없다. 여기서 저 건너편으로 뛴다. 거대한 고랑, 어쩌면 무한일 수도 있는 그런 고랑이 중간에 놓여 있다. 파스칼 백 년 후에 나타난 독일의 레싱 Gotthold Lessing, 1729-1781 이 자기는 아무리 애써도 뛰어넘지 못하겠더라 한 그 '추악한 넓은 도랑'이다.[93]

그런데 그렇게까지 설명하는데도 못 걸겠다는 사람이 있다. 자유가 없다는 것이다. 내기는 손이나 입으로 하는데 묶이고 막혔으니 내기를 하고 싶어도 할 수가 없다는 변명이다. 언뜻 보면 얀센주의 사상 같다. 아우구스티누스가 강조한 원죄 교리에 따르면 사람은 다 자유를 잃고 죄의 노예가 되어 있다. 단테의 표현을 쓴다면 날 때부터 죽어 있는, 산 적조차 없는 그런 인생이다.[94] 따라서 믿고 싶어도 마음대로 안 된다는 말이리라. 그런데 이 변명은 사실 현실에서는 있을 수 없는 변명이다. 아직 내기를 하지 않은 불신자라면 자신이 노예라는 사실을 모르기 때문이다. 죄의 노예는 자신이 죄의 노예인 줄 모른다. 오직 해방된 사람만이 자신이 이전에는 노예였다는 사실을 깨닫는다. 그럼 파

---

93 "der garstige breite Graben" in G. Lessing, "Über den Beweis des Geistes und der Kraft," (1777).

94『신곡』지옥편 3곡 64행.

스칼이 이미 깨달은 자신의 관점을 아직 아무것도 모르는 사람들의 입에 담는 오류를 범한 것일까? 이어지는 글을 보면 그런 것 같지는 않다. 파스칼 자신이 볼 때는 물론 원죄가 문제다. 하지만 여기서 파스칼은 원죄라는 교리 문제보다는 집요하게 믿기를 거부하는 사람들의 현실적인 태도를 비판하고 있다. 소극적인 태도와 무관심의 문제다. 그런 태도를 파스칼 자신의 신앙으로 분석한 셈이다. 그렇게 조리있게 말을 하는데도 못 믿겠다 하니 답답한 가슴을 그렇게 쳐 본 것이리라.

6. 실천으로 나아가라

맞는 말이다. 그렇지만 적어도 믿지 못하는 그대의 무능력이 그대의 정념에서 생겨나는 것임을 알라. 이성이 그대를 여기까지 인도해 왔지만 그럼에도 불구하고 그대는 믿지 못하고 있으니 말이다. 그렇다면 확신을 얻기 위해 하나님을 증명하는 논증을 추가하려 하지 말고 그대의 정념을 줄이라. 그대는 믿음에 이르기 원하지만 길을 모른다. 불신앙을 고치고 싶고 고칠 방법을 찾고 있다. 그러니 이들에게 배우라. 한때 그대처럼 묶여 있었지만 지금은 가진 걸 다 건 사람들이다. 그대가 따르고 싶은 그 길을 알고 있고 그대가 고치기 원하는 그 질병에서 나은 사람들이다. 그들이 시작했던 그 방법을 따르면 된다. 성수를 받고 미사를 드리는 등 마치 믿는 것처럼 매사에 행동하는 방법이다. 이런 것들이 자연스럽게 그대로 하여금 믿게 하고 어리석게 만들어줄 것이다.

Il est vrai, mais apprenez au moins que votre impuissapce a

croire vient de vos passions. Puisque la raison vous y porte et

que néanmoins vous ne le pouvez, travaillez donc non pas à vous

convaincre par l'augmentation des preuves de Dieu, mais par la
diminution de vos passions. Vous voulez aller a la foi et vous n'en
savez pas le chemin. Vous voulez vous guérir clé l'infidélité et vous
en demandez les remèdes, apprenez de ceux, etc. qui ont été liés
comme vous et qui parient maintenant tout leur bien. Ce sont gens
qui savent ce chemin que vous voudriez suivre et guéris d'un mal dont
vous voulez guérir ; suivez la manière par où ils ont commencé. C'est
en faisant tout comme s'ils croyaient, en prenant de l'eau bénite, en
faisant dire des messes, etc. Naturellement même cela vous fera croire
et vous abêtira.

믿으려 하는데도 안 된다는 사람들의 말을 파스칼은 그대로 받아들인다. 그러면서 나름의 해결책을 제시한다. 소극적인 것 하나 적극적인 것 하나다. 여기서도 몰랐던 것을 가르쳐 주면서 사람들을 설득한다. 소극적으로는 못 믿게 만드는 원인을 제거하는 방법이다. 파스칼은 믿지 못하는 무능력이 정념에 있다 지적하면서 정념을 줄일 것을 권한다. 지금까지 이성의 인도를 잘 받아 여기까지 왔다. 그런데도 결단할 수 없는 것은 정념이 가로막고 있기 때문이다. 신이 계시다는 논증은 아무 도움이 안 된다. 논증이라는 건 이성에 호소하는 것이기에 아무리 많아도 정념은 못 줄인다. 다른 길을 모색해야 된다.

정념을 어떻게 줄일까? 아니, 왜 줄여야 하나? 도대체 정념이 뭐기에? 정념情念, passions은 말 그대로 내 속에 있는 강력한 느낌, 감정이다. 정념 가운데는 자비, 연민, 끈기처럼 좋은 것도 있고 탐욕, 질투, 분노 등 나쁜 것도 있다. 603/701 파스칼은 주로 나쁜 뜻으로 쓴다. 하나님이 기뻐하시는 깨끗한 마음과 반대되는 것이 정념이다. 260/494; 270/504; 502/518 정념은 인간의 타락한 본성이요 598/833 우리를 하나님에게서 끊어 놓는 주범이다. 433/642 이 정념은 이성과 대립 관계에 있다. 410/249; 621/253 이성이 정념의 비열함과 불의함을 드러낸다면 410/249 정념은 이성을 속여 오류에 빠지게 만든다. 45/82 정념은 우선 감각을 혼란하게 하여 그릇된 인상들을 만들어내게 하는데 이 인상들이 이성을 속여 잘못된 판단을 하게 만든다. 결국 눈으로 보고 귀로 듣고도 깨닫지 못하는 것이 다 정념 때문이다. 이 정념이 지식을 흐리게 만들고 진리를 따르려 하는 나를 붙잡는다. 119/234 지식을 흐리게 만드는 건 편견이다. 진리의 길을 못 가게 막는다면 그건 아집이다. 믿지 못하는 내 무능력의 실체가 편견이요 아집이라면 정념은 결국 믿기 싫은 내 욕망의 또 다른 이름이다.

> "따라서 증거와 모호함이 함께 있어 어떤 이들은 깨닫게 하고 어떤 이들은 혼란하게 만든다. 그렇지만 그 증거는 반대 증거를 능가하거나 적어도 동등하므로 그 증거를 따르지 않기로 마음먹게 만드는 건 이성일 수가 없고 오직 탐욕 및 마음의 사악함뿐이다." 835/736

지금까지는 이성의 인도를 받았다. 그 이성을 끝까지 따른다면 믿는 단계까지 가야 옳다. 그런데 마지막 결정은 이성이 못 한다. 이성이 보는 한에서는 우주가 선한 창조주의 작품인지, 못된 마귀가 만들었는지, 우연히 생겼는지 알 수가 없다. 131/246 증거는 여전히 반반이다. 믿을 수도 있고 안 믿을 수도 있다. 그런데 긴 추론을 통해 우리를 믿는 쪽으로 데리고 온 것도 이성이다. 따라서 어느 쪽으로 가야할지도 이성이 분명히 보여준다. 그런데 정념이 가로막는다. 탐욕이요 사악함이다. 그래서 못 믿는다. 결국 자연의 증거는 사람을 믿음으로 인도하지 못한다. 자연의 한계가 아닌 사람의 한계 때문이다. 하지만 분명히 봐 놓고도 짐짓 거부하는 것이니 그 책임은 면할 수 없다.

"이런 식으로 그 증거는 정죄하기에는 충분하나 확신을 주기에는 충분하지 못하므로 결국 증거를 따르는 사람은 이성이 아닌 은혜 때문에 따르며 증거를 외면하는 이들은 이성이 아닌 탐욕 때문에 외면하는 것이라고 볼 수 있다."835/736

자연의 빛은 구원을 주기에는 모자라지만 진리를 거부한 죄를 묻기에는 충분하다. 파스칼이 내기 논리의 결론으로 제시하는 것은 성경 로마서 1장이 가르치는 내용 그대로다.

"창세로부터 그의 보이지 아니하는 것들 곧 그의 영원하신 능력과 신성이 그가 만드신 만물에 분명히 보여 알려졌나니 그러므로 그들이 핑계하지 못할지니라"(로마서 1:20).

하나님이 만드신 온 우주가 창조주 하나님을 명확하게 보여준다. 광대한 규모와 놀랍도록 치밀한 질서, 생명의 신비 등 우주는 경이로움으로 가득하다. 파스칼 시대에는 짐작조차 할 수 없던 물리상수의 정교한 조정 역시 하나님의 권능을 보여준다. 모두가 이성의 깨달음이다. 그렇지만 사람들은 그런 우주를 알고도 창조주의 존재를 거부한다. 파스칼이 말한 정념 때문이다. 하나님을 분명히 알게 되었지만 그 하나님을 하나님으로 인정하기 싫어 거부하기 때문이다 (로마서 1:21). 탐욕이요 마음의 사악함이다. 한 마디로 죄다. 파스칼이 생각의 조각들을 모으기 십여 년 전 그러니까 파스칼이 첫 회심을 경험하고 있을 때 영국의 신앙인들은 웨스트민스터 요리문답과 함께 신앙고백서도 만들었는데 그 시작 부분에서 이 점을 명확하게 고백하고 있다.

> "자연의 빛과 창조 및 섭리의 사역들이 하나님의 선하심, 지혜, 권능
> 을 드러내어 사람으로 하여금 핑계할 수 없게 만들지만 그럼에도 불구
> 하고 그것들은 구원에 이르기 위해 필요한 하나님에 대한 지식과 하나
> 님의 뜻에 대한 지식을 주기에는 충분하지 못하다."[95]

자연의 이런 한계 때문에 하나님이 주신 것이 성경이다. 결국 파스칼은 로마서 1장이 명백하게 가르치는 바를 성경을 모르는 이들을 위한 내기 논리로 만들어 그들의 이성이 납득할 수 있게 설명해 준 셈이다. 어떻게 해서든 성경을 읽도록 만들려는 노력인 셈이다.

그럼 어떻게 하면 이 정념을 줄일 수 있을까? 발목을 잡는 정념을 제거하고 진리의 길, 믿음의 길로 나아가는 방법은 무엇인가? 파스칼은 먼저 믿은 사람들을 따라하라 권한다. 정념을 줄이라는 소극적인 조언이 행동하라는 적극적인 조언으로 바뀌었다. 말이 필요 없다. 신앙인은 살아 있는 모범이다. 한때 나와 같은 문제를 가졌던 사람들이지만 지금은 문제를 해결했다. 정념을 줄였고 믿게 되었다. 파스칼은 여기서 불신앙을 일종의 질병에 비기고 있다. 성경적인 비유다. 병이므로 반드시 치료를 받아야 한다. 약도 복용해야 한다. 방법은 쉽다. 먼저 병을 고친 사람들을 따라하면 된다. 이들도 한때 환자였지만 지금은 다 나았다. 그래서 가진 모든 것을 하나님이 계시다는 쪽에 걸었다. 다 나아서 걸었을 수도 있고 건 결과 나았을 수도 있지만 사실은 이 둘이 같은 것이

---

95 웨스트민스터 신앙고백서 1장 1항.

다. 거는 게 곧 낫는 일이다. 그들이 한 대로 나도 하면 된다.

그래서 어떻게 하란 말인가? 구체적으로는 믿는 사람들처럼 성수聖水를 받고 미사를 드리란다. 곧 "마치 믿는 것처럼 매사에 행동하는 방법"이다. 아니, 뭐라고? 믿는 게 목표인데 마치 믿는 것처럼 행동을 하라고? 아직 믿지도 않으면서 마음에 없는 걸 거짓으로 꾸미라는 말 아닌가? 그렇게 하면 믿음이 생길 거라니 이게 말이 되나? 아닌 게 아니라 이 마지막 제안 때문에 파스칼은 비난의 불세례를 받았다. 볼테르는 파스칼의 논리가 "내가 어떤 대상을 믿어볼까 했더니 그런 대상이 정말 있더라" 하는 식이라며 유치하기 짝이 없는 논리라 비판했다.[96] 그런 논리라면 안셈의 존재론적 논증보다 더 황당한 결론 아닌가! 볼테르가 전 세계 모든 불신자를 대표한다는 엘리어트의 말이 맞는지 이 대목을 접하는 사람은 대부분 볼테르 같은 반응을 보인다.[97]

파스칼의 입장은 칸트와 다르지만 사람들의 반응은 비슷하다. 칸트는 도덕법이 뜻을 갖기 위해 하나님이 반드시 계셔야 한다 했다. 그래서 논리적 필요에 따라 계셔 주셔야 하는 그런 하나님을 열 냥을 걸 정도로 든든하게 믿을 사람이 과연 몇이나 있을까 궁금했었다. 지금은 믿는 사람처럼 행동한다고 정말로 믿음이 생기는지 파스칼에게 묻는다. 세기의 천재라 불린 수학자 폰 노이만John von Neumann, 1903-1957이 좋은 보기다. 유대인인 노이만은 결혼하면서 명목상 천주교인이 되었지만 평생 무신론과 불가지론을 벗하며 살았다. 그러다가 죽기 직전 천주교 신부를 불러 병자성사를 받았다. 아무리 생각해도 파스칼의 내

---

96 Voltaire, "Remarques (Premiéres) sur les Pensées de Pascal," (1728) #5.

97 T. S. Eliot, *"Introduction" to Pascal's Pensées* (New York: Dutton, 1958), xii-xiii.

기 논리가 옳은 것 같다는 이유 때문이었다. 그렇지만 비아티쿰을 삼킨 다음에도 극도의 두려움에서 조금도 벗어나지 못한 채 세상을 떴으니 마지막 순간까지 걸지 못한 것 같다. 머리가 옳다고 판단한 그게 마음의 평안으로 이어지지는 못했으니 말이다.

파스칼에게 무척 호의적인 윌리엄 제임스도 이 점은 강력 비판한다. 제임스도 믿음을 의지의 문제로 파악하면서, 증명되지 않은 것, 증명할 수 없는 것을 믿는 그런 믿음도 얼마든지 합리적이라고 일단 옹호했다. 믿고 안 믿고는 결국 내 마음이라는 말이다. 그렇지만 호주머니에 천 원짜리 지폐를 두 장 넣고 그게 십만 원으로 바뀌었을 거라고는 아무리 힘써도 믿어지지 않는다면서 파스칼이 제안한 내기도 그런 식이라 보았다.[98] 믿음의 내적인 동력이 결여되어 있어 의지로 하여금 믿게 만들지 못하는 이론이라는 것이다. 게다가 도덕적인 삶을 권유하는 동기가 이미 부도덕하다 비판하면서 "우리가 만약 신이라면 그런 복을 노리고 믿음을

윌리엄 제임스. 하버드대학 교수로 30년 이상 일하면서 경험주의, 실용주의에 바탕을 둔 심리학 체계를 정립하여 미국 심리학의 아버지로 추앙받고 있다. 제임스의 아버지는 신사고의 사상적 기원인 스베덴보리를 추종한 신학자이며 동생 헨리는 현대 영문학을 대표하는 유명한 소설가다. 사진: Wikipedia.

흉내 내는 사람들을 오히려 무한한 복에서 배제하는 게 신다운 행동일 것"이

---

98 W. James, *The Will to Believe* (New York: Longmans, Green, and Co, 1912), 5.

라는 말도 덧붙였다.[99] 창조론 및 지적설계 이론을 반대하며 우리 시대 무신론의 선봉에 선 리처드 도킨스[Richard Dawkins, 1941-]도 파스칼의 제안에 대해 믿지도 않으면서 믿는 척 속이라는 것이라 비판하면서 그렇게 믿음을 거짓 꾸밀 양이면 내가 믿으려 하는 그 신이 내 속임수를 알아차릴 정도로 전능한 신이 아니기를 바라야 할 것이라고 조롱했다.[100]

가장 까다로운 건 몽테뉴의 비판이다.[101] 파스칼이 이 말을 하기 수십 해 전 몽테뉴는 믿으려 하는 의지 또는 욕망에 어떤 문제가 있는지 이미 지적했다.

> "우리 기억 속에 가장 뚜렷하게 흔적을 남기는 것은 기억하지 않으려
> 하는 욕망 바로 그것이다."[102]

잊으려 애쓰면 애쓸수록 더 또렷이 기억에 남는다. 사람 속에 있는 부정적 경향을 꼬집은 것이다. 하지 말라 하면 더 하고 싶다. 하라 하면 왠지 반대로 하고 싶다. 청개구리 심보다. 영어 유머도 그걸 반영한다. 어떤 일을 해내는 방법 세 가지? 직접 하는 방법, 남에게 시키는 방법, 그리고 아이들한테 하지 말라고 경고하는 방법이다. 효과는 당연히 세 번째 방법이 최고다. 잊으려 할수

---

99 W. James, *The Will to Believe* (New York: Longmans, Green, and Co, 1912), 6.

100 R. Dawkins, *The God Delusion* (New York: Houghton Mifflin, 2008), 130.

101 Jon Elster "Pascal and Decision Theory" in *Cambridge Companion to Pascal* (Cambridge: Cambridge University Press, 2003), 55.

102 Michel de Montaigne, *Essais*, II, 12. "Apologie de Raymond Sebond." 몽테뉴의 수상록 가운데 회의주의 사상이 가장 잘 나타나 있는 글이다.

록 더욱 생생하게 남는다면 믿으려 노력함으로써 오히려 믿음에서 더 멀어질 것이다. 그러니 믿는 양 행동하라는 조언은 믿어야 한다는 강박관념을 불러일으켜 사람들을 믿음이 아닌 더 깊은 불신앙의 세계로 이끌지 않겠는가? 파스칼이 태어나기도 전에 조롱의 말을 던진 몽테뉴는 도대체 어떤 인간인가? 파스칼이 몽테뉴를 의식한 나머지 연구를 너무 많이 한 게 아닌가 싶다. 엘리어트가 그랬다. 누구든 몽테뉴를 비판이 가능할 정도로 알게 될 때쯤이면 이미 몽테뉴의 사상으로 속속들이 물들어 있게 된다고.[103]

뭇매를 맞았다. 설득력도 없는 데다가 동기마저 불손하단다. 지금까지 내기 논리에 어느 정도 수긍해 오던 사람들도 이 부분에 와서는 고개를 쩔레쩔레 흔든다. 이 한 대목 때문에 내기 논리 전체가 조롱거리로 전락했다. 믿는 사람처럼 행동하면 믿음이 생길 거라는 파스칼의 말이 허무맹랑하게 들렸기 때문이리라.

그런데 의문이 생긴다. 이 대목은 이론을 마감하고 실천으로 나가는 지점이다. 내기 논리의 효력을 확인해 볼 수 있는 가장 중요한 부분이다. 지금까지 학자 파스칼이 차분한 논리를 전개해 왔다면 이제는 신앙인 파스칼이 실천의 방법을 제안하고 있다. 그런데 해 보지도 않고 비난의 화살부터 날린다. 정당한 반응인가? 파스칼은 기독교의 하나님에 대해 말했는데 볼테르는 그걸 일반화시켜 비난한다. 윌리엄 제임스는 지폐 두 장으로 바꾸어버렸다. 철저하게 경험주의 노선을 취한 윌리엄 제임스 아닌가? 파스칼의 제안대로 해 믿음을 갖게 된 사람이 있는지 알아보지도 않고 왜 비판부터 했을까? 믿는 사람처럼 행

---

103 T. S. Eliot, *"Introduction" to Pascal's Pensées* (New York: Dutton, 1958), xiv.

동하라는 이 말은 따지고 보면 기독교의 어리석음을 받아들이라는 말과 별로 다르지 않다. 파스칼의 말이 맞는지 안 맞는지는 직접 해 보지 않는 이상 답할 수 없다. 그렇지만 실행해 보기 전에도 파스칼이 그런 주장을 하게 된 이유가 무엇인지 알면 섣부른 비난은 자제할 수 있다. 믿는 사람처럼 행동하라는 말은 믿음의 생활을 습관화하라는 말이다. 믿음의 행동이 버릇처럼 몸에 배면 보다 손쉽게 믿음으로 나아갈 수 있다는 말이다. 파스칼이 평소 힘주어 말하던 게 바로 습관 아닌가. 그러니 그저 한두 번 해 보니까 정말 믿어지더라는 식의 유치한 논리는 분명 아니다.

습관의 중요성은 누구나 안다. 예로부터 습관을 제이의 천성이라 불렀다.

아리스토텔레스의 윤리학은 좋은 버릇의 중요성을 강조한다. 선한 행위를 반복하여 몸에 배면 그게 곧 덕이요 그 사람의 인품이다. 어머니가 두 번 이사한 덕에 맹자는 유교의 기본 예절을 익혔다. 좋은 버릇을 익히도록 돕는 일은 교육이론과 무관하게 모두가 애

<교회 가는 길> 1853년. 조지 헨리 듀리George Henry Durrie, 1820-1863의 뉴잉글랜드 풍경화 가운데 하나. 미국 백악관 소장. 눈 덮인 주일 아침 눈썰매를 타거나 걸어서 예배당에 모이는 사람들을 그렸다. 17세기초부터 미국 뉴잉글랜드에 정착한 청교도들은 집이나 학교를 짓기 전 예배당부터 지은 것으로 유명하다. 파스칼 시대의 일이니 벌써 오랜 역사다. 사진: Wikipedia.

쓰는 부분이다. 아이들에게는 일요일마다 교회 가는 버릇을 길러주는 게 성경

을 가르치는 것보다 더 중요한 신앙교육이라는 사람도 있다. 일요일에 몸이 교회에 있지 않으면 왠지 어색한 사람이 모태 신앙인이다. 모태 솔로는 이성이 가까이 오면 본능적으로 불안하다. 다 습관의 힘이다. 신학자 아우구스티누스도 습관을 자주 언급했다. 좋은 버릇에 관심 가진 아리스토텔레스와 달리 죄와 뒤엉킨 습관, 곧 죄를 거듭 지어 몸에 밴 지난날의 습관을 고백한다.[104] 죄의 법칙은 곧 습관의 힘이요, 그런 습관에 맞서 싸우지 않으면 죄에서 아예 벗어날 수가 없게 된다고 경고한다.[105]

습관의 중요성을 누구보다 강조한 사람이 몽테뉴다. 습관은 윤리나 도덕뿐 아니라 우리 삶 전체에 깊이 스며들어 있음을 지적하였고 파스칼도 전적으로 동의한다. 사람은 이성에 따라 사는 것 같지만 사실은 습관에 따라 판단하며 산다. 자연이 사람을 창조했다면 사람의 온갖 형편은 습관이 만든다. 634/254 왕의 권위를 인정하는 것도 습관이요 25/62 정의에 대한 이해가 시대마다 문화마다 다른 이유도 정의가 관습의 산물이기 때문이다. 60/108 "왜?" 하고 따지고 들어가면 권위도 정의도 결국은 다 무너진다. 60/108 그걸 폭로하는 게 회의주의자들의 주특기 아닌가? 우리의 판단이나 행동이 합리적인 근거가 아닌 습관에서 나온 것임을 지적해 주면 대중은 순식간에 혼란에 빠져 아무것도 믿지 못하게 된다는 것이다. 131/246

습관이 이렇게 강한 이유가 무엇일까? 파스칼은 인간의 본성이 연약해 그렇다고 본다. 첫 본성이 약하기에 둘째 본성이 강해진 것이다.

---

104 『고백록』 VI, 15; VII, 17.

105 『고백록』 VIII, 5.

"아이의 본성적 사랑이 소멸되지 않을까 걱정하는 부모가 있다. 소멸될 수 있는 이게 무슨 본성인가? 습관은 첫 본성을 파괴하는 제 이의 본성이다. 하지만 습관이 뭔가? 이건 왜 본성이 아닌가? 습관이 제 이의 본성인 것처럼 본성이라는 이것 역시 첫 번 습관이 아닌지 심히 걱정스럽다." 126/241

본성이 습관보다 나을 게 없다. 새로운 습관이 생기면 사라지고 마는 옛 습관이 본성 아닌가. 몽테뉴 말대로 습관은 못 하는 게 없다. 파스칼은 사람이 일종의 자동기계automate라고 본다. 821/7 생각하는 갈대지만 생각하지 않고 무의식적으로 하기를 좋아하는데 그 자동기계의 방향을 정하는 게 바로 습관이다. 파스칼은 믿음의 길을 가로막는 장애물을 제거하기 위해 우리가 기계가 되는 단계까지 가야 한다고 주장한다. 5/28; 11/34 그래서 일단 실천부터 할 것을 적극 권한 것이다.

우리 마음을 움직이는 것은 증명이지만 가장 강력한 증명, 가장 확실하게 믿는 것들은 습관에서 온다. 습관이 우리 자동기계를 한쪽으로 기울이면 마음은 거의 무의식적으로 따른다. 느낌으로 판단하는 데 길들여진 사람이 있고 이성으로 판단하는 데 익숙한 사람이 있다. 751/915 하나가 익숙해지면 다른 건 이해할 수 없게 된다. 파스칼은 이런 습관이 우리 믿음의 중요한 부분을 차지한다고 본다. "습관은 우리 본성이다. 자라면서 신앙에 길들여진 사람은 그걸 믿고 지옥을 두려워하지 않을 수 없으며, 다른 건 믿지 않는다." 419/194 믿을 증거가 충분하지 않다는 사람들은 대개 불신앙이 몸에 배어 믿지 못할 증거에 익숙해져 있기 때문이다. 158/334 그런 습관이 낳은 것이 감정sentiment인데 감정은 "즉각 움직이고 항상 준비되어 있는" 힘이다. 바로 이 감정에 우리 믿음이 자

리를 잡아야 한다. ^{821/7}

> "내일이 올 것이라고 또 우리가 죽을 것이라고 누가 증명한 적이 있었
> 나? 그렇지만 이것보다 더 믿는 게 어디 있는가? 그러니 그걸 믿게 만
> 드는 건 습관이다...... 진리가 어디 있는지 정신이 확인했다면 그 다음
> 에는 습관에 의지해야 한다. 그래야 끊임없이 우리를 피해 도망가는
> 이 믿음에 우리가 흠뻑 젖고 우리를 온통 이 믿음으로 물들일 수 있다.
> *시마다 때마다 증명을 해야 한다면 번거로워 어떻게 믿겠는가? 쉬운*
> *믿음 곧 습관의 믿음을 얻어야 한다....... 두 부분 다 믿게 만들어야 한*
> *다. 정신은 이유를 설명해 믿게 해야 되는데 그건 일생에 단 한 번이면*
> *된다. 자동기계는 습관으로 믿게 하여 반대쪽으로 기울지 않게 만들어*
> *야 한다. 내 마음을 기울이소서!* "¹⁰⁶ ^{821/7}

믿음으로 의롭게 된 다음 평생 거룩하게 되고자 훈련받는 것과 통한다. 어
쩌면 아침에 듣는 도도 그런 것일지 모른다. 그 들음은 시작에 지나지 않는다.
아침에 도를 들었으면 저녁까지는 그 도를 부지런히 실천해야 한다. 불교에서
도 순간적으로 도를 깨달은 다음 오랜 세월 수양을 해야 한다는 돈오점수頓悟漸修
사상이 있으니 어쩌면 인간의 본성일 수도 있다. 미사나 성수 같은 믿음의 삶
을 실천해 보라는 파스칼의 제안은 그런 맥락에서 이해할 수 있다. 물론 방금
인용한 문장은 이미 신앙을 가진 사람에게 그 신앙을 몸에 배게 하는 일의 중
요성을 가르치는 내용이다. 이성적인 판단으로 신앙을 받아들인 다음에는 딴
생각은 다 접고 생각도 행동도 오로지 그 신앙의 바탕에서 하도록 훈련해야 한

---

106 시편 119:36.

다. 그래야 흔들림 없는 믿음의 삶을 살 수 있을 것이다. 내기 논리에서는 똑같은 구도를 이 믿음의 길을 막 출발하려는 이들에게 적용한다. 내기 논리를 듣고 머리로 수긍했다면 그 다음은 해 보아야 한다. 발목을 잡는 정념을 단호히 떨쳐내고 첫걸음을 내디뎌야 한다. 정념의 힘은 이론이 아니고 현실이다. 거는 게 낫겠다고 이성이 판단한다 해도 정념이 힘을 쓰는 한 믿음의 결단은 불가능하다. 하여 파스칼은 정념을 줄이고 믿음으로 나아갈 수 있는 현실적인 방법을 제시한 것이다. 우스꽝스럽게 보일 수도 있다. 하지만 실천이다. 한 술 밥에 배가 부르지는 않을 것이다. 하고 말고는 물론 내 마음이다. 하지만 해 보지도 않고 말도 안 된다며 돌을 던지는 것은 바람직한 반응이 아니다.

파스칼에게 믿음은 의지요 결단이다. 구원은 물론 하나님의 은혜지만 그 은혜를 믿고 받아들이는 것은 내 몫이다. 믿음의 행동을 실천해 보는 것이 참 믿음으로 이어질지는 아무도 모른다. 하지만 적어도 내 입장에서는 그렇게 시작할 수 있다. 자연스러운 출발 아닌가? 도스토옙스키의 소설《카라마조프 형제들》에도 비슷한 이야기가 나온다.[107] 어린 시절의 순수했던 신앙을 잃고 장래에 대해 고민하는 호흘라코바 부인에게 조시마 장로는 지난날의 순수한 신앙으로 돌아가거나 하나님의 존재를 증명하는 건 불가능한 반면 제삼의 길이 열려있다 가르쳐 준다.

"적극적인 사랑을 경험하는 길이지요. 이웃을 열심히 열정적으로 사랑해 보세요. 뜨거운 사랑을 실천하면 할수록 하나님의 존재와 부인의

---

107 Peter Kreeft, *Christianity for Modern Pagans* (San Franscisco: Ignatius, 1993).

영혼의 불멸성이 더욱 확실해질 겁니다."[108]

은혜와 실천은 하나다. 이게 조 장로 한 사람만의 생각일까? 그렇지 않다. 지난 세기의 대표적인 기독교 변증가 씨 에스 루이스도《순전한 기독교》에서 파스칼의 논리를 그대로 써먹는다.

"그대가 이웃을 정말 '사랑'하는가 하는 문제로 시간을 낭비하지 마세요. 사랑하는 듯 행동하세요. 그렇게 하는 순간 우리는 엄청난 비밀 하나를 깨닫게 됩니다. 그대가 누군가를 사랑하는 듯 행동하면 그대는 그 사람을 금방 사랑하게 될 겁니다. 미운 사람에게 상처를 주면 그 사람은 더 미워지게 됩니다. 그 사람을 잘 대해주면 미움도 덜해진다는 걸 알게 될 겁니다."[109]

사실 도스토옙스키나 루이스의 생각이 아니다. 파스칼의 독창적인 아이디어도 아니다. 그리스도 당신께서 그렇게 가르치셨다.

"누구든지 하나님의 뜻을 행하고자 하면 이 가르침이 하나님에게서
나왔는지 아니면 내가 멋대로 말하는 건지 알게 되리라
(요한복음 7:17)."

해 보는 것이 중요한 기준이다. 해 보면 알 수 있다 하셨다. 해 보지 않고서는 모른다. 해 보는 일의 중요성은 "숨어 계시는 하나님" 개념에도 담겨 있다.

108『까라마조프 형제들』1부, 2권, 4장.

109 C. S. Lewis, *Mere Christianity*, 116;『순전한 기독교』, 207-8.

하나님은 당신을 숨겨 놓으셨지만 "진정으로 하나님을 찾는 자들"을 위해 교회 안에 뚜렷한 표지들을 만들어 놓으셨다.[427/11] 행동의 중요성은 습관을 형성하는 유익 이전에 기독교의 진리성을 확인하는 가장 결정적인 태도라는 점에 있다. 믿음은 도약이고 믿음은 또 행함이다. 믿는 사람에게는 매 순간의 행동 하나하나가 사실상 믿음의 도약이다. 사랑을 실천하면 할수록 믿음이 든든해진다고 성경도 가르치며 (요한일서 3:18-22) 그 가르침을 실천하는 사람은 그 말씀의 참됨을 날마다 확인한다.

파스칼은 물론 이런 행동이나 습관 그 자체를 믿음이라 하지는 않는다. 믿는 데는 세 가지 길이 있다. 이성, 습관, 영감이다. 습관은 이성에서 참 믿음으로 건너가는 중간 단계다. 기독교는 이성의 증명을 향해서도 열려 있고 습관을 통해서도 믿음을 확인하지만 "참되고 유익한 결과를 낳는" 믿음, 다시 말해 구원을 보장하는 믿음은 영감을 통한 믿음뿐이다.[808/396] 영감은 신의 간섭이요 권고하심이다. 하나님이 우리 마음에 찾아와 우리 마음을 움직이신다. 이유 없이 주시는 은혜. 그 은혜로 믿는 것이 참 믿음이요 그런 믿음만이 구원을 약속한다. 지금 문제가 되는 정념도 오직 은혜가 아니고서는 줄일 수 없다.[45/82] 그렇게 은혜를 받으면 자연스러운 믿음으로 이어질 것이요, 또 어리석게, 곧 어리석음이라 불리는 기독교 복음을 받아들일 마음 상태가 될 것이다. 믿는 것은 세상의 관점으로 볼 때 어리석게 되는 것이다. 니체가 파스칼을 안쓰러워하고 기독교에 분노한 것이 바로 이 한 마디 때문 아닌가. 세상이 이해할 수 없는 그런 단계에 들어가는 첫 걸음이 역시 세상이 조롱하는 그런 방식이라는 사실이 어떻게 보면 매우 일관성이 있어 보인다.

현대의 학자들 가운데는 파스칼이 이 부분에서 얀센파 입장을 버리고 예수회의 입장을 슬쩍 취했다고 비판하는 이들이 있다. 파스칼은 구원에 관한 한 철저하게 하나님의 은혜만을 강조하던 사람이다. 이 점 《팡세》에서도 변함이 없다. 236/443 바울이요 아우구스티누스다. 그런데 믿음의 행동을 참 믿음의 준비단계로 제안하고 있으니 펠라기우스가 섞인 것 같다. 하나님의 은혜가 내 속에서 효력을 나타내기 위해서는 내 의지가 반드시 필요하다 한 예수회의 입장 아닌가? 《프로뱅시알 편지》에서 그토록 공격했던 그 신념을 내기 논리를 살리기 위해 받아들인 것일까? 결론부터 말하자면 그렇지 않다. 파스칼은 믿음의 생활을 하나의 계기로 제안했지 그것을 하나님의 은혜를 받을 전제조건으로 말하지 않았다. 파스칼은 사람의 몸과 마음의 연합을 늘 강조한 사람이다. 신앙에 관해서도 이렇게 명확하게 말하고 있다.

> "하나님에게서 무언가를 얻으려면 외면이 내면에 결합되어야 한다.
> 이를테면 무릎을 꿇는 것, 입술로 기도하는 것 등을 해야 한다. 그래야
> 만 하나님께 복종하고 싶지 않던 교만한 인간이 이제 피조물에게 복종
> 하게 된다. 이 외면에서 도움을 기대한다면 그건 미신이며, 그것을 내
> 면과 결합시키지 않으려 하는 것은 교만이다." 944/722

내가 의지로 노력해 하나님의 은혜가 효력을 나타내는 것이 아니다. 하나님은 은혜를 주시고 난 그저 내 입장에서 내 일을 할 따름이다. 파스칼의 논리가 우리를 한쪽으로 기울게 할 수 있지만 파스칼은 기울게 하시는 분이 하나님이라는 것도 알았다. 821/7; 380/730; 382/732 성경은 사람들에게 믿으라고 명령한다. 나는 그 명령에 따라 순종할 따름이다. 두 개의 관점은 언제나 함께 있다. 하나님의 관점에서는 모든 것이 은혜다. 하나님이 은혜를 주시는데 누가 감히 거부할 수 있겠는가? 사람의 관점에서는 믿음이 조건이다. 오직 믿는 이만 구원을

받는다. 상반되는 관점이지만 내용은 언제나 일치한다. 하나님이 은혜를 주셨는데 거부하여 구원에서 탈락하는 사람도 없고 참되게 믿었는데 하나님이 은혜를 안 주셔서 구원을 받지 못하는 사람도 없다. 은혜와 믿음이 늘 일치한다. 그렇지만 하나님의 섭리가 사람을 강요하지도 않고 사람의 결정이 하나님의 주권을 좌우하지도 않는다. 그래서 신비다.

파스칼의 목표는 오직 하나다. 한 사람이라도 더 믿음으로 이끌겠다는 것이다. 방법이야 무엇이면 어떤가? 사람들은 오늘도 두려운 마음으로 살아간다. 실존적 공포에 사로잡혀 산다. 그런 마음을 조금이라도 움직일 수 있을까 시도해본 것이다. 하나님을 배반한 흔적이 마음에 있기에 그 흔적을 되살릴, 회상시킬, 뿌리를 자극할, 그 무엇도 두렵다. 엘리어트의 시 《황무지》가 노래한 것처럼 4월이 잔인하고 봄비가 싫은 것도 같은 이유다. 파스칼은 그런 마음의 문을 열 수 있을까 일말의 기대를 갖고 이런 논리라도 펴 본 것이다. 누가 아나, 내 어설픈 한 마디가 무딘 그 뿌리를 일깨워 잔인한 4월의 비를 초서가 노래한 그 '달콤한 비'로 바꾸어 줄지?

7. 이미 딴 내기

"하지만 내가 걱정하는 게 바로 그걸세." 아니, 왜? 그대가 잃을 게 뭐
있다고? 하지만 이것이 그리 이른다는 걸 보여 주지. 이렇게 해야 바
로 그 커다란 장애물인 정념을 줄일 수 있어.

Mais c'est ce que je crains. – Et pourquoi? qu'avez-vous à perdre?
mais pour vous montrer que cela y mène, c'est que cela diminue les
passions qui sont vos grands obstacles, etc.

불신자가 걱정하는 게 뭐라는 말인가? 어리석게 되는 것? 아니면 다 잃어버리는 것? 파스칼은 계속 잃을 게 없다 하는데 질문자는 계속 뭔가 잃을까 걱정하고 있다. 이성, 판단력 그런 걸까? 아니면 지금 즐기고 있는 세상 생활을 그만두어야 한다는 불안감일까?

믿는 사람인 양 행동하는 것이 정념을 줄이는 방법이다. 바른 습관으로 가는 출발점이다. 믿으라 권한다고 믿고 싶어지거나 믿어야지 하고 결심한다고 믿어지는 게 아님을 파스칼도 안다. 심리학에서 파스칼은 윌리엄 제임스에 뒤지지 않는다. 하여 믿음으로 나아가는 먼 길을 첫 걸음부터 시작하자 제안하는 것이다. 행동이다. 믿음은 조금씩, 어쩌면 저 마지막 지점에 가서, 생길 것이다. 지금은 일단 믿는 사람들이 하는 행동을 따라 하자. 나도 믿는 사람인 것처럼 행동하자. 바르게 살고, 착하게 살고, 삶을 조금씩 고쳐가자. 생각도 조금씩 바꾸자. 믿기를 거부하는 내 속 마음, 정념, 편견도 조금씩 줄여가자. 물론 순서가 뒤집혔다. 믿어야 삶이 바로잡힐 것 아닌가. 파스칼도 안다. 하지만 세상은 우리가 알고 있는 순서와 반대로 작용할 때도 있다. 눈에 보이고 귀에 들리는 대로 우리는 판단한다. 하지만 반대로 우리의 선입견이 우리가 보고 듣는 것을 좌우할 때도 많다. 우리의 격한 정념이 우리의 행동을 결정한다. 극도의 분노가 거친 말을 쏟아내게 하고 주먹을 휘두르게 한다. 그런데 거꾸로 내 격한 행동이 속으로 들어가 정념이 되기도 한다. 아리스토텔레스가 말한 것처럼 거친 말과 행동이 내 습관이 되면 그게 내 성격이 되고 내 사람됨을 형성한다.

신이 존재한다고 믿고 행동한다고 신이 정말로 존재하게 되는 건 아니라고 비판하였던 윌리엄 제임스도 5년 뒤 행한 기포드 강좌The Gifford Lectures에서는 그런 신념을 갖고 행동하는 일의 중요성을 파스칼 못지않게 강조한다. 《종교

경험의 다양성》이라는 책으로 출판된 이 강좌에서 제임스는 칸트의 《실천이성비판》에 나오는 3가지 요청을 소개한다. 인간의 자유의지, 신의 존재, 영혼의 불멸 등은 과학이나 철학에서 입증할 수 없지만 도덕적인 삶을 위해 꼭 필요한 요소라는 칸트의 주장을 설명하면서 입증되지 않은 어떤 일을 사실이라 믿고 행동하는 것이 우리의 도덕적 삶에 실제적인 변화를 가져올 수 있다고 제임스는 주장한다.

> "우리는 마치 신이 계시는 듯 행동할 수 있고 우리가 자유인인 듯 느낄 수 있다. 자연이 마치 특별한 설계로 가득 찬 것으로 간주할 수 있고 우리가 불멸인 듯 계획을 세울 수 있다. 그렇게 해 보면 우리는 이런 말들이 우리의 도덕적 삶을 정말로 바꾸어 놓더라는 것을 깨닫는다."[110]

전형적인 실용주의Pragmatism 철학이다. 제임스는 파스칼의 이 논리에 착안해 '척하는 원리As If Principle'를 만들어 자기 심리학의 주요 원리로 활용했다.[111] 칸트 철학에 동의하지 않더라도 인간 본성에 그런 측면이 있다는 것은 부인할 수 없다. 그런 신념이 내 삶을 바꾸었다면 그 이전에 내 마음이 먼저 변했다는 뜻이다. 파스칼의 주장도 마찬가지다. 하나님이 계시다고 믿는다고 정말로 없던 하나님이 계시게 되는 것은 아니다. 하지만 성수를 받고 미사를 드리며 마치 하나님이 계시는 듯 행동하는 일은 믿음의 길을 방해하는 정념을 줄이는 일이요 이는 곧 내 마음을 바꾸는 일이다. 정념은 이성의 올바른 판단을 방해하여

---

110 W. James, *The Varieties of Religious Experience* (New York: Longmans, Green, And Co, 1917), 54-55.

111 권수경, 『번영복음의 속임수』 (서울: SFC, 2019), 127.

믿음에 이르지 못하게 만드는 주범이다. 따라서 종교생활을 실천하여 정념을 줄이면 믿음에까지 도달할 수 있다는 것이 파스칼의 주장이다.

> "사람들은 말한다. '내가 믿음이 있다면 쾌락을 금방 끊겠지.' 하지만 난 그대들에게 말한다. '쾌락을 끊으면 금방 믿음이 생길 것이다.' 자, 시작하는 건 그대들 몫이다. 할 수 있다면야 내가 그대들에게 믿음을 주고 싶다. 근데 그건 불가능하다. 그래서 난 그대들의 말이 맞는지 시험해 볼 수도 없다. 하지만 그대들은 쾌락을 끊고 내 말이 맞는지 얼마든지 시험해 볼 수 있다.'" 816/350

반박하기 어려운 논리다. 말로는 파스칼을 못 이긴다. 해 보란다. 해 보면 알 수 있다. 결과부터 보여 달라는 사람들에게 본인이 직접 시도하기 전에는 알 수 없는 것이라 설명한다. 부뚜막의 소금이 짜다는 걸 먼저 증명해 주면 입에 넣겠다 하는 이들에게 소금을 입에 넣지 않고 짠지 안 짠지 어떻게 알 수 있느냐 되묻는 셈이다. 중요한 것은 결단의 순간이다. 이 결단을 하면 이후에는 내가 잘했다는 것을 금방 알게 된다. 하지만 결단하기 전에는 도무지 알 수 없는 것이 이 내기의 세계다. 결단하기 전에는 그저 반반 확률의 내기일 뿐이다. 난 믿음을 못 준다. 그건 사람이 할 수 있는 일이 아니다. 논리도 사람을 믿음으로 인도하지 못한다. 588/376 난 믿음의 도약을 하라고 권유할 수 있을 뿐이다. 뛰는 것, 그래서 믿음을 얻는 것은 그대 몫이다. 그래서 단독자 아닌가? 아무도 대신 뛰어줄 수 없는 것이 바로 믿음의 뜀이다.

이야기의 결론: 자, 이쪽을 택할 경우 그대는 어떤 손해를 입게 될까?
그대는 믿음직스럽고 정직하고 겸손하고 고마움을 알고 자비롭고 다

정하고 성실하고 참된 사람이 될 것이다. 분명 유독한 쾌락이나 영광이나 향락에는 빠지지 않을 것이다. 하지만 다른 것들도 누리지 못할까? 내 그대에게 말하지. 그대는 여기 이 생에서 따게 될 것이다. 이 길을 걸어가는 걸음걸음마다 따는 건 너무나 확실한 반면 거는 위험은 무시해도 좋을 정도임을 깨닫게 될 것이고 나중에 가서는 확실하고 무한한 어떤 것을 바라고 걸었는데 실제로 건 건 하나도 없음을 알게 될 것이다.

Fin de ce discours. Or quel mal vous arrivera(-t-)il en prenant ce parti? Vous serez fidèle, honnête, humble, reconnaissant, bienfaisant, ami sincère, véritable... A la vérité vous ne serez point dans les plaisirs empestés, dans la gloire, dans les délices, mais n'en aurez-vous point d'autres? Je vous dis que vous y gagnerez en cette vie, et que à chaque pas que vous ferez dans ce chemin, vous verrez tant de certitude de gain, et tant de néant de ce que vous hasardez, que vous connaîtrez à la fin que vous avez parié pour une chose certaine, infinie, pour laquelle vous n'avez rien donné.

파스칼은 한 술 더 뜬다. 거는 것, 그러니까 잃을 수도 있다 걱정한 그게 사실은 더 얻는 것이란다. 이게 파스칼의 진심이다. 이 쪽에 걸어라. 손해 볼 건 하나도 없다. 오히려 더 이익이다. 손해를 언급한다 하면서 사람들이 가장 고상하게 보는 가치를 하나하나 열거한다. 유한한 걸 걸고 무한한 걸 얻는 내기라 하더니 실제로는 영원뿐 아니라 내가 이미 걸었던 유한한 것까지, 다시 말해 이 생애까지 고스란히 다시 얻는 멋진 내기가 된단다. 아이소포스가 이천 년 전에 가르치지 않았던가. 금도끼 은도끼가 내 것이 아니라고 정직하게 대답하면 금도끼 은도끼를 상으로 얻을 뿐 아니라 처음 잃었던 쇠도끼까지 되돌려 받는다고. 그런데 우화를 읽어보니 그 쇠도끼 역시 녹이 제거되고 예리하게 갈린 최상의 상태로 돌려받는 줄은 아이소포스도 미처 몰랐던 것 같다. 희생이 아니라 오히려 더 누린다. 이것만 해도 벌써 이익 아닌가? 도덕적으로 훌륭한 사람이 된다. 물론 독이 든 즐거움은 포기해야 하리라. 오만, 간음, 허영, 음란, 거짓, 탐욕, 도둑질, 폭력, 중독 등등. 독은 죽이는 것이다. 이런 죄악들은 우리를 죽인다. 하지만 내기를 하기만 하면 그렇게 해로운 것 대신 참으로 좋은 것들을 누리게 된다. 무한의 복을 얻기 전에도 말이다.

이생에서 벌써 딴다. 내세의 무한을 보고 걸었는데 이생에서 이미 확인한다. 물론 도덕적으로 고상한 삶을 살게 되었다고 그걸 두고 땄다 하면 안 된다. 처음부터 노린 건 영원이었다. 도덕적인 삶은 그 자체로도 좋은 것이지만 그게 좋은 진짜 이유는 그런 삶이 내가 이미 영원, 곧 무한을 땄다는 것을 수시로 확인시켜 주기 때문이다. 영원을 얻기 위해 수십 년 사는 이 생애를 걸었는데 거는 순간 이미 내가 땄다는 걸 깨닫게 되고 그런 깨달음이 나에게 더 고상한 삶을 살게 해 주고 그런 삶을 하루하루 살아가면서 이 내기는 이미 이긴 내기라는 걸 점점 확신하게 된다. 인생 길이만큼 이어지는 긴 내기지만 거는 순간부터 마지막까지는 이미 딴 걸 알고 하는 여유로운 내기가 된다. 백 퍼센트짜리 보장은 물론 아니다. 생각하는 사람인 이상 그건 가능하지 않다. 그렇기에 긴장은 언제나 있다. 내기가 다 끝나는 그 순간까지는 말이다. 그러나 그 긴장, 그 두려움은 갈수록 줄어들고 더 굳센 확신을 얻게 된다.

"무한의 선을 갖기 바라는 그리스도인들은 두려움도 느끼지만 그 바라는 바를 실제로 누리기도 한다. 왜냐하면 그저 일반 백성의 신분으로 자기 소유는 하나도 없는 그런 왕국을 기다리는 사람들과 달리 그리스도인들은 자신들이 바라는 것 곧 거룩함, 불의에서 벗어남 등을 이미 상당히 얻었기 때문이다." 917/747

파스칼이 지금 무슨 소리를 하고 있는지 이미 건 사람들은 잘 안다. 그리스도인이 고대하는 하나님의 왕국은 세상 불의에서 벗어나 완전히 거룩해지는 것이다. 신의 거룩함을 미리 나누어 받는 것이다. 먼 훗날 실현될 일이다. 하지만 내기를 한 사람은 현세에서도 그걸 상당히 맛본다. 천국의 현재성, 곧 오늘 여기서 이루어지는 하나님의 나라다. 그리스도를 믿는 사람에게는 성령이 오시기 때문이다. 성령은 하나님의 영이다. 성령은 우리 마음에 도장을 찍어주신다. 마음에 느끼는 의로움, 평화, 기쁨도 증거가 되지만 날마다 달라지고 새로워지는 내 삶 또한 내기에서 이겼다는 증거다. 그리스도인은 거룩함을 바란다. 모든 불의에서 벗어나는 것을 원한다. 완전한 거룩함은 물론 내세에

<단테가 본 천국의 사다리>. 귀스타브 도레 Gustave Doré, 1832-1883의 《신곡》 삽화. 1868년 Hachette 출판사 발행. 도레는 프랑스 삽화가로 단테의 《신곡》을 주제로 한 판화 작품 136점을 남겼다. 성경도 《팡세》도 변증학도 내기 논리도 나의 한 마디도 다 그렇게 땅과 하늘을 연결하는 사다리가 될 수 있으리라. 사진: Wikimedia Commons.

완성될 것이다. 하지만 이 세상에서도 불의를 조금씩 멀리함으로써 거룩함을 점점 많이 누리게 된다.

파스칼이 좀 순진하다는 느낌도 든다. 정념을 줄이면 믿음이 생긴다는 말도 그렇지만 믿음이 생기면 이런 고결한 삶을 살 것이라는 주장도 오늘 우리의 현실과는 거리가 있다. 믿음만 있으면 모두 정직하고 겸손하고 다정하고…. 그런 사람이 된다고? 파스칼 자신은 그랬겠지. 주변 사람도 아마 그랬으리라. 아, 가슴이 저며 온다. 믿음이 생기면 나도 쾌락을 끊을 거라는 말을 우리 시대 불신자들에게서도 들을 수 있을까? 먼저 믿었다 하는 이들이 본이 못 되어 파스칼에게 미안할 따름이다. 낯이 뜨듯해 《팡세》를 얼른 덮어 버리고 싶다. 게다가 파스칼은 참 믿음으로 사는 그런 삶을 불신자들도 동경할 거라고 기대한 것 같다. 믿음을 가진 다음에 할 수 있는 생각을 아직 믿음을 갖지 못한 이들에게 거듭 강조하는 것이니 이 또한 믿음의 뜀을 시도하기 전에는 와 닿기 어려운 부분일 것이다.

믿음을 가진 사람들은 사는 뜻이 분명하고 사는 보람도 있다. 삶의 매 순간에 기쁨과 감사가 있다. 사는 모양은 안 믿는 사람이나 크게 다를 바 없다. 때로는 더 꾀죄죄할 수도 있으리라. 하지만 삶의 내면, 그리고 그 삶을 사는 내 마음에는 그 무엇과도 바꿀 수 없는 기쁨이 있다. 하나 그런 주관적 판단이 오류라면 뭐 좋겠는가? 그런 주관적 행복이 객관적인 복, 영원하고 무한한 그 복을 깨달아 오는 것이니 이생에서도 이미 따는 인생을 산다.

내 의지로 결단하는 것은 아래에서 위로 올라가는 일이다. 그렇게 한 걸음 한 걸음 올라가다 보면 나중에는 꼭대기에 닿을 것이다. 아니, 꼭대기에 닿기 전에, 아니 몇 걸음 채 떼기도 전에, 그대는 위에서 도움의 손이 내려오는 것을 발견할 것이다. 단테가 보았던 그 천국 사다리를 통해.

"금빛, 햇살 받은 금빛을 한

사다리 하나가 위로 뻗었는데

하도 높아 끝이 보이지 않았다.

그 사다리를 따라 내려오고 있었다.

수많은 불꽃이. 마치 하늘에 반짝이던 빛

그 하나하나가 쏟아져 내리는 것 같았다."[112]

발은 땅에 있지만 끝은 무한으로 뻗은 이 사다리는 유한과 무한을 연결한다. 야곱이 꿈에 보았다 하던 바로 그 사다리다. 꿈에도 잊지 못하던 빛의 나라, 천국이 있는 그 별로 이 사다리를 타고 올라간다. 금빛 찬란한 무한의 사다리에 발을 내딛기만 하면 된다. 그러면 위에서 내려오는 손을 붙잡고 마치 날아가듯 가볍게 그 사다리를 오르게 될 것이고 꼭대기에도 얼마치 않아 닿게 될 것이다. 파스칼의 삼각형도 어느 줄에서든 시작할 수 있다. 위로 또 위로 올라가면 숫자가 점점 줄고 나중에는 가장 위에 있는 숫자 일에 닿게 될 것이다. 그렇게 닿고 나면 깨닫게 될 것이다. 나는 밑에서 위로 올라갔지만 사실은 그 표가 위에서부터 아래로 하나씩 하나씩 만들어진 것이라는 것을. 은혜의 흐름, 구원의 흐름은 언제나 그렇게 위에서 아래로 온다. 그런데 나는 아래에서 위로 올라간다. 내가 가야 한다. 펠라기우스하고는 아무 관련이 없다. 구원은 오직 하나님의 은혜지만 하나님을 믿지 않고 구원받은 사람은 없다. 하지만 참 구원을 받은 사람은 단 하나 예외도 없이 자기는 오직 하나님의 은혜 하나로 구원받았다고 고백한다.

---

112 『신곡』 천국편 21곡 28-33행.

마지막에 가서는 다 딴다. 내가 걸었던 것까지 다 딴다. 그러니 사실 건 건 하나도 없다. 무한 대 무. 무한을 따기 위해 다 건 줄 알았더니 내가 건 건 무였다. 씨 에스 루이스도 맞장구를 친다.

> "천국에 도달한 사람이라면 누구나 자기가 내버린 것,
> 심지어 뽑아버린 오른쪽 눈마저도 정말 아무것도 아니었다는 것을
> 알게 될 것이다."[113]

바울이 말한 연분술이다. 모든 것을 배설물로 만드는 신비로운 기술이다. 그게 정말 쓰레기였음을 최종 확인하는 것은 물론 천국에 도달한 다음이다. 그렇지만 그 천국은 우리가 그곳을 향해 걸어가는 지금 여기서도 실체로 느낄 수 있다. 믿음은 "바라는 것들의 본체"인 까닭이다. (히브리서 11:1)

아, 이 이야기가 나를 감격하게 하고 황홀하게 만든다. 등등. 혹 이 이야기가 그대 마음에 들고 말이 된다 싶거든 꼭 알아주기 바란다. 이 글을 쓴 사람이 글을 쓰기 전에 또 쓴 다음에 무한하시고 부분이 없으신 그분, 그가 자기의 모든 것을 바쳐 섬기는 그분께 무릎 꿇고 기도하였음을. 나 때문에 그대들도 자신의 유익과 그분의 영광을 위해 그대들의 모든 것을 그분께 드리게 해 달라고, 그래서 능력이 이 낮음과 일치되게 해 달라고 말이다.

O ce discours me transporte, me ravit, etc. Si ce discours vous plaît
et vous semble fort, sachez qu'il est fait par un homme qui s'est mis à

---

[113] C. S. Lewis, *"Preface" to The Great Divorce*, 6;『위대한 이혼』, 서문.

genoux auparavant et après, pour prier cet être infini et sans parties,

auquel il soumet tout le sien, de se soumettre aussi le vôtre pour votre

propre bien et pour sa gloire ; et qu'ainsi la force s'accorde avec cette

bassesse.

파스칼 자신이 황홀경에 빠졌다는 말은 아니다. 이 논리를 읽은 독자 가운데 그런 감동을 받을 사람도 있으리라 예상한 것이다. 파스칼 자신이 자기 논리를 얼마나 확신하였는지 짐작할 수 있다. 하지만 그런 사람들을 위한 설명은 더 부연하지 못하고 말았다.

파스칼이 결국 본심을 드러낸다. 내기? 논리? 전혀 아니다. 그저 그런 논리를 써 낚아보고 싶었던 게다. 사람을 낚는 어부 베드로처럼. 다른 말로 하자면 열쇠를 돌려본 것이다. 베드로와 사도들이 함께 받은 그 천국열쇠를 자기도 한 번 돌려보고 싶었던 거다. 파스칼은 자기가 기도했다고 썼다. 갑자기 웬 기도일까? 내기를 하는 것 같지만 사실은 은혜라는 걸 알고 있었다는 말이다. 구원의 양면성이 다시금 드러난다. 믿는 건 내 의지의 결단이지만 이미 믿은 사람은 내 구원이 내 믿음 아닌 하나님의 은혜였음을 깨닫는다. 내 믿음마저 그 은혜의 표현이었다고 고백

<기도하는 손>. 알브레히트 뒤러Albrecht Dürer, 1471-1528의 1528년 작품. 오스트리아 빈의 알베르티나Albertina 미술관 소장. 프랑크푸르트의 교회 제단용으로 제작한 헬러 제단화 습작. 이 손은 제단화에서 빈 무덤을 둘러싼 사도 가운데 한 사람의 손이 되었다. 기도는 신앙이 가진 초월의 힘을 가장 명확하게 보여주는 행위다. 그렇기에 기도가 곧 믿음이다. **사진: Wikipedia.**

한다. 하나님의 능력이 나의 이 낮은 자리에 미치는 것이 구원이다. 빛은 언제나 위에서 온다. 그러니 이제 믿지 않는 사람을 위해 할 수 있는 일은 하나님의 은혜를 구하는 일이다. 그 사람에게 믿으라 촉구하고 믿음의 삶을 시작해 보라 권할 수 있지만 모든 게 하나님의 손에 달려 있다. 그 하나님께 나는 다 걸었다. 그래서 내가 쓴 이 글을 읽고 한 사람이라도 마음의 감동을 받아 나처럼 걸 수 있게 해 달라고 기도한 것이다.

논리는 파스칼이 제시했지만 그걸 받아들이게 하는 분은 하나님이시다. 사람이 믿음의 반응을 보여야 하지만 그 반응 또한 은혜에 속한 것이니 결국 구원은 다 하나님이 하시는 일이다. 참 믿음은 오직 영감에 의한 믿음뿐이므로 "겸손하게 자신을 영감에 맡겨야" 한다. 808/396 그래서 파스칼이 기도한 것이다. 혹 논리가 마음에 든다 싶은가? 그럼 내가 기도했음을 기억해 주기 바란다. 그리스도인이라면 다른 방법이 없다. 하나님이 계시다는 것을 논증한 안셀름의 작품도 형식은 하나님께 드리는 기도문으로 되어 있다. 파스칼도 이 글을 쓰기 전에 또 쓴 다음에 기도했다. 그리스도께서 항상 기도하라 가르치셨는데 글을 쓰는 동안에는 안 했을까? 이 글도 마찬가지. 하나님은 이성 아닌 마음으로 느낀다. 424/225 종교는 마음으로 믿는 것이다. 그런데 이성에 호소하는 논증을 왜 사용했나? 파스칼은 이렇게 설명한다.

"그렇기 때문에 하나님이 마음의 느낌을 통해 종교를 주신 사람들은 참으로 복되고 매우 합당하게 믿는 사람들이다. 하지만 종교가 없는 사람들에게는 그저 추론으로 종교를 주면서 하나님이 그들에게 마음의 느낌을 통해 종교를 주시기를 기다릴 수밖에 없다. 그것 없이는 믿음이 그저 인간적인 것일 뿐 구원에는 아무 소용도 없다." 110/214

참 진리를 받아들이는 건 오직 은혜로 가능하다. [835/736] 파스칼은 내기 논리를 통해 사람들에게 이성으로 줄 수 있는 최대한을 주려 한다. 이성으로 줄 수 있는 신앙이란 무엇일까? 그건 신앙이 아니다. 신앙으로 가는 준비단계일 뿐이다. 신앙으로 이끈다기보다 신앙으로 가지 못하게 막는 거침돌을 없애주는 일이다. 변증학에서 하는 일이 바로 이것이다. 인간의 합리성과 논리를 복음을 전하는 일과 결합시키는 작업이다. 인간의 언어가 어떻게 믿음을 주며 사람의 합리성이 어떻게 불합리로 가득한 기독교 복음을 수용하게 만들겠는가. 다만 불합리인 듯 보이는 그것의 합리성을 설명해 주고 그런 복음을 수용하는 행위가 불합리하지 않음을 납득할 수 있는 논리로 만들어 설명할 따름이다. 바로 그 일을 하려고 파스칼은 《기독교 변증서》를 쓰려고 했던 것이다.

> "사람들은 종교를 경멸한다. 종교를 미워하면서도 만약 종교가 옳다면 어떻게 하나 두려워한다. 이 문제를 해결하자면 종교가 이성과 모순되지 않는다는 것부터 일단 보여주어야 한다." [12/35]

기독교를 거부하는 사람들도 만의 하나 기독교가 사실이라면 자기들은 끝장이라고 본능적으로 느낀다. 참으로 성경적인 파스칼의 심리학이다. 파스칼은 그런 사람을 돕고 싶었다. 내기 논리가 하는 게 바로 그 일 아닌가. 기독교 신앙을 받아들이고자 하는 내 마음가짐이 이성을 거스르는 게 아니라는 점, 아니 이성의 지침을 따르는 일이라는 점을 파스칼은 강조한다. 정념을 줄이는 과정이다. 말이 안 되는 것 같지만 사실은 불합리하다 판단하는 그 판단 자체도 이미 이성적인 판단임을 잊어서는 안 된다. 이렇게 이성의 판단을 통해 종교가 불합리한 것이 아님을 알고 받아들이는 단계도 신앙이다. 다만 그런 신앙은 구원을 주지는 못한다. 그래서 그런 논리를 통해 신앙을 일깨우면서 하나님이 그들의 마음을 움직여 주시기를 기다린 것이다. 그래서 기도했다. 하나님의 은혜가 아니면 안 되는 줄 알기 때문이다.

그래서 결론은

내기 논리는 간단히 말해 파스칼의 입장에서 시도해 본 "이해를 추구하는 신앙"이다. 기독교 신앙을 나 스스로 이해해볼 뿐 아니라 또한 불신자들이 납득할 수 있도록 풀어본 것이다. 이게 바로 진리다 하고 외칠 정도로 파스칼은 강한 확신을 가졌다. 물론 그 확신에 대한 반응은 차가웠다. 믿은 사람들이 볼 때는 꽤 설득력 있는 설명인데도 말이다. 결국 드러난 것은 신앙과 불신앙의 차이가 크다는 것이다. 엘리어트는 파스칼의 논리가 믿는 사람의 입장에서 볼 때는 자연스럽고 옳은 것이라 했다.[114] 뒤집어 말하면 믿음을 가진 이들에게는 너무나도 확실하고 분명한 진리지만 아직 믿지 않는 이들에게는 선뜻 수용하기 어려운 사견에 지나지 않는다는 말이다. 그렇지만 그런 비난 가운데서도 한 가지 가능성은 여전히 남아 있다. 사람들이 자연 가운데서 하나님을 발견하고도 거부하므로 핑계할 수 없다고 성경이 가르치는데 파스칼의 이 논리 역시 사람들로 하여금 핑계할 수 없도록 만드는 근거의 하나가 될 수 있다는 사실이다. 성경이 가르치는 바를 이렇게까지 조리 있게 설명해 주었는데도 왜 거부했는지 물을 수 있다는 이야기다. 다만 파스칼의 논리는 핑계할 수 없는 정도의 한계를 넘어 참 하나님에게 건너갈 수 있는 가능성까지 제공한다는 점에서 자연이 주는 도전과는 근본적으로 다르다고 할 수 있겠다.

---

114 T. S. Eliot, *"Introduction" to Pascal's Pensées* (New York: Dutton, 1958), xii.

<파스칼의 팡세> 앙리 마티스. 1924년. 미국 미니애폴리스 미술관Minneapolis Insti- tute of Art 소장. 중심에는 중국식 꽃병에 아네모네꽃이 가득 담겼고 앞에는 넘칠 듯한 커피잔 과 많이 읽어 부푼 ≪팡세≫가 놓여 있다. 마티스가 ≪팡세≫를 통해 "청명한 마음상태"를 전달하려 했다 하니 눈과 입과 마음이 함께 풍성함을 누린다. 얇은 커튼 너머로 니스의 풍 경이 또렷하고도 밝게 비치고 있다. **사진: Wikiart.org**

파스칼의 내기 논리에 대해 다양한 비판이 있다. 철학에서는 논리적 약점을 예리하게 찌르고 종교학에서는 다른 종교에도 얼마든지 적용할 수 있는 허술한 논리라고 비판한다. 그런 비판을 논박하거나 그런 비판에 맞서 파스칼을 변호할 필요도 없다. 다만 치밀하지 않은 이 논리를 통해 기독교 신앙을 갖는 것이 그렇게 터무니없는 것은 아니라는 인상 정도만 받으면 충분하다. 파스칼은 평생 기독교 신앙인으로 살았으며 그 신앙을 사람들과 나누고자《팡세》를 썼고 이 내기 논리도 만들었다. 인간의 마음에 있는 진공을 채우실 수 있는 유일한 분 예수 그리스도를 전하고 싶었고 그렇게 함으로써 광대한 우주 가운데서 먼지 하나도 못 되는 사람으로 하여금 존재 의미를 발견하고 보람된 삶을 살도록 돕고 싶었다. 이 논리에서 또 마지막 생각 모음에서도 파스칼은 자신의 모든 것을 동원해 생명의 주를 전하고 싶었다. 그래서 진공도 나오고 수학의 무한도 동원하고 분배의 법칙도 사용한 것이다. 그 점이 우리가 이 내기 논리에서 배울 가장 중요한 교훈일 것이다.

고전이란 무엇인가?

지난 세기의 시인이요 비평가인 티 에스 엘리어트[T. S. Eliot, 1888-1965]는 고전의
조건으로 '성숙도[maturity]'와 '보편성[universality]'을 꼽았다.[115] 작품의 호소력이나 영
향력 또는 항구성 등도 중요한 조건이겠지만 작품 자체가 성숙도와 보편성을
먼저 갖추어야 그런 다른 특징들도 가질 수 있을 것이다.

성숙도는 일차적으로 성찰의 너비와 깊이를 가리킨다. 좁은 곳을 후다닥
훑어서는 고전이 안 된다. 또 넓은 곳이라도 말을 달리며 산을 보듯 하거나 얼
마 되지도 않는 자리를 아무리 깊게 판다 해도 고전이 나올 수 없다. 아무나 갈
수 없는 넓은 세계를 남들보다 더 깊게 또 더 자세히 탐험해야 고전의 자격이
있다. 또 발견한 것들을 그대로 갖다 놓아서는 안 되고 사람들이 부담 없이 즐

---

115 T. S. Eliot, "What Is a Classic?" (1944) in *On Poetry and Poets* (New York: Farrar,
Strauss and Giroux, 2009), 54.

길 수 있도록 잘 다듬어 내놓아야 한다. 전달의 매체가 언어인 만큼 넓고 깊은 성찰에 어울릴 뿐 아니라 또 독자들이 쉽게 대할 수 있는 그릇이어야 한다. 쉽지 않은 작업이다. 그래서 고전은 대개 천재가 만든다. 다듬지 않은 조야한 그릇은 정성의 부족에다 성찰의 미숙함까지 드러낸다. 정갈하게 준비한 음식이라면 아무 그릇에나 거칠게 담아 내놓지는 않는 법이다. 남들은 못 가 본 세계를 이리저리 다녀본 사람이 자신의 경험을 듣기 좋게 들려줄 때 사람들은 귀를 기울인다. 말하자면 정성을 들여 아름답게 꾸며 놓은 정원을 함께 걸으며 작가와 독자들이 교감을 나누는 거기가 바로 고전의 세계다.

물론 고전을 고전 되게 하는 성숙함은 한 개인의 역량만으로는 성취할 수 없다. 소위 지식이라는 것부터 사실 다 남에게서 온 것이지만 우리 삶 자체가 따지고 보면 사회 전체와 깊이 얽혀 있기 때문이다. 문화의 기본인 언어도 처음부터 나 아닌 공동체의 것이다. 작가가 속한 문화와 그 문화가 사용하는 언어가 풍성한 콘텐츠를 두루 갖추고 있을 때 그 성숙함을 반영하는 진정한 고전이 태어난다. 중세 말엽 반성과 성찰의 역량이 축적되었을 때 단테와 페트라르카가 등장할 수 있었고 초서 이후 이백 년을 갈아온 영문학의 토양에서 셰익스피어라는 아름드리나무가 자랄 수 있었다. 오늘날 세계 곳곳으로 뻗어가는 한류韓流, The Korean Wave 또한 우리 겨레가 오천 년 이상 만들고 쌓아온 문화의 역사 없이는 생각할 수 없다. 따라서 고전은 한 개인이 아닌 사회 전체의 성숙도를 보여주는 표지다.

물론 천재의 등장 자체는 문화의 성숙도와는 별개의 문제다. 깊고 넓게 무르익은 문화라도 그것을 표현해 줄 천재를 얻지 못할 수가 있고 그 결과 문화 전체가 역사의 뒤안길로 사라지기도 한다. 성숙한 문화가 기어코 천재를 배출

해 주어야 문화도 살고 천재도 산다. 물론 천재가 꼭 역사를 주도할 필요는 없다. 게다가 천재가 다 독보적이거나 유일해야 할 이유도 없다. 그렇지만 천재한 사람이 그 문화에 또 나아가서 인류 전체에 끼치는 엄청난 유익은 절대 무시할 수 없다. 천재는 시대의 산물로 태어나 자기 시대를 성큼 뛰어넘음으로써 새 시대를 연다. 천재가 하나 나타날 때마다 인류 전체가 한 단계 업그레이드되기도 한다. 별에 대한 새로운 지식이 쌓여갈 무렵 코페르니쿠스가 혜성같이 나타나 우주를 보는 인류의 눈을 활짝 열어 주었다. 이성에 대한 신뢰가 한껏 높아지자 철학자 칸트가 한 권의 저서로 이천 년 서양철학의 흐름을 완전히 뒤집어 놓았다. 그런 천재들이 끼친 혜택이 인류사에는 넘쳐난다. 물론 현실을 그릇 읽어 많은 이들에게 파멸을 가져다 준 천재도 역사에는 적지 않았으니 하늘의 재주에 걸맞은 인격을 갖추지 못했다면 자신과 인류 모두에게 더없는 비극이 된다.

성숙함은 보편성을 낳는다. 보편성은 너와 나를 포함한 모두의 생각이라는 뜻이다. 성숙함이 곧 깊고 넓음이라 할 때 대화의 폭이 넓을수록 그만큼 많은 이야기가 우리의 이야기에 담기는 건 당연한 일이다. 지구가 혹 둥글지 않았다 해도 걷고 또 걸으면 세상의 온갖 생각과 이야기를 만난다. 만나서 이야기를 나누면 서로 통하게 되어 있다. 생각은 말하자면 나무처럼 자란다. 줄기와 가지가 위로 또 옆으로 뻗어갈 때면 아래로 내려가는 것도 있다. 작은 나무라면 조금 내려가고 말겠지만 높고 큰 나무라면 아래로도 그만큼 깊이 내려가고 그렇게 뻗친 뿌리는 가장 깊은 거기서 다른 모든 뿌리와 만난다. 온 인류가 공유하는 공통분모, 우리의 하나 됨이라는 뿌리다. 사람이면 하지 않을 수 없는 생각 곧 인간에 대한 물음과 존재의 의미에 대한 성찰이 거기 자리 잡고 있기 때문이다. 그래서 나무가 클수록 그 그늘에는 많이 모일 수 있다. 가장 큰 나무 아래는 다 모인다.

그렇다면 성숙도가 바로 보편성이다. 옆으로 걷든 아래로 파든 결국은 모두 만나고 전부가 하나임을 알게 된다. 서로 다른 너와 내가 결국 하나인 것을 확인하는 순간 고전이 탄생하고 너와 나의 차이는 서로에게 벅찬 기쁨이 된다. 잠시나마 가졌던 다름에 대한 두려움이 이내 하나임을 믿는 용기로 변한다. 옛날 바벨에서 하나님을 거역했다가 혼돈의 벌을 받았다. 비록 벌이지만 하나님을 찾고자 하는 마음도 함께 주셨기에 진리를 찾는 순간 혼돈은 사라지고 모두가 하나로 통한다. 하나님의 영 성령은 우리를 하나로 만드신다. 너와 나 사이의 표현이 다양할수록 우리의 우리 됨은 그만큼 풍성해진다. 표현마저 같아야 하나가 된다는 고집은 강압적 획일주의로서 온몸으로 거부해야 할 거대담론이다. 성령은 연합의 영이면서 또한 자유의 영이다. 극과 극은 통한다는 말도 있지만 사실 다를수록 더 잘 통하는 법이다. 생각이 그렇게 통하고 또 같은 뿌리임을 확인하는 순간 모두 모두가 손에 손 잡고 저 높은 곳으로 힘차게 올라가게 된다.

그런 의미에서 보편성은 포용력을 전제한다. 성숙도가 높을수록 보편성도 커지고 그런 큰 보편성은 아무것도 배제하지 않는 포용으로 나타난다. 진정한 하나 됨이 이루어지는 것이다. '높은 산은 어떤 흙이든 마다 않고 강과 바다 역시 작은 물 하나까지 받아준다泰山不讓土壤 河海不擇細流, 태산불양토양 하해불택세류' 하였던 재상 이사의 조언은 진나라의 왕 영정으로 하여금 중국 대륙을 최초로 통일하여 시황제始皇帝가 되게 만들었다. 로마 시인 베르길리우스의《아이네이스》역시 고대 그리스의 주류까지 잘 품어낸 결과 온 유럽의 고전으로 자리매김할 수 있었다. 포용할 수 있을 때 산은 높아지고 물은 깊어진다. 타자의 존재를 인정하는 그 폭이 내 속에 갖추어져 있을 때 성숙하게 무르익은 보편성을 갖추어 고전이 된다. 특히 약자를 배려하는 마음은 개인이나 문화의 폭과 깊이를 반영한다. 그런 포용력은 죄가 끼친 왜곡과 상처를 이겨내는 능력이다. 마음에 들지 않는 흙과 받아주기 싫은 물의 존재는 내 마음의 낮고 얕음을 입증하는 증거일 뿐이다. 누군가를 눈물짓게 한다면 내 승리가 진정한 승리일 수 없다. 고전은 오히려 그런 눈물을 닦아주는 곳이 되어야 한다.

고전은 쉽게 말해 내 안에 있는 타자_{他者}요 그렇기에 고전을 읽을 때는 언제나 다른 사람의 이야기가 아닌 나 자신의 이야기를 읽게 된다. "천재의 작품 어디에서나 우리는 거부당했던 우리의 생각들을 발견한다"고 미국의 사상가 에머슨_{Ralph Waldo Emerson, 1803-1882}이 말했다.[116] 누가 천재인가? 남들이 싫다 하는 내 생각들을 남김없이 다 수용해 주는 그 사람이 바로 천재다. "위대한 시인은 우리 자신의 부요함을 느끼게 해 준다."[117] 천재는 내가 감히 우러를 수도 없는 위대한 사람이면서 내가 해 본 별난 생각들도 이미 다 품고 있는 참 놀라운 사람들이다. 내 생각만 품은 게 아니라 나와 정반대인 사람의 생각도 같이 품고 있다. 그런 천재가 만든 작품이 바로 고전이다. 에머슨의 형이상학에 동의하지 않아도 고전을 읽는 의미에 있어서는 다를 필요가 없다. 천재의 작품에는 온 우주를 꿰뚫는 바로 그 진리가 있다. 따라서 고흐의 그림을 보고 모차르트의 음악을 듣는 일 속에 종교적 경험의 가능성이 언제나 열려 있다. 천재가 가진 포용력을 무한의 영역으로 확장시키면 신이 된다. 우리가 모순이라 부르는 것들을

---

116 "In every work of genius we recognize our own rejected thoughts." R. W. Emerson, "Self- Reliance" in *Essays First Series* (1841).

117 "The great poet makes us feel our own wealth." R. W. Emerson, "The Over-Soul" in *Essays First Series* (1841).

조금의 어색함도 없이 다 품어내는 분이 바로 신이다. 신에게는 아무런 한계도 모순도 없다, 그래서 르네상스 시대의 독일 철학자 쿠자누스^{Nicolaus Cusanus, 1401-1464}는 "대립하는 것들의 일치^{coincidencia oppositorum}"가 신의 특성이라 했다.

성숙도와 보편성이라는 두 가지 조건을 한꺼번에 확인할 수 있는 좋은 기준이 하나 있다. 바로 시간이다. 고전의 두 조건을 하나로 줄인다면 항구성이다. 영속성이다. 고전은 오래 간다. 무엇이 고전음악인가? 고전음악 시대에 작곡되어서가 아니라 모든 시대 모든 사람의 마음을 울리기에 고전음악이다. 잠시 유행하다가 사라지는 대중음악과 다른 점이 바로 이 항구성이다. 물론 대중음악 가운데도 고전이 있다. 고전이라 불리는 책 역시 그런 영속성을 지닌다. 고전古典은 말 그대로 '옛 책' 아닌가. 서양에서도 클래식^{Classic}은 2천 년 전의 '고전 고대^{classical antiquity}'를 가리키던 이름이다. 수백 년 전, 심지어 수천 년 전에 쓴 옛 이야기를 오늘 너와 나의 이야기로 읽을 수 있을 수 있기에 셰익스피어를 읽고 단테를 읽고 그리스 로마 신화를 읽는다. 우리네 단군신화도 마찬가지요《논어》와《맹자》를 읽는 이유도 같다. 고전은 언제나 역사다. 시대를 뛰어넘는 공감대는 결국 과거나 오늘이나 변함이 없는 인간성 자체와 연결되어 있다. 뿌리에 닿았다는 말이다. 사람을 깊이 이해하고 사람을 바로 헤아리고 사람을 정확하게 표현하면 문학이든 예술이든 오래 간다. 그런 작품이 바로 '불후不朽의 명작' 곧 썩지 않는 명작이다. 오늘날 사람들의 마음을 사로잡는 각종 게임 역시 그런 요소가 있다. 물론 우리 시대의 인기 작품들이 앞으로도 오래 갈 것인지는 두고 보아야 한다. 진정한 고전의 가치는 오직 세월만이 확인해 줄 수 있다.

영속성과 더불어 고전의 가치를 확인시켜 주는 또 다른 요소는 영향력이다. 고전은 읽는 사람의 심금을 울려 그 사람의 생각과 삶을 바꾸어 놓는다. 심금心琴은 말 그대로 마음의 거문고다. 작가와 내가 마음이 통할 때, 다시 말해 서로 주파수가 통할 때, 내 마음의 악기가 아름다운 음악을 연주하고 내 삶에 빛이 비치기 시작한다. 그래서 좋은 책이 사람을 만든다는 말도 있지만 고전의 힘은 비단 책에 국한되지 않는다. 고전의 힘은 그 비옥한 토양에서 얼마나 많은 꽃이 피고 얼마나 많은 열매가 맺혔는가 하는 것으로 드러난다. 정신의 세계를 강물에 비기면 자연의 강과 정반대로 흐르는 경우가 많다. 자연에서는 작은 물줄기가 모이고 또 모여 거대한 강을 이루어 바다로 가지만 정신세계는 마치 에덴동산 같아서 하나의 거대한 강물이 이리저리 나누어져 흐름으로써 드넓은 세계를 풍요하게 살찌운다. 용솟아 오른 맑은 샘 하나가 곳곳을 적시며 거친 땅을 기름지게 바꾸는 것이다. 그런 거대한 강물이 인류 역사에는 많이 있었다. 고대 그리스와 로마의 신화가 그런 강물이었고 플라톤과 아리스토텔레스가 거대한 줄기를 이루어 후대를 살찌웠다. 단테의 신곡은 르네상스 이백 년을 풍성하게 만든 기름진 토양이었다. 단테 자신도 스승 베르길리우스를 가리켜 "말의 강물을 뿜어내던 샘"이라 부른다.[118] 서양의 경우 기독교 사상이 이천 년 동안 중심된 강물이었다면 인도에서는 힌두 사상, 중국에서는 유교, 도교가 그런 역할을 했다고 볼 수 있다. 우리가 꼽는 고전이 대개는 그런 풍요의 원천이다.

파스칼이 고전인가?

그럼 파스칼은 고전인가? 영향력 면에서 보자면 파스칼은 고전 중의 고전이다. 우선 기독교인들에게 끼친 영향은 거의 절대적이다. 파스칼은 평생 그

---

118 『신곡』 지옥, 1곡, 79-80.

리스도인으로 생각하고 일하고 글도 썼다. 사람이 죄인이라는 성경의 선언을 늘 인식하며 살았고 예수 그리스도를 우리를 죄에서 구원하실 유일한 구원자로 늘 믿고 붙들었다. 그런 바탕 위에서 삶의 여러 영역을 포괄하는 성경적 세계관을 구축하였고 그것을 다양한 성찰의 형태로 표현했다. 파스칼 이후 각 시대를 이끌어간 많은 신학자와 사상가들이 파스칼에게 받은 영향을 고백하고 있으며 특히 포괄적 성찰에 관심 가진 사람이나 이성을 넘는 마음의 능력을 알았던 사람들도 직, 간접으로 받은 파스칼의 영향을 부인하기 어렵다. 존 웨슬리가 일으킨 영국의 부흥 운동, 프랑케와 친첸도르프를 필두로 한 독일의 경건주의 운동, 조너선 에드워즈가 주도한 미국 뉴잉글랜드의 대각성 운동 등도 파스칼의 영향 아래 이루어진 일이다. 지난 세기를 대표하는 변증가 씨 에스 루이스도 파스칼의 예리한 성찰을 계승한 사람이다. 포스트모던 상대주의 가운데 복음을 호소력 있게 풀어주고자 한 존 파이퍼나 팀 켈러 역시 파스칼에게 배운 사람이다. 오늘도 복음을 바르게 소개하고자 하는 수많은 신학자, 목회자들이 파스칼의 논리를 읽고 파스칼의 예리한 한 마디를 활용하여 사람들의 마음을 열고자 시도한다. 자기 생활에 최선을 다하며 살아가는 수많은 그리스도인의 가슴에도 파스칼은 나도 모르는 사이 이런 저런 모양으로 들어와 자리 잡고 있다.

그런데 파스칼의 영향력은 기독교의 울타리를 훌쩍 뛰어넘는다. 인간과 자연에 대한 파스칼의 성찰은 기독교 철학자인 키르케고르뿐 아니라 기독교를 철두철미 부인하였던 니체의 생각에도 깊숙이 스며들어 있다. 반기독교적 정서가 강한 낭만주의 역시 이성보다 마음을 강조한 파스칼의 영향 아래 있다. 특히 파스칼을 원전으로 읽은 루소의 경우 더 강한 영향을 받았다. 현대 철학의 주류를 형성한 실존주의 사상은 원조 키르케고르 및 니체를 통해 이 둘에게 영향을 끼친 파스칼까지 곧장 거슬러 올라간다. 철저하게 기독교를 반대했던 사르트르 역시 파스칼의 강력한 영향 아래 자신의 철학을 전개했다. 파스칼의 제자 라신은 말할 것도 없고 소설가 빅토르 위고나 알베르 카뮈, 시인 샤를 보들레르 등 프랑스 문학의 주역들 가운데 파스칼과 무관한 사람은 드물다. 파스칼의 영향은 물론 문학에 국한되지 않는다. 인간에 대한 깊은 탐구와 우주 및 초월의 세계에 대한 성찰은 불어권을 넘어 영어를 비롯한 다른 언어권에도 큰 영향을 미쳤다. 다른 종교를 가졌던 사람들도 파스칼에게 존경을 표시하기를 주저하지 않는다. 영향력 하나만 볼 때 파스칼은 정녕 고전이다.

파스칼의 영향력은 파스칼의 전문 영역이 단순히 문학, 철학, 종교 등에 그치지 않고 자연과학까지 품고 있다는 점에서 독보적이다. 수에 대한 연구나 자연법칙에 대한 탐구도 그 자체로 수학과 물리학에서 긴요하게 사용되고 있지만 그 모든 것이 나중에 인간에 대한 성찰로 종합됨으로써 오늘 우리에게 더욱 풍성한 열매를 선사하고 있다. 오늘날은 파스칼이 흔적을 남긴 수학, 컴퓨터, 물리학 등에서 눈부신 발전이 이루어지고 있다. 특히 인공지능 같은 첨단 기술의 발달로 인간이란 무엇인가 하는 물음을 다시금 물어야 하는 상황이 되고 있으므로 오래전 자연과학의 영역을 깊이 천착하면서 그 모든 문제를 인간의 문제로 인식하였던 파스칼의 존재감은 갈수록 커지고 있다.

파스칼은 400년 전의 사람이다. 지난 세기의 비평가 엘리어트가 300년 역사의 책《팡세》를 20세기 사람들의 안내자로 적극 추천하였으니 파스칼이 고전임을 인정한 셈이다. 우리 시대에도 사람들은 계속 파스칼을 읽는다. 영어 번역도 많지만 우리말 번역도 계속 나오고 있다. 한국에서도 진리의 문제로 고민하는 사람들 특히 지성인들에게 가장 많이 권하는 사람이 씨 에스 루이스와 파스칼이다. 루이스가 파스칼의 정신적 제자임을 고려한다면 결국 파스칼 하나가 21세기 우리의 뱃길을 비추는 가장 밝은 등대라는 말 아닌가. 파스칼은 시대의 엄밀한 검증을 거친 사람이다. 오늘도 그렇지만 파스칼이 주도한 여러 영역을 고려할 때 앞으로 검증의 순도 및 정확도는 더욱 높아질 것이다.

그런 파스칼이 그럼 보편성은 가졌는가? 답은 당연히 "그렇다"지만 설명이 좀 필요하다. 무엇을 기준으로 삼느냐에 따라 답이 달라질 것이다. 파스칼의 삶과 사상, 그리고 그가 저술한 책은 온통 기독교로 가득하다. 인간 실존의 문제를 성경으로 분석하며 성찰하였고 그 모든 문제에 대해 던져주는 답 역시 예수 그리스도 하나다. 그런데 기독교는 이 세상의 수많은 종교 가운데 하나 아닌가? 천 년이 넘도록 중동이나 유럽 바깥에서는 기독교의 존재조차 몰랐다. 전 세계에 알려진 지금도 기독교인은 세계 인구의 1/3 미만이다. 따라서 여러 종교가 공존하는 현실을 고려할 때 파스칼은 기독교 사상가의 하나일 뿐 모든 종교를 아우르는 보편성은 가지지 못한 것처럼 보인다. 게다가 파스칼은 기독교 가운데서도 얀센주의라는 독특한 신앙을 가졌다. 당시 기독교의 주류였던 예수회와 대립을 벌였고 오늘날도 파스칼이 세계 모든 기독교를 대표한다고 단정하기는 어렵다.

파스칼은 원죄로 시작한다. 그리고 구원자 그리스도로 마무리한다. 모든 인간을 죄인으로 규정하는 성경의 선언을 세상은 좋아하지 않는다. 특히 반대하는 것은 그리스도가 유일의 구원자라는 배타적인 교리다. 왜 그리스도만 구세주여야 하는가? 석가모니나 미륵불은 왜 안 되는가? 인도와 이집트와 중동의 종교에도 다 나름의 구세주가 있지 않은가? 게다가 인간이 스스로를 구원할 가능성은 왜 애초부터 배제하는가? 게다가 그냥 살다가 가면 되는 인생, 구원이라는 게 꼭 있어야 하는지도 의문 아닌가. 보편적이려면 배타적이지 않아야 하는데 그리스도만이 구주라 하고서도 보편적일 수 있는가? 작은 물줄기 하나까지 품어야 하는 형편에 거대한 강들을 다 내던지고도 과연 고전이 될 수 있을까?

결론부터 말하자면 가능하다. 아니, 사실이 그렇다. 파스칼은 철저하게 기독교적이면서 또한 가장 폭넓은 보편성을 가졌다. 기독교의 핵심을 정확하게 꿰었기에 가장 보편적인 사상을 이루었다. 파스칼 자신이 만든 비유를 사용해 보면 그리스도는 한 순간에 모든 곳으로 움직이는 점과 같다. 세상이 볼 때 하나의 점에 불과하지만 그 점은 무한대의 속도로 움직이기 때문에 순식간에 모든 것을 포괄한다. 점 하나가 온 우주를 장악하는 셈이다. 물론 그렇게 관점이 바뀌려면 믿음의 도약 곧 파스칼이 말한 그 내기를 해야 한다. 모든 것을 거는 순간 다 따고 순식간에 우주를 삼키게 된다. 믿기 전에는 배타적 교리의 하나에 불과하겠지만 일단 믿고 보면 그분이 온 인류, 온 우주의 구원자이심을 알게 된다. 그렇게 볼 때 파스칼의 보편성은 파스칼 개인이 아닌 기독교 복음의 보편성이다. 세상의 모든 것을 포괄하는 물샐 틈조차 없는 촘촘한 그물망 같은 세계관이다.

인간의 본성 문제를 논할 때 인간은 모두 부패한 죄인이라는 성경의 선언보다 더 정확한 설명은 아직 없다. 사람에게는 구원이 필요하다는 사실과 구원이 자력으로는 불가능하다는 사실 역시 성경적 가치관의 보편성을 보여준다. 파스칼은 그런 보편성을 다양한 형태의 성찰로 표현했다. 전체 인류에 대한 분석 역시 그런 보편성을 잘 보여준다.

"사람은 두 종류뿐이다. 자신이 죄인이라 믿는 의인들과 자신이 의롭다고 믿는 죄인들이다." 562/700

둘뿐이다. 제 삼의 사람은 없다. 이보다 더 포괄적인 보편성이 어디 있겠는가. 불신자 가운데서도 이 한 마디를 쉽게 무시할 수 있는 사람은 많지 않다. 이 성찰에 담긴 기독교적 원리의 보편성이 그만큼 강하기 때문이다. 철저하게 기독교적인 사람이 철저하게 가장 보편적인 사람이다. 가장 토속적인 것이 가장 세계적이라는 말도 있지만 기독교적 보편성은 그런 상대주의와는 다르다. 기독교의 진리가 곧 온 우주의 진리다. 성경은 존재하는 모든 것에 대해 바르게 가르친다는 확신이다. 다만 이런 영적 자신감이 사회적 오만으로 변질되지 않도록 조심하고 또 조심해야 한다.

물론 기독교인 아닌 사람들은 이런 보편성을 인정하기를 꺼려한다. 그렇기에 적어도 이론적으로는 파스칼의 보편성은 공격을 받을 수밖에 없다. 파스칼을 읽는 본인이 직접 내기를 하고 그래서 거는 순간 땄다는 확신을 갖기 전까지는 그렇다. 파스칼의 보편성은 결국 그리스도인과 비그리스도인의 판단이 갈라질 수밖에 없는 영역이다. 기독교 내부에서도 반대론이 있을 수 있지만 파스칼이 가졌던 얀센파 신앙, 다시 말해 성경이 명확하게 가르치는 그 신앙이 기독교의 관점 그리고 성경의 관점에서 볼 때는 유일의 진리요 모든 것을 포괄하는 보편 진리다. 그리스도인이 볼 때 파스칼은 온 인류, 온 우주를 관통하는 진리를 담고 있다. 이보다 더 넓은 보편성은 가능하지 않다. 파스칼은 기독교 사상가로서의 한계와 보편성을 동시에 가진 셈이다.

기독교 복음에 바탕을 둔 파스칼의 보편성은 현실 가운데서도 얼마든지 입증이 가능하다. 이를테면 기독교인 아닌 사람들도 파스칼의 심리 분석에 귀를 기울인다. 성경의 보편적 가르침을 사람들이 잘 이해할 수 있는 언어로 풀어주기 때문이다. 파스칼이 광대한 우주 앞에서 던진 실존의 물음은 파스칼의 답에 동의하지 않는 사람들 역시 외면할 수 없는 물음이다. 예수를 믿으나 안 믿으나 인간은 똑같은 인간이기 때문이다. 소설가 스탕달처럼 파스칼을 자신의 이야기로 읽었다는 사람도 무수하다. 그게 기독교의 보편성이고 파스칼의 보편성이다. 파스칼은 말하자면 기독교적 보편성이 낳은 천재다. 기독교적 인간관의 진실성이 공산주의의 몰락과 자본주의의 번성을 통해 입증되었다. 아무리 훌륭한 독재라도 허술한 민주주의를 능가할 수 없다는 사실 역시 인간의 부패를 가르치는 성경의 보편성을 보여준다. 인간의 비참함이 곧 위대함이라는 파스칼의 선언은 그런 바탕에서 모든 인류에게 가능성과 희망을 주는 메시지가 된다.

파스칼의 보편성이 이런 것이라 할 때 파스칼의 성찰이 갖는 성숙함은 말할 필요조차 없다. 생각의 바탕이 된 성경부터 그리스도인이 하나님의 말씀으로 믿는 책이다. 하나님의 계시다. 인간이 알 수 없는 진리와 비밀을 하나님이 직접 가르쳐 주신 것이다. 성경이 가르치는 기독교 신앙의 핵심 자체가 이미 인간의 가장 깊은 성찰을 뛰어넘는다. 파스칼은 그런 성경의 가르침을 잘 소화하여 인간과 자연과 삶의 다양한 국면에 적용했다. 기독교 신앙이라는 핵심 진리로 모든 것을 꿰었다. 성경에서 출발해 신학을 거쳐 철학을 관통하였고 그런 깊은 성찰 속에 자신이 평생을 연구한 자연과학까지 품었다. 진공과 대기압에 대한 연구는 광대한 우주 가운데서 외면할 수 없는 성찰로 확장되었다. 특히 압권은 인간의 마음에 있는 진공으로서 무한하신 하나님을 향한 갈구로 이어진다. 수에 관한 연구는 우주의 기본 원리 곧 자연의 운행 및 인간의 삶에 대한 기본 통찰력을 제공하고 있다. 수 하나로 인간을 이해하고 자연을 분석하고 하나님을 믿어야 할 당위성까지 설명한다. 그리고 그 모든 성찰이 신의 존재를 밀어내고자 한 근대가 시작되기도 전에 이미 완결된 상태로 제시되어 시대를 월등히 앞선 천재의 진면목을 그대로 보여주고 있다.

오늘 읽는 파스칼

파스칼은 고전이다. 파스칼을 읽는다는 것은 단순히 《팡세》를 읽는다는 뜻이 아니다. 파스칼의 생애를 살피고 그의 다양한 업적을 두루 알아보는 일이다. 파스칼은 단순히 문학자가 아니기 때문에 그의 생애를 완결하는 책뿐 아니라 평생에 걸쳐 탐구한 수학이나 과학을 살피는 것 자체로도 얼마든지 의미가 있다. 파스칼의 삶이 갖는 다양한 차원을 고려할 때 오늘날 파스칼을 읽을 이유는 많다. 파스칼이 천재인 만큼 온 인류에 큰 유익을 끼친 천재의 놀라운 업적을 보며 감사하는 일이 첫째다. 운전을 할 때, 컴퓨터로 작업할 때, 일기예보를 들을 때, 야구를 볼 때, 청소기를 돌릴 때, 중요한 결정을 내릴 때, 천문학 관련 뉴스를 들을 때도 400년 전에 살았던 천재를 떠올릴 수 있다. 굳이 《팡세》를 펴지 않아도 우리 삶 구석구석이 파스칼을 읽는 현장이 되는 셈이다.

파스칼이 처음 굴린 사영기하학과 계산기의 바퀴가 구르고 또 굴러 오늘 우리가 경험하는 첨단 전자 및 컴퓨터 문명이 탄생했다. 파스칼이 창시한 확률론은 뉴턴이 발견한 만유인력의 법칙이 자연을 주도하는 것 못지않게 오늘 우리의 삶을 다양한 방식으로 엮어가고 있다. 진공이나 대기압 관련 연구 등 물리학에서 이룬 업적도 인류 보편에 큰 유익을 끼쳤다. 학문 방법론을 갈무리한 과학철학 역시 우리 시대에 좋은 지침으로 남아 있다. 그리고 신앙과 과학의 관계에 대해서도 아우구스티누스를 필두로 하는 성경적 원리를 확고하게 다져 오늘 우리가 가야 할 길을 보여준다. 물론 파스칼 한 사람만의 업적은 아니지만 우리 시대의 삶을 가능하게 만든 이들을 알아주는 일은 혜택을 누리며 사는 사람으로서 마땅히 해야 할 바일 것이다.

그런 파스칼을 우리는 또 배우려고 읽는다. 천재가 아니라 우리와 똑같은 인간 파스칼에게 배울 점이 한두 가지가 아니다. 가장 멋진 것은 그가 가졌던 진리 탐구의 자세다. 어렸을 때부터 오직 진리만을 추구한 그 태도가 진공 관련 실험이나 대기압 연구로 이어졌고 그 결과들이 결국 과학혁명의 불을 댕겨 근대 수백 년을 놀라운 발견과 발전의 시기로 만들었다. 파스칼의 학문적 업적은 어떻게 보면 선구자의 면모 말하자면 먼 훗날을 바라보는 예언자 같은 모습을 보인다. 성경의 예언자들도 물론 희미하게 예언한 것이 많지만 파스칼은 그런 희미한 의식조차 없는, 말하자면 '자신도 모르는^{je ne sais quoi}' 예언자였을 수 있다. 사실 파스칼이 기하학이나 판돈 분배의 법칙을 연구할 때 또 계산기를 만들고 대기압 측정 실험을 할 때 그것이 훗날 인류의 삶을 어떻게 바꾸어 놓을지 어찌 상상이나 했겠는가. 컴퓨터, 가상현실, 증강현실, 자율주행차를 꿈꾸었을 리 만무하다. 파스칼은 그저 자기 시대에 주어진 과제를 부여안고 진리 탐구 그 한 가지에 전력을 기울였을 따름이다. 그런 태도가 있었기에 책 원고도 마무리하지 못하고 황망히 떠난 짧은 인생이 멋진 완결을 이룰 수 있었을 것이다.

수백 년이 지난 지금 수많은 다른 학자들과 사람들의 참여를 거쳐 오늘날 이룩한 것들을 보면 오늘 우리가 우리 삶의 현장에서 꿈꾸고 노력해야 할 것들도 비슷하지 않을까 생각해 볼 수 있다. 당장 무슨 도움이 될까, 이게 무슨 쓸모가 있을까, 그런 생각이 들 때도 많지만 언제나 돌아볼 문제는 내가 탐구하는 목표가 과연 진리인가, 과연 인류를 위한 마음을 갖고 하는가, 삶과 인간에 대한 올바른 성찰과 이어져 있는가, 그런 생각을 통해 오늘 우리 삶의 의미를 새롭게 해볼 수 있을 것이다. 천재는 놀면서도 남보다 잘한다고 생각하는 사람이 적지 않은데 적어도 파스칼은 그렇지 않았다. 그 누구보다 성실하게 치열하게 살았다. 모든 분야에서 최선을 다했다. 껍데기로 만족하지 않고 반드시 원리, 이유를 알고자 했다. 과학이든 문학이든 예술이든 종교든 직장생활이나 가정생활까지 오늘 우리도 그런 자세로 현재에 최선을 다한다면 나머지는 섭리에 맡겨도 좋을 것이다. 그게 수십 년이든 아니면 파스칼처럼 수백 년이든.

파스칼에게 배울 또 한 가지는 일관성 있는 삶이다. 파스칼은 생각도 행동도 앞뒤가 잘 맞게 연결하였고 그 모든 것을 자연과 인간과 신이라는 종합적인 틀 속에서 이해하고 실천했다. 처음 진공의 존재를 확인하고 대기압의 실체를 밝혔을 때 그것이 먼 훗날 가져올 엄청난 결과는 예측하지 못했겠지만 자연의 일부로서 그것이 우리 삶에 무슨 뜻을 갖는지는 살필 줄 알았다. 사영기하학이나 확률론도 마찬가지다. 자연이 인간과 통한다는 사실, 그리고 그렇게 통하면 곧장 이 모든 것을 만드신 분과 이어진다는 사실을 늘 기억한 것이다. 이 점에서《팡세》는 파스칼의 종합 완결판이다. 모든 것을 종합하기에 더욱 풍성한 고전이다. 문학 속에 신학이 들었고 종교가 담겼다. 순수 과학인 수학과 물리학도 들었다. 수많은 기술과 기계와 발명도 다 담겼다. 그 모든 것이 인간이라는 한 존재를 중심으로 얽혀 있고 그 인간은 다시금 저 위에 계시는 신적 존재와 맞닿아 있다. 사람과 우주와 신에 대한 천재의 깊은 성찰에서 배울 수 있다. 그리고 에머슨의 말대로 사람들의 놀림거리가 되었던 나만의 소중한 이야기를 거기서 찾고 위로와 격려를 받을 수 있다.

그렇게 볼 때 우리가 파스칼에게 배울 중요한 요소는 사람이다. 인간에 대한 탐구다. 모든 것이 사람을 중심으로 이루어진다. 우리 시대는 사람이 외면을 당한다. 모든 것이 물질화되고 계량화되고 있는 지금 사람들은 손에 잡히는 것들에만 관심을 쏟는다. 물질을 뛰어넘는 정신의 세계, 수로는 나타낼 수 없는 영혼의 차원은 갈수록 뒷전으로 밀리고 있다. 그러다 보니 삶 전체가 메말라가고 삶의 무게, 인간 목숨의 무게도 갈수록 가벼워지고 있다. 민들레 홀씨보다 가벼이 흩날리는 게 오늘 우리의 삶이고 목숨이다. 이럴 때 인문학 열풍이 분다는 것은 더없이 반가운 소식이지만 그것이 그저 옛날 이야기를 읽는 재미 정도로 그친다면 참으로 큰 손실이 될 수도 있다. 파스칼은 인문학이다. 사람에 대한 연구요, 삶에 대한 탐구다. 삶의 전 영역을 살펴 올바른 행동의 원리로 삼는 일이다. 진지하게, 성실하게, 진실하게 사는 삶을 파스칼에게서 배운다.

파스칼을 읽으면 종합적 세계관의 필요성이 부각된다. 성경에 바탕을 두고 철학과 문학과 역사 등 인문학에다 자연과학까지 꿰뚫는 포괄적인 관점이다. 오늘 우리는 생각과 삶이 극도로 분산되고 흐트러진 가운데 있다. 부엌에서 하는 일과 거실에서 하는 생각이 안 맞고 교회에서 사용하는 언어와 직장에서 하는 행동이 서로 다르다. 포괄적인 것을 거부하는 시대 분위기와 잘 어울린다. 이럴 때 기독교적 세계관에 대한 관심이 높아지고 있는 것은 고무적인 일이다. 하지만 그런 작업이 이론적인 천착으로 끝난다면 파스칼을 제대로 읽지 못한 것이다. 현실 세계와 동떨어진 이론이 되지 않도록 주의하는 일과 함께 내가 배운 것이 말 그대로 익힌 것이 되어 몸에 배도록 해야 한다. 내 인격이 되고 삶이 되지 못한다면 천박하다, 물질주의다, 이기적이다라는 비난이 나와 내 공동체를 향해 쏟아질 것이다. 자기 시대에 교회를 바로잡기 위해 몸부림쳤던 한 천재의 유산은 오늘 바닥에 떨어진 교회를 위해 오늘 우리가 해야 할 일은 무엇인지 명확하게 지시해 준다.

정확한 이론과 올바른 삶을 갖추는 일은 우리 시대 사람들을 일깨울 좋은 계기가 될 것이다. 곧 의미에 대한 질문을 던지게 만들 수 있다. 광대한 우주를 마주하여 인간의 존재 의미를 물었던 파스칼은 사람에게 가장 소중한 이 문제를 해결하기는커녕 관심조차 없이 일상에만 몰두하던 당시 사람들에게 지금 제정신이냐 하고 일갈을 날렸다. 우리 시대는 삶이 복잡한 만큼 사람들의 관심은 더 분산되어 있고 진리를 외면하고자 하는 사람들을 유혹하는 오락이 파스칼 시대와는 비교가 되지 않을 정도로 많아졌다. 정신적인 것, 영원한 것에는 눈길조차 줄 겨를이 없는 이들을 향해 왜 사느냐 물을 수 있는 계기와 자리를 만들어 주는 일은 오늘 파스칼을 읽는 모든 사람에게 주어지는 책무일 것이다. 방법은 하나다. 파스칼이 자기 시대에 자기의 모든 것을 바쳐 복음을 변증했다면 오늘 우리 역시 우리의 생각과 말과 삶과 소유 즉 우리의 모든 것으로 그 복음을 나타내는 일이 우리에게 주어진 우리 시대의 과제일 것이다.

우리가 파스칼에게 진지한 태도와 일관성 있는 삶을 배워 나를 이해하고 다른 사람들에게도 의미를 일깨워줄 수 있다면 결국 우리는 파스칼에게 행복의 길을 배우는 셈이다. 오늘 우리가 파스칼을 읽을 참으로 중요한 이유 하나가 바로 행복을 얻기 위해서다. 행복하게 되는 법, 행복의 나라로 가는 방법을 파스칼에게 배울 수 있다. 그 길은 진리의 길이기도 하다. 이성의 인도를 잘 받으면 갈 수 있다. 그렇지만 이성이 가진 한계를 잊어서는 안 된다. 그래서 필요한 것이 믿음이다. 기도다. 파스칼이 말해 주고자 한 최종 결론은 기독교 복음이요 예수 그리스도다. 이 점 부인할 수가 없다. 파스칼의 참신한 성찰을 아무리 많이 배워 안다 해도 그 모든 것의 결론에 도달하지 못한다면 결국 가장 소중한 것은 못 얻는 셈이다. 파스칼은 독자들을 행복의 길로 인도한다. 기독교라는 테두리를 넘어 모든 인류가 알아들을 수 있는 언어로 진리의 길, 행복의 길을 소개한다. 그것을 배워야 한다. 물론 참 행복은 이 모든 것 너머에 있는 하나님의 은혜에 달려 있다. 하지만 그 은혜 또한 우리가 파스칼을 읽는 이 일과 무관하지 않다.

파스칼은 고전 중의 고전이지만 갈수록 사람들은 파스칼을 외면하려 한다. 양가감정이다. 파스칼의 업적이 워낙 뛰어나 지속적인 관심을 보여주지만 그가 필생의 노력을 기울여 준비한 가장 성숙한 자료는 애써 못 본 척한다. 이유는 간단하다. 파스칼의 모든 것이 결국은 예수 그리스도를 향하기 때문이다. 니체가 가졌던 사랑과 미움의 감정이 현대인 마음에도 다 있는 것이다. 파스칼의 진리 탐구는 언제나 행복 추구와 함께였다. 사람들이 뭐라 하든 파스칼 자신은 진리를 탐구하여 행복을 충분히 느꼈을 것이요 그런 행복을 사람들과도 나누고자 했다. 참 진리라면 행복을 주겠고 참 행복을 주는 것이라면 그것이 바로 진리일 것이다. 그런 진리 그런 행복으로 가는 길이 파스칼에게는 있다.

"인생은 미완성, 부르다 멎는 노래......" 아무리 잘 살아도 깔끔한 마무리는 불가능이다. 하지만 인생의 뜻을 알고 기본에 최선을 다한다면 다 쓰지 못한 편지도 완결이 될 것이고 미처 끝내지 못한 노래도 많은 박수를 받을 수 있을 것이다. 우리가 섭리를 믿는 것이 이것 때문이 아니겠는가. 구름이 짙게 드리우면 곧 비가 올 것이다. 태풍이라면 비바람이 제법 거셀 것이다. 그렇지만 곧 파란 하늘이 드러나고 햇살이 환히 내리비칠 것이다. 귀족이 아니면 어떤가. 파스칼 같은 멋진 아버지를 못 두었어도, 어려서 문학 공부를 못 했어도,

우리에게 주어진 인생의 노래를 곱게 부르면 길든 짧든 우리의 생애 역시 멋진 수미쌍관으로 마무리될 것이다. 그것을 확인하는 것이 우리가 파스칼을 읽는 큰 즐거움이다.

파스칼 저서

Pascal, Blaise, *Oeuvres complètes*, Hachette, 1914. Wikisource.

Pascal, Blaise, *Les Provinciales*, Wikisource.

Pascal, Blaise, *Pensées : Texte établi par Louis Lafuma*, Paris : Seuil, 1962.

Pascal, Blaise, *Pascal : Pascal : De L'esprit géométrique*, Paris : GF-Flam-marion, 1985.

파스칼 번역서

현미애 역《팡세》서울 : 을유문화사, 2013.

이환 역《팡세》서울 : 민음사, 2003.

안혜련 역《시골 친구에게 보내는 편지》경기도 파주 : 나남, 2011.

Pascal, Blaise, *Pascal's Pensées*, New York : Dutton, 1958.

Pascal, Blaise, *Pensées*, London : Penguin, 1966.

Pascal, Blaise, *Provincial Letters*, Glasgow : Jam Collins, 1863 (pdf).

Pascal, Blaise, *Blaise Pascal : Thoughts, Letters, Minor Works* (The Harvard Classics. Vol. 48), New York : P. F. Collier & Son, 1910.

파스칼 연구서

Eliot, T. S., "Introduction" to *Pascal's Pensées*, New York : Dutton, 1958.

Hammond, Nicholas ed., *Cambridge Companion to Pascal* (Cambridge : Cambridge University Press, 2003.

Kreeft, Peter, *Christianity for Modern Pagans*, San Franscisco : Ignatius,

1993.

Morris, Thomas, *Making Sense of It All*, Grand Rapids, MI: Eerdmans, 1992.

Périer, Gilberte, *La Vie de Pascal*, Paris: Vermillon, 1994.

Simpson, David, "Blaise Pascal" in *Internet Encyclopedia of Philosophy*. https://iep.utm.edu/pascal-b/

Tulloch, John, *Pascal*, Edinburgh: William Blackwood and Sons, 1878.

기타 자료 (참고하였거나 본문에 언급된 자료)

공자《논어》140BC.

권수경《번영복음의 속임수》서울: SFC, 2019.

노자《노자》4C BC.

김교신 "위선도 그리워"《김교신 전집 1》193 (1933년 9월).

김화영 "팡세에 나타난 사영기하학의 인문학적 가치"《불어불문학연구》99집, 2014년 가을.

한동숭 "원근법에 의한 사영기하학의 발전과 현대적 응용" (2012) https://www.scienceall.com/원근법에-의한-사영기하학의-발전과-현대적-응용/

Alexander, H. G. ed., *The Leibniz-Clarke Correspondence: Together With Extracts from Newton's Principia and Opticks.* Manchester: Manchester University Press, 1956.

Aquinas, Thomas, *Summa Theologiae*, 1265-1274 (신학대전).

Aristotle, *The Complete Works of Aristotle*, Princeton, NJ: Princeton University Press, 1984.

Arnauld, Antoine, *Théologie morale des Jésuites*, 1643 (예수회의 도덕신학).

Arnauld, A. & Nicole, P., *Logic, or the Art of Thinking*, trans. and ed. J. V. Buroker. Cambridge: Cambridge University Press, 1996.

Augustinus, *Confessions*, 397-400 (고백록).

Augustinus, *De Genesi ad litteram* (창세기의 문자적 해석).

Brooks, Michael, "Darwin vs Galileo: Who cut us down to size?" *New Scientist*, Dec 2008.

Calvin, John, *Institutes of The Christian Religion*, 1541, 1559 (기독교 강요).

Caputo, John, *Philosophy and Theology*, Nashville, TN: Abingdon, 2011.

Chaucer, Geoffrey, *The Canterbury Tales*, 1387-1400 (캔터베리 이야기).

Cicero, Marcus Tullius, *De natura deorum*, 45BC.

Corneille, Pierre, *Médée*, 1635.

Dante, *Divina Commedia*, 1320 (신곡).

Dawkins, Richard, *The God Delusion*, New York: Houghton Mifflin, 2008

Descartes, René, *Œuvres de Descartes (Adam-Tannery)* 1637-72 (데카르트 전집).

Dostoevski, Fyodor, *The Brothers Karamazov*, 1879-80 (카라마조프 형제들).

Durant, Will & Ariel, *The Story of Civilization*, Vol. VIII. New York: Simon & Schuster, 1963 (문명 이야기).

Eliot, T. S., *The Waste Land*, 1922 (황무지).

Eliot, T. S., "What Is a Classic?" (1944) in *On Poetry and Poets*, New

York: Farrar, Strauss and Giroux, 2009.

Grand, Edward, *Much Ado About Nothing: Theories of Space and Vacuum from the Middle Ages to the Scientific Revolution*, Cambridge: Cambridge University Press, 1981.

James, William, *The Will to Believe*, New York: Longmans, Green, And Co, 1912.

James, William, *The Varieties of Religious Experiences*, New York: Longmans, Green, And Co, 1917 (종교경험의 다양성).

Kant, Immanuel, *Kritik der reinen Vernunft*, 1781 (순수이성비판).

Kierkegaard, Soren, "That Individual": Two 'Notes' Concerning My Work as an Author (1859) in *The Point of View for My Work As An Author*, New York: Harper & Row, 1962.

Leibniz, G. F. W., *Essais de Théodicée sur la bonté de Dieu, la liberté de l'homme et l'origine du mal.* 1720 (하나님의 선하심, 인간의 자유, 악의 기원에 관한 신정론).

Lessing, G., "Über den Beweis des Geistes und der Kraft," 1777.

Lewis, C. S., "Is Theology Poetry?" Oxford Club Lecture. 1944.

Lewis, C. S., *The Great Divorce*, 1945.

Lewis, C. S., *Mere Christianity*, 1952 (순전한 기독교).

Marshall, Bruce, *The World, the Flesh and Father Smith*, 1945.

Montaigne, Michel de, *Essais*, 1580. Project Gutenberg (수상록).

Nietzsche, Friedrich, *Gesammte Werke*, 1954-6.

Otto, Rudolf, *Das Heilige – Über das Irrationale in der Idee des Göttlichen und sein Verhältnis zum Rationalen*, 1917.

Plato, *Plato: Complete Works*, Indianapolis, Hackett, 1997.

Popper, Karl, *The Open Society and Its Enemies*, Princetion, NJ: Princeton University Press, 1945 (열린 사회와 그 적들, 2권).

Sartre, Jean-Paul, *L'être et le néant: Essai d'ontologie phénoménologique*, Paris: Éditions Gallimard, 1943 (존재와 무).

Sayer, John, *Jean Racine: Life and Legend*, Berlin: Peter Lang, 2006.

Shapin, Steven & Schaffer, Simon, *Leviathan and the Air-Pump: Hobbes, Boyle and the Experimental Life*. Princeton, NJ: Princeton University Press, 1985.

Thomas, Aquinas, *Summa Theologiae*, 1265-1274.

Virgil, *Aeneid*, 29-19BC (아이네이스).

Virgil, *Georgica*, 29BC (농경시).

Voltaire, "Remarques (Premiéres) sur les Pensées de Pascal" 1728.

Voltaire, *Le Siècle de Louis XIV, 1751; The Age of Louis XIV*, London: 1780.